KB021289

한국지명 연구

한국지명 연구

도수희 지음

이회문화사

머리말

　나의 지명 연구는 「백제어 연구」로부터 시작되었다. 백제어에 관한 연구자료의 대부분이 지명어였기 때문에 오로지 지명연구의 길을 걷지 않고서는 목표에 접근해 갈 수 없었던 것이다.

　이렇게 지명 연구와 인연을 맺고 살아 온지 어언 36년이나 되었다. 그동안 지명을 여러모로 다루면서 지명 해석에 대하여 나름대로 새로운 인식과 방법을 깨우치게 되었고, 또한 지명어의 구조적 특질과 변화의 원리까지도 어느 정도 파악할 수 있게 되었다. 이런 깨우침을 바탕으로 지명에 관한 보편적인 문제들을 기회 있을 때마다 논의한 것들이 여기에 실은 16편의 글이다. 그 내용을 좀더 구체적으로 말한다면 지명 해석에 대한 새로운 인식과 방법, 지명의 차자 표기와 해독법, 고지명에 숨어 있는 옛 새김 찾기 등을 주로 핵심 과제로 삼았다고 강조할 수 있겠다.

　이 책은 수미가 조리정연하게 짜여져 있지 않다. 여러 학술지에 실려 있는 개별 논문을 한데 모아 엮었기 때문이다. 그렇기 때문에 더러는 중복되는 부분도 없지 않다. 그러나 수정하거나 개고하지 않았다. 그 첫모습을 그대로 간직하기 위함이다. 다만 한자 표기만은 될 수록 한글 표기로 바꾸었을 뿐이다.

　아직까지도 경제 난국을 헤어나지 못하고 있는 때라서 출판사정이 아주 어려울 터인데도 희생을 무릅쓰고 졸저를 출판하여 준 박영희 사장님께 감사드린다. 아울러 이 책이 나오기까지 여러모로 애쓴 손길들을 기억하며 그 고마움을 이 책속에 새겨 오래 길이고자 한다.

서기 1999년 8월 29일
지은이 적음

차 례

제 1 부

지명 연구의 새로운 인식*

1. 지명의 정의

사람은 가장 중요한 두 가지의 이름을 소유한다. 그 하나는 개개인에게 지어 준 인명이며, 다른 하나는 곳곳에 명명한 지명이다.

사람은 지상에 태어나 한 생애를 땅위에서 살다가 다시 지하에 묻힌다. 이처럼 땅과 사람은 서로 떼어 놓을 수 없는 관계에 있다. 이러한 숙명적인 인연으로 사람은 지상의 한 지역에 정착하여 그 곳을 무대로 한 생애의 삶을 전개하게 된다. 좁게는 한 사람의 생활 터전으로부터 넓게는 인간 집단의 생활 무대, 더 넓게는 한 민족의 생활 무대에 이르기까지 그것들의 이름이 곧 크고 작은 지명들이다. 따라서 지명은 인간들의 정착지에 대한 공동적 땅이름이라 정의할 수도 있다. 인명은 개인의 소유이기 때문에 사람의 활동과 생명의 존속기간에 국한되어 사용범위와 존속의 시기가 한정되지만 지명은 그곳에 사는 사람의 공동소유이기 때문에 특정 지명안에서 생활하며 창조하는 모든 문화가 당해 지명안에 남게 된다. 인명은 한 생애에서 끝나지만 지명은 그곳에서 사는 집단인들의 후손들에 의하여 면면히 이어진다. 따라서 1人의 人名史는 성립되지 않지만 개개의 지명은 나름대로의 地名史를 형성하게 된다. 보다 구체적으로 말한다면 지구위에 있는 어느 한 지점 혹은 지역(구

* 이 글은 새국어생활 제4권 제1호(1994. 봄, 국립국어연구원)에 게재하였다.

역)을 지칭하는 고유 명사이기도 하다. 처음부터 하나로 창조된 지구 위에서 우리 인간이 생활하면서 필요에 따라 소유의 선을 긋고 그 나누어진 구역 안의 땅에 붙인 이름이 곧 지명이다. 따라서 지명은 본래 두 사람 이상의 인간 사이에서 한 장소를 다른 장소와 구별할 때에 사용하는 공통의 부호라고 바꿔 말할 수도 있다. 이렇게 명명된 지명은 넓은 곳으로부터 좁은 곳에 이르기까지 엄청난 수로 지구상에 남게 되었다.

지구 위에 존재하는 가장 큰 지명은 五대양 六대주의 이름이다. 그 다음이 나라의 이름들이라 할 수 있다. 말하자면 한 국가가 영유하고 있는 국토의 이름 그것이 곧 국명인데 이것 역시 지명의 범주 안에 들어 있는 존재다. 대한민국이 다스리는 영토의 범위가 곧 '한국'이란 이름으로 불리워지고 있는데 이 경우도 엄격히 말해서 최대 단위의 지명이라 할 수 있다. 그러니까 지구상에는 국가의 수만큼이나 大지명들이 존재하는 것이다. '미국'은 미합중국이 다스리는 국토의 이름(大地名)이며 '일본'은 일본국이 통치하는 범위의 국토 지명(國名)이다. 이와 같은 大지명 아래에는 편의상 나누어 놓은 대단위 행정구역이 있는데 이와 같은 행정 구역 단위의 이름들이 앞의 국명에 버금가는 크기의 땅이름이라 할 수 있다. 예를 들면 함경도, 평안도, 황해도, 경기도, 강원도, 충청도, 전라도, 경상도, 제주도 등이 바로 그것이다. 미국의 50개 주(state)의 이름이나, 중국의 모든 省의 이름도 이에 속한다. 이와 같은 행정 단위의 지명들은 또 다시 행정 구역의 필요에 따라 보다 작은 단위의 구역을 갖게 되고 그 구역의 명칭이 또한 보다 작은 지명이 되는 것이다. 이렇게 하여 마을 단위(下部單位)의 小지명이 존재하게 된 것이고, 나아가서 마을 단위의 갖가지 최소지명에 이르기까지 인간이 생활하는 무대로서의 명칭으로 끊임없이 생성하는 것이다.

그러나 지명이란 이와 같은 정치나 행정 단위의 지역 혹은 구역명으로만 생성되는 것은 결코 아니다. 이미 발생한 지명은 행정단위의 지명으로 채택하는 경우가 있고, 처음지명(작은지명)을 중심으로 큰 도시가 형성 발달함으로써 그 지명도 대도시의 큰 지명으로 확대 성장키도 한다. 어느 시대 누가 지었는지조차 알 수 없는 여타의 지명들이 우리의 주변에는 무수히 존재한다. 말하자면 江 이름, 山 이름, 川 이름, 나무 이름, 다리 이름, 논 이름, 밭 이름, 산골짜기의 이름들이 고유 지명으로 불리우는 때가 많다.

언어학적인 측면에서 보면 지명은 나름대로의 체계와 역사성을 갖춘 고유 명사이다. 따라서 일반 어휘들이 生滅의 과정을 되풀이하는 생명체의 특성을 지닌 것처럼 지명도 자의적 음성기호(arbitrary vocal symbols)이면서 사회성과 역사성이 일단 부여되면 마음대로 변개하기 어려운 체계성을 지닌 언어적 사실의 존재인 것이다.

지명은 한 언어의 어휘 체계 안에 들어 있는 것들이기 때문에 그것은 발생할 때에는 그 지역 내의 언어 즉 지역어(혹은 방언)로 창조되며 그것들은 다른 고유어의 음운 규칙에 순응하여 변화하는 보편성도 지니고 있다.

2. 지명의 기원과 발달

우리 인류는 언제부터 지명을 사용하기 시작하였는가?

모름지기 지명은 인명과 같은 우리들의 언어에 속하며, 언어의 어휘 중에서도 가장 자주 사용되는 특수 단어이다. 따라서 지명은 인류의 집단 생활과 동시에 발생하였을 것이다. 그러나 그것의 기록은 보다 훨씬 후대에 이루어진 것으로 파악된다. 그 시기가 아무리 일러보아야 문자 발생 이전까지는 소급될 수 없기 때문이다.

2.2.1. 최고의 표기지명

지금까지 기록으로 남겨진 것 중 세계에서 가장 오래 된 지명은 다음 〈지도 1〉에 표기된 것들이다. 이 〈지도 1〉은 현재로서는 세계 최고의 지도이기 때문이다.

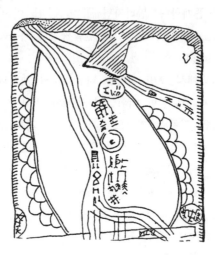

〈지도 1〉 세계 최고의 지도에 기록된 지명

위의 〈지도 1〉에서 上, 左下, 右下에 있는 동그라미 안의 楔形문자는 '北'(上), '西'(左下), '東'(右下)을 의미하는 지명이다. 그리고 여러 갈래의 선으로 표시한 線帶기호는 '川'을 의미한다. 복선은 道路를, 그 복선에 고기 비늘처럼 그려진 鱗形은 '丘陵'을 표시한 것이다.

이 〈지도 1〉은 B.C 2,500년경에 창제된 楔形문자의 발생 시기로부터 그리 멀지 않은 후대에 제작된 듯싶다. 이 〈지도 1〉은 粘土板에 楔形문자를 새긴 세계에서 가장 오래된 것인데 메소포타미아에서 출토된 것을 현재 미국 Harvad 대학의 박물관에서 소장하고 있다.

2.2. 최고의 지명형

해양성 열대의 하와이 군도에는 일찍부터 상당수의 인구가 정착하여 동일한 언어를 사용하면서 많은 지명을 남긴 것으로 알려져 있다. 그런데 거기에는 하와이인이 도착하기 이전에 메네훈(Menehune)이라 일

쿤는 선주민이 살았다고 한다. 현재까지도 약간의 지명에 접두어로 그 흔적이 남아 있다고 한다. 우리는 카우아이(Kauai) 섬에서 고대에 건설하였던 '메네훈의 堀'을 발견하는데 거기에는 '메네훈의 痕迹'(ke-alapii-aka-Menehune)이라 하는 것이 있다. 만일 하와이인보다 먼저 메네훈 족이 선주한 사실이 틀림없다면 거기에는 그들이 명명한 지명이 잔존하고 있을 것이다. 실로 하와이 군도에는 하와이어(폴리네시아어)로는 풀리지 않는 약간의 지명이 존재하고 있다는 점이 앞의 추론을 돕는다. 그에 해당하는 지명 중에 유명한 것이 하와이의 여러 섬에 부여된 여러 개의 지명이다. 학자에 따라서는 각도에 부여된 原初지명들이 곧 최고의 지명형일 것이라고 기대하기도 한다. 하와이 諸島의 대표적 主島들의 이름은 거기에 정착한 최초의 주민에 의해 명명된 것이라 추측할 수 있기 때문이다.

일반적으로 지명 중에 난해한 반복어소(repeated elements)는 원시언어(earlier language) 중 일반 어휘에 소급될 가능성을 지닌 화석과 같은 존재라 할 수도 있다.

Molokai와 Molokin은 하나의 공통 요소를 보이는 것으로 추정할 수 있는데 그 공통 요소는 '섬'의 의미일 가능성이 짙다. 거의 비슷한 난해어가 Kahoolawe인데 이것은 '나름, 옮김'(the taking away)의 의미이거나, 아니면 '바람에 날리는 붉은 먼지'(the red dust blowing)일 것이며, Niihau는 '사슬갑옷으로 몸을 묶다'(bound with haubark)일 것이며, Ohau는 '集合場'(gathering place:여기에 하와이주의 首府가 있음)의 의미이며, Kauai는 '메마른 곳'(drying place)이란 뜻일 것이다. 그러나 Hawaii는 폴리네시아어인 듯이 보인다. 태평양의 여러 섬 중에서 Havaii, Hawaiki, Savaii라 부르는 어형이 발견되기 때문이다. 이것들은 하와이인이 명명한 것인데 이 列島 중 최대의 '섬'이란 뜻인 듯하다.

앞에서 소개한 하와이 군도에서와 비슷하게 시베리아에도 그 어말 형태소가 동일형으로 나타나는 江 이름이 많다. 예를 들면, Kebesh

Beresh Seresh, Aban Abankan, Mana Ana Ona, Basas Unsas Kasas Kumas Arsas 등이 그에 해당하는 江 이름들이다. 지리학자인 쇼스타코비치(Schostakowitsch, 1926-   )는 앞의 江 이름들의 동일한 말음절을 '江. 水'를 의미하는 지명소로 추정하였다. 이어서 그는 시베리아에는 Obj, Aobj, Atobj, Barobj, Sobj, Kobj, Tymkobj 등과 같은 江 이름이 수없이 발견되는데 여기서 '-obj'역시 '水. 江'의 뜻을 지닌 지명소일 것으로 추정하였다. Obj가 단독으로 쓰일 경우에는 Obj江 (시베리아에서 제일 큰 江)이라 하는 것을 보면 그 주장은 타당성이 있어 보인다. 그런데 이 江 이름은 그 계통이 어느 언어에 속한 것인지를 판명할 수 없다. 이미 소멸하여 버린 어떤 종족의 언어가 남긴 흔적일 것으로 추측하고 있을 뿐이다.

2.3. 한국의 고지명

한국의 지명도 그 기원이 아주 오래 전으로 소급된다. 그것을 표기할 '문자'의 차자 혹은 창제가 너무나 늦었기 때문에 비록 그 기록의 시기는 뒤질지언정 그 발생의 시기는 우리의 역사와 거의 같았을 것으로 추정된다. 내외의 역사서가 우리에게 알려 주는 단군의 입도지의 지명이 '阿斯達'(九月山.白岳山)인 바 이 지명은 단군이 이 곳에 도읍을 정하면서 명명한 이름인지 아니면 이미 그렇게 부르고 있는 지명 '阿斯達'에 수도를 정한 것인지는 알 수 없으되 어쨌든 그 기원이 앞에서 소개한 〈지도1〉의 지명에 버금갈 만큼이나 아득한 옛날인 것만은 틀림없을 것이다.

비록 외국인의 손에 의하여 한자로 표기된 지명이긴 하지만 그 기록연대와 구체적인 지명이 남겨진 것은 기원 전의 馬韓 54국명과 弁辰 24국명이다. 모두 합하여 78개 국명인데 사실상 개개의 이름에 접미하고 있는 '國'을 제거하면 순수한 고유어 지명만 남게 된다. 이것들은 우리의 고대 지명을 당시의 중국인들이 들은 그대로 한자음을 가지고 轉

寫한 것으로 추정할 수 있다. 이렇게 하여 우리 민족의 문화 발전과 함께 우리 민족의 필요에 따라 지명은 끊임없이 조어되어 왔기에 그 수는 한없이 누증되어 온 것이라 하겠다.

3. 지명 연구의 필요

인류의 문화가 지상을 벗어나 허공에 창조될 수는 없었다. 오랜 세월을 통하여 부단히 전개되어 온 인간 문물의 터전이 곧 지상의 어느 한 지역이요, 그 지역 혹은 지점의 호칭이 곧 지명이다. 따라서 인간과 지명은 인간과 인명의 관계처럼 상호 불가분의 관계를 맺고 있는 것이다. 이렇듯 인간과 가장 밀접한 관계를 맺은 지명은 인류가 남긴 허다한 史的인 秘話를 고이 간직하여 왔다. 우리가 지난날의 고지명에 대하여 지대한 관심을 갖게 되는 까닭이 바로 여기에 있는 것이다.

그러나 우리는 久遠한 인류의 역사에 비하여 그리 길지 못한 문자사를 가지고 있을 뿐이다. 그마저 문자의 초기 상태는 지극히 미흡한 것이었다. 이런 약점 때문에 문자 시대의 이전은 말할 나위도 없고 그 이후의 어느 시기까지도 인류의 귀중한 유산들이 기록되기에 앞서 인멸되어 버리는 액운을 면할 길이 없었다. 그럼에도 불구하고 우리는 지하에 숨겨진 이른바 고고학적인 유물에 의거하여 다행히도 고대 인류 문화의 윤곽을 고증하는데 一助가 되는 기회에 자주 접하게 된다.

그러나 우리의 관심이 여기에만 한정되거나, 의존되어서는 안 된다. 비록 지명이 무형의 존재이긴 하나 우리의 조상이 남긴 지하 혹은 지상의 유물 못지 않게 그것은 인류사의 秘話를 증언할 수 있기 때문이다. 지하에 묻힌 유산들이 거의 변화를 모르고 잔존해 있듯이, 지명 역시 일반 어휘에 비하여 좀체로 변화를 싫어하는 존재인 것이다. 그렇기 때문에 우리는 지명을 무형의 고고학적 자료라고 풀이하고 싶다. 가령 영

토가 변하고 종족의 이동이나 침략으로 인하여 그 語族이 바뀜으로 말
미암아 어떤 언어가 전혀 다른 언어로 置換된다 할지라도 그 곳의 기존
지명만은 아무런 동요도 없이 그대로 존속한다는 그 강한 보수성을 우
리는 세계 각국의 지명에서 얼마든지 확인할 수 있는 것이다. 우리 한
국의 지명사에서도 동일한 사실이 발견된다. 「삼국사기」 지리지에 등재
되어 있는 고지명들이 신라 경덕왕(757)의 개명으로 졸지에 인위적인
변혁을 입긴 하였지만 이 작업은 대체적으로 보아 그 어형을 2음절형으
로 고정시켰던 것 뿐이며, 대개가 전지명을 근간으로 개명하였던 것이
지 결코 전혀 근거 없는 新作名만은 아니었던 것이다. 그렇다고 이로
인하여 순수한 우리말 지명이 사어가 된 것은 아니었고 다만 신생 2자
식 표기의 한자 지명이 점진적으로 뿌리를 내리게 됨에 따라 양자가 병
존하게 되어 (물론 경덕왕 이전에도 부분적으로 한자어 지명이 없었던
것은 아니다.) 천수백년을 경과한 오늘날까지 상당수가 원형을 그대로
아니면 약간 변형된 모습을 보존하고 있다는 사실을 확연히 발견할 수
있는 것이다.

이미 언급한 바와 같이 우리 조상들이 남긴 값진 문화 유산의 秘話를
비장하고 있을 것으로 확신할 수 있는 지명 어휘들이 어떤 면에서 우리
의 연구에 필요하게 되는지를 살펴보면 대략 다음과 같이 요약할 수 있
을 것이다.

첫째; 국어의 계통, 고대 국어의 재구, 국어의 어원, 국어 변천사 등
의 연구에 지극히 귀중한 자료가 되어 준다.

둘째; 한국의 역사, 역사 지리, 민속, 민담, 신화, 전설, 제도 등 문
화사 전반의 연구의 자료가 되어 준다.

셋째; 우리 민족의 성립 및 이동은 물론 타민족과의 문화사적 교류
관계를 파악하는 데도 긴요한 자료가 되어 준다.

넷째; 지명학은 역사학, 고고학, 지리학, 민속학, 사회학, 경제학, 설
화 문학 등에 대한 보조 과학이 될 수 있다.

다섯째; 지명을 접두한 물명(産地名), 지명과 인명, 지명과 신조어

등과 깊은 관계가 밝혀질 수 있다.

실로 한 나라의 언어에는 한량 없는 어휘가 존재한다. 그 중에서 그 수가 가장 많고 또한 사용 빈도가 높은 어휘가 곧 지명이다. 따라서 지명은 우리 민족의 고유어의 뼈를 간직하고 있는 소중한 언어재이기도 하다. 또한 방언의 연구나 국어 조어법의 연구에 있어서도 지명은 많은 도움을 주는 것이기 때문에 지명 연구의 필요성은 더욱 강조되어 마땅한 것이다.

「삼국사기」의 지리지(1,2,3,4)를 비롯하여 「고려사」지리지, 「세종실록」지리지, 「경상도 지리지」, 「동국여지승람」 등 역대 지리지를 일견하여 보더라도 이 책들이 한결같이 서두에 지명을 내세워 기술하고 있다. 우선 행정 구역부터 제시하여야 하기 때문이다. 그래야 이 행정 구역을 지시하는 지명을 무대로 펼쳐지는 정치, 문화, 경제, 교육, 상업, 산업 등의 인간 활동의 내용이 기술되거나 등재될 수 있기 때문이다. 그렇기 때문에 과거로부터 현재까지의 지명의 수집과 분석 기술이 절대 필요한 것이다.

더욱이 국어사의 연구에 있어서는 더욱 긴요한 존재가 곧 지명이다. 불행히도 우리는 고대국어의 자료를 거의 확보하지 못하였다. 옛 문헌 자료에서 뽑을 수 있는 것들이라야 인명, 관직명이 고작인데 역시 빈곤하기 짝이 없다. 이에 비하면 우리의 고지명은 양적인 면에서 우선 압도적이다. 앞에서 잠시 언급한 三韓의 78개 고지명을 비롯하여 「삼국사기」의 지명(지리 1,2,3,4)과 同書의 본기와 「삼국유사」에 남겨진 지명들은 우리의 고대국어를 재구하는 데 있어서 의지하여야 할 절대적인 언어재들이다. 요컨대 현재의 우리로서는 향가 25수를 빼놓고는 우리의 고대 국어 연구를 전적으로 지명에 의존하여야 하는 숙명을 지니고 있다. 한국사의 기술에서 야기되는 여러 문제도 고지명에 의해서 해결하여야 할 경우가 비일비재하다. 이 밖에도 한국학에 있어서 지명이 가지는 가치는 지극히 높다. 따라서 지명 연구의 필요성은 재삼 강조받아 마땅하다.

4. 지명의 특성

4.1. 지명의 발생

지명은 일종의 고유 명사이다. 고유 명사의 발생 요인은 하나의 사물을 다른 사물과 구별하기 위한 데 있다. 따라서 지명은 인간이 한 지점 혹은 지역을 다른 지점 혹은 지역과 구별하기 위한 데서 발생하는 것이다. 이 원리는 마치 사람과 사람을 구별하기 위하여 사람마다 이름을 짓듯이 땅도 곳곳을 구별하기 위하여 곳곳에 고유한 이름을 부여하게 된다. 가령 사람들이 어느 특정한 '江'을 하나만 발견하고 그 강변에서 살 때는 '江'이란 보통 명사만으로 족하였을 것이다. 그러나 이와는 다른 '江'을 몇 개 더 발견하게 되었을 때는 '江'끼리의 구별을 위하여 'X江, Y江, Z江……'식으로 '江'마다 고유명을 짓게 되었을 것이다. '山'의 이름도 같은 방식으로 발생하였을 것으로 믿어진다. 아주 먼 옛날로부터 사람은 산속 아니면 강변(혹은 천변)에서 거주하여 왔다. 그 거주지의 주변에 늘어선 멀고 가까운 '山'들을 구별하기 위하여 이 山 저 山에 고유명을 명명하게 되었다. 거주지에 대한 지명도 같은 이유에서 발생하였다. 내가 사는 고장을 다른 사람이 사는 고장과 구별하기 위하여 고유명(지명)을 부여한 것이다. 가령 '하늘, 해, 달'은 모두 유일한 존재이다. 그렇기 때문에 '하늘, 해, 달'은 보통 명사이자 그것이 곧 고유 명사가 된다. 그러나 '달'은 유일하면서도 그 모양이 한 달 내내 바뀌기 때문에 모양이 다른 '달'을 구별하기 위하여 '초승달, 보름달, 반달, 그믐달'이라 부르게 된다. 그리고 '별'도 밤하늘에 수없이 존재하기 때문에 '별'마다 고유 칭호를 갖게 된다.

이와 같은 보통 명사로부터 고유 명사의 분화 원리가 곧 지명의 발생 원리가 되는 것이다. 앞에서 전제한 바와 같이 지명도 고유 명사의 범주 안에 들어 있기 때문이다. 처음에는 지형이나 지세에 대한 보통 명사부터 발생하였을 것이라 믿어진다. 말하자면 '山, 江, 들, 골, 벌'이나 '잣(城), 마을(村, 里, 洞)'이 먼저 발생하고 이에서 서로를 구별하기 위하여 이것들 앞에 독특한 접두어를 붙여 파생 지명을 생성한 것이라 하겠다.

4.2. 지명의 보수성

지명은 일반 어휘에 비하여 대체로 변화를 싫어하는 존재다. 그렇기 때문에 우리는 지명을 무형의 고고학적 자료하고 명명하고 싶다. 가령 영토가 변하고 민족의 이동이나 침략으로 인하여 토착인의 세력이 점점 약화되어 결국에는 그 언어가 다른(침략자의) 언어로 치환된다 할지라도 그 곳의 토착 지명만은 아무런 동요도 없이 그대로 존속한다는 사실을 우리는 세계 각국의 토착 지명에서 얼마든지 확인할 수가 있다.

가령 Hawaii, Honolulu, Waikiki 등은 원주민의 토착 지명이며, Tenessee, Iowa, Oklahoma, Kansas, Michigan, Kentucky, Illinois, Texas, Chicago 등은 인디안의 토착 지명이다. 또한 이태리의 Napoli 는 이 곳으로부터 서쪽으로 20Km 떨어진 Cuma에 기원 전 800년경에 식민 도시를 건설한 희랍인들이 200년 후에 일차로 건설한 희랍의 식민 도시이었다. 얼마 후에 Cuma로부터 희랍의 식민 집단이 재차 이주하여 처음 정착한 도시 곁에 새 거주집단을 형성하자 보다 먼저 형성된 도시의 이름은 palaepolis(the old city)라 불리어지게 되었고 새로 형성된 도시의 이름을 Neapolis(the new city)라 명명하였다. 기원 전 320년에 Roma가 이 곳을 정복한 이후에도 토착 지명(희랍어)인 Neapolis는 그대로 사용되었고, 이 후로도 그 명맥이 이어져 Palae+Polis : Nea+ Polis>Napolis>Napoli~Naples로 변하였지만 결코 Roma어로 바뀌지 않았고, 그 어형의 근간은 거의 2,600년 간이나 지속된 것이다.

우리의 지명사에서도 동일한 사실이 발견된다. 함경도 지방에서 조선

초기까지 쓰였던 여진의 지명이 「용비어천가」의 지명 주석에서 발견된
다. 童巾(퉁권)山, 豆漫(투먼)江, 雙介(쌍개)院, 羅端(라단)山, 回叱家
(횟갸), 斡東(오동), 禿魯(투루)江 등의 여진 지명이 바로 그것들이다.

앞에서 실례를 제시한 바와 같이 지명은 보수성이 아주 강인하다. 原
初지명이 대개의 경우 어느 곳엔가 잔존하여 있거나 화석어로라도 남아
있기 마련이다. 고대에는 郡의 이름이었는데 후대에 와서는 보다 작은
鄕名으로 격하되어 겨우 명맥만을 유지하고 있음이 그 좋은 예이다. 가
령 扶餘의 처음 이름인 '소부리'(所夫里)가 부여읍에 사는 촌로들에 의
하여 아직까지도 쓰이고 있으며, 公州의 옛 이름인 '고마ㄴ르'(熊津)가
지금도 나루 이름인 '곰나루, 고마나루'로 현지에서 쓰이고 있다. 이와
같이 원초지명이 그대로 존속되면서 이에 대한 인위적인 개정 지명이
공존하게 되고, 여기에 다시 새로 생겨나서 추가되기도 한다.

4.3. 지명의 변화

지명의 보수성은 일반 어휘보다 훨씬 강하다는 사실을 앞에서 우리는
확인하였다. 그렇다고 그것이 곧 절대 불변의 존재란 의미는 결코 아니
다. 지명도 오랜 세월을 통하여 여러 모로 변화한다. 지명 역시 어휘
체계 내의 한 존재인고로 통시적으로는 음운사에 순응하여 일반 어휘와
함께 음운 변화를 입는다. 마찬가지로 공시적인 음운 변화에도 순응한
다. 예를 들면 '徐伐>셔블>셔볼>셔울>서울'은 유성음 사이에서의 'ㅂ'
의 약화 탈락이란 국어음운사의 한 규칙에 순응한 결과이자 설단 자음
뒤에서의 반모음 y탈락이란 규칙에 순응한 결과이다. 「용비어천가」에
나오는 지명 중에서 '배애'(<비개), '몰애오개'(<몰개고개) 등은 하강
이중 모음 뒤에서 'ㄱ'의 탈락 규칙에 순응한 결과이다. 예를 하나 더
들면 '徐那:徐羅:徐耶'와 '加那:加羅:加耶'는 'n>r>y'의 음운 변화 규칙
이 고대 국어에서부터 야기되었음을 암시하는 지명의 음운 변화 현상이
라 하겠다.

지명은 공시적 음운 변화 규칙에도 순응한다.

도자(1932)는 지명도 일반 어휘처럼 방언의 음운 규칙에 따라서 변화를 일으킨다고 지적하고 그 실례를 다음과 같이 들었다. 라틴어 지명인 Fabrica는 규칙적으로 Provence에서는 Fabrego가 되고, Savoie에서는 Faverge가 되고, 남부 및 서부에서는 Fargue가 되고, Aurergne와 Limousin 지역에서는 Farge로 변하였고, 북부 지역에서는 Forge로 변하였다는 것이다. 따라서 각 지역 내의 지명의 어형은 특수한 단어의 아주 드문 경우를 제외하고는 각 지역의 구조와 화합하는 것이라고 주장하였다.

한국의 지명도 방언 음운의 지배에 의하여 규칙적인 변화를 일으킨다. 예를 들면 '경상도→증상도, 계룡산→제룡산, 긴밭들(長田里)→짐밭들, 길티(長峙)고개→질티고개, 김천(金泉)→짐천, 김제(金堤)→징게, 향교골(鄕校村)→생교골' 등과 같이 구개음화 규칙을 소유하고 있는 방언 구역에서는 이 규칙을 지명에도 철저하게 적용을 한다. '곰개(熊浦)→공개, 곰골(熊谷)→공골, 샴골(泉洞)→상골, 긴밭들(長田里)→짐밭들'처럼 자음 동화 규칙에 순응하기도 하고, '강경(江景)→갱경, 놀뫼(論山)→널미, 덕바위(德岩)→덕바우, 울바위(鳴岩)→울바우' 등과 같이 모음 변화 규칙에 순응하기도 한다.

지명은 음운 변화에 의해서만 변화를 하는 것은 아니다. 가령 행정 구역의 정비나 승격 혹은 격하에 따라서 기존 지명을 구성하고 있는 형태소의 일부가 다른 형태소로 바뀌는 경우가 종종 있다. 백제 시대의 '井村'이 신라 경덕왕(757)에 의하여 '井邑'이 되고, 최근에 '井邑'이 市로 승격됨에 따라서 '井州市'가 되었다가 다시 '井邑市'로 돌아갔다. 백제 시대의 '餘村'은 경덕왕이 '餘邑'으로 개정하였고, 고려 태조가 '餘美'로 바꾼 뒤에 다시 餘美의 일부와 高邱의 일부를 합하여 貞海縣을 신설하였다. 조선초의 太宗이 '餘美'와 '貞海'를 통합하고, 뒷부분만 절취하여 '海美'라 개칭하였다. 현대 지명에서 한 예를 들면, 官洞이란 지명은 이 마을이 上. 下로 분리됨에 따라서 '上官, 下官'으로 바뀌었다. 이른바 內

洞, 邊洞, 外離, 內離 등이 같은 범주에 들 수 있는 예들이다. 이처럼
지명은 그것이 지시하는 지역 범위의 축소나 확대, 혹은 이웃 지역과의
통폐합에 따라서 지명의 형태가 부분적으로 바뀌기도 한다.

지명은 별명을 갖는 변화를 입기도 한다. 가령 현 扶餘는 신라 경덕
왕이 개정하기 이전에는 '所夫里'이었다. 그런데 내내 '所夫里'로 불리어
오던 지명을 버리고 백제의 聖王이 공주에서 이 곳으로 서울을 옮기면
서 새로운 국명으로 명명하였던 南扶餘에서 '扶餘'만 떼어서 경덕왕(서
기 757)이 새로이 이름을 붙인 것이다. 그리하여 두 지명 '所夫里'와
'扶餘'가 공존하는 변화가 발생하였다. 마치 인명에서 兒名을 버리고 새
이름을 지어 주어도 그 사람에게는 내내 두 이름이 아울러 불리어지듯
이, 지명도 新舊지명이 그대로 공존한다.

5. 지명의 어원과 전설

5.1. 中原과 塔坪의 유래

현 중원군의 옛 이름은 中原京이다. 그리고 塔坪리는 中原군 司金면
에 있는 동리인데 그 곳에 예로부터 전하여 오는 탑이 있기 때문에 붙
여진 이름이다. 이 탑은 신라 원성왕(785-798) 때에 세워졌다. 세운
목적은 국토의 중앙을 표시하기 위한 데 있었다. 그렇기 때문에 塔의
높이가 14m나 되었던 것이다. 처음에는 이 탑의 이름을 中央塔이라 명
명하였다. 신라는 국토 통일을 성취한 이후 영토의 중앙부를 확정하기
위하여 길을 잘 걷는 사람 둘을 선택하여 남북의 양끝에서 같은 날 같
은 시간에 국토의 중앙을 향하여 동일한 보조로 걷게 하였다. 이렇게
하여 두 사람이 만난 곳이 곧 중앙탑이 서 있는 곳이었다. 따라서 이
'탑들'(塔坪)은 탑이 세워진 이후에 발생한 지명이다.

신라는 삼국 통일 이후 전국을 9州로 나누고 몇 곳에 小京을 두었다.

北原小京과 南原小京의 중간에 위치한 지역을 中原小京 혹은 中原京이라 하였다. 현 忠州란 이름이 곧 이 中原에서부터 유래하였다. 忠州의 '忠'자는 '中'과 '心'의 두 글자로 구성된 字이기 때문에 역시 中心部 곧 中原이란 의미를 달리 표현한 지명이라 하겠다. 또한 이 곳에는 '半川'이라는 시내가 흐른다. 이 내를 '안반내'라고도 부르는데 半川은 남과 북의 절반이란 의미를 띠고 있으며 '안반내'는 지금의 韓半來의 옛 이름인데 여기 韓의 뜻은 '한내, 한복판, 한가운데, 한가위' 등에 접두한 '한'에 해당한다. 따라서 '안반내'의 원형은 '한반내'일 것이며, 이것을 한자로 音寫하다 보니 韓半來가 되었을 것이다.

5.2. 報恩과 雉岳의 유래

조선 시대의 세조가 피부병을 부처님의 힘으로 치유하기 위하여 명산 대찰인 속리산 법주사에 행차하였다고 한다. 세조가 이 곳에 와서 머무르는 동안의 어느 날 시내에서 목욕을 하는데 보살의 화신인 아름다운 소녀가 나타나 "상감마마께서는 곧 병이 나을 것이옵니다." 라고 아뢰고 사라졌다. 그 뒤에 세조의 병이 말끔히 나았다. 그리하여 세조는 스스로의 피부병을 고친 은혜를 갚는다는 뜻으로 그 곳을 報恩이라 부르게 하였다고 한다.

강원도 原城郡의 경계에 자리잡고 있는 치악산도 비슷한 유래를 지니고 있다.

옛날 치악산의 上院寺 주지가 종을 만들기 위하여 십만 가구에서 숟가락을 거두어 들였다. 그러나 거두어 들인 숟가락 중 절반을 여자 보살과 내통하여 은밀한 곳에 감추어 두었다. 이런 까닭으로 부처님의 노여움을 사 종이 울릴 때까지 두 남녀가 구렁이로 변하여 살도록 저주까지 받았다고 한다.

그 뒤에 경상도 義城에 사는 한 선비가 과거를 보려고 한양에 가던 중 이 산기슭에서 꿩을 칭칭 감은 구렁이를 발견하고 그 구렁이를 활로

쏘아 꿩을 살려 주었다. 이 날 밤에 그 선비는 깊은 산중에서 여자 홀
로 사는 집에 투숙하게 되었다고 한다. 그런데 그 여자는 낮에 선비의
화살을 맞고 죽은 구렁이의 아내인지라 남편의 원수를 갚기 위하여 잠
든 선비를 칭칭 감고 하는 말이 "만일 상원사의 종소리가 세 번 나도록
울려 주지 않으면 너를 잡아 먹겠다."고 하였다. 그러던 중 마침 먼동이
틀 무렵에 갑자기 빈 절간에서 종소리가 세 번 울려 퍼졌고, 구렁이는
약속대로 사라져 버렸다. 선비는 기이한 생각에 절에 가 본 즉 종밑에
세 마리의 어린 꿩이 머리가 깨져 죽어 있었다고 한다. 두 구렁이는 저
주받은 주지와 보살이었다고 하며 그 구렁이를 죽여 생명을 구하여 준
선비에게 꿩이 은혜를 갚았다 하여 이 산을 雉岳山이라 부르게 된 것이
라 한다.

5.3. 蟾津江의 유래

섬진강은 전라남도 光陽郡과 경상남도 河東郡 사이의 道界를 이루는
강이다. 이 강의 보다 이른 이름은 '豆恥江'이었다.

임진왜란 때에 왜적이 바다를 건너와 섬진강으로 배를 타고 들어오자
이 곳의 주민들은 불안과 공포에 떨 수밖에 없었다. 그런데 왜적의 병
선이 이 강에 도착하자 갑자기 수십만 마리의 두꺼비가 새까맣게 떼로
몰려와 울부짖는 바람에 너무나 무시무시하고 소름이 끼쳐 왜병들이 감
히 상륙할 생각조차 못하고 달아나 버렸다고 한다. 왜병들이 후퇴하자
두꺼비들도 일시에 사라져 버렸다고 한다. 그 뒤로부터 '豆恥江'이라 부
르던 이 강을 '蟾津江'이라 부르기 시작한 것이라 한다. 지금까지도 섬
진강 부근의 나루터에는 큰 두꺼비들이 가끔 나타난다고 한다.

이상은 지명 유래를 통하여 지명의 어원을 밝힐 수 있는 좋은 예들이
다.

5.4. 지명과 전설의 상관성

지명과 전설의 상관성에 있어서 그 발생의 선후 문제는 지극히 풀기 어려운 난제이다. 우리가 지명과 관련된 전설을 놓고 그 생성 과정에 있어서 지명이 먼저이냐 아니면 전설이 먼저이냐의 의문에 대한 해답을 얻으려 할 때 피상적으로는 어떤 결론도 함부로 내릴 수 없는 경우가 허다하기 때문이다. 그럼에도 불구하고 종래의 대부분의 견해들은 전설이 먼저 발생하고 그 전설로 인하여 지명이 뒤에 생겨난 것으로 보아 왔고 또한 일반적으로 그렇게 수긍하여 왔다. 이렇게 만든 배후에는 두 가지 이유가 도사리고 있다. 하나는 전해 오는 이야기(傳說)에 역점을 두어 그 내용을 강조하려니까 자연적으로 전설부터 앞세워 역설하고 그리고 나서 그 전설로 인하여 지명이 생겼다고 결론을 내려야 하였기 때문이다. 다른 하나는 앞에서 언급한 이유 때문이었겠지만 옛 문헌에 등기되어 전하는 전설의 대부분이 전설이 먼저 발생하고 그 전설로 인하여 지명이 뒤에 발생한 것으로 기술하였기 때문이다.

그러나 우리는 오히려 이와 반대의 입장에서 출발하게 된다. 지명이 먼저 발생하고 그 지명으로 인하여 전설이 발생한 것임을 다음에서 논의하고자 한다. 여기서 논의의 편의를 위하여 두 용어를 정하여 사용하도록 하겠다. 전설이 먼저 생성되고 그 전설로 인하여 유래하는 지명을 '전설지명'이라 부르고, 반대로 지명이 먼저 발생한 뒤에 그 지명으로 인하여 유래한 전설을 '지명전설'이라 부르기로 한다.

그러나 앞에서 규정한 지명전설과 전설지명이 때로는 혼착(混錯) 상태에 빠져 어느 것인가를 판별하기 어려운 경우가 종종 있다. 이런 경우에 있어서 문제 해결을 위하여 접근할 수 있는 방법으로 우리는 전설 자체를 면밀히 분석 검토하는 길과 해당 지명을 언어학 및 지명학적으로 분석 기술하는 길을 택할 수 있다. 이제까지 제기한 문제를 풀기 위하여 관심을 가져 왔다면 대체적으로 전자에 해당하는 외길만 걸어온 느낌이 들며 아니면 보다 과학적인 판단을 위하여 채택되어야 할 두 길이 모두 방치되어 온 경향마저 있었지 않았나 한다.

실로 그 동안 전설에 접근하는 학계의 관심이 여기서 제기하는 문제에 관하여 비교적 소극적이었거나 아니면 거의 무관심한 상태의 연속이 아니었던가 한다. 그러나 그것이 지명전설이든 전설지명이든 일단 전설을 논의함에 있어서는 그 발생 원인, 생성 과정 등이 보다 과학적으로 분석 기술되어야 할 것이다.

사실 그것이 지명전설인데도 불구하고 전설지명으로 오인되어 온 경우가 적지 않다. 이와 같이 전설지명으로 착각된 지명전설들이 많은데 그 중에서 '白馬江전설'과 '곰나루 전설'을 모델로 택하여 논의하여 보고자 한다.

'白馬江'에 대한 최초의 기록은 「세종실록」(1454)에서부터 비롯된다. 보다 이른 시기에 있어서의 호칭은 '白江'이었다. 「삼국사기」(1145)는 말할 것도 없고 「日本書紀」(720) 조차도 '白江'만이 나타날 뿐이며 '白馬江'은 고사하고 '白村江'조차도 나타나지 않는다. 다만 '白村'만이 「일본서기」에 단 한 번 나타난다. 따라서 그 원초형은 '白江'이었던 것인데 거기에 '村'자가 후대에 삽입되어 '白村江'이 되었고 이 '白村江'이 다시 '白馬江'으로 변천한 것이라 본다.

여기서 우리가 '白馬江'의 전신으로 추정되는 '白村江'을 분석할 때 3개의 형태소로 이루어진 지명어임을 직감적으로 알 수 있다. 그리하여 '白+村+江>'白+馬+江'과 같은 형태소의 분석을 할 수 있게 된다. 다시 각 형태소를 표기한 한자를 새김으로 풀면 '白=ᄉᆞᆲ+村=ᄆᆞ술+江=ᄀᆞ름'으로 해석할 수 있다. 여기서 '村'과 '馬'는 그 새김소리(訓音)이 엇비슷하기 때문에 '村'에 대한 음차표기로 '馬'의 새김소리를 빌어 적을 수 있었고, 그렇기 때문에 '村>馬'의 표기 변화가 가능하였던 것으로 보려 한다. 이처럼 '村'의 고유어인 'ᄆᆞ술>ᄆᆞ올'을 '馬'의 새김소리로 추상적인 표기를 한 것이 곧 '白馬江'의 '馬'인 것이다. 그렇기 때문에 동일어인 강명이 '白村江>白馬江'으로 변하였고, 표기는 이렇게 한자로 하였으나 실제로 부른 강명은 '*ᄉᆞᆲ비ᄆᆞ술ᄀᆞ름'이었을 것이다. 이렇게 불리던 강명이 후대로 내려오면서 '白馬'(흰말)이라는 일반 어휘에 유추되어 앞에서 제시한 본래의 어휘 의미를 상실하고 '白村'을 표기한 지명 의미인 '白馬'(숍ᄆ술)가 '흰말'이란 의미의 白馬로 굳어진 뒤에야 비로소 '백마강 전설'이 생성될 수 있는 계기가 주어질 수 있게 된다. 따라서 '백마강전설'은 '白馬'라는 어휘가 고유어에서 한자어로 전의되는 과정이나 전의가 완료된 이후에 지명으로 인하여 생긴 지명전설이라 하겠다.

다른 하나의 모델로 우리는 '곰나루 전설'을 택할 수 있다. 앞에서 소개한 '백마강전설'에서와 마찬가지로 이 전설의 내용은 소개하지 않기로 한다. 너무나 잘 알려져 있기 때문이다. '고마'는 둘째 음절의 모음이 탈락하여 '곰'이 되었다. 이제까지 통설로는 '곰'(<고마)의 뜻을 '神·大·多·熊'으로만 풀이하여 왔다. 그런데 전국에 분포되어 있는 '熊川, 熊浦, 熊津'을 조사한 결과 그것들이 대개 중심되는 '마을·邑·縣·州'를 기점으로 해서 북쪽 아니면 서북쪽으로 위치하고 있다. 따라서 熊川, 熊浦는 '後川, 後浦, 北川, 北浦'의 뜻으로 풀 수 있는 근거를 그 위치의 방위로 보아서 확인하게 된다. 그러면 똑같은 熊川, 熊浦인데 어째서 유독 公州에 있는 熊津에만 '곰나루 전설'이 형성되었느냐는 의문이 제기되는 것이다.

실로 공주의 서북에 위치한 津渡인 '곰나루'의 '곰'은 咸悅(全北 益山郡)의 서북에 위치한 선착장인 '곰개'(津浦)의 '곰'과 동일 의미인 '後·北'(北津, 後津, 後浦, 北浦)이었다. 이렇게 뒤(後·北)의 뜻으로 사용된 '곰'이 마침내 동물명 '곰'(熊)과 동음 이의어였기 때문에 '熊'의 훈음차로 '後·北'을 표기하였던 것인데 어느 시기엔가 동음 이의인 동물의 '곰'(熊)과 혼동되었을 것이다. 거기에다가 熊의 새김은 동물 '곰'으로 변함없이 전승되었지만 '後·北'을 표기하기 위하여 차용된 훈음차는 熊의 본뜻(동물곰)을 나타내기 위한 것이 아니었기 때문에 오랜 세월 속에서 점점 본뜻(동물곰)에 밀려 본래의 의미(後·北)는 소실되고 말았다.

요컨대 본래에는 北津의 의미인 '고마ᄂᆞᄅ'가 熊津으로 표기된 이후 점차 차용 한자 '熊'의 의미인 동물명으로 전의되는 과정이나 漢語化한 뒤에 새로운 어휘 의미인 동물 곰으로 인하여 발생한 지명전설로 추정하는 것이다.

6. 지명의 의의

모든 지명은 두 의미를 갖는다. 그 하나는 '좁은 의미'이고, 다른 하나는 '넓은 의미'이다.

6.1. 좁은 의미

개개의 지명이 발생할 때 부여된 의미이다. 그 지명이 왜 생기게 되었는가의 '왜'에 대한 대답이 곧 그 지명의 의미일 수 있다. 가령 '大田'이란 지명의 원초명은 '한밭'이다. '한밭'이 있기 때문에 실존한 사실을 그대로 표현한 지명이다. 따라서 이 지명은 '한밭'이란 뜻으로 태어났다고 말할 수 있다. 현재의 '連山'은 고려 때에 '黃山'에서 바뀐 이름이고, 이 '黃山'은 백제 때의 '黃等也山'에서 개명된 것이다. 이 지명은 '山이 늘어서 있는 곳'이란 의미를 부여받고 출발하였다. 이처럼 모든 지명은 저마다 태어날 때 일정한 의미를 부여받거나, 그 의미를 나타내는 어형(音韻形)으로 표현된다. 이것이 곧 지명의 좁은 의미이다. 한국의 지명에서 의미가 뚜렷하게 드러나는 지명으로 '거츨뫼(荒山), 구무바회(孔岩), 대밭(竹田), 돋여흘(猪灘), 돌개(石浦), 뒷심꼴(北泉洞), 몰애오개(沙峴), ㅂ얌개(蛇浦), 블근못(赤池), 살여흘(箭灘), 션돌(立石), 솥뫼(鼎山), 쇠잣(金城), 숫고개(炭峴)' 등을 열거할 수 있고, 女眞의 지명으로 '童巾(퉁권＝鍾), 豆漫(투먼＝萬), 雙介(쌍개＝孔, 穴), 斡合(워허＝石), 羅端(라단＝七)' 등을 들 수 있고, 아메리칸 인디안의 지명으로 'Dakota(동맹한, 연합한), Tennessee (큰굴곡의 덩굴), Iowa(졸린 사람들), Oklahoma(赤人), Kansas(그라운드 부근의 산들바람),

Michigan(큰물), Kentucky(암흑과 유혈의 그라운드), Illinois(완벽한 인간 종족), Texas(친구), Idaho (아침 인사), Mississippi(물의 아버지)' 등을 열거할 수 있다. 하와이 군도에서도 'Molo-(島), Wai-(水)'와 같은 지명 형태소의 의미가 발견된다.

6.2. 넓은 의미

대개의 경우 처음의 지명이 지시하는 장소는 그리 넓지 않다. 가령 앞에서 예로 든 '大田'(한밭)의 원위치는 현 대전역의 일원이었을 것으로 추측된다. 이 지명의 발생 당시는 '큰밭'이 있는 하나의 작은 마을에 불과하였을 것이다. 그러나 지명에 따라서는 그 지시 범위가 市勢의 확장에 따라서 점점 광역화한다. 그 넓어짐의 정도에 따라 이웃하여 있는 크고 작은 마을이 흡수되고 드디어 처음에 부여된 '한밭'이라는 의미와는 아무런 관계도 없는 큰밭이 없는 곳까지 여러 마을을 포괄 지칭하게 되어 '大田'이라는 본래의 의미를 변화시킨다. 그리하여 이제는 '大田'하면 그 개념이 현재의 市政이 미치는 구역내라는 의미로 확대되는 것이다.

보다 더 넓은 의미로 지명이 풀이될 수도 있다. 가령 '釜山'이란 지명은 다음과 같은 넓은 의미를 지니고 있다.

> ① 한국에서 둘째가는 도시이다.
> ② 인구가 500만 명이나 된다.
> ③ 가옥의 수, 문화 시설의 정도, 교육 기관……
> ④ 한반도 최남단의 바닷가에 위치한 항구 도시이다.
> ⑤ 특산물이 무엇무엇이다.
>   ⋮

등과 같이 '부산 인구, 부산 대학, 부산 시장, 부산 특산물, 부산 기업……'와 같이 그 구역과 그 안에 존재하는 모든 것, 즉 부산을 관형어

로 접두할 수 있는 모든 실존 사물을 소유하는 의미를 가진다. 브리태
니카 사전(Encyclopaedia Britannica)은 큰지명인 London에 대한
설명을 위하여 27쪽이나 할애하였다. 그런데도 '런던'의 내용을 빠짐없
이 기술하지는 못하였을 것이다. 이처럼 어떤 대지명이 지닌 넓은 의미
는 엄청난 것이다.

우리 나라에도 예로부터 邑誌, 郡誌, 道誌 등이 지닌 넓은 의미는 곧
각각의 誌에 담긴 내용 이상의 넓은 범위인 것이라 하겠다.

한편 지명의 의미는 다음과 같이 해석될 수도 있다.

저 섬 이름인 '세인트 헬레나'를 역사가는 나폴레옹의 전쟁을 체계화
하는 데서 그 의미를 찾을 것이며, 시인은 이 섬 이름에서 영웅의 말로
를 연상하여 인생의 갖가지 비극을 찾을 것이다. 또한 '시르지'라는 지
명을 놓고 생각할 때 당진군 송산면에 사는 사람들은 해변의 대지에 위
치한 자그마한 마을로 '시르지'를 연상할 것이다. 그러나 이와 접촉이
없는, 그리고 이에서 멀리 떨어진 함경도 구석이나, 경상도의 산골에서
사는 사람에게는 오히려 이국적인 어떤 어휘로 들릴 수도 있다. 그런고
로 지명은 정착성이 있음으로써 그 의미와 가치가 드러나는 것이라 하
겠다.

여기서 비근한 예를 하나만 더 들자. 가령 '메이지마치'(明治町)란 지
명은 젊은이로 하여금 이 지명에서 실연의 슬픔을 회상케 할 수도 있겠
고, 상인에게는 돈벌이가 잘 되는 곳이란 의미로 받아 들여질 수도 있
는 등의 갖가지 중복의미가 함축되어 있다 할 것이다.

실로 동일 지명이라 할지라도 문필가가 표현하는 지명의 의미, 민속
학자가 해석하는 지명의 의미, 지리학자가 부여하는 지명의 의미, 역사
가가 찾아내는 지명의 의미 등은 그 기술의 결과가 상당히 다를 것이
다. 그러나 그 모든 의미를 종합한 내용이 곧 지명의 넓은 의미라 정의
할 수 있는 것이다.

7. 지명과 지도의 관계

지명과 지도의 관계는 손바닥과 손등만큼 가까운 사이다. 바닥과 등 어느 하나만 없어도 손이 성립될 수 없듯이, 지명과 지도의 관계도 마찬가지이다. 지명이 없이는 지도가 성립할 수 없다. 지명 또한 지도가 없다면 그 위치가 어느 곳인지를 구체적으로 드러낼 수가 없다. 언중이나 주민들이 막연하게 불러 주고 또한 막연하게 그 위치가 어느 곳이라고 인식할 뿐 그것을 일정한 위치에 구체적으로 나타낼 수 있는 것은 오로지 지도일 뿐이다. 가령 甲이란 지명의 위치가 어느 곳이며, 그 한계가 어디서 어디까지라는 기록이 있다 하자. 이런 기록에 의거 지도 위에 그 위치와 한계를 잡아서 표시하면 우리는 그 내용을 시각적으로 직감하게 된다. 따라서 지도는 지명을 구체적으로 배치하여 그 지명의 위치와 범위를 정해 주는 시각적 인식도라 할 수 있다. 바꾸어 말하자면, 지도는 지명과 지명 사이의 거리를 시각화한 것이다. 따라서 개개 지명의 한계가 시각적으로 드러난다. 그리고 큰 지명 안에 배치된 보다 작은 지명들의 위치와 한계를 알게 한다.

지리의 발달 과정에 있어서 지명이 차지하는 지위는 높다. 고대의 경우를 회고할 때 경덕왕(757)이 새로운 지리적 인식을 가지고 전국을 9 州로 나누고 그 구체적인 표현을 지명으로 하였다. 지역의식의 앙양은 역시 지명의 인식으로부터 비롯된다.

요컨대 지도는 지역을 투영하는 것이므로 지역을 표현하는 지명은 당연히 중요한 지도 요소인 것이다. 바꾸어 말하자면 지도는 지명의 기록을 수용하는 容器이다.

한국의 지명이 지도에 기록되기 시작한 것은 「東國輿地勝覽」(1481)부터이다. 그 이전의 「三國史記」, 「高麗史」, 「世宗實錄」 등의 지리지는 지명에 대한 기록만 남겼을 뿐 지도는 가지고 있지 않았다. 맨 앞에서 제시한 〈지도1〉에 비교한다면 한국의 지명을 도표에 기록한 최초의 한국 지도는 너무나도 뒤늦게 이루어진 셈이다.

그러나 비록 늦게나마 지도가 작성된 것은 다행한 일이다. 최초의 지도라서 그렇겠지만 「동국여지승람」의 지도는 지극히 소략한 것이었다. 이 책은 앞에다 지도를 제시하고 있다. 그 지도에 기록된 지명은 縣 단위 이상의 행정 구역명과 이름난 산명과 강명을 질서 있게 위치별로 명시하였다. 좀더 구체적으로 소개한다면 첫머리에 '八道總圖'가 제시되었고, 각도의 郡縣을 기술하기 전에 먼저 도별로 지도를 제시하고 그 지도에 기록된 郡, 縣과 그 郡, 縣에 있는 '名山'과 '大江'에 관한 설명을 하였다. 따라서 「동국여지승람」이 가지는 최초의 지도는 '八道總圖'를 비롯하여 각도에 해당하는 지도 1매씩 모두 9매가 된다. 이 지도는 우선 江을 그리고 이름난 山을 그린 다음 그 이름을 밝히어 적었다. 그리고는 縣, 郡, 府의 위치를 찾아서 배치하였다. 지극히 소박한 지도이지만 이만큼이라도 초기에 이루어졌음이 다행스런 일이다.

이로부터 약 200여년이 지난 후에 작성된 「輿地圖書」(1757-1765)에 이르면 오랜 동안 침묵을 지켰던 지도는 보다 구체적이고도 호화판의 모습으로 나타난다. 각도의 구성은 첫머리에 각도의 全圖(雙葉彩色地圖一張)을 싣고 있으며, 각각의 郡, 邑誌에 있어서도 첫머리에 한 장의 雙葉彩色地圖를 실은 다음에 그 邑誌의 내용을 싣고 있다. 그리고 그 각개의 지도에는 그 골안에서 사용하고 있는 지명을 보다 자세하게 기록하였다. 그러니까 「輿地圖書」는 그 책 이름 그대로 당시의 전국의 都, 府, 州, 郡, 邑, 縣과 동수의 지도가 작성되었음을 알 수 있다. 여기에 이르면 꽤 작은 지명까지 지도에 기록화된다.

지금부터 100여년 전으로 추측되는 김정호의 「靑丘圖」(1837?)와 이에서 보다 발전시킨 것으로 알려진 그의 「大東輿地圖」에 이르면 현대식 지도에 버금갈 만큼 그 내용이 자세하여진다. 이 지도는 예로부터 전해오는 속지명을 많이 담고 있다. 각종의 지리지가 기록화하지 못한 소지명까지도 수록하고 있기 때문에 우리의 옛 지명 연구에 큰 도움을 주기도 하는 귀중한 자료이다.

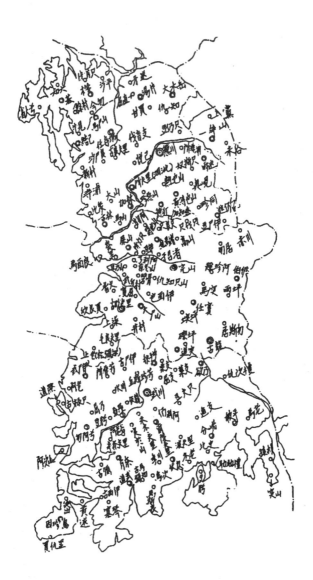

〈지도 2〉 백제 후기(476-660) 판도의 지명 분포도

鄭寅普(1946)와 李丙燾(1959)에서 馬韓 54국명의 위치를 比定하고 각 국명을 배치하여 馬韓圖를 작성하였다. 도수희(1979-1986)에서도 「삼국사기」 권 34-37(지리 1-4)의 고지명의 위치를 모두 찾아서 배치하고 그 판도를 그리었다. 이렇게 작성된 지도 위의 지명은 우선 추상적인 역사적 기술에 의하여 추정한 국경의 한계가 잘못 그어졌던 사실을 발견할 수 있게 되고, 잘 풀리지 않는 지명을 해석할 수 있는 열쇠를 얻게될 경우도 있다. 그럴 뿐만 아니라 지명 어휘의 분포와 그 특징을 밝히는 데도 크게 도움이 된다. 도수희(1986)에서 제시한 「삼국사기」 권 36을 중심으로 한 지명 분포도를 하나의 실례로 위에 예시하였다. (〈지도 2〉 참고)

우리는 마지막으로 하나 더 유의할 일이 있다. 최초의 현대식 지도가 바로 그것이다. 우리에게는 5만분지 1 혹은 2만5천분지 1의 초간 지도가 필요하다. 최근에 와서 지형의 인위적 변형으로 이왕에 기록된 옛 지명들이 상당히 소멸되어 가고 있다. 또한 지명의 급격한 변화로 본래의 지명이나, 묵은 지명이 새로 생긴 지명으로 바뀌어 기록되기도 하였다. 따라서 될 수록 일찍이 찍혀 나온 현대 지도 즉 金正浩의 「大東輿地圖」에 이어지는 최초의 현대식 지도를 입수할 필요가 있다. 그래도 거기에는 우리의 조상들이 누대로 사용하여 온 전래의 고유 지명이 어느 정도 상세하게 기록되어 있기 때문이다. 이 현대의 한국 지도에 기록된 지명의 양과 종류는 이왕에 출간된 어떤 지명 사전의 그것보다 월등히 풍부하다. 앞으로 5만분의 1(혹은 2만5천분의 1) 지도에 명시된 모든 지명을 담은 '대한국 지명 사전'이 이루어져야 할 것이다.

옛 지명을 보존하고 연구하기 위하여는 각종의 地理誌를 취합하여 인쇄 보존하는 일도 중요하지만 이에 못지 않게 한국 지명을 담은 최초의 지도로부터 최초의 현대 지도에 이르기까지 국가적인 사업으로 인쇄 보존할 필요가 있고, 이 사업이 또한 시급하다고 생각한다.

8. 지명학(Toponomy)의 이해

8.1. 지명 연구의 내용

지명학은 지명의 의미와 기원을 고찰하고 그것의 변천상을 연구하는 데 그 목적이 있다.

지명도 언어 활동을 위해서 생성된 일종의 어휘이다. 이런 점에서 볼 때 지명 연구의 본산인 지명학도 언어학의 한 하위 분야임에 틀림없다. 이처럼 지명도 언어이기 때문에 언어학의 품을 벗어날 수 없음은 자명한 사실이다.

한국 지명만을 대상으로 고찰할 때에는 일단 국어학에 해당하는 개별 언어학의 범주안에 들게 된다. 그 연구 범위를 세계의 지명으로 확대하게 되면 일반 언어학의 영역에 포함된다.

그러나 지명의 연구에서 언어학의 지식만으로 모든 문제가 해결될 수는 없다. 언어학의 지식을 주축으로 이에 역사학, 고고학, 지리학, 인류학, 민속학 등의 보조 과학이 동원되어야 비로소 그 완벽을 기할 수 있는 것이라 하겠다.

한편 그 연구 범위를 좁혀서 우리 국어학의 입장에 서게 될 때도 그 방법에 따라서 연구 결과가 상이하게 나타날 것임은 분명한 일이다. 우선 공시론적인 입장에서 지명어를 분석하려 할 때 음운론, 형태론, 어휘론, 의미론의 접근이 가능하며, 통시론적 견지에서 고찰할 때 음운사, 어휘사, 어원론 등의 이론을 배경으로 국어사의 제 문제와 직결될 것으로 믿는다.

8.2 지명 연구의 방법

8.2.1. 언어학적인 접근

지명 연구에 있어서의 최적격자는 언어학자이다. 앞에서 여러 차례

설명한 바와 같이 지명도 엄연한 언어이기 때문이다. 따라서 한국의 지명을 연구할 수 있는 기본적인 능력의 소유자는 역시 국어학자일 수밖에 없다. 그러나 국어학자라고 누구나 적격자일 수는 없다. 엄격히 말한다면 국어학자 중에서도 특히 국어사학자로 그 범위가 좁혀질 수 있다. 일반적으로 현대에 사용하고 있는 지명을 중심으로 연구하는 경우가 많다. 그렇다고 현대 국어를 연구하는 학자가 지명 연구에 있어서 최적격자라고 생각하는 것은 잘못이다. 지명은 비록 그것이 현대에 사용된다 하더라도 대부분이 짧건 길건 역사적인 뿌리를 가지고 있다. 그렇기 때문에 지명 연구에는 국어사학자의 참여가 지극히 바람직한 것이라 하겠다.

실로 지명의 기원, 지명의 변천, 지명의 발생 등을 분석 기술하려면 언어학적인 접근 방법이 절실히 요청된다. 지명의 발생은 곧 그 지명을 포괄하는 언어의 어휘 발생에 해당하는 것이요, 지명의 변천 역시 일종의 어휘 변천에 불과한 것이기 때문이다. 그럴 뿐만 아니라 한국의 지명은 한국어의 음소로 구성되어 있기 때문에 국어 음운론의 지식이 거기에 투입되어야 한다. 또한 국어 음운의 규칙에 순응하여 음운 변화의 규칙이 지명에도 적용되기 때문에 국어 음운사에도 조예가 깊어야 한다.

한편 한국어의 어휘 구조를 분석하는 역량이 지명 어휘의 구조를 분석하는 데도 투여되어야 할 것이다. 지명의 발생 과정이 구조적으로 정밀히 분석되어야 하며, 기존 지명에 대한 구조도 형태론적인 분석이 가해져야 하기 때문에 한국어의 음운사, 어휘사 및 음운론·형태론에 밝은 학자를 요구하는 것이다. 이에 더 요구되는 요건은 국어의 어휘의미론의 지식에도 어두워서는 안 된다는 사실이다. 지명 어휘도 일반 고유명사와 다름없이 의미론적인 분석을 기다리고 있기 때문이다.

8.2.2. 역사학적인 접근

지명은 역사적인 산물이다. 지명의 어원, 지명의 발달을 고찰하려면 필수적으로 역사적 지식의 바탕이 요구된다. 지명은 역사적인 배경에서 생겨나고 자라왔기 때문이다. 특히 한국의 지명은 한국의 민족사·정치사와 밀접한 관계를 맺고 그 영향을 받아 변천하여 왔다. 한국사의 상식이 없는 국어사학자는 어떤 지명이 어느 시대에 발생하여 어느 국가(예를 들면 고구려, 백제, 신라, 가라 등)에 의하여 쓰여진 것인가를 감지할 수 없는 경우가 많다. 따라서 지명의 연구자는 한국사의 지식을 필수적으로 갖추어야 한다. 여기에 고고학적인 지식이 적절히 가미될 수 있다면 금상의 첨화가 될 것이다. 가령 어떤 지명과 그 지명이 지시하는 지역 혹은 지점에서 발굴되는 지하의 유물은 그 지명과 깊은 관계를 가질 것이기 때문에 이 둘 사이는 대체적으로 친밀성을 갖게 된다. 이 경우에 지명의 속성을 파악할 수 없을 때에 그 아래에서 발굴된 유물이 문제 해결의 열쇠가 될 수도 있고, 이와 반대로 유물의 속성이 불분명한 경우에 지명이 그 문제를 해결할 열쇠가 될 것이다. 이처럼 양자는 상보적 관계의 존재일 수 있는 것이다.

8.2.3. 지리학적인 접근

지리학의 의미를 갖는 geography는 geō+graphein와 같이 분석되는 합성어이다. 여기 geō는 '땅'(the earth)를 의미하며, graphein은 '기록'(to write)를 의미한다. 이처럼 지리학(geography)는 地表(the earth's surface)를 기술하는 학문이다. 지리학에 대한 정의를 Oxford 사전에서 옮기면 다음과 같다.

> 지리학은 땅의 표면을 기술하고, 그것의 형태와 물리적 자질을 고찰한다.
> 그리고 그것의 자연·정치적 구분, 환경(기후), 생산물, 인구 등 여러 나의 것들을 취급하는 학문이다. 지리학은 흔히 수학적 지리학, 물리적 지리학, 정치적 지리학으로 나눈다.

한국의 지리학은 「세종실록 지리지」, 「고려사 지리지」, 「경상도 지리지」, 「동국여지승람」 등에서 비롯된다. 「삼국사기」의 지리지는 일종의 지명록에 불과하였다. 즉 전국을 행정 구역으로 나누고 행정 단위의 지명을 수록한 것 뿐이었다. 거기에는 각 행정 단위의 지명을 중심으로 정치·경제·사회·문화·교육 등이 기술되어 있지 않기 때문이다. 그러나 「고려사 지리지」와 「세종실록 지리지」의 내용은 특정 지명의 영역 내에 있는 名山·名川 등, 특기할 사항을 구체적으로 기술하고 있다. 이처럼 그 체제가 후대로 내려오면서 다양하여진다. 그리하여 영조 때의 「輿地圖書」나 그 이후의 각도의 개별적인 邑誌는 그 邑을 지시하는 지명이 소유하는 모든 사항을 비교적 자세하게 기록하였다. 아울러 邑內의 약도(지도)가 반드시 첨부되어 있다. 따라서 한국의 지명을 연구하려면 일종의 지리서라 할 수 있는 각종 지리지·읍지에 대한 풍부한 지식까지 겸비하여야 한다.

8.2.4. 기타의 보조 학문

우리가 지명의 전설, 지명의 신화, 지명의 설화(지명에 얽힌 이야기) 등을 수집하고 풀이하려면 한국의 민속학·설화 문학·신화학 등의 학문 지식도 겸비하여야 한다.

앞에서 제시한 네 가지의 요건을 최소 한도만이라도 갖춘 자라야 비로소 지명 연구를 시작할 수 있다. 지명이 우리의 주변에서 자주 쓰이고, 그 자료의 수집이 용이하다 하여 그 연구도 그렇게 쉽게 될 수 있는 존재로 착각하여서는 안 된다. 지명의 외형은 매우 간단하게 보이고 단순하게 인식될 지 모르나 그 내용은 지극히 복잡한 존재인 것이다. 따라서 그저 취미삼아서 고찰하여 보자는 태도나, 언뜻 보기에 고찰이 쉬울 듯하니까 가볍게 달려들 대상은 결코 아니다. 앞에서 지적한 바와 같이 다방면의 방법이 동원되어야 하고, 인접 학문의 지원을 받기 위하여 그 지식을 풍부히 겸비하여야 되는 그야말로 입체적이고도 종합적인 연구 방법과 인접 과학의 지식을 요구하는 종합 과학이라 정의할 수도 있다.

【참고문헌】

金芳漢(1983), 韓國語의 系統, 민음사.

金亨奎(1949), 三國史記의 地名考, 진단학보 16, 진단학회.

都守熙(1977), 百濟語 硏究, 아세아문화사.

──(1979~80), 百濟地名 硏究, 백제연구 제10~11집, 충남대 백제연구소.

──(1987), 百濟語 硏究(Ⅰ), 백제문화개발연구원.

──(1989), 百濟語 硏究(Ⅱ), 백제문화개발연구원.

──(1990), 龍飛御天歌의 地名註釋에 대하여, 姜信沆教授 回甲紀念論叢, 國
        語學論文集, 太學社.

──(1991), 韓國古地名의 改定史에 대하여, 金完鎭先生 回甲紀念論叢, 서울
        大學校 大學院 國語硏究會 編.

朴炳采(1968), 古代三國의 地名語彙攷, 백산학보 5, 백산학회.

辛兌鉉(1959), 三國史記 地理志의 硏究, 宇鍾社.

柳在泳(1982), 傳來地名의 硏究, 원광대.

이강로(1991), 加知奈·加乙乃→市津의 해독에 대하여, 갈음 김석득 교수 회갑
        기념 논문집, 한국문화사.

李基文(1968), 高句麗의 言語와 그 特徵, 백산학보 4, 백산학회.

李敦柱(1965), 전남 지방의 지명에 관한 고찰, 전남대.

李丙燾(1959), 韓國史(古代篇), 을유문화사.

李熙昇(1932), 地名研究의 心要, 한글 제2호, 한글학회.

鄭寅普(1946), 朝鮮史研究(上), 서울신문사.

池憲英(1942), 朝鮮地名의 特性, 朝光誌, 제8권 9호.

──(1945), 鷄足山下 地名考, 朝光誌, 제9권 9호.

──(1973), 産長山下 地名考(上), 백제연구 제4집, 충남대 백제연구소.

崔範勳(1969), 韓國地名學 研究序說, 국어국문학 42·43, 국어국문학회.

鐘味完二(1965), 地名學, 일본지명학연구소.

金澤庄三郎(1912), 日鮮古代地名の研究, 조선총독부 일보 6월호, 조선총독부.

──(1949), 地名の研究, 창원사.

馬淵和夫(1978), 「三國史記」記載の百濟地名より見た古代百濟語の考察, 문예언
        어연구 언어편 3, 筑波大.

白鳥庫吉(1896), 朝鮮古代地名考, 사학잡지 제7편 제2호.

山口彌一郎(1957), 開拓と地名, 일본지명학연구소.

山口惠一郎(1976), 地圖と地名, 고금서원.

山中襄太(1976), 人名地名の語源, 대수관서점.

柳田國男(1968), 地名の研究, 각천문고.

鮎貝房之進(1955~6), 借字攷 1·2·3, 조선학보 7·8·9, 조선학회.

酒井改藏(1970), 三國史記の 地名攷, 조선학보 54, 조선학회.

Dauzat, A.(1926), *Les noms de lieux*, pe'agrave Paris.

Nagel, J.W.(1903), *Geographishe Namenkunde*, Leipzig und Wien.

Niemeier, G.(1953), *Die Ortsnamen des Münsterlande Ein Kulturgeo -graphischer Beitrag zur Methodik der Ortsnamenforschung, selbstverlag des Geographischen Institut der Universität Münster*, Deutsch.

Pei, M.(1965), The Saga of Place Names(*The Story of Language* chapter 6), Newyork.

Reaney, P.H.(1960), *The Origin of English Place Names*, London.

Rostaing, Ch.(1948), *Les Noms de Lieux*, Paris.

Schostakowisch, W.B.(1926), *Die historhisch-ethnographische Bedeu -tung der Benennungen sibirisher Flüsse*, UJ 6-1·2.

Smith, A.H.(1956), *English place-Name Elements*, part 1·2, Cambridge University Press.

지명 연구의 과제*

1. 서 언

우리말의 어휘 중에서 그 수가 가장 많은 것들이 지명이다. 또한 사용빈도가 가장 높은 것도 지명 어휘이다. 따라서 지명은 국학전반에 직·간접으로 관계가 있기 때문에 여러 문제들을 넓고 깊게 기술분석하는데 있어서 기반이 되어주는 값진 자료이다. 그래서 지명연구의 필요성이 강조되는 것이라 하겠다.

앞으로 우리가 연구하여야 할 지명연구의 과제는 크게 두 분야로 나눌 수 있다. 그 하나는 '일반적 연구 과제'이며 다른 하나는 '특수 연구 과제'이다.

2. 일반적(종합적) 연구의 과제

2.1. 「삼국사기 지리」(1, 2, 3, 4)의 재검토

「삼국사기 지리」의 내용은 신라 경덕왕 16년(A.D.757)에 개정한 지

---

* 이 글은 한국지명학회 창립총회 및 제1회 학술발표회 발표요지문(1997.9.20)이다.

명을 중심으로 전지명과 후지명을 3단계로 나누어 기술하였다. 그 전차 지명은 통일신라 이전의 삼국지명이고 그 후지명은 고려 태조 23년 (A.D.940)의 개정 지명이다. 불과 183년을 사이에 두고 앞과 뒤에서 단행한 지명의 개정 작업인데 그 개정원칙이 있었다면 그것은 무엇이었 나. 양자의 같고 다른 점을 규명하여야 한다.

한편 이 양대 개정 작업의 과중한 인식에 눌리어 다른 기간에도 간단 없이 행하여진 또 다른 부분적인 개정작업은 우리가 거의 一貫된 무관 심 속에 버려 두고 있었음을 이제는 각성할 때가 되었다. 신라 경덕왕 과 고려 태조의 지명 개정 작업 외에도 삼국시대와 경덕왕 이후 고려 태조 때까지 그리고 고려 태조 이후 고려 말기까지 수시로 필요에 따라 서 지명을 개정한 사실이 적지 않다. 이제는 「삼국사기」의 본기, 열전, 잡지와 「삼국유사」 및 각종 옛문헌에서 지명의 개정 사실을 발견하여 지명의 개정사를 보다 더욱 세밀하게 기술하고 보완하여야 할 시기에 와 있다.

한편 필자는 경덕왕 이전에 고구려가 장수왕의 점령지역에 대하여 대 대적으로 지명 개정 작업을 단행하였던 것이 아닌가 의심하여 왔다. 필 자는 그 시기를 5세기말 경으로 잡으며 이른바 고구려 지명(「삼국사기」 지리 2, 4, 필자의 백제의 전기 지명)의 복수지명 중 고유어 지명의 대 부분은 백제지명이고 이 고유지명을 고구려가 개정한 것들이 漢譯지명 이라고 주장하여 왔다. 예를 들면 '買忽'(백제전기지명) > '水城'(고구려 개정지명)으로 추정한 것이 그 중의 하나다.

2.2. 金石文의 지명 수집과 고찰

고구려의 '광개토대왕비문'을 비롯하여 신라의 '진흥왕순수비문' 및 기 타 金石文에 새겨져 있는 옛지명을 최대한으로 수집하여 이 지명들과 각종 문헌의 지명들을 비교고찰하여야 한다. 그 결과는 지명마다의 개 별 지명사를 기술하는데 기반이 될 것이며 개개의 지명을 국어학적으로 해석기술하는데 도움을 줄 것이다.

2.3. 세종시대의 지명지의 검토

「삼국사기 지리지」 이후 거의 3세기의 공백이 지난 후에야 지리지가
새로운 모습으로 나타나게 되었다. 세종시대의 각종 지리지가 그것들이
다. 구체적으로 해당 地誌를 열거하면 「고려사 지리지」, 「세종실록 지
리지」, 「팔도지리지」, 「경상도 지리지」, 「용비어천가」의 지명주석' 등이
다. 거의 같은 시기에 저술된 이 지명지들을 종합적으로 비교 검토하면
여러 가지의 새로운 사실들이 발견될 수 있을 것이다.

특히 「고려사 지리지」와 「세종실록 지리지」에는 「삼국사기 지리지」에
등재되어 있지 않은, 전체적으로 ⅓이상이나 되는, 함경남북도와 평안
남북도의 옛지명이 추가되어 있다. 이것들은 고려 시대에 비로소 되찾
은 고구려 옛터전의 지명들인데 이것들이 발해어 지명, 여진어 지명, 「삼
국사기 지리지」의 지명과의 비교에서 서로의 異同性이 밝혀져야 한다.
이를테면 함경도 지역에 남아 있는 여진어 지명이 「용비어천가」 지명주
석에 비교적 자세히 기술되어 있는 바 이것들을 퉁구스어 지명, 만주어
지명 등과 비교 고찰하면 흥미로운 결과를 얻을 수 있을 것이다.

이 때로부터 40여년 뒤에 저술된 「동국여지승람」을 비롯한 수많은
地誌들이 하나하나 종합적인 검토의 혜택을 받아야 한다. 그 중에서 특
히 「여지도서」(영조시대)와 「대동지지」에 대한 종합적인 검토는 우선하
여야 할 우리의 연구과제이다. 그리고 과거에 전국에서 간행된 각종 旧
邑誌를 최대한으로 수집하여 이것들 역시 종합적으로 검토하여야 한다.

2.4. 古地圖에 대한 종합적인 검토

전국에 산재하여 있는 고지도를 최대한으로 수집하여 거기에 등재되
어 있는 지명을 각종 地誌의 해당 지명과 대조확인하고 지명의 위치를
일일이 점검하는 작업도 우리가 하여야 할 과제이다. 검토하는 과정에

서 잘못 적혀 있거나 그 위치가 잘못 표시되어 있을 경우에는 고치어 고지도를 바로 잡기도 하고, 누기된 지명은 해당 위치를 찾아서 적어 넣는 보완 작업까지 하여야 한다. 반대로 고지도를 바탕으로 지명지의 잘못된 내용을 바로 잡을 수도 있다. 이렇게 지도와 지명지는 손바닥과 손등사이처럼 同體表裏의 관계이어서 양자가 상호보완의 주역을 할 수 있다.

또 하나의 중대한 과제가 우리를 기다리고 있다. 남겨지지 못한 '古地圖'의 재구 작업이 바로 그것이다. 실로 「동국여지승람」(A.D.1481)이 남긴 아주 소박한 고지도 이외는 너무나 오랜 공백기를 지나서야 비로소 우리는 「여지도서」를 비롯한 각종 읍지의 소박한 고지도를 접하게 된다. 그리고 나서야 본격적인 고지도인 「靑丘圖」·「大東輿地圖」가 김정호에 의하여 작성되었을 뿐이다.

우리는 각종 지리지의 지명을 이용하여 가능한한 이른 시기로부터 「靑丘圖」 이전까지의 古地圖를 가급적이면 세분된 시대별로 각각 재구하여 작성하여야 할 것이다.

2.5. 「한국지명대사전」의 편찬 문제

옛지명으로부터 현대지명까지를 총망라한 지명대사전의 저술이 하루 속히 완성되어야 한다. 이제 우리는 이왕에 간행된 지명사전의 만족에서 과감히 탈피할 시기에 와 있다.

첫째, 지리지를 비롯한 각종 고문헌과 金石文에서 최대량의 지명을 수집하고 고지도로부터 현대지도 (특히 1910년대에 日人들이 작성한 5만분의 1 혹은 2만5천분의 1 지도)에서 지명을 수집하고 나아가서 전국에서 간행되는 '道誌·市誌·區誌·郡誌' 등에서 지명을 수집하여야 비로소 고금의 한국 지명이 총망라될 수 있을 것이다.

둘째, 지명을 바르게 주석하여야 한다. 국어학적인 방법으로 해석하고 기술분석하여야 한다. 이제는 비과학적인 지명주석이 용인될 수 없는 시기에 이르렀기 때문이다.

셋째, 지극히 방대한 작업을 한두사람의 힘으로 이룩할 수는 없다. 많은 학자가 참여하여 공동작업을 하여야 한다. 말하자면 철저하게 분업적으로 작업하는 길밖에 없다. 이렇게 분담작업한 결실을 하나의 大器에 모아담을 때 대망의 「한국지명대사전」이 탄생하게 될 것이라 믿는다.

이상의 연구 과제는 그 수가 많을수록 좋은 다수의 연구인력이 협동하여 성취하여야 할 보편적인 과제이다. 따라서 이 일반적(종합적) 연구결과는 엄격히 말해 다음 3장에서 논의하게 될 특수 연구 과제의 기초작업에 해당한다.

3. 특수(개별적) 연구의 과제

3.1. 지명 연구의 제분야

지명의 국어학적 분석기술의 내용을 요목만 적으면 다음과 같다.

3.1.1. 지명어의 음운 현상에 관한 기술

3.1.2. 지명어의 지명소 분석과 그 의미의 고찰

3.1.3. 지명어의 구조법(조어법)과 명명법의 고찰

3.1.4. 지명어의 어휘 · 어원의 고찰

3.1.5. 지명 개정사와 지명 발달사의 기술

3.1.6. 지명어에 의한 고유어의 재구와 옛새김 찾기

3.1.7. 지명어 차자표기의 한자음 연구

3.1.8. 차자표기 지명어의 해석방법 모색

3.1.9. 기타 인접학문과의 관계되는 연구 과제

3.2. 차자표기 지명 해석법의 문제

3.2.1.

백제의 후기 지명(「삼국사기」 지리 3)인 '高山'의 별칭은 '難等良'이다. 이것은 '馬突, 馬珍'의 별칭으로도 쓰이었다. 그런가 하면 '月奈>靈岩'와 같은 표기 변화에서의 '月 : 靈'의 대응이 발견되기 때문에 '突=等=月'의 등식이 성립한다. 여기서 '突'을 음차자로 볼 때 '等'과 '月'은 훈차자로 볼 수 있다. 따라서 '等'의 옛새김이 'tʌr'이었음을 믿게 한다. 그런데 '高山'의 별칭인 '難等良'이 때때로 '難珍阿'로 달리 표기되기도 하였기 때문에 '珍'의 옛새김이 역시 '*tʌr'이었음을 알려 주는 것이며 아울러 '月良'의 '良'을 'ra~ɑ'로 음독할 수 있게 한다. 그러면 어두에 있는 '難'은 무엇인가. 필자는 아직 이 '難'이 무엇인지 풀지 못하고 있다. 대응표기자를 찾지 못하였기 때문이다.

다만 후대의 기록들이

>難珍阿 - 云月良阿(「고려사」 지리 2)
>難珍阿 - 云月良(「여지승람」 권 39)

와 같이 '難'을 생략한 점에 주목한다. 만일에 그것이 관형지명소이었기 때문에 생략할 수 있었다면 '*tʌra'는 어기지명소에 해당한다. 그런데 이 '*tʌra'가 '高'로 훈차표기되어 있으며 그 위치가 어두에 쓰였으니 '*tʌra'의 의미는 '高'에 해당하였을 것으로 추정된다. 또한 '難珍阿>鎭安'으로 신라 경덕왕이 개정하였는 바 이 지명어 역시 '月良'의 별칭을 가지고 있다. 그것이 개정된 이후 현재까지 '鎭安'으로 불리고 있는 이 '鎭安郡'은 '高山'과 이웃한 고장이다. '鎭安'은 호서·호남에서 가장 높은 고지대이어서 서리가 제일 먼저 내리는 고랭지이다. 따라서 '鎭安 : 月良'

의 대응 표기로 보아서 역시 '*tʌrɑ'로 풀 수 있고 '鎭'의 새김이 '*tʌrɑ'
이었을 가능성을 얻게 된다. 이것은 다음에서 논의하게 되는 '鎭嶺'의
'鎭'과도 깊은 관계가 있는 것으로 필자는 추정한다. 그렇다면 「古事記」
(A.D.712)에서 발견되는 '波鎭漢早岐'와 이것에 대한 다른 표기인 「日
本書紀」(A.D.720)의 '波珍漢早岐'의 '鎭 : 珍'의 대응에서 '珍'을 동음이
자인 '鎭'으로 기록한 것에 불과하다고 쉽게 해석한 金澤庄三郞(1952:
10)의 견해에 이의가 제기될 수 있다. 물론 '月良'(tʌrɑ)을 '越浪'으로
달리 표기한 경우도 있기 때문에 위의 가능성을 완전히 배제할 수는 없
지만 '鎭'이 '月, 珍'으로 대응되고 또한 '鎭安'의 '安'이 '月良, 珍阿'의
'良, 阿'에 해당하는 '받쳐적는법'의 제 2음절의 표기자로 동일하기 때문
에 동음자 이표기로 보는 것보다는 오히려 동훈이자표기로 봄이 타당성
이 있는 것이라 하겠다. 더구나 '珍'이 보다 먼저 표기된 것이라면 동음
이자 표기의 가능성은 전적으로 배제할 수 없겠지만, 그것이 '鎭→珍'의
표기 순서임이 확실한데 어떻게 '鎭'은 음차표기로, '珍'은 훈차표기로 볼
수 있겠는가. '珍'은 누구나 훈차표기로 보기 때문에 이것의 선행 표기
자인 '鎭'도 훈차표기이어야함은 당연한 귀결이다.

또 하나의 예로 '等也'가 있다. 백제의 후기 지명어인 '黃等也山'의 '等
也'가 바로 그것이다. 이 지명어는 경덕왕이 '黃山'으로 개정하였고, 고
려 태조가 '連山'으로 다시 바꾸었다. 일찍이 필자는 '黃'을 훈음차자로
보고 '連'은 한역(훈차)자로 추정하여 '連'의 뜻인 '느르'(늘어서다)와 연
관시켜 '黃'을 '느르'로 풀었다. 그리고 '等也'는 '훈음+음'으로 추정하여
'*tʌrɑ'로 풀었다(도수희 1977 : 67-78 참고). 이 '黃等也山'은 지리산
으로부터 시작하여 '鎭安'과 '高山'을 거친 후에 일단 멈추어 '大芚山'이
솟아오르고 그 산맥이 계룡산에 이르러 끝맺기전에 지맥으로 뻗은 산줄
기인데 '連山邑'의 동쪽으로 병풍처럼 36개의 낮으막한 산봉우리가 펼쳐
늘어서 있다. 일종의 지형명명인 지명어이다. 이 '連山'의 산맥과 자매관
계에 있는 다른 산줄기에 위치한 지명어가 곧 '珍同'(>珍山)이다. 여기
서도 옛새김이 '*tʌr'로 추정되는 '珍'이 발견되는데 유의할 필요가 있다.

여기서부터 계룡산으로 뻗어가는 중간 산줄기에 위치한 '鎭嶺'(>鎭岑) 이 존재한다. 이 '鎭'은 이웃한 '珍同'의 '珍'과 '黃等也山'의 '等也'와 관련 지워 상고할 때 역시 '*tʌr~*tʌrɑ'로 풀어 훈음차자로 볼 수 있지 않을 까 한다. 앞에서 논의한 '珍阿 : 鎭安 : 月良'의 대응과 '等也 : 珍 : 鎭' 의 대응표기 지명소들은 하나같이 지리산에서 대둔산을 거쳐 계룡산에 이르는 산줄기 아래에 위치한다는 사실이 모두를 '高·山'의 의미인 '*tʌ r~*tʌrɑ'이었던 것으로 추정하게 한다.

그러면 다른 또 하나인 '武珍州 : 無等州'의 '等 : 珍'은 어떻게 풀어 야 하겠는가. 인근에 鎭山인 '無等山'이 背山으로 우뚝 솟아 있으니 역 시 '山'의 뜻인 '*tʌr~*tʌrɑ'로 풀어도 좋을 것인가. 현재의 光州에 대한 옛지명은 '武珍州 : 無等州'이었고 '無等山'은 '無珍山~瑞石山'의 별칭을 가지고 있다. 여기서 우리는 '武(無)珍州'와 '無等(珍)山'의 선후관계를 살펴 볼 필요가 있다. 말하자면 '無等山'이 먼저 생성한 뒤에 이 '無等'을 바탕으로 '無等州'가 생성된 것인지 아니면 반대로 '武珍州'가 먼저 생성 하고 나서 그 배산명이 '無等山'으로 명명된 것인지의 선후질서를 확언 할 수야 없지만 그렇다고 그 가능성의 모색마저 포기할 수는 없다.

보편적으로 핵심지역의 지명이 먼저 명명되고 다음으로 주변의 '山·江' 의 이름이 먼저 지어진 지명을 바탕으로 지어진다. '熊津州>熊州>公州' 로 개정된 뒤에 '公州'를 바탕으로 '公山'(公州의 背山)이 생성되었고, '곰(錦)江'이 발생하였다. 또한 '漢州~漢城(>廣州)'이 먼저 생기고 나서 '漢江'과 '廣津'이 발생하였다. '泗沘'가 먼저이고 이를 토대로 '泗沘江'이 발생하였다. 마찬가지로 '武珍州'가 먼저 생성된 뒤에 '無等(珍)山'이 발 생하였을 것으로 추정된다. 더욱이 확실한 것은 만일 '無等山'이 먼저라 면 '武珍州'가 아니라 '無珍山州'이었어야 한다. '完山州, 漢山州, 黃等也 山郡, 珍山縣, 高山縣' 등이 鎭山 혹은 背山의 이름으로 '州·郡·縣'의 지명을 삼은 일반적인 예가 있기 때문이다. 그렇다면 '無等山'의 별칭인 '瑞石山'은 '無等山' 혹은 '無珍州'와 어떤 관계가 있는 것인가. '無等山'의 내부에 돌(石)이 많이 깔려 있는 곳이 있는데 이것으로 인하여 '瑞石山'

이란 별칭이 발생하였다고 그곳 향토인들이 추정한다(전남대 이돈주, 손희하 교수). 그렇다면 언뜻 보기에 '無等山'과 '瑞石山'의 대비에서 마침 훈음이 동일한 '等'과 '石'이 대응하고 있으니 양자가 서로 밀접한 관계가 있을 것으로 판단하고 '瑞石山'이 '無等山'의 다른 표기지명일 것으로 착각할 수도 있을 것같다. 필연코 '等'과 '石'의 훈음이 相似하기 때문에 빚어진 착오일 것이다.

그러면 '武珍州'의 고유어는 무엇이며 그 뜻은 어떤 것인가. 우선 그 고유어를 '*mitʌrkol'로 추정할 때 첫째 지명소 'mi'의 뜻은 무엇이겠는가. 그것은 '믈'(水)일 가능성이 짙다. '務安'의 '務'와 더불어 '武'와 '無' 그리고 또 다른 별칭 '茂珍'의 '茂'는 동음이자표기로 볼 수 있기 때문에 그것 자체가 고유어일 가능성이 짙다. 도수희(1977:56)에서 이미 '勿>己汶, 勿阿兮>務安>勿良'의 '勿=務=武=汶'을 '水'를 뜻하는 '*mir'로 추정한 사실이 있기 때문에 이 문제도 그 글의 해석에 미룬다. 제2 지명소의 첫소리가 설단자음이기 때문에 어느 때인가 '설단자음 앞에서의 ㄹ탈락 규칙'에 의거 '믈>므'가 생성된 것으로 보면 될 것이다.

다음은 제2의 지명소가 '珍·等'으로 표기된 '*tʌr~*tʌrʌ'의 뜻은 무엇인가. 앞에서 논의한 '高, 山'의 의미인가, 아니면 다른 뜻으로 풀 수 있는가. 실로 '光州'(<武珍州)는 광역의 벌판이다. 따라서 고유어 '드르'(>들)(野, 坪)를 '珍·等'의 훈음을 차용표기한 것이나 아닌지. 환언하면 '바다안(믈안)에 있는 넓은 들판'이란 뜻의 지형 명명이 아니었을까 하는 의심을 품어본다. 그러나 여전히 꼬리를 물고 늘어지는 의문은 백제의 후기 지명어에서 '들'(<드르)를 표기한 글자는 '雨坪, 沙平, 礫坪, 突坪, 揷平, 武平, 昌平, 车平, 買省坪' 등과 같이 '坪, 平'이지 '珍, 等'이 아니기 때문이라는데 있다. 그리고 '所夫里, 皆火(>戒發), 伐首只, 比斯伐(完山州), 首原(<買省坪), 黄原(<黃述), 伎伐浦~只火浦, 只伐只' 등과 같이 '夫里, 伐·火·發, 原'로 'puri'와 'pur'을 표기하고 있기 때문이다. 김종택(1994:633)에서는 '孺達'(山)의 '達'과 '武等'(山)의 '等'을 동일한 지명소로 보았고, 金澤庄三郎(1952:20)은 '海'를 뜻하

는 滿洲語 'motori'의 침투로 보았고, 梁柱東(1965:423,708)은 '靈:
突・珍・月良'을 '野'의 뜻인 '들・드르'로 풀었지만 필자는 다시 餘題로
남길 수밖에 없다.

3.2.2.

「삼국사기」의 '馬突 : 馬珍'을 경덕왕이 '馬靈'으로 개정하였고, 이것
의 별칭이 '難等良'이기 때문에 '靈=突=珍=等良'에서 '靈'의 옛새김이
'*tʌr~*tʌrʌ'이었음을 여러 졸고(1977등)에서 이미 논중하였기에 여기
서 재론할 필요가 없다. 그것이 '*tʌr'보다는 오히려 2음절형인 '*tʌrʌ'
이었을 가능성을 '月奈~月出~月出'의 다양한 표기에서 찾을 수 있다.

백제지명인 '月奈'를 景德王이 '靈巖'으로 改定한 '*tʌr~*tʌrʌ'(靈)는
村山七郎(1962)에서 주장한 바와 같이 일본어 'ti(靈), 몽고어 činar<
*tinar(本性), yakut어 ti(靈)'와 비교될 수 있을 듯하다. 이처럼 '*tʌ
r~*tʌrʌ'이었던 '靈'의 옛새김은 언제부터인가 사어가 되어 살아지고 말
았다. 아직도 '얼'과 '넋'은 빈도가 높게 사용되고 있는데 어찌하여 '*tʌ
r~*tʌrʌ'만이 자취를 감추게 되었는지 알 수 없는 일이다.

그런데 '月奈>靈巖>', 馬突>馬靈'의 '月 : 靈 : 突'에서 '月'과 '靈'은
음차자인 '突'을 표기하기 위하여 훈음차하였다. '月'과 '突'은 百濟의 후
기 지명소이고 '靈'은 '月, 突'을 경덕왕(A.D. 757)이 개정한 지명소이
기 때문이다. 그렇다면 훈독자 '月'과 '靈'의 관계에서 어느 것이 훈차이
고, 어느 것이 훈음차이겠는가. '月'이 먼저이고, '靈'이 나중이니 '月'이
훈차이고 '靈'은 단지 '*tʌr'을 표기한 훈음차에 불과할 수도 있다. 「삼국
사기」(지리 3,4)에는 '月奈'로, 「고려사」(지리, 2)에는 '月柰'로 표기되
어 있다. '奈' 혹은 '柰'와 같이 동음이자로 음차표기된 점과 '月奈'의 별
칭으로 '月生(山)' 혹은 '月出(山)'이 있는 것으로 보아 '月奈(柰)~月
出~月生'은 모두가 '*tʌrna'를 적었던 것으로 추정된다. 백제의 '奈'를
고려초에 '生'으로 고쳤으니 필시 '生'의 새김이 '*na-'이었기 때문에 가

능하였던 것이다. 그리고 여지승람(권 35) '靈岩郡' 산천조에

月出山 在郡南五里 新羅稱月奈岳 高麗稱月生山

이라 적혀 있어서 별칭 '月出'을 발견하게 된다. 이 '月出'의 '出'은 '生'의 새김과 비슷한 'na'이기 때문에 역시 가능하였던 것이다. 「고려사」(지리 2) '靈岩郡'조에

靈岩郡有月出山 新羅稱月柰岳 高麗初稱月出山

이라 기술하고 있어서 고려초에 '月生山'이 쓰였음을 밝히고 있다. 그러나 '月出山'은 어느 때부터 사용되었는지를 밝히지 않았기 때문에 통일신라에서 쓰이던 '月柰岳'이 '月生山'과 '月出山' 중 어느 것이 먼저 발생하여 '月柰岳'을 다르게 표기한 것인지 알 수가 없다. 어쨌든 분명한 것은 '月生・月出'을 '*tʌrna'로 새겨 읽을 수 있고 이 훈음이 '月柰'를 역시 '*tʌrna'(훈+음)로 추독할 수 있도록 뒷받침한다. 그리고 만일 백제 지명어 '*tʌrna'를 漢譯한 것이 '月生・月出'이라면 '生'과 '出'의 새김에 해당하는 어휘인 '나다(出), 낳다(生)'가 백제어에서 쓰였음을 간접적으로 확인하게 된다.

그러면 신라의 경덕왕은 어째서 백제 지명인 '月柰'를 '月生' 혹은 '月出'로 개정하지 않고, 하필이면 '靈岩'으로 바꾼 것인가. 「여지승람」(권 35) '靈岩郡' 산천조에

九井峯: 月出山最高峯也 頂有岩屹立 高可二丈 旁有一穴 僅容一人從基穴而上 其嶺可座二十人
其平處有凹而貯水 如盆者九 號九井峯 雖旱不竭 諺傳九龍所在

動石: 月出山九井峯下有三石 特立層岩之上 高可丈餘 周可十圍 西付山嶺 東臨絶壁

其重雖用千百人似不能動搖而一人搖之 則欲墜而不墜 故亦稱靈岩 郡之得名以
此

와 같은 기록이 있다. '月出山'의 '九井峯'에 있는 '動石'의 신비함 때문에
이 岩石을 '靈岩'이라 불렀고, 경덕왕이 이 '靈岩傳說'을 바탕으로 '月奈'
를 '靈岩'으로 개정하였다고 풀이하고 있다.

그러나 '月奈'와 '靈岩'의 대비에서 '月=靈=*tʌr'인데 근본적인 문제가
있다. '月'의 훈음과 같은 훈음자인 '靈'자를 선택하여 표기하였기 때문에
이 첫째 지명소에 한하여 상고할 때, 경덕왕은 개정한 것이 아니라 漢
字만을 바꾸어 표기만 달리하였을 뿐이다. 경덕왕이 '馬突>馬靈'과 같
이 '突'을 '靈'의 훈음차로 표기한 다른 예가 또 있고, '武尸伊>武靈', '奈
己> 奈靈'와 같이 '靈'으로 개정한 표기지명이 더 있기 때문에 '月奈>
靈岩'에서 '月'과 '靈'은 불가분의 관계임을 인정할 수밖에 없게 된다. 그
렇기 때문에 이 엄연한 사실을 우연일치라고 말할 수가 없게 된다. 그
렇다면 어째서 경덕왕은 '靈出·靈生·靈奈'라 개정하지 않고, '靈岩'이라
개정한 것인가. 여기서 우리가 '奈=岩'임을 증명할 수만 있다면 문제는
석연히 풀릴 터인데 아직은 거기까지 미치지 못하는 필자의 능력이 안
타까울 뿐이다. 그러면 경덕왕이 '月出山九井峯動石'을 지명에 담기 위
하여 '靈(月)奈(出)+岩(動石)>靈岩'과 같이 '奈'를 생략하고 개정한 것
이 아니겠는가 의심하여 볼 수도 있다. 2字지명으로 개정하여야 하는
원칙이 서 있었기 때문이다.

한편 '月奈'를 '月良, 等也, 等良, 珍何, 珍惡, 鎭安'과 같은 반열에 놓
고 볼 때에 역시 '奈'가 '받쳐적는 법'에 해당하는 음차자가 아닌가 의심
하여 봄직하다. 그렇다면 '月奈'는 '*tʌrʌ~*tʌrna'일 가능성도 있다. 따
라서 '月奈'(*tʌrʌ~*tʌrna)를 '靈'의 훈음인 '*tʌr~*tʌrʌ로 표기자만
바꾸어 적어주고 거기에다 '動石'의 내용인 새로운 지명소 '岩'을 첨가하
여 '靈(月奈)+岩'으로 개정한 것이라 추정할 수도 있다. 그 의미는
'高·山(月奈·靈)岩'이 아니었나 추정한다. 그리고 '달이 뜬다'는 의미와

는 아무런 관계도 없이 '月奈'의 '奈'를 훈음차 표기한 것들이 '月出·月
生'의 '出·生'이었을 것으로 볼 수도 있다. 이 문제에 관한 논의는 결국
여러 가지 가설만 어지럽게 늘어 놓았을 뿐 그 정답은 다시 후일로 미
루어 둘 수밖에 없다.

3.2.3.

다음은 '珍惡山>石山'에서 '珍惡'이 '石'으로 개정표기된 사실에 대하
여서이다. 여기서 '石'은 분명한 '*tor~torak'을 표기한 훈차자인데 그
것이 漢譯인가 아니면 단순한 훈음차 표기인가의 문제가 제기된다. 훈
차자라면 '돌뫼'란 뜻인데 이 山에만 유독히 '돌'이 많이 쌓여 있었기 때
문에 '돌 뫼'라고 명명하였던 것인가. 물론 그럴 가능성도 전적으로 배
제할 수는 없다.

현재의 '石城'(<珍惡山)의 동쪽에 위치한 '廣石'(현 논산군 광석면)을
'너분들'이라 부르고, 다른 하나의 '廣石'(논산군 두마면) 역시 '나븐들'이
라 부른다. 그리고 '黑石'(대전시 기성동)을 '검은들'이라 부른다. '白石
里'는 '흰들'이라 부른다. 이상의 지명에 나타나는 '石'은 대체적으로 '들'
(<드르=坪)을 표기한 것이기 때문에 '珍惡>石도 그럴 가능성이 있지
않나 생각하지만 역시 백제 지명의 표기경향이 '들'(<드르)은 '坪·平'으
로 적었던 보편성 때문에 일단 주춤하고 머물게 된다. 좀더 깊게 생각
할 문제이다.

4. 결 언

4.1.

필자는 이제까지 지명 연구의 과제를 2와 3으로 대별하여 논의하였
다. 그러나 2와 3은 동일한 지명연구의 품안에서 공생하는 자매적인 연

구과제에 불과하다. 그렇기 때문에 양자가 균형있게 연구되어야 한다. 좀더 구체적으로 말한다면 2는 3을 위한 기초작업에 해당한다. 철저한 기초작업이 이루어지지 않으면 그 토대위에서 진행되는 특수연구가 적극적으로 이루어질 수 없는 것이다. 그러나 일반적으로 3이 2의 도움만 받는 것은 결코 아니다. 반대로 수시로 3의 연구결과가 2에게 다시 돌아가는 서로 보완하고 서로 돕는 순환적인 역할을 하기 때문에 2와 3은 二身同體인 것이며 따라서 모름지기 균형있게 연구하여야 할 지명연구의 대등한 과제라 할 수 있겠다.

4.2.

끝으로 강조하여야 할 과제가 또 있다. 그것은 우리가 지속적으로 창안하여야 할 참신한 연구방법의 개발이다. 이른바 비약적인 발전의 대명사로 쓰이던 '첨단과학'이니 '첨단기술'이니 하는 말마디가 우리들의 귓전을 스쳐간지 이미 오래다. 지명연구도 이제는 낡은 방법에 의존하여 제자리 걸음만 할 때가 아니다. 우리가 새로운 의지를 가지고 새로운 연구방법을 간단없이 고안하여 앞으로의 지명연구에 적극적으로 적용하는 진보적이고 미래지향적인 연구과정을 밟아야만 비로소 '한국지명학'도 눈부시게 발전해가는 주변의 학문들과의 경쟁이 가능하게 되리라 믿는다.

고지명 訛誤표기의 해독 문제*

1

1.1.

　고지명의 표기 방법은 매우 다양하였다. 그 차자 표기에 있어서 동일 지명에 대한 표기 방식이 '同音異字表記, 同訓音異字表記, 類似音字表記, 類似訓音借表記, 訓借表記, 音借表記, 訓·音竝借表記, 漢譯表記' 등과 같이 아주 복잡하였다. 이처럼 복잡한 공시적인 현상들이 통시적으로도 그 표기 내용이 변화를 거듭하여 오기까지 하였다. 그렇기 때문에 어떤 고지명이 선후의 질서를 분명히 드러내며 변천하여 왔을 때, 그리고 선후관계를 전혀 알 수 없는 현상의 별칭들이 해당 고지명의 주변에 분포되어 있을 때, 그 모두를 종합적으로 비교분석하지 않으면 뒤얽힌 실꾸리와 같아서 여간해서는 도무지 풀리지 않는다. 말하자면 이제까지 일반화되어 있는 평범한 방법에 의한 피상적이요, 단선적인 기술만으로는 고지명이 간직하고 있는 진상은 기대하는 만큼 구명(究明)될 수 없는 것이라 하겠다. 그렇기 때문에 이제 우리는 깊숙한 역사 속에 뿌리박고 있는 지명의 심층부에까지 파고들어 체계적으로 면밀히 천착해야 할 단계에 와있다고 본다.

---

* 이 글은 김영배 선생 회갑기념논총(1991, 경운출판사)에 게재하였다.

1.2.

실로 고지명은 우리 국어학은 물론 국학전반에 걸쳐 제기될 핵심문제를 많이 보유하고 있을 뿐만 아니라 또한 그렇듯 중후한 문제들을 푸는 열쇠도 아울러 간직하고 있는 진귀한 자료원이다. 그럼에도 불구하고 고지명에 대한 작금의 연구는 그리 활발한 편도 아니었고, 연구 태도 역시 아직 미숙한 단계에서 머뭇거리고 있다 하여도 과언이 아닐 것이다.

1.3.

고지명에 관한한 앞으로 연구되어야 할 많은 문제가 우리를 기다리고 있음을 강조하면서, 이 글은 고지명의 다양한 표기현상 중에서 특히 '訛誤'의 문제를 택하여 논의하고자 한다. 앞에서 열거한 바와 같이 고지명의 표기방법은 참으로 다양하였다. 그러나 그 여러 표기방법들에 대한 문제를 논의하기에 앞서 우선 '誤記, 誤刻'으로 인하여 '訛傳'되었을 가능성이 있거나, 혹은 반대로 바른 것을 잘못된 것으로 착각하기 쉬운 지명표기에 대하여 논의하려는 데 본고의 목적이 있다.

1.4.

고지명은 그 '移記, 刻字'과정에서 흔히 '相似字形'으로 와오되는 결과가 종종 발생한다. 때로는 '相似字音'으로 이기되는 경우도 있다. 그러나 비록 그것들이 언뜻 보아 와오형일 가능성이 있다 할지라도 이제까지의 방식대로 피상적이요, 직관적으로 그 '正誤'를 판단한다면 그 결과가 매우 불안할 수밖에 없다는 조심성을 가지고 재고할 필요가 있다. 그래서는 안 되는 태도에 대하여 필자는 여러번 강조하였다(도수희 1983, 1987, 1989 참고). 물론 고지명의 '移記, 刻字, 改定'의 과정에서 흔히 발생하는 와오형을 신속히 고찰하여 '正・誤'를 정확히 판별하는 작업이 급선무이긴 하다. 그러나 비록 외견상 와오형으로 보이는 대상일지라도 실은 그렇지 않은 '正形'들이 때때로 와오형으로 오인되어 오히려 '正'을 '誤'로 규정하는 어리석음을 범하는 경우도 없지 않은 것이다.

여기에서는 주로 '正·誤'를 가리는 과정에서 해당자료를 가볍게 다루어 서로 '正·誤'의 관계가 없는 것을 있는 것으로 오인하는 경우를 선택하여 논의하게 될 것이다.

2

2.1.

고지명을 이기하거나 각자할 때 원본의 상태가 나빴거나, 아니면 부주의로 인하여 잘못 쓰거나 잘못 새기는 사례가 많았다. 이러한 '訛誤'에 대하여 도수희(1983:614-622)에서 일차 논의한 일이 있다. 그 졸고(1983)에서 열거하였던 '訛誤形'들 이외에 필자가 수시로 발견한 것들을 다음에 추가 소개하기로 한다. 실로 고문헌을 면밀히 조사하면 아직 더 많은 실례가 색출될 것으로 믿고, 앞으로도 그 수집을 멈추지 않을 것이다. 다음에서 머리에 '·'을 가진 글자들이 서로 '正·誤'의 관계를 갖는 것으로 보인다.

① 高木根 一云 達乙斬＞達乙新〈「삼국사기」〉
② 假火押 ～ 加火揷〈「삼국사기」〉
③ 平原 ～ 乎原＞北原〈「삼국사기」〉
④ 奈兮忽〈「삼국사기」〉 → 祭兮忽〈「열려실기술」〉
⑤ 沙伏忽〈「삼국사기」〉 → 沙巴乙〈「대동지지」〉
⑥ 古斯也忽次〈「삼국사기」〉 → 左斯也忽次〈「대동지지」〉
⑦ 幹合〈「용비어천가」〉 → 幹合〈「동국여지승람」〉

⑧ 阿火村 ～ 屈阿火＞河曲(또는 河西)＞尉州〈「삼국사기」〉

⑨ 一利＞星山 一云里山＞加利〈「삼국사기」〉

⑩ 于勿谷部曲〈「여지승람」〉 → 兮勿谷部曲〈「문헌비고」〉

⑪ 所夫里＞泗沘 ～ 泗沘〈「삼국사기, 삼국유사」 등〉

⑫ 雨述＞比豊〈「삼국사기」〉 → 北豊〈「세종실록 지리지」〉

⑬ 所比浦＞赤鳥〈「삼국사기」〉 → 所北浦〈「세종실록 지리지」〉

⑭ 比衆＞庇仁〈「삼국사기」〉 → 北衆〈「여지도서」 상〉

⑮ 阿且城〈「삼국사기」〉 → 阿旦城〈「광개토왕비문」〉

앞에 열거한 ①～⑮까지를 일별하여 보면 '正·誤'관계가 있음직한 대
응글자 사이에 그 자형에 자획이 하나 더 있고 없거나, 자획의 위치가
좌우 혹은 상하로 잘못 찍히거나, 잘못 그어졌을 때에 흔히 '訛誤'가 발
생한 것으로 추측할 수 있다.

2.2.

앞의 예에서 특히 ③은 획을 어떻게 긋느냐에 따라서 '正誤'가 발생한
특이한 경우에 해당한다. 그리고 ⑪은 짧은 획을 하나 더 수직으로 그
음으로써 '泚'가 '泗'로 잘못된 것이라 추정한다. 물론 이 경우에 있어서
는 오히려 반대로 생각할 수도 있다. 왜냐하면 '泚'가 '正'인데 실수로 수
직획을 빠뜨림으로써 '沘'가 '泚'로 잘못 되었을 가능성도 일단 생각해
보아야 하기 때문이다. 이와 같은 모호성이 곧 당해 문제를 외견상으로
나 직관으로만 판단해서는 안 되는 장애요소가 되는 것이다. 일찍이 도
수희(1983)에서 논의한 바와 같이 '泗沘'와 '泗泚'보다 이른 地名은 '所
夫里'이다. 이 '所夫里'와 친연관계가 있을 것으로 보이는 가능어는 '泗
沘'이지 '泗泚'가 아니다. '*sVpVrV'(所夫里)가 '*sVpV'(泗沘)로 변할
수는 있어도 그것이 '*sVcV'(泗泚)로 변할 가능성은 거의 없기 때문이
다.

한편 위의 지명에 대한 또 다른 별명이 앞의 주장을 뒷받침한다. '所夫里河' 혹은 '泗沘江'은 일명 '白江'이라 부른다. 이 '白江'의 존재는 적어도 백제시대까지 소급된다. 「삼국사기」 지리지를 비롯하여 「일본서기」, 「신당서」 등 국내외의 고사서에 그것이 빈번히 나타나기 때문이다. 백제시대에 이미 '고마ㄴ룩'를 '熊津'으로 한역한 것처럼 '白江'역시 백제시대의 고유어에 대한 한역명일 것임은 확연한 일이다. 그렇다면 '白江'에 대한 백제의 고유어는 무엇이었을까를 추찰해야 한다.

이두와 향가에서 확인되는 '白'에 대한 옛새김은 '숣'이다. 그리고 지명에서도 '白亭子'를 '삽정재'라고 부른다. 이로 미루어 '白江'의 '白'역시 '*sVrp-'로 추정할 수 있겠다. 이 '白'의 새김음은 일찍이 Miller R.A.(1979:7)가 재구한 Okg. *silap 'white', Oj siro 'white'에 비교될 수 있다. 따라서 '白江'을 '*sVrVpV江>*sVpV 江'으로 해독할 때 '所夫里·泗沘'와는 자매성(혹은 친족성)이 있음을 인정할 수 있게 되지만 泗沘와는 그렇지 않음을 확인할 뿐이다. 따라서 '泗沘'가 '正'이며 '泗沘'가 '誤'임을 판정할 수 있게 된다. 비록 그것이 과거의 어느 시기부터 '正·誤'가 혼효(混淆)되어 동격의 호칭으로 공존하게 되었는지는 알 수 없다. 그리고 지금에 와서는 둘 다 부여의 옛이름으로 어엿이 불리우고 있기 때문에 굳이 '正·誤'를 가릴 필요가 없을 것으로 생각하기 쉬우나 결코 그렇지 않다. 그 '正·誤'를 정확히 판단한다면 우리는 '泗沘'를 우선 자매권에서 제외할 수 있고, 그렇게 하여야만 正인 泗沘와 그 친족 지명인 '所夫里·白江'만을 안심하고 비교 고찰할 수 있기 때문이다. 즉 해당지명에 대한 어원을 밝히고 그 어형과 어원을 분석하는 데에 걸림돌이 되는 장애요소를 제거하는 기초작업이 될 수 있기 때문이다.

2.3.

앞의 자료에서 ⑬~⑭는 언뜻 보기에는 '比 : 北'이 유사음차인 것같이 생각된다. '莫離支, 阿莫城'(母城) 등에서 '莫'이 'ma'만을 차음한 것처럼 '北'도 pu만을 차음한 것으로 보면 '比'와 그 音形이 비슷하기 때문이다. 그러나 그렇지 않은 확증은 '北'이 나타나는 문헌이 조선초기와 후기의 훨씬 후대의 것이란 점과 이 두 문헌을 제외한 역대의 모든 문헌이 모조리 '比'만을 보이고 있다는 데에 있다. 더구나 ⑭의 경우는 '比>庇'의 표기변화에서도 동음이자로 정확히 표기하고 있기 때문에 '比'가 '正'이요 '北'은 '誤'인 것이라 하겠다.

2.4.

⑮의 '旦 : 且'의 관계는 '旦'이 '正'이요 '且'가 '誤'일 것으로 믿어진다. 이것은 '乙阿旦>子春>永春'(「삼국사기」 지리 2, 4)의 '乙阿旦'과 비교될 수 있기 때문이다. 여기서 우리는 '旦'이 '且'로 잘못 표기된 예를 더 제시할 수 있다.

⑯ 波且 一云波豊 〈「삼국사기」 지리 4〉
⑰ 波且>海曲 一作西 〈「삼국사기」 지리 2〉

여기 ⑯⑰의 '波且' 역시 '波旦'의 잘못일 것으로 믿어진다. 이것은 '波珍干'〈「삼국유사」 권2〉, '波珍飡'〈「삼국유사」 권 3, 「삼국사기」 권 3〉, '波珍干岐'〈「석일본기」 권 17〉 등의 '波珍'과 대응되기 때문이다. 앞의 '波珍'은 '海飡'〈「삼국사기」 권 9〉, '海干'〈「삼국사기」 권 38〉과 같이 '海'와 대응되고, 앞의 ⑰의 '波且'도 '海'와 대응되니까 '波珍 : 波且 : 海'와 같은 대응에서 '*patʌr'(波珍)에 가까운 음형은 '波旦'이지 결코 '波且'일 수는 없는 것이다. 또한 그 승계어도 '바둘>바롤'이거나 혹은 '바둘>바ᄃ'로 나타나기 때문에 '波且'는 '波旦'의 잘못이라 판단할 수 있다. 따라서 ⑯⑰의경우도 ⑮의 경우와 마찬가지로 '旦'이 '正'이며 '且'가 '誤'인 것이다. 심지어는 ⑯⑰의 바른형 '波旦'과 대응하는 '波珍'이 '破彌干'〈「삼국사기」 권 38〉으로 나타나는 특이한 예도 보인다. 이것은 '彌ᄂ弥'와 '弥ᄂ珍'의 相似에서 빚어진 '訛誤'의 것으로 추정된다. 고문헌에

서 '珍'과 '彌'가 혼기된 예로 우리는 '麻珍 一作彌良'〈「삼국사기」 지리
1〉을 추가할 수 있다.

2.5.

이상의 ①~⑰까지의 자료에서 그 '正誤'를 비교적 용이하게 판별할
수 있는 유례만을 선별하여 논의하였다.

우리가 어떤 동일지명에 대한 두 표기형이 '正誤'의 관계가 있음직할
때 그것을 바르게 판독하는 방법은 우선 해당지명을 통시적으로 살펴보
는 데 있다. 이 선행작업에 가능한한 해당지명에 대한 별칭(혹은 별지
명)을 망라하여 비교 고찰하면 '正誤'가 어느 정도 정확히 판별될 수 있
다. 또한 경우에 따라서는 문헌의 간행(혹은 저작)연대에 따라서 대개
전대의 것이 '正'이고 후대의 것이 '誤'일 가능성을 발견할 수 있다. 그리
고 고금의 각종 문헌들이 동일형을 보이는데 유독 한 문헌만, 그것도
보다 후대의 1개 문헌만이, 다른 표기형을 보일 때는 그 유일한 경우가
'誤'일 가능성이 짙다고 하겠다.

3

3.1.

고문헌에 나타나는 동일지명에 대한 모호한 표기형의 대응에서 正誤
관계를 판별하는 기초작업은 반드시 선행되어야 한다. 만일 애매한 자
료를 안일하게 그대로 사용한다면 힘들여 연구한 결과가 사상누각으로
변할 가능성을 내포하고 있기 때문이다.

그러나 경우에 따라서는 처음부터 '異地名'에 대한 '異表記'인데 잘못
인식하여 그것들을 正誤의 관계로 오인하는 경우도 없지 않은 것이다.

이런 문제에 해당하는 '昔里火 : 晉里火'과 '眞峴 : 貞峴'의 문제에 대하여 다음에서 논의하려고 한다.

3.2.

다음의 例들 역시 앞의 ① ~ ⑰과 비슷한 표기현상인 것처럼 보인다.

> ① 昔里火＞青驍＞青理〈「삼국사기」 지리 1〉
> ② 晉里火＞青驍＞青理〈「동국여지승람」 권 28〉
> ③ 晉里火停一人 晉里火停二人〈「삼국사기」 권 40 職官 하〉
> ④ 眞峴～貞峴＞鎭嶺＞鎭岑〈「삼국사기」 지리 3〉

①②③에 대하여 이병도(1980:328)는 '青之誤'가 아닌가고 두주(頭註)하였고, 류렬(1983:491)은 '〈昔〉〈晉〉은 〈古〉의 틀림이다.'라고 단정하였다. 류렬(1983:491-492)은 그렇게 보아야 할 이유를 '古良夫里＞青正 : 青武＞青陽'(「삼국사기」 지리 3)의 '古良 : 青'에 결부시켜 '昔里火'를 '古里火'로 바로잡고 '고리부루'로 풀이하였다.

그러나 이 문제가 위와 같이 직관이나 피상적으로 일별하여 단정할 대상은 아닌 듯하다. 물론 '昔 : 晉'은 그 자형이 비슷한 것만은 사실이다. 그러나 우리는 여기서 ①②③을 자형상사로 인한 '誤字'로만 판단할 것이 아니라 그렇지 않을 수 있을 것이라는 방향으로도 고찰하여 볼 필요가 있다.

만일 자형상사로 인하여 빚어진 '誤字'라면 '昔'이 '正'이요, '晉'이 '誤'일 가능성이 농후하다. 그것을 다음에 열거한 자료들이 증명한다.

> ① 薩水＞青川江〈「삼국사기」 권 20, 44 乙支文德〉
> ② 薩賀水, 薛賀水＞清河, 清源＞鴨淥江〈「삼국사기」 고구려 본기〉
> ③ 沙熱伊＞清風〈「삼국사기」 지리 2〉
> ④ 薩寒＞霜陰〈「삼국사기」 지리 2〉

⑤ 靑己>積善>靑鳧〈「삼국사기」 지리 2〉
⑥ 薩買>靑川>淸州〈「삼국사기」 지리 1〉
⑦ 率己>蘇山>靑道〈「삼국사기」 지리 1〉
⑧ 昔里火>靑驍>靑理〈「삼국사기」 지리 1〉
⑨ 古良夫里>靑正>靑陽〈「삼국사기」 지리 3〉
⑩ 居斯勿>靑雄〈「삼국사기」 지리 3〉
⑪ 鴨淥江 : 水色似鴨頭 故名之爲鴨淥〈「용비어천가」 제9장 주석〉
⑫ 漢江 古稱沙平渡 俗號沙里津〈「용비어천가」 제14장 주석〉

　①②는 고구려의 지명에 해당하고, ③④⑤는 그 점령지역(백제, 신라)의 지명들이며, ⑥⑦⑧은 신라의 점령지역(⑥은 백제, ⑦⑧은 가라)의 지명에 해당하며, ⑨⑩은 백제 후기시대의 지역에 분포한 지명들이다.

　따라서 그 분포상황이 ①~⑧까지와 ⑨⑩으로 양분된다. ①~⑧까지의 분포지역은 도수희(1987)에서 밝혀진 바와 같이 대체적으로 백제어(전기)와 가라어가 쓰였던 영역이었고, 공교롭게도 이 지역에는 동일한 어휘요소가 적극적으로 분포되어 있음이 특징이었다. 그러나 ⑨⑩이 분포한 지역에서는 그런 공통적인 특징을 찾을 수가 없다. 따라서 ①~⑧의 자료와 ⑨⑩의 자료를 동질적인 것으로 보고 류렬(1983:491)에서 '昔里火'와 '音里火'를 '古良夫里'에 결부시켜 '昔·音'이 '古'의 '誤'일 것으로 본 것은 잘못된 속단이라 하겠다. '淸·靑'을 뜻하는 고유어인 '*sVrV'형과 '*kVrV'형이 지역을 달리하여 사용되었던 것으로 추정하기 때문이다.

　앞의 자료 ①②는 '薩 : 靑·淸', ③은 '沙(熱) : 淸', ④는 '薩 : 霜', ⑤는 '靑 : 積', ⑦은 '率 : 淸'의 대응에서 '薩'을 '*sVrV'로 추독할 때, ⑧의 '昔里'(:靑)가 '*sVrV'을 표기한 음차자임을 알 수 있다. 물론 이렇게 풀이하는 데는 한두 가지의 의문이 뒤따를 수 있다. 첫째 문제는, 자료 ⑦에서 '率'이 '靑'에 직접 대응하지 않고, '蘇'와 대응하기 때문에 '*sVrV'형에서 벗어나 있다는 점이다. 그러나 이 정도의 추상적인 표기는 차자 표기에서 얼마든지 찾아 볼 수 있기 때문에 문제될 것이 없다 (도수희 1989:58참조). 둘째 문제는, ①②③⑥의 '薩 : 靑·淸'과 ⑤'積 : 靑' ⑧'昔(晉) : 靑'은 분리하여 기술하여야 할 것이란 점이다. 대응하고 있는 한자가 '淸'과 '靑'으로 다르다는 데 그 이유가 있다. 그러나 예로부터 '靑'과 '淸'은 서로 통용하였기 때문에 문제될 것이 없다. 즉 '淸川江~靑川江, 淸川~靑川'으로 통용되었기 때문이다. 이렇게 추독하는데 ⑪⑫도 도움이 될 수 있을 듯하다. 자료 ②와 ⑪을 비교하여 그 내용이 '淸=薩=鴨淥'을 증언하기 때문이다. 앞의 ①에서 ⑧까지의 대응을 근거로 '靑, 淸, 霜, 積'의 훈음이 '*sVrV'임을 추정할 수 있을 것이다.

3.3.

위의 논증대로 '昔里'의 '昔'이 '正'이라면 '晉里'의 '晉'은 '誤'일 수밖에 없다. 그러나 그렇게 일반적으로만 단정할 수는 없다. 비록 겉으로는 '昔'과 '晉'이 상사형자라 할지라도 그것은 우연의 일치일 뿐이지 내용면에서는 전혀 다를 수도 있기 때문이다.

만일 '晉'이 음차되지 않고 훈음차라면 '誤字'의 혐의가 벗겨진다. '晉'의 고석이 '소리' 〈「千字之」, 「字會」, 「類合」〉인데 이것을 근거로 '晉里'를 '*sVrV'로 추독할 수 있기 때문이다. 여기 '里'는 그 앞에 자를 음독하지 말고 석독하라는 암시이다. 그것은 처용가의 '明期=볼기'를 비롯하여 '炤智王 一云毗處'의 '炤智=비지', '柳等=버들' 등과 같이 음독하지 말라는 뜻의 받쳐적기법에 해당한다.

3.4.

이제 '眞峴'과 '貞峴'에 관한 문제를 논의키로 하겠다.

① 鎭嶺縣 本百濟眞峴縣(眞 一作貞) 景德王改名 今鎭岑縣 〈「삼국사기」 지리 3〉

② 眞峴縣 一云貞峴縣〈「삼국사기」지리 4〉

①②의 '眞'과 '貞'은 어떤 관계인가?
첫째 : 동일지명에 대한 표기인데 어느 하나가 자형상사로 인하여
　　　 '誤字'가 된 것이다.
둘째 : 동일지명에 대한 유사음자의 표기현상이다.
셋째 : 다른 지명에 대한 이(異)자 표기일 따름이다.

3.5.

'眞峴'은 '貞峴'과는 다른 지명으로 '*tʌrʌpahoi'(＝高峴)로 추독된다. 그것은 인근의 '黃等也山, 珍同, 難珍阿'와의 비교에서 '眞 : 等也 : 珍 : 珍阿'와 같이 대응하기 때문에 고유어 *tʌr/*tʌrʌ(＝高·山)에 해당할 것으로 추정된다. 바로 이웃 지명인 '難珍阿 : 高山'이 앞의 추정을 도와주며, '眞峴縣'의 치소(治所)를 중심으로 주변에 산재하여 있는 '돌고개(혹은 돌팔재), 대고개, 두루말, 돍막이(혹은 동막이, 돍막골, 동막골), 덜샘(石泉)' 등의 파생지명이 또 다른 측면에서 도와준다.

③ 眞峴 鎭嶺 杞城 貞峴〈「여지승람」권18〉
④ 杞城千古邈天隅〈「여지승람」권 18 金自知詩〉
⑤ 本朝太宗十三年 改縣〔邑號〕杞城〔官員〕縣監〈「대동지지」鎭岑條〉
⑥ 密巖山古城俗稱美林古城〈「문헌비고」, 「대동지지」〉
⑦ 農城~貞坊山城~密巖山城~美林城〈舊縣址 부근〉
⑧ 고바위, 고바위보, 고바윗돌〈貞坊里의 山地名〉

위 자료 ③은 '貞峴'의 승계형일 것으로 보이는 '杞城'을 보이는데, 이것은 「동국여지승람」보다 이른 시기에 발생한 사실을 알려주며, ④의 '杞城千古'란 표현은 그 발생시기를 더욱 깊숙한 때로 올려준다. 그리고 ⑥⑦을 종합하면 '貞峴 : 貞坊 : 密巖 : 杞城'과 같이 대응시킬 수 있다. 앞에서 제시한 ③~⑧을 토대로 '貞峴'(貞坊, 密巖)과 '杞城'의 관계를

기술할 필요가 있다. 그 가능성은 다음과 같은 세 방향으로 추정할 수 있을 것이다.

(1) 貞峴＞貞城＞杞城
(2) 貞坊山城＞貞城＞杞城
(3) 密巖山城＞密城＞杞城

요컨대 '貞峴＞杞城'을 정통적인 승계로 추정하고, '杞城縣址'를 중심으로 분포되어 있는 '貞坊山城, 密巖山城, 고바위, 고시바위'를 파생지명으로 결부시켜 상고할 때 '貞峴'은 '眞峴'과는 별도로

(1) *kʌsʌpʌhoi＞*kisipahoi(密岩)＞*kizipahoi＞kizipahoi＞*kipahoi(杞城)＞kicas(杞城)
(2) *kʌsʌpʌhoi＞*kizipahoi(密岩)＞küpahïy＞kipahïy＞*kopauy
(3) *kʌsʌpahye＞*kosipahoi＞*kosipauy

와 같이 세 방향으로 발달한 것이라 하겠다.

【참고문헌】

金完鎭(1980), 鄕歌解讀法研究, 서울대.
都守熙(1983), 百濟語의〈白・熊・泗沘・伎代〉에 대하여, 백제연구 제14집, 충남대.
_____(1987), 漢字借用表記의 轉訛에 대하여, 한남어문학 제13집, 한남대.
_____(1987,89), 百濟語研究(Ⅰ)(Ⅱ), 백제문화개발연구원.
류 렬(1983), 세나라시기의 리두에 대한 연구, 과학백과사전출판사.
安秉禧(1989), 國語史資料의 誤字와 誤讀, 二靜鄭然粲先生回甲紀念論叢, 탑출판사.
李丙燾(1980), 「三國史記」 國譯, 을유문화사.
Miller R.A.(1979), Old Korean and Altaic, The Journal of Korean Studies, seattle, Vol.2.

지명 차자표기 해독법*

1. 머리말

1.1.

한국어의 차자 표기는 지명·관직명·인명의 고유명사 표기에서 비롯되었다. 이를 바탕으로 하여 체계적인 차자 표기법으로 발전한 것들이 이른바 이두(吏讀), 향찰(鄕札), 구결(口訣)이다. 고대 4국의 시조명이 아주 이른 시기에 '*블구내(弗矩內), *주모(鄒牟), *온조(溫祚), *수로(首露)'와 같이 차자표기 되었으며, 초기의 수도명도 '*사로(斯盧), *홀본(忽本), *위례(慰禮)'와 같이 차자 표기되어 이른 시기부터 전해졌기 때문이다. 서기 414년에 건립된 광개토대왕비문에 차자 표기된 지명·인명들이 많이 있다. 이 사실로 미루어 볼 때 보다 이른 시기부터 지명·인명의 차자 표기가 성행하였음을 믿을 수 있다. 만일 앞의 추정이 틀림없는 사실이었다면 이두, 향찰, 구결은 지명·인명 등의 고유명사 차자 표기법을 토대로 보다 발전한 차자 표기법이라 추정할 수 있다.

1.2.

지명에 대한 초기의 차자 표기는 음차 표기이었다. 후대로 내려 오면

---

* 이 글은 地名學 창간호(1998, 한국지명학회)에 게재하였다.

서 훈차 표기가 추가로 발생하였을 것이다. 아마도 이는 음차 표기의 결함을 보완하기 위하여 고안되었을 것이다. 실로 음차 표기란 의미전달 기능이 미약한 편이다. 그래서 의미까지 아울러 나타낼 수 있는 표기 방안을 강구하여 부족한 점을 보완하였다고 여겨진다.

1.3.

음차 표기된 지명은 표기 당시의 한자음으로 읽으면 곧 고유어가 실현된다. 그러나 가령 어떤 지명이 '훈+음+훈'으로 차자 표기되었다면 이것은 음독하면 전혀 말이 안된다. 훈차 표기(漢譯)된 지명도 음독하면 고유지명이 실현될 수 없기 때문에 처음에는 어색하였을 것이다. 다만 오랜 세월이 지나는 동안 점점 익어져 결국 한자지명으로 자리를 잡은 것이라 하겠다.

1.4.

이 글은 주로 고대 지명의 차자 표기 고유어를 바르게 해독할 수 있는 어떤 방안을 시론하려는데 목적이 있다. 고대 지명의 차자 표기법은 다음 2장에서 제시한 바와 같이 '음차 표기, 훈차 표기, 훈음차 표기, 음+훈차 표기, 훈+음차 표기, 음+훈음차 표기, 훈음+음차 표기' 등으로 분류할 수 있다. 전하여진 고대 지명에 대한 차자 표기어들을 위여러 가지 차자 표기 방식 중 어느 것에 해당하는가를 먼저 판별하여야 비로소 바른 해독이 가능하게 된다. 그 판별법이 무엇인지를 탐색하는 등의 제 해독 문제를 논의하려는 것이다.

2. 지명 차자 표기의 다양성

2.1.

한국어사에서 지명에 대한 차자 표기는 아주 이른 시기부터 비롯되었던 것으로 추정된다. 그 건립 연대(A.D 414)가 확실한 광개토대왕비문에 광개토대왕이 백제로부터 攻取한 18城名(지명)이 閣彌城, 牟盧城, 彌沙城, 阿旦城, 古利城, 豆奴城, 比利城, 彌鄒城, 豆奴城, 散那城, 那旦城, 閏奴城, 貫奴城, 阿利水 등과 같이 음차 표기되어 있기 때문이다.1) 따라서 「삼국사기」와 「삼국유사」에 나타난 慰禮城, 負兒岳, 彌鄒忽, 沸流水, 扶餘, 卒本, 斯盧 등도 꽤 이른 시기부터 차자 표기되어 전하여 왔던 것으로 믿을 수 있다. 「삼국사기」와 「삼국유사」 등 옛문헌의 기록도 乙阿旦, 阿旦, 彌鄒, 牟盧, 那旦, 阿利水 등과 같이 광개토대왕비문의 것들과 동일하거나 유사음의 차자 표기를 보이기 때문이다. 그리고 서기 500년 경에 세운 것으로 추정되는 냉수・봉평 신라비에 斯羅, 沙喙, 斯彼, 居伐牟羅 등의 지명이 새겨져 있다. 이처럼 보다 이른 시기의 비문에 새겨진 차자 표기 지명들이 거의 비슷한 모습으로 보다 후대의 문헌에 기록된 것으로 보아 비록 금석문에서 찾아지지 않을지라도 「삼국사기」, 「삼국유사」 등의 옛문헌에 나타나는 기타 지명들도 처음에는 음차 표기된 것으로 믿어도 좋을 것이다.

지명의 차자 표기를 어떻게 해독할 것인가. 우선 우리는 차자 표기가 음차 표기인가 아니면 훈차 표기인가를 구별할 수 있어야 한다. 말하자

---

1) 서기 1766년과 1829년에 평양성벽에서 발굴된 誌石文에서 우리는 '節矣, 始役, 造作' 등의 이두를 발견한다. 이미 졸고(1976)에서 소개한 바와 같이 金正喜(19C)는 「삼국사기」 본기 중 평양성을 쌓았다는 기록을 근거로 하여 이 誌石들을 장수왕대(A.D 413-492)의 유물로 추정하였다. 그렇다면 지석문의 丙戌은 서기 446년이오, 己丑은 서기 449년이다. 광개토대왕비가 50년 가량 앞서니 인명・지명 등의 고유명사 차자 표기가 이미 발견된 비문을 중심으로 볼 때 보다 이른 발생이었다고 주장할 수 있다.

면 앞에서 제시한 여러 가지 차자 표기법 중 어느 것에 해당하는 표기 현상인가를 미리 감지 할 수 있어야 한다. 가령 어떤 지명이 단일한 차자 표기형으로 나타나지 않고 별칭으로 다양하게 차자 표기되어 있을 때 서로를 비교 검토하면 풀이할 수 있는 단서가 잡힌다. 「용비어천가」지명주석의 예를 들면 舍知:斜地, 吾音會: 阿木河, 會叱家:回叱家, 所多老:蘇多魯, 阿吾知:阿吾智(도수희 1990:65참고) 등과 같이 동일 지명에 대한 동음(혹은 유사음)자의 차자 표기가 짝지어 나타나면 그것은 대체적으로 음차 표기일 가능성이 짙다. 그렇지 않고 買忽:水城, 薩買:青川, 奈吐:大堤, 於乙買:泉井 등과 같이 대응하는 차자 표기는 후자가 '훈차 표기'에 해당하고 전자는 '음차 표기'에 해당할 가능성이 십중팔구다. 이밖에도 차자 표기 지명을 해독하는데 필요한 지식의 범위는 지극히 넓고 깊다. 필요한 모든 지식을 가지고 종합적인 분석·기술방법으로 지명에 대한 차자 표기어를 선택하여 다음 3장에서 해독을 시도하여 보기로 하겠다.

2.2.

국어 고유명사에 대한 차자 표기법에 네가지의 기본법이 있음을 일찍이 졸고(1976:1439-40)에서 다음과 같이 밝혔다.

가. 음차법 : 고유명사를 유사한 한자음으로 음차 표기하는 방법이다. 그 구체적인 예는 다음과 같다.
　　지　명 : 斯羅, 徐羅伐, 所夫里, 泗沘, 比斯伐, 彌鄒忽, 慰禮忽 등
　　인　명 : 朱蒙, 溫祚, 沸流, 類利, 居柒夫, 異斯夫, 伐休, 骨正, 奈勿, 文周 등
　　관직명 : 麻立干, 莫離支, 古鄒加, 鞬吉支, 於羅瑕, 舒發翰 등
나. 훈차법 : 고유명사를 한자의 훈을 빌어 적는 방법이다. 엄격히 漢譯이라고 말할 수도 있다.
　　지　명 : 熊津(고마ㄴᄅ), 岐灘(가린여흘), 荒山(거츨뫼), 孔岩(구무바회), 竹田(대받), 石浦(돌개), 北泉洞(뒷십굴), 馬山(물뫼) 連山(느르뫼) 등

인　명 : 東明, 赫世, 原宗, 立宗, 荒宗, 苔宗, 金輪, 銅輪 등

관직명 : 大(舍), 太大(角干), 王, 內臣, 內頭, 內法, 衛士, 平掌, 朝廷佐平, 海(干) 등

다. **훈음차법** : 한자의 본뜻은 버리고 훈의 음만 빌어 적는 법이다.

지　명 : 白(江)(泗沘江), 黃等(也山), 泉井(口)~宜(城), 柳等(川), 鷄林~鳩林, 東圓, 絲(浦) 등

관직명 : 角(干), 酒多, (波)珍(干) 등

라. **음·훈 병차법** : 음·훈을 아울러 쓰는 혼합표기 방법이다.

지　명 : 加莫洞(가막골), 廣津(광ㄴ르), 德積(덕물), 善竹(선째), 按板灘(안반여흘) 등

인　명 : 舍輪(쇠돌이), 琉璃明(누리불거) 등

　이상의 기본적인 네가지 차자 표기법 중 특히 (다)(라)는 또 다시 하위 분류하여야할 차자 표기의 활용법이 숨어 있다. (1) 음+훈, 훈+음 병차법, (2) 음+훈음, 훈음+음 병차법, (3) 훈+훈음, 훈음+훈 병차법, (4) 음+훈+훈음, 훈음+훈+음 병차법 등이 바로 그것들이라 하겠다. 이 활용법 중에 특별한 묘법은 필자가 일찍이 주장한 받쳐적기법이다. 이 받쳐적기법은 '훈+음'의 순서로 표기하는 방법이 보편적인데 그 첫째 자는 뜻을 나타내며 둘째 자는 음을 나타내어 발음하면 첫째 자의 훈독음이 실현되도록 하였다. 예를 들면 赫居→弗矩, 世里→儒利, 炤知→毗處, 活里→沙里 등이 그것에 해당한다. 이 받쳐적기법은 '혁거, 셰리, 소지, 활리'로 발음해서는 안된다는 지시로 끝음절을 받쳐적어 바르게 발음하도록 유도한 것이라 하겠다. 향찰 표기에서 金完鎭(1980:17)이 찾아낸 '訓主音從'법이 곧 이 받쳐적기의 결실이 아닌가 한다.

　지명 차자 표기에서 받쳐적기법에 의한 표기형은 다시 몇 종류로 하위분류할 수 있다. 그 기본적인 표기형은 인명 표기의 경우처럼 첫째 자의 훈독어형(고유어형)의 말음절을 표기하는 방법이다.

　① 活里~沙里(慶州府驛)는 '활리'로는 말이 안되니 반드시 '사리~살리'(沙里)로 읽으라는 표기이다.

② 勿居(백제)>淸渠(신라)는 '청거'로 읽지말고 반드시 '淸'의 훈음인 '물거'로 읽어야 고유어가 실현된다는 받쳐적기이다.

③ 昔里(火)>靑理(신라)는 '청리'로 읽지말고 '서리'로 읽어야 말이 됨을 알려 주는 표기이다. '薩水>靑川, 薩買>靑川'과 같이 '靑'의 훈이 *sar이었기 때문이다.

④ 音里火>靑理(신라)역시 '음리'와 '청리'로 읽으면 안되고 반드시 '소리'와 '사리~서리'로 읽으라는 받쳐적기이다.

⑤ 汀理 ⑥ 川里(향가)는 '정리, 천리'로 읽으면 말이 안되므로 반드시 '나리'로 읽어야 함을 알려주는 받쳐적기이다.

⑦ 等阿~等良~珍阿~月良>高山(백제)은 '고산'으로 발음하지 말고 반드시 '돌아~ᄃ라'로 읽으라는 받쳐적기이다.

⑧ 大尸山>大山>泰山~詩山~仁義(백제)는 '大尸'를 '글'로 읽으라는 받쳐적기이다. 그래야 '大'의 고유어가 실현되며 별칭인 詩山의 '詩'의 훈음인 '글'과 맞아 떨어진다.

⑨ 水川~水入伊(지리3)는 비록 음차 표기의 대응이 없지만 「처용가」의 '夜入伊'를 의지하여 '入伊'를 '들이'로 해독할 수 있는 받쳐적기로 해독할 수 있다.

⑩ 所比浦(백제)>赤烏(신라)의 '赤烏'는 '적오'로 읽지 말고 '소비~소오(<*소보)'로 읽으라는 받쳐적기이다. 현지에 아직도 '새오개'가 잔존하여 있을 뿐만 아니라 沙伏忽>赤城(「삼국사기」 지리2), 沙非斤乙~赤木鎭(「삼국사기」지리4)에서 '沙伏・沙非 : 赤'의 대응이 뒷받침하기 때문이다.

⑪ 그슴산文音山, 무룺골舍音洞(「용비어천가」)의 '音'도 받쳐적기의 말음절 차자 표기이다. '文'만으로도 '그슴'이며 '舍'만으로도 '마롬'이기 때문이다. 洛東江의 지류인 岐音江도 일종의 받쳐적기에 해당한다.「용비어천가」지명 주석 중 '가린여흘 岐灘'이 있기 때문에 '岐音'을 '기음'으로 읽어서는 안되고 반드시 '가름~가롬'으로 발음하여야 하는 것이다. 岐音江이 '大川合流' 혹은 '甘勿倉津下流와 鼎岩津의 合處'라 하였으니

이 合流(혹은 合處)하는 지점에서 上流쪽으로는 두 물줄기가 갈라지는 까닭으로 이름하여 '가름강' 혹은 '가롬강'이라 하였다.2) 그리고 ⑪'그슴 文音'을 토대로 이른 시기의 '斤尸波衣~文峴(「삼국사기」지리 2,4)의 '斤尸'를 '그시'로 추독할 수 있다. 여기 '尸'가 'ㄹ,리'가 아님은 비슷한 환경에서의 차자표기 지명들이 '仇乙, 毛乙冬非, 於乙買串, 內乙買, 達乙斬, 達乙省, 未乙省, 首乙呑, 沙非斤乙, 助乙浦' 등과 같이 '乙'로 적혀 있기 때문이다. 물론 '也尸買(也牲川), 也尸忽(野城), 于尸(有鄰)'의 '尸'가 없지 않으나 '也尸'는 '야시'로 추독함이 옳을 듯하다. 다만 '于尸'만이 '유리~우리'로 읽힐 가능성을 전적으로 배제할 수 없을 뿐이다. 현대지명 '갈비(並甫)골'(경북 靑松 縣東), '갈비(並背)골'(경남 합천 草溪, 德谷)의 '甫·背'도 '비'를 받쳐적기하였다. 이 표기 자료를 근거로 '並伊武只'(강원 淮陽 長楊)의 '並伊'도 '갈비'로 해독할 수 있으니 '伊' 역시 받쳐적기 어소로 볼 수 있다. '느름(黃音)실'(충북 옥천 靑城)의 '느름'도 '黃音'으로 발음하면 말이 안된다는 암시의 받쳐적기이다. 그러나 이와 같은 규칙에서 벗어나 있는 받쳐적기의 표기형이 드물게나마 나타나기 때문에 문제이다.

⑫ 柳等川~柳川(「여지승람」)는 '유등천'으로 읽지 말고 '버둘내'로 발음하라는 받쳐적기에 해당한다. 말하자면 '유천'은 한자어로 말이 되지만 '유등천'은 말이 안된다. '버들'의 '들'을 '等'의 훈음으로 받쳐적기한 것이기 때문이다. 그래야 고유어 '벌들내'(>버드내)가 실현될 수 있는 것이다.

⑬ 月奈~月出~月生>靈岩(「삼국사기」지리3)은 백제 시대 지명인데 당시의 지명 표기에서 '月'은 훈차자로 쓰였고 그 이후 오늘날까지도 거

---

2) 慶尙道地理志 桂城縣條(①②)와 東國輿地勝覽 靈山縣 山川條(③)에 다음의 기록이 있다.
　① 洛東江 流過縣西與宜寧來大川合流稱岐音江
　② 守令行祭所 岐音江伽倻津溟所之神 在縣相去二十八里
　③ 岐音江 在縣西二十八里 昌寧縣甘勿倉津下流與宜寧縣 鼎岩津合處 古稱伽倻津

의 훈차자로 쓰여 왔다. '奈'는 「삼국사기」 지리에서 거의가 '음차자'로 쓰였음이 확실하다. 그렇다면 이것은 *tʌrna로 추독할 수 있게 된다. 따라서 경덕왕이 개정한 '靈岩'도 *tʌrna로 추독할 가능성이 있다. '靈' 의 쓰임새가 '突:珍:月:石:等:靈'과 같이 대응기록을 보이기 때문에 그 훈이 '*tʌr'이었음을 추정할 수 있다. 그러면 '岩'은 어떻게 추독할 것인 가. 그 말음 'm'을 무시하면 'a'만 남는다. 그리하여 *tʌr(靈) *a(m) (岩)로 읽으면 '*tʌr-a'가 되니 '月奈'의 '*tʌrna'와 그 음형이 相近한다. 다만 '月奈'의 다른 표기인 '月出~月生'의 문제가 남아 있다. '出·生'의 훈은 모두 '*나-'이다. 이것은 '月奈'의 '奈'를 적기 위하여 훈음차 표기된 것처럼 보인다. 그리하여 '月奈'의 표기형 역시 받쳐적기법에 의한 '*tʌ rna'로 앞에서 풀이한 '珍阿=高·山'과 동일 의미로 추정케 한다. 그러 나 만일 '出·生'이 훈차(한역)이고 오히려 '奈'가 '出·生'의 훈음을 적어 준 음차라면 '月奈'의 추정형 '*tʌrna'는 한역인 '月出'의 뜻이 된다. 어 느 쪽으로 해독하여야 정답이 될지는 아무도 장담할 수가 없다. 다만 받쳐적기에 의한 '*tʌrna'가 보다 더 가능성이 있어 보일 뿐이다. 여기 우선 제기된 훈차 표기와 훈음차 표기의 문제는 다음 장에서 구체적으 로 논의하게 될 것이기 때문에 그리로 미룬다. 어쨌든 '月奈'에 대한 별 칭인 '月出·月生'의 표기가 이른 시기 (백제?)의 것이라면 '出·生'에 대한 고대 훈 '*나-'를 발굴한 소득의 보람이 있는 것이다.

⑭ 薩川谷~矢乃(慶尙 晋州)는 '음+훈~훈+음'와 같이 그 순서가 '음 +훈→훈+음'으로 바뀌어 대응하는 차자 표기형이다. '薩'은 *sar로 음 차 표기에 흔히 쓰였고, '川'의 훈은 '내'이며 '矢'의 훈은 '살'이며 '乃'는 음차 표기자임이 분명하다. 그리하여 모두가 고유어 '살내'로 발음이 가 능하게 된다. 따라서 '矢乃'를 '시내'로 발음하지 말고 '살내'로, '薩川'은 '살천'으로 발음하지 말고 '살내'로 발음하라는 상보적인 차자 표기이다.

⑮ 薪浦鄕卽鈒浦 方言相類(「동국여지승람」 권 26)에서 '薪浦:鈒浦'는 고유지명 '섭개'로 해독될 수 있다. '薪'의 훈이 '섭'이고 '鈒'의 음이 '섭' 이기 때문이다. 그렇기 때문에 方言相類라 하였는바 '신포'로 발음하지

말고 '섭개'로 발음하라는 뜻이 '鈒浦'에 담겨 있다.

⑯ 德勿 一云仁物, 德勿 一云德水, 德勿島 一云仁物島 或云德積島에서 '德=仁, 物=勿=水=積'의 등식이 성립함을 확인한다. '클신(仁), 큰덕(德)'〈훈몽자회 下25,31〉이니 '德·仁'은 '큰~클'로 해독하여야 한다. '水'는 훈차이고, '物·勿'은 음차이며 '積'은 훈음차이다. '德勿(物)·仁物·德積'은 '큰·클믈'로 훈·음독하여야 한다. 그런데 여기 '積:物·勿'이 문제이다. '積'의 중세훈은 '사홀'(「석봉천자문」 10)과 '물'(「광주천자문」 10)로 다르게 나타난다. 이들 복수훈 중 '물'을 택하면 된다. 이 사실을 「용비어천가」 지명주석의 '덕물德積'이 확증하여 준다. 그러나 비록 「용비어천가」에는 '덕물'로 표기되어 있지만 동일 지명소를 '德'과 '仁'으로 통용하여 적어 준 것은 본래에는 훈독이었지 결코 음독이 아니었기 때문에 가능하였을 것이다. 두 글자를 훈독하여야 동일한 고유어 '큰·클믈'이 실현될 수 있기 때문이다.

⑰ 發羅郡(백제)＞錦山(신라)＞羅州(고려)는 '發羅:錦:羅'의 대응을 보인다. 「雅言覺非」에 '蜂羅同訓벌'이라 하였고, 「鷄林類事」에는 '羅曰速'이라 하였다. '速'의 훈은 '쌘르'(「월인석보」 序18)이다. 따라서 '錦'은 훈차(한역) 표기이고, '速'은 훈음차 표기이며, '羅'는 훈차(한역) 혹은 發羅의 생략표기이다.

⑱ 水川～水入伊(백제)에서 '水入伊'를 '물들이'로 읽어야 하는 '훈＋훈＋음'의 차자 표기를 통하여 '入伊'의 '伊'가 받쳐적기의 말음절임을 확인한다.

2.3.

실로 음차 표기는 고유 지명을 얼마만큼 정확하게 적을 수 있느냐를 기준으로 따지면 그 표기력이 미약한 편이다. 경우에 따라서는 엇비슷한 한자음이면 모두가 동일지명을 표기하는데 차자될 수 있기 때문이다. 그리하여 때로는 차자 표기 결과가 지극히 추상적일 수도 있다. 그

러기에 거의가 몽타아즈식 표기에 불과하다. 말하자면 동일 지명을 음
소문자로 표기한 결과와 그것을 한자음으로 차자 표기한 결과를 비교하
여 보면 거의 사진과 몽타아즈의 사이만큼이나 현격하게 차이가 난다.
더욱이 시대를 달리하여 유사음의 한자로 음차 표기한 경우가 허다한데
이럴 경우에는 더더욱 그 정확도가 떨어진다. 보다 훨씬 이른 시기에
차자 표기된 한자는 그 음이 날로 俗音化하여 나름대로 점진적인 변화
를 입는다. 이렇게 차자 당시 보다 상당히 변화된 시기에 이르러서 변
화된 음에 맞추어 또다시 비슷한 음의 한자로 동일 지명을 표기하게 되
면 본래의 모습과는 동떨어진 음형을 빚어내게 된다. 이는 음차 표기의
해독에 있어서 우리가 특별히 유의하여야 할 裏面이다. 가령 신라의 국
호에 대한 음차표기 내용을 예로 들어보자. '斯盧, 斯羅, 徐羅, 徐那, 徐
耶, 尸羅, 新羅' 등과 같이 다양하다. 이것들은 아마도 '東壤'의 의미인
고유어 '*새라·새나'를 음차 표기한 것들임에 틀림없는데 후대에 이르
러서는 서로 다른 어휘로 착각할만큼 아주 어설픈 닮음을 보일 뿐이다.
여기 '새'(東)에 대한 또 다른 음차표기로 '沙尸良, 沙伐, 沙羅, 沙坪, 所
夫里' 등의 '沙·所'를 더 추가할 수 있다. 만일 우리가 고유어 '*새라·
새나'에 대한 예비지식이 없이 이토록 각지각색의 음차 표기에 접한다면
좀체로 해독하기 어려울 것이다.

　　다른 한 예로 '쇠'(金·鐵)에 대한 음차 표기 현상을 살펴보도록 하
자. 여기서 우선 '金 : 鐵 : 銀 : 銅'에 해당하는 고유어 *soy에 대한
차자 표기의 자료부터 옛문헌에서 찾아 모으면 다음과 같다.

三國時代(麗·羅·濟)	高麗時代	朝鮮時代
素那-金川(「三國史記」)	歲-鐵(「鷄林類事」)	므쇠로 한쇼를(鄭石歌)
蘇文-金(「三國史記」)	漢歲-銀(「鷄林類事」)	쇠잣(金城)(「龍飛御天歌」)
蘇州-金州(高句麗地域)	蘇乳-銀瓶(「鷄林類事」)	쇠재(鐵峴)(「龍飛御天歌」)
道西-都金(「三國史記」)	逐-銀·鐵(「朝鮮館譯語」)	사술(鐵鎖)(「四聲通解」下 28)
西川橋-金橋(「三國史記」)	逐卜-鍾·銅鼓(「朝鮮館譯語」)	ᄌ물쇠(鎖子)(「四聲通解」下44)
省良縣-金良部曲(「三國史記」)	逐淨-銅鑼(「朝鮮館譯語」)	쇠붐(鍾)(「訓蒙字會」中 32)

金·鐵=素·蘇·西·休·實·省>金·銀·銅·鐵=歲·蘇·逐·速>쇠〔soy〕

且唐書蓋蘇文　或號金蓋　余意東俗金謂之蘇伊……金州亦名蘇州尤可徵也(『海東繹史』
卷67)〈人物考　蓋蘇文條〉

위에 열거한 자료 중에서 *soy(金·鐵)에 가장 가까운 표기는 '金謂
之蘇伊'의 '蘇伊'뿐이다. 실상 기타는 '蘇伊'=soy와 거리가 먼 추상적인
음차 표기일 뿐이다.

구한말에 학부편집국에서 간행한 小學萬國地誌(1896)에 지명들이 다
음과 같이 음차 표기되어 있다.

皮路其斯坦(Pakistan)　哥斯德里加(Costa Rica)　德里蘭(Tehran)
甲谷地(Calcutta)　馬德里(Madrid)　塞印河(Seine 강)

위에 예거한 음차 표기 지명들을 괄호안의 알파벳 표기와 비교할 때
정확도가 많이 떨어진다. 옛부터 부단히 계승되어 온 한자의 음차 표기
란 더러는 원어의 모습을 어느 정도 비슷하게 표기하는 경우도 있었지
만, 보다 많은 것들이 아주 동떨어지게 스케치되는 것으로 만족할 수밖
에 없었다. 그렇기 때문에 한역 혹은 훈차 표기의 짝이 없는 음차 표기
만으로는 그것이 담고 있는 고유어형을 재구하기가 매우 어려운 것이라
하겠다. 그러나 지명어가 원체 보수성이 강인하기 때문에 어느 정도만
이라도 근사하게 음차 표기된 지명어라면 그리고 후대의 문헌에 거의
비슷비슷한 다른 표기형을 남기었다던지, 일반 어휘 목록에서 동일한
어휘가 찾아진다던지, 현대 지명에 비슷한 어형으로 잔존하고 있다던지
하면 이것들 모두를 비교 고찰하여 당해 지명의 고형을 재구할 수도 있
기 때문에 결코 절망적인 것만은 아니다.

3. 지명 차자 표기의 해독 문제들

3.1.

인명·관직명 등의 고유명사처럼 지명에 대한 차자 표기도 음차 표기에서 시작되었다. 「삼국사기」 권 37의 고구려 지명과 백제 지명의 대부분이 음차표기지명들이다. 물론 지리 4의 고구려 지명들은 고유명을 한역한 대응 지명이 꽤 많다. 그러나 이것들은 본래의 백제 지명(음차 표기의 고유 지명들)을 고구려가 점령한 이후에 어느 시기엔가 한역한 것으로 추정할 수 있기 때문에 고유 지명을 먼저 음차 표기하였던 것으로 볼 수 있다. 음차 표기 지명이 한역되어 있는 경우에는 고유어형과 그 것에 대한 의미를 아울러 파악할 수 있다. 그러나 음차 표기만 남아 있고 그것에 대응하는 한역이 결여되어 있을 때는 의미를 거의 알 수가 없다. 반대로 한역 지명만 남아 있을 경우에는 그것의 고유어형을 알 길이 없다. 때로는 고유 지명에 대응하는 한역명이 있다하더라도 그 의미가 무엇인지 아리송한 경우도 있다. 필자는 여기서 지명 차자 표기에 대한 여러 문제 중 특히 앞에서 제기한 몇 문제를 중심으로논의하려고 한다.

3.2.

「삼국사기」 권 36에 등재되어 있는 백제 지명은 '甘買, 仇知, 伐首只, 所夫里, 泗沘, 古良夫里, 奴斯只, 沙尸良, 加知奈, 甘勿阿, 夫夫里' 등과 같이 대부분이 음차 표기되었다. 그런 중에 한역된 지명도 '熊川, 大木岳, 大山, 高山, 礫坪, 井村, 新村, 湯井' 등과 같이 상당수 끼어 있다. 이는 백제 시대에 이미 한역 작업이 수행되었던 사실을 알려 주는 증좌이다. 물론 발음은 고유어로 하였을 것이다. 비록 처음에는 표기 지명에 불과하였지만 한역 지명은 그 나름대로 뿌리를 내려 결국 한자어로

정착되기 마련이다. 처음에는 한낱 표기어에 불과하였던 한역 지명이
피한역 지명(고유 지명)과 공존하다가 근래에는 오히려 득세하여 한자
어로만 쓰이거나 아니면 공존한다 하더라도 더욱 우세하게 활용되고 있
는 현실이기 때문이다.

가령 「삼국사기」 지리 4의 고구려 지명은 '買忽 一云水城, 水谷城 一
云買旦忽, 三峴 一云密波兮' 등과 같이 고유 지명에 대응하는 한역 지명
이 있어 그 의미를 쉽게 알 수 있다. 그러나 이러한 한역이 없는 경우
에는 부득이 후대의 개정 과정에서 한역된 지명에 의존하여 해독할 도
리밖에 없다. 대체적으로 지명 개정에 있어서의 기본 태도에는 개정전
의 지명들을 바탕으로 될수록 그 근거를 남기려는 경향이 있었기 때문
에 개정 전후의 지명을 세심하게 비교 검토할 필요가 있다. 그러면 개
정전 삼국 지명을 (A), 신라 경덕왕의 개정 지명을 (B), 그리고 고려
태조의 개정 지명을 (C)로 정하여 놓고 다음에 비교표를 작성하여 검토
키로 한다.

	(A)	(B)	(C)		(A)	(B)	(C)
(1)	烏斯含達	兎山	兎山	(9)	奈吐(大堤)	奈隄	
(2)	夫斯波衣	松峴		(10)	吐上	隄上	
(3)	息達	土山	土山	(11)	東吐	棟(棟)隄	
(4)	扶蘇岬	松岳	松岳	(12)	悉直	三陟	
(5)	夫斯達	松山		(13)	所非芳	森溪	森溪
(6)	夫斯達	松峴	德水	(14)	岐淵	派川	派川
(7)	德勿	德水	德水	(15)	赤川	丹川	朱溪
(8)	主夫吐	長堤		(16)	沙非斤乙	赤木	丹松

등과 같이 한역 지명(B)에 의하여 (A)의 의미를 직감할 수 있다. 만일
(B)를 근거로 불가능할 때는 부득이 (C)에서 그 의미를 찾을 수도 있
다.

그러나 (14)는 '岐 : 派, 淵 : 川'이며, (15)는 '赤 : 丹 : 朱, 川 :

溪'이어서 모두가 동훈(혹은 유사훈)이음자이기 때문에 여러 각도에서 종합적으로 비교 고찰하면 바른 해독을 도출할 수 있을 것이다. 가령 (16)의 '沙非 : 赤 : 丹, 斤乙 : 木 : 松'이 뒷받침하기 때문에 (15)의 '赤 : 丹'을 '沙非'로 해독할 수 있을 단서가 잡히는 경우를 시도해 볼만한 좋은 예로 들 수 있다.

	(A)	(B)	(C)		(A)	(B)	(C)
(17)	內米忽	暴池	海州	(19)	沙尸良	新良	黎陽
(18)	黃等也山	黃山	連山	(20)	知六	地育	北谷

여기 (17)(18)(19)(20)에서 (B)는 의미 파악에 아무런 도움도 줄 수 없다. '內米:海. 黃:連, 沙尸:黎, 知:北'와 같이 (C)만이 의미파악의 단서가 될 수 있기 때문이다. 그러면 '熊津, 白江'과 같이 별칭의 짝을 남기지 않은 한역 지명의 고유 지명은 어떻게 찾을 것인가. 「일본서기」 (A.D.720)에 '久麻那利・久麻怒利'와 「용비어천가」의 '고마ᄂᆞᄅᆞ'(제15장), 그리고 현지에서 아직도 쓰고 있는 '고마나루'를 근거로 '熊津'을 '*고마ᄂᆞᄅᆞ'로 재구할 수 있다. 또한 '白江'도 병칭인 '泗沘江'을 바탕으로 고유어형을 재구할 수 있다. '泗沘'는 '所夫里'의 변형인데 동일한 江을 '所夫里江~泗沘江~白江'이라 부른다. 그런데 '白(江)'의 훈이 'ᄉᆞᆲ-'이니 그 훈음이 '泗沘'에 근접한다. 음차 표기의 '泗沘'를 어느 시기엔가 훈음차 표기한 것이 '白江'이라 하겠다.

가령 어떤 지명이 '음차 표기 : 훈차 표기'의 대응을 남기지 않고 한자 표기 지명으로만 전하여졌을 때는 후대에 밝혀진 고유어 지명을 찾아서 추정하는 방법이 최선일 것이다. 예를 들면 백제 지명 丹川縣은 '丹川(백제)>赤川(신라 경덕왕)>朱溪(고려 태조)'와 같이 '丹 : 赤 : 朱'로 그 속뜻은 변함없이 동의이음자로만 바뀌었다. 이 중 '赤'자로 표기된 가장 이른 한글 지명이 「용비어천가」의 '블근못 赤池'(제 153장), '블근섬 赤島'(제 4장)이다. 여기서 우리는 지명 표기에 쓰인 '赤'의 고유어 '붉은'을 확보한다. '川'의 고유어 역시 '달내 達川'(제 14장), '달내 撻川'(제 37장)에서 '내'를 확보할 수 있다. 그리고 보다 이른 삼국시대로 올라가서 '素那＝金川, 沈那＝煌川' 父子의 이름에서 '*nay'를 발견한다. 여기에 '絲川 一云谷川'에서의(『삼국유사』) '실내＞시내'의 '내'를 추가할 수 있다. 더구나 고려가요 '動動'에서 '正月ㅅ 나릿므른'의 '나리'를 확보하게 되니 '赤川'은 일차적으로 '블근내～블근나리'로 그 고유어를 추정할 수 있다. 그러나 한편으로 백제 지명 '所比'를 신라 경덕왕이 '赤烏'로 개정하였으니 또 다른 가능성을 배제할 수 없게 된다. 거기에다 백제 전기어 지명에서 '沙伏忽＞赤城, 沙非斤乙～赤木＞丹松'(『삼국사기』지리4)와 같이 '沙伏・沙非＝赤・丹'으로 나타나 '赤'에 대한 고훈이 '所比・沙伏・沙非'이었음을 확인할 수 있다. 따라서 '赤川・丹川'은 '사비내・소비내～사비나리・소비나리'로 해독할 수 있는 가능성을 보이기도 한다.

그러면 둘 중 어느 것이 보다 설득력이 있는 해독이라 볼 수 있을 것인가. 둘 중 '붉은내～붉은나리'의 '붉은'은 15세기의 국어 자료이지만 '사비・소비'는 삼국시대의 훈이기 때문에 오히려 전자보다 후자가 더 유력할 것으로 추정할 수밖에 없다.

3.3.

음차 표기에서 동일 지명소라 할지라도 그 위치에 따라서 의미의 분화가 일어났던 것 같다.

南買:南川, 省知買:述川, 於斯買:橫川, 伏斯買:深川, 也尸買:牲川

와 같이 '買'가 어말에 위치하면 '川'의 뜻이었다. 그러나

買忽:水城, 買伊:水入, 買旦忽:水谷城

와 같이 어두에 위치하면 '水'의 뜻이었다. 그리고

     於乙買串:泉井口, 於乙買:泉井

와 같이 어중(혹은 於乙 뒤) 위치에서는 '井'의 의미를 지녔던 것 같다. 마찬가지로 '達'도

     達乙省:高烽, 達乙斬:高木根, 達忽:高城

와 같이 어두에서는 '高'의 뜻이었다. 그러나

     松村浩達:釜山, 功木達:熊閃山, 所勿達:僧山, 非達忽:大豆山城, 加尸達忽:犁
     山城, 烏斯含達:兎山, 息達:土山, 菁達:蘭山, 加支達:菁山, 買尸達:蒜山, 夫
     斯達:松山

와 같이 어말 위치에서는 '山'의 뜻이었다. 그리고 '壤'의 뜻인 지명소 '內, 奴, 羅, 那'는 어두 위치에 쓰인 예가 거의 발견되지 않는다. 지명어 구성에 있어서 지명소의 환경에 따른 의미 변동과 제약에 유의하여야 차자 표기 지명을 보다 정밀하고 바르게 해독할 수 있을 것이다.

3.4.

지명의 차자 표기에서 훈차 표기와 훈음차 표기의 판별은 차자 표기 지명의 의미를 감지케 하는 길잡이가 되기 때문에 매우 중요하다.
〔삼국사기〕 권 35와 37에서

    (1) 井泉郡 本高句麗泉井郡 景德王改名 今州 〈지리 2〉
    (2) 於乙買 一云泉井 〈지리 4〉
    (3) 交河郡 本高句麗泉井口縣 景德王改名 今因之 〈지리 2〉
    (4) 於乙買串 一云泉井口 〈지리 4〉

와 같은 밑줄(필자)의 지명들을 논의의 자료로 제시한다. 여기 (1)(2)
는 '於乙買:泉井'의 대응 표기를 보이며, (3)(4)는 '於乙買串:泉井口'의
대응 표기를 보인다. 그런데 (1)(2)와 (3)(4)의 차이는 (3)(4)에 '串:
口'가 더 접미된 점에 있다. 그리고 분포 지역으로는 (1)(2)는 옛 牛首
州(혹은 朔州)에 예속하였던 동일 지명에 대한 별칭들이며, (3)(4)는
옛 漢山州(혹은 漢州)에 예속하였던 동일 지명에 대한 이칭들이다. 이
들 (1)(2)(3)(4)의 지명 자료들은 그 고유어형과 의미를 탐색하는데
상보적인 성격을 띄고 있다. 가령 (3)(4)에서 접미 지명소를 소거하면
(1)(2)와 정확히 같기 때문에 이것들의 비교고찰은 지명을 바르게 해독
하는데 적지 않은 도움을 주게 될 것이다.

　옛 지명 '於乙買串'(泉井口)은 한강과 임진강의 河口 즉 두 江이 交流
(合流)하는 지역에 위치하고 있다. 이러한 지세로 말미암아 신라 경덕
왕 16년 (A.D 757)에 '交河'로 개정된 이후 지금까지 그대로 사용되고
있다. 우선 우리는 두 강이 하구에서 서로 交合하는 지형 즉 마치 서해
를 향해 낮으막한 산을 눕혀 놓은 것처럼 생긴 곶(串)을 이루고 있는
지역임을 유의하면서 '於乙買串'의 구조를 '於乙+買+串=泉+井+口'로
분석할 수 있다. 新字典(최남선 1915)이 '串'을 '곶'(岬也)의 속자로 본
바와 같이 이것이 대응하는 한자가 '口'이니 '串'은 '관'이 아니라 '고지'일
수 밖에 없다. 그렇다면 '串'의 속자화는 꽤 이른 시기에 진행되었던 사
실을 확인하게 되는 셈이다. 이 '口'는 '(甲比)古次 :(穴)口, (要隱)忽
次:(楊)口, (古斯也)忽次:(獐)口' 등과 같이 '古次, 忽次, 串'의 한역이
다. 앞에서 일차 언급한 바와 같이 交河군의 지형은 서해 쪽으로 타원
형처럼 불룩 나와 있다. 따라서 이 지명에 '串'이 접미하고 있음은 지형
명명법에 따른 당연한 귀결이라 하겠다.

　다음은 지명소 買 : 井의 대응 문제이다. '買'가 참여한 자리에 따라
서 의미가 '水・川・井'으로 달라짐을 앞에서 이미 설명하였다. 비록 위
치에 의해 의미가 분화될지라도 이것들의 포괄 의미는 '水'이다. 交河군
의 위치가 한강과 임진강이 交合하는 江口이니 물을 의미하는 지명소가

그곳 지명어 형성에 참여한 것은 지극히 당연한 순리라 하겠다. 江을 이루는 주체는 물이기 때문이다. 그런데 여기서 '買'를 '水'로 한역하지 않고 '井'을 택한 까닭이 무엇인지는 확언할 수 없지만 '買'가 '水·川·井'의 포괄 의미(水)도 있으니까 별다른 뜻이 없이 '井'으로 한역한 것이 아닌가 한다. 그렇다면 '우물'이 이곳에 있었기 때문에 '井'자를 썼다고 추정할 수는 없을 것 같다. 더군다나 '泉'에 대응하는 '於乙'이 어두에 버티고 있기 때문에 쉽사리 그렇게 속단할 수 없다. 따라서 우리는 '於乙買串'의 '買'는 交河군의 河口에서 交合하는 두 강의 '강물'을 의미한 것이라고 추정함이 옳을 듯하다.

다음은 '泉'의 의미인 '於乙'을 해독하는 문제가 남아 있다. 겉으로 보기에는 '於乙'이 '泉'의 의미를 나타내는 지명소로 참여한 것처럼 속단하도록 우리를 유인한다. 만일 액면대로 '泉'의 뜻이었다면 그 곳에 유명한 '샘(泉)'이 있어야 한다. 물론 水酒>醴泉(지리1)과 같이 특별한 샘이 있기 때문에 군명이 지어진 경우도 있다. 그러나 여기 '於乙 : 泉'은 그 이면에 달리 상고하여야 할 문제가 숨어 있다. 그것은 '交'와의 상관성이다. 앞에서 논의한 '井'이 우물 아닌 '강물'을 의미하는 한역이었듯이 필연코 동7음이의어인 '交'의 뜻을 나타내는 한역이었을 것이다. 왜냐하면 '於乙'의 한역인 '泉'을 경덕왕이 '交'로 다시 개정하였기 때문이다. 이 3者관계는 '於乙＝泉＝交'의 등식을 이루며 '於乙＞泉＞交'의 표기 변화의 질서를 유지하여 왔다. 이는 마치 후속 지명소가 '買＝井＝河'의 등식으로 '買＞井＞河'의 표기 변화를 하였기 때문에 '井'을 '물(河)'의 의미로 해석하여도 무방한 것처럼 '泉' 역시 '交'의 의미로 풀어도 무리가 아닐 것이기 때문이다. 경덕왕이 '於乙'을 '交'로 한역한 원칙은 '買'를 '河'로 한역한 것과 같아서 그 뜻이 '於乙＝交'이었음을 시사한다.

한편 앞에서 제시한 자료 (1)(2)의 별칭으로 '宜州~宜川~宜城'이 있고, (3)(4)의 별칭으로 '宜城'이 있다. 지명소 '於乙'에 대응하는 '宜'가 「삼국사기」권 34에

(5) 宜桑縣 本辛爾縣(一云 朱烏村 一云泉州縣) 〈지리 1〉

와 같이 '泉'과 대응하고 있어서 '於乙=泉=宜'의 등식이 성립한다. 이제 '交'와 '宜'의 고훈을 찾아서 비교고찰하여야 할 문제가 우리를 기다리고 있다.

'宜'의 고훈은 '맛당, 맛짱'〈광주천자문, 유합 등〉, '열을'〈대동급본 천자문 13〉와 같이 두 가지로 다르게 전한다. 여기서 우리가 '열을'을 보다 이른 시기의 고훈으로 볼 때 '宜:泉'의 대응에서 '宜'를 '*ər(於乙)로 풀 수 있는 단서를 찾은 셈이다. 이 고훈 '열을'(宜)은 현대 국어 '옳 -'에 이어진다. 그 변천과정을 다음처럼 추정할 수 있기 때문이다.

*ər(宜)
*ər(宜)>*ər+hʌta>orhʌta>ortʰa

'交'의 고훈은 '얼일가 嫁, 얼울교 嬌, 어를취娶'〈훈몽자회 상 17〉와 같이 '얼-'이었다. 아주 이른 시기의 향가 중에서 '어라두고'(嫁良還古) (서동요)의 '어라'가 확인되니 '交'의 고훈이 '얼-'이었음은 의심의 여지가 없다.

요컨대 '於乙買串'은 '*ərmʌykuci~*ərmʌyhurci'로 추독할 수 있으 며 이것을 현대 국어로 옮긴다면 '얼(交)물(河)고지(口)'가 될 것이다. 따라서 '於乙'의 본뜻은 '交'이었으며 이 뜻을 표기하기 위하여 차용된 '泉·宜는' 오로지 훈음차 표기일 뿐인 것이다. 그러면 (2)於乙買 一云 泉井의 '於乙'도 '交'의 뜻인가의 문제가 제기된다. 경덕왕은 '泉井'을 '井 泉'로 순서만 뒤집어 개정하였다. 그리하여 우리는 그것들이 훈차인지 훈음차인지 알 수가 없다. 그런데 다행스럽게도 고려 초기에 '井泉'이 '湧州'로 개명되었다. 그리고 후대로 내려 오면서 '宜州>宜川>德源'으로 개정되었다. 이 지명의 개정 순서를 정리하면 ①於乙買>②泉井>③井 泉>④湧州>⑤宜州>⑥宜川>⑦德源와 같다. 여기서 ④ : ⑤⑥의 대응은 '湧 : 宜'이다. '宜'의 훈이 *ər(>yər>or)임을 앞에서 확인하였다.
그렇다면 '於乙:泉:宜:湧'의 대응이 성립하게 된다. 「삼국사기」에 '泉水
湧'(실성이사금 15년), '牛谷水湧'(눌지마리한 3년), '京都地裂 泉湧'(유
리이사금 1년)와 같이 '水湧' 혹은 '泉湧'으로 쓰이고 있음을 유의하면서
「강희자전」의 '涌或作湧'을 근거로 「훈몽자회 하 5」에서 '소술용涌 泉上
溢'을 찾아서 '湧'의 훈을 간접적으로 확인할 수 있다. 또한 德源의 '源'
도 '於乙=泉=湧'을 승계하였기 때문에 '源'자가 차자된 것이라 하겠다.
따라서 德源의 옛 지명인 '於乙買'의 '於乙'은 특별히 힘차게 솟는 '샘'
(泉)이 있었기 때문에 지어진 지명이라 할 수 있다. 이 경우의 '泉井'은
'於乙買'에 대한 훈차 표기라 할 수 있다. 실로 '좋은 샘'이 있어서 '샘
골'(泉洞)이라 부르는 지명이 허다하고, 옛지명 중에 '酒淵>酒泉, 水酒
>醴泉' 등이 '술샘'이 있었기 때문에 지어진 지명이란 전설이 전하여지
고 있는 사실을 참고하면 이해하는데 더욱 도움이 될 것이다.

지명의 차자 표기의 해독에서 식별하기 어려운 훈음차 표기와 지형의
문제를 더 논의하여 위의 주장을 이해하는데 도움을 주고자 한다.
가령 黃等也山>黃山>連山에서 '黃:連'은 '누르:느르'로 해독이 가능
한 대응 관계이다. 여기 '黃'은 '황색'이란 뜻으로 차용된 것이 아니라 오
로지 '連'의 뜻에 해당하는 훈음차 즉 뜻은 버리고 훈음인 '느르'만을 차
음한 것이다. 고려 태조가 '黃'을 바탕으로 다시 개정한 '連'에서 그 지명
뜻을 찾을 수 있다. 連山縣(<黃山郡) 治所로부터 가까운 동쪽에 낮으
막한 산봉우리가 개태사로부터 시작하여 36개나 늘어서 있다. 마치 동
편에 올망졸망한 산봉우리가 병풍처럼 느러서(連立) 있는 지형으로 말
미암아 지어진 지명이다. 이들 36개 산봉우리의 중간 쯤에 보다 약간
높게 솟은 산의 고개를 지금도 '누르기재'(黃嶺)라 부르며 인근의 論山
을 '놀미'라 부르는데 이것 역시 그 뿌리가 連山이며 '느르뫼>늘뫼>놀
미'의 변화과정을 거쳤을 것으로 추정한다.
고유지명 '버드내'의 차자 표기 지명인 '柳等川'이 등재된 최초의 문헌

은 「동국여지승람」(1481)이다. 이것은 다시 '柳等川>柳川'으로 표기
변화되었다. 현지의 노인들은 내둑에 버드나무가 많기 때문에 지어진
지명이라고 풀이한다. 그러나 지금 내둑의 극히 일부분에 서 있는 버드
나무는 일제 시대 본래의 모습을 변형하여 내를 넓히고 양안에 둑을 높
이 쌓고 심은 것들이다. 그렇기 때문에 '버드내'와 '버들'(柳)과는 아무런
관계도 없는 것이다. 실로 지명 풀이의 앞길에는 이런 함정이 비일비재
하다. 그야말로 속임으로 유인하는 깊은 함정이기 때문에 세심한 주의
가 필요하다.

위 '버드내'의 양편은 '벌말'(坪村)과 '들말'(坪村)이 넓게 펼쳐져 있다.
이 '벌'과 '들'의 사이를 흐르는 내가 곧 '버드내'이다. 이 '버드내'가 '柳等
川'으로 차자 표기되었고 다시 '柳川'으로 한역되었다. 그러니까 '벌+들
+내'로 분석되는 고유지명이 설단자음 앞에서의 'ㄹ'탈락으로 '벌들내>
버드내'로 변형된 것이라 하겠다. 이처럼 지세에 따라서 작명된 지명이
기 때문에 그 원뜻은 '벌과 들 사잇내'인고로 '柳川'만으로도 '버들내'가
표기되는데 어째서 굳이 '等'을 차자한 것인가. 역시 '둘>들'의 훈음차도
'유등'으로 읽지 말고 반드시 '버둘(>버들)로 훈독하라는 받쳐적기의 다
른 유형에 해당한다.

3.5.

실로 차자 표기 지명을 해독하는데 있어서 외면하거나 소홀히 하여서
는 안될 중요한 사항들이 아직도 많이 남아 있다. 그 중에서 몇 가지만
추려서 요점만 기술하기로 하겠다.

필자가 누누히 강조하여 온 바이지만 지명은 어느 어휘보다도 보수성
이 강인하다. 누대로 이어지는 언중의 토착성 때문이다. 그렇기 때문에
지명을 개정할 때 묵은 지명을 무시하면 새지명(개정지명)이 언중으로
부터 거부된다. 이 점을 충분히 고려하여 개정자는 묵은 지명을 토대로
개정작업을 전개하게 된다. 예를 들면 ① 波美+負海→海美, ② 泥城+

昌州→昌城 ③ 結城+洪州→洪城, ④ 大田+懷德→大德, ⑤ 大山+葛田
→大田 등과 같이 두 지역이 통합될 때에는 반드시 양쪽 지명에서 지명
소를 뽑아서 공평하게 결합하는 방식으로 지명을 개정하였다. 이런 경
우에는 개정 지명을 액면대로 해독하면 본래의 지명형과 뜻을 밝힐 수
없다. 가령 ④의 '大德'을 '德人이 운집한 고장'이라고 풀고 있는 망발과
⑤의 '大田'을 '큰밭'이 있기 때문에 '한밭'이라 부른데서 연유한 한자지명
이라」고 풀이하는 잘못을 좋은 예로 들 수 있다.

難珍阿~月良>越浪에서 '越'은 훈음차 표기인 '月'을 음차 표기자로
착각하고 동음이자인 '越'자로 음차 표기하였다. 이 경우에 최후의 차자
표기인 '越'은 훈차, 훈음차, 음차 어느 것으로 풀어도 '月'의 훈음이 실
현되지 않는다. '立岩'(선바위)→'禪岩~仙岩~船岩'에서 '禪·仙·船'은
음차 표기로 '선'(立)을 적을 수 있으나 '立岩→船岩→舟岩'의 표기 변화
는 '舟'로 말미암아 '배바위'라는 기형을 산출하게 된다. 음차 표기의 별
칭 중에는 이런 엉뚱한 존재가 끼어 있기 때문에 연구자를 늘 긴장케
한다.

竹嶺>中嶺으로 표기 변화하였다. 이 경우는 '죽령→죽녕'으로 변동한
뒤에 다시 '죽녕→중녕'으로 발음이 실현되자 '중녕'을 '中嶺'으로 표기하
게 된 것이다. 지명어의 음운변화에 기인하는 이런 사실을 모른다면 '中
嶺'을 바르게 해독할 도리가 없는 것이라 하겠다.

波珍湌 或云海干(「삼국사기」), 波珍干岐(「일본서기」), 海官波珍湌(「
삼국유사」), 珍惡山>石山(「삼국사기」) 등과 같이 '珍'이 *tʌr로 훈음차
되었다. 그런데 한편으로 波鎭漢紀(「고사기」), 難珍阿>鎭安(「삼국사기
」)와 같이 '珍'에 대응하여 '鎭'이 적혀 있다. 이 경우에 우리는 '鎭'이
'珍'과 동음이자의 음차자로 보아야 할 것인가 아니면 동일한 훈음차로
보아야 할 것인가의 의문에 빠지게 된다. 일찍이 필자(1994:157-168)
에서 논의한 바와 같이 (難)'珍阿 : 鎭安'의 '阿, 安'을 받쳐적기의 말음
절자로 보아서 '鎭' 역시 훈음차 *tʌra로 보려 한다. 따라서 '珍'과 '鎭'은
동훈이자이었다고 추정할 수 있다.

이밖에도 필요에 따라 폭넓게 수시로 참고하거나 원용하여야 할 사항이 참으로 많다. 지명을 짓는데 있어서 그 배경이 된 내용으로는 앞에서 비교적 구체적으로 논의한 지형·지세를 비롯하여 東西南北, 前後左右, 高低長短, 上中下, 大小廣狹, 山川溪谷, 內外裏邊, 新舊基橋, 坪野皐原, 嶺峴峙城, 岩石林木, 串浦津渡, 泉井淵池, 農耕田畓, 海邊島嶼 등 여기에 일일이 열거할 수 없을만큼 다양하고 광범위하다.

3.6.

음차 표기를 훈차 표기로 오인하였을 경우에는 지명 해독의 방향이 아주 엉뚱한 데로 빗나가게 된다. 그 대표적인 몇 예를 들어 설명하기로 하겠다.

'屯山'(대전시 서구)에 대한 해독 문제이다. 여기 '屯'은 대개가 '군대가 머문 지역 혹은 앞으로 군대가 머물 것을 내다보고 미리 머물 屯자를 써서 지명을 명명하였다'고 풀이한다. 물론 간혹 그럴 수도 있다. 그러나 지금 정부 제 3청사가 자리잡고 있는 '屯山洞'의 '屯'은 결코 '주둔'의 뜻이 아니다. 필자(1997:440-448)에서 비교적 자세하게 논의한 바와 같이 '屯'은 음차자로 고대 지명 표기에 나타나는 '谷'의 의미인 *tan(旦, 呑, 頓)에 해당한다. 위의 '屯山洞'은 일명 '屯之尾, 屯山, 屯山里'라고도 부른다. 바로 이웃한 대전광역시 중구 기성동의 부락명 '屯·谷'을 '둔골, 둔곡, 둥꼴'이라 부르며, 대전광역시 대덕구 九則面의 '屯谷里'도 '둔곡리, 두니실, 둔골'이라 부른다. 또한 저 유명한 '大芚山'도 고유어로 '한둔뫼'라 부른다. 거의 동일지역에 분포한 '屯·芚'이 모두가 음독될 뿐 훈독되지 않기 때문에 우리는 그것이 음차 표기임을 확신할 수 있게 된다. 산골 안에 피난처가 있다고 전해오는 '月屯·達屯·生屯'의 三屯(강원도 홍천 내면 廣院里) 역시 고대 지명에서 쓰인 *tun의 잔존 지명소에 해당할 것이다. 따라서 '屯之尾'는 '屯山'의 별칭으로 '둔뫼'의 변형에 해당한다. 마침 이 '屯山洞'에 '삼관구사령부, 공군기교단, 육군

통신학교' 등의 군부가 주둔하고 있었기 때문에 '屯山洞'의 '屯'을 '군부주
둔'과 일치하는 뜻으로 해석하는 경향이 있으나 잘못임을 깨닳아야 할
것이다. 그것은 어디까지나 우연일치일 뿐이다. 오히려 '屯山洞'의 중심
부에서 '석기시대→신석기시대→청동기시대'로 이어지는 선사유적이 발
굴되어 고대 지명에서 '谷'의 개념으로 쓰인 *tun의 원모습을 발견하게
되는 것이라 하겠다. 일반적으로 支石墓의 밀집지역이나 고대 유물사적
지에 분포하고 있는 지명속에 고대 지명소가 화석처럼 박혀있다는 사실
을 유의한다면 시인하는데 도움이 될 것이다.

'儒城'(대전시)은 백제 시대 '奴斯只(혹은 奴叱只)'를 신라 경덕왕(서
기 757년)이 고친 지명이다. 대개 경덕왕의 지명 개정을 오로지 한역
한 것으로만 인식하여 왔기 때문에 그가 개정한 지명을 거의 뜻풀이 쪽
으로만 몰고 가는 경향이 있다. 여기서 우리는 경덕왕의 지명 개정에는
여러 가지 방안이 혼용된 사실을 깊이 인식하여야 한다. 이 문제는 이
글에서 자세히 논의할 대상이 아니므로 별고로 미루어 둔다. 다만 이
글과 직접 관계가 있는 그의 개정 방안인 '생략법'과 부분 한역법 '부분
한역법'만을 들어 약술키로 한다.

지명 개정의 생략법은 ① 黃(等也)山>黃山 ② 熊(川, 津)州>熊州
③ 大(尸)山>大山 ④ 古(眇)夫(里)>古阜 ⑤ 金馬(渚)>金馬 ⑥ (奴)
晉竹>陰竹 ⑦ 階(次)山>介山 ⑧ 獐(項)口>獐口 ⑨ 童(子)忽>童城
⑩ 伊(珍)買>伊川 ⑪ (害)平(吏)>波平 등을 예거할 수 있다. 위 예중
에서 ⑥ 晉~陰 ⑦ 階~介는 동음이자로 바뀌었고, ⑨⑩은 忽→城, 買
→川과 같이 부분 한역하였다. 모두가 생략 개정법의 범위내에서 부분
적인 차이를 보일 뿐이라 하겠다.

위의 '儒城'은 ⑥⑦과 ⑨⑩을 혼합한 생략 개정이다. 즉 '奴(斯)只>儒
城'은 '斯'를 생략하고 '奴'는 비슷한 음인 '*nyu'(=儒)로 바꾸고 '只'는
結己>潔城, 悅己>悅城(백제지명)의 '己=城'과 같이 한역한 것으로 추
정되기 때문이다. 따라서 '*nusʌkiy'(奴斯只)를 경덕왕이 '*nyukiy'(儒
城)으로 생략 개정한 지명으로 추정한다.

이처럼 '儒'를 음차자로 보느냐 훈차자로 보느냐에 따라서 그 결과는 천양지판으로 다르게 된다. 시중에서 '儒城'을 '선비들이 모여 사는 고장'으로 해독하는데까지 이르는 誤讀을 서슴치 않고 있기 때문이다.

'負兒嶽'은 '慰禮忽·彌鄒忽'과 더불어 백제 초기의 세 지명 중의 하나이다. 백제의 시조 溫祚가 위례홀에 도착하여 최초로 올라가 나라를 세우기에 적절한 大地인가를 내려다 본 산봉우리라고 「삼국사기」(권 23), 「삼국유사」(권 2)에 기록되어 전하여진다. 이 지명은 우선 그 접미 지명소의 '嶽'이 尉禮忽과 彌鄒忽의 '忽'과 더불어 부여계어에 속하는 특성을 가지고 있기 때문에 우리의 주목을 끈다. 이른바 '城'과 '嶽'의 뜻으로 대응하는 '忽'과 '押'은 고대 한바도의 중부 이북 지역으로부터 남만주 일대에 비교적 적극적으로 분포하고 있었던 독특한 지명소들이다.

'負兒嶽'의 승계 지명을 「고려사」, 「세종실록」, 「신증동국여지승람」 등은 '三角山'으로 지목하였다. 따라서 '負兒嶽'이 '三角山'의 앞선 이름이라고 신뢰할 수 있는 근거는 오로지 500여년전의 문헌이 山川條의 '三角山'항에 부수적으로 소개한 사실 뿐이다. 이병도(1980:352)는 '三角山'이 '負兒嶽'의 승계 지명임을 아무런 논증없이 막연하게 단정만하였다. 이렇게 모두가 한자지명으로 확신하고 '負兒嶽'을 각각의 글자뜻으로 풀이하였을 뿐이다.

그러나 설혹 여기서 '三角山'의 승계성을 인정한다 하더라도 '負兒嶽'이 '아기를 업은 地形에 따라 命名한 地名'이라고 주장할만한 아무런 근거도 없다. 만일 '三角山'이 '負兒嶽'의 승계 지명이라면 前次名의 의미가 승계 지명에 담겨져 있어야 한다. 말하자면 '三角山'의 해독에 의거하여 '負兒嶽'의 뜻도 풀리어야 순리란 이의인 것이다. 그런데 '三角山'의 별칭인 '牛耳洞'과의 비교에서 어떤 유익한 실마리가 전혀 잡히지 않는다. '牛耳'를 속칭 '쇠귀'라 부르니 그리고 '三角'도 '세귀'라 불러오던 고유 지명의 한역이고 보면 모두가 '세 개의 봉우리'가 솟아 있기 때문에 지형 명명된 것이라 하겠디. 여기서 '三角'의 '세귀'는 훈차이고, '牛耳'는 훈음차이다. 물론 그 뜻은 훈차인 '三角'에 있다. 이 사실을 위의 옛문헌들에

서 '三峯突几의 지형 때문에 지어진 지명이다'라고 설명한 까닭을 참고
하면 납득이 가게 될 것이다. 그리고 '負兒'를 뜻풀이할 수 있는 어떤
전설이나 설화가 있었다면 '白馬江 전설', '곰나루 전설' 등과 같은 유형
의 註記를 위의 문헌들에 남겼을 터인데 그것이 없다. 그러고 보면 '負
兒'는 '慰禮, 彌鄒'와 같은 시기에 음차 표기된 백제의 고유어 지명이었
을 것으로 추정할 수 있다.

　'負兒'의 '負'의 중고음은 *biəu이고 '兒'의 중고음은 *ńẓie이다. 그리고
속음으로는 '질부 負, 아ᄒᆞᅀ 兒'(「훈몽자회」 下10, 上16)이다. 따라서
'負兒嶽'은 백제의 지명어로 '*pusa-ap'이었을 것이다. 이 '*pusa 負兒'
는 「삼국사기」지리 2.4에서 '夫斯波衣:松峴, 夫斯達:松山, 扶蘇押:松嶽,
金山:松村活達'와 같이 '松'과 대응을 나타낸다. 그리고 '松壤:普述水'
(「삼국사기」권37)의 '普述'도 '松'의 뜻으로 쓰였다. 실로 '負兒'(*pusa)
는 '夫斯·扶蘇·普述'의 이표기형으로 溫祚·沸流의 모국인 卒本扶餘의
松讓國(혹은 沸流國)의 '松'과 백제 후기의 마지막 수도인 所夫里 扶蘇
山의 '扶蘇(松)'와 고구려를 재건한 고려의 수도에 扶蘇押(松岳)으로 승
계 존속하였음을 주목하게 된다. 이 '扶蘇·夫斯'가 부여계어에 해당하
기 때문에 '負兒'(*pusa) 역시 동일계통의 어휘일 수밖에 없다. 백제 후
기의 수도 所夫里의 鎭山(背山)名과 고려의 수도 松岳의 鎭山(背山)名
이 모두 '扶蘇押'인데 이것의 본 뿌리가 백제 초기의 수도 慰禮忽의 鎭
山(背山)名인 '負兒嶽'이라 추정할 수 있다.

　이상에서 필자는 몇 개의 지명을 선택하여 음차 표기 지명을 한역 지
명으로 오인하여 풀이한 결과가 어떤 것인가를 논의하였다. 그렇다면
이와 반대의 경우가 초래할 誤讀에 대한 문제도 상론하여야 할 지명 해
독의 중요한 과제이다. 즉 위와는 반대로 한역지명을 음차 표기 지명으
로 오인하여 풀이하는 경우에 대한 문제이다. 이런 저런 문제는 별고로
미루어 두고 여기서는 이만 끝맺으려 한다.

4. 지명어의 음운론적 해석

4.1.

지명어의 음운 현상을 이해할 수 있도록 구체적으로 표기한 자료는 「용비어천가」 지명주석의 한글표기 지명이다. 가령 '竹田, 淵遷, 滓甓洞, 粟村'만으로는 전혀 알 수 없었던 고유어 지명들을 '대밭, 쇠벼ᇰ르, 지벽골, 조ㅋ볼'과 같이 현지 발음을 구체적인 표기로 나타내 주었기 때문이다. 이 지명 자료는 'ᄫ'의 존재뿐만 아니라 그것이 분포하고 있었던 지역을 알려 주기 때문에 소중하다. 실상 'ᄫ'이 15세기의 초기 문헌에서 발견되기는 하지만 이들 문헌 자료의 'ᄫ'은 분포 지역을 파악할 수 있도록 안내하지는 않는다. 그러나 지명어에 나타난 'ᄫ'은 그것이 사용된 지역어를 반영하기 때문에 표기 당시의 방언적인 성격을 띤다. 가령 '대밭'은 '在瑞興府西三十里'라 하였으니 현 황해도의 중심부에 위치하였다. 「동국여지승람」은 서울에서 3백 95리 떨어진 곳이라고 밝히고 있다. 다음 '쇠벼ᇰ르'는 경기도에 있었으며 '지벽골'은 경기도 抱川郡에 소재하였다. 그리고 '조ㅋ볼'은 경기도 豊德郡의 북쪽 15리에 있었다. 지명어의 'ᄫ'은 주로 경기도를 중심으로 한 중앙어 지역에 분포하고 있었음이 확인된다. 아울러 황해도 지역까지 확산되어 있었음을 증언하여 주기도 한다. 만일 현대 지명어에서 'ㅂ>ᄫ>w'의 분포 현상을 정확히 파악한다면 그것이 곧 15세기의 방언현상과도 어떤 관련성이 있는가를 파악하는데 확실한 근거가 될 것이다.

지리산의 '피앗골'은 너무나 잘 알려진 계곡이다. 이 '피앗골'은 6.25 때 그 곳이 피로 물든 격전장이었기 때문에 지어진 지명이라고 풀이한다. 이런 풀이가 보편적인 지식으로 퍼져 있다. 실로 지명은 이처럼 어처구니없는 풀이의 액운에 빠지는 경우가 종종 있다. 이는 어떤 사건이 발생하였을 때 발생한 장소의 지명과 그 사건과 우연일치되는 경우에 흔히 속단하기 쉬운 함정이라 하겠다.

　　그러나 지명 '피앗골'은 6.25 동란이 발발하기 이전부터 있어온 오래
묵은 지명이기 때문에 위의 풀이와는 아무런 관계도 없음이 다음의 바
른 풀이로 판명된다.

　　실로 '피앗골'의 위치는 구례군 土旨面 內東里에 있는 묵은 마을 이름
으로 '피골, 피앗골, 피야골, 직전'으로 다양하게 불리며 한자어로는 '稷
田'이라 표기하여 왔다. 「훈민정음해례」는 '피爲稷(用字例)이라 하였고,
「훈몽자회」도 '피직 稷(上 12)이라 하였으니 '피앗골'의 '피'는 훈차표기
이며 이 지명의 구조를 '피+앗+골'로 분석할 수 있게 된다. '골'은 '洞'
에 해당하는 지명어미이기 때문이다. 그렇다면 '앗'은 필연코 '田'에 해당
하는 '훈'일 수밖에 없다. 만일 '田'이 음차자라면 '앗'이 아니라 '뎐'이어
야 하기 때문이다. 여기서 우리는 앞에서 논의한 15세기의 지명어인
'대밭 竹田'의 '밭(田)'으로 되돌아가 '피앗'의 '앗'과 관련지어 푸는 음운
사적 지식을 동원하게 된다. 그리하여 '피받>피밭>피왇>피앗'의 변화
과정을 밟았을 것으로 추측하게 된다. 마침 가랏(<갈앗<갈왓<갈밭<
갈받 葛田)〈전북 익산 春浦〉, 다랏(<달앗<달왓<달밭<달받 月田)〈전
북 장수 溪北〉, 느랏(<늘앗<늘왓<늘밭<늘받 於田)〈전북 완주 삼례〉
등의 동질적인 실례가 동일 방언권역에서 확인되기 때문에 'ㅸ>w>∅'
의 분포 지역내임을 실증하여 준다. 따라서 위에서 논의한 필자의 주장
이 보다 과학적인 해독임을 시인할 수 있게 되리라 믿는다.

4.2.

　　지명어에서 설단자음 앞에서 'ㄹ'탈락 현상이 한글로 표기되기는 '소두
듥'(<솔두듥 松原)〈「용비어천가」제 35장〉이 처음이다. 앞에서 이미
해독한 바와 같이 '버드내 柳等川'(柳川)(大田광역시)는 '벌+들+내'의
변화형이다. 그 구조가 3개의 지명소로 분석되는 이 지명은 설단자음
앞에서 'ㄹ'을 잃고 본래의 어형이 몰라보게 달라진 것이다. 여기서 우
리가 음운변화 규칙과 지명 구조에 대해 무식하다면 이 지명의 본 모습

을 찾을 수 없고 따라서 그 본뜻을 파악할 수가 없을 것이다. '느드리 板岩'(대전광역시)의 본 모습을 우선 '널드리'로 복원할 수 있다. 그리고 그 구조를 '널+드리'로 분석할 수 있다. '널'이 폐구조음성에 의해 '널>늘'로 변화하였고, 역시 설단자음 앞에서 'ㄹ'이 탈락하여 '늘>느'가 된 것이다. 이는 다음에서 풀이할 '늘개~늘애 板浦'(전북 익산 웅포)와 동궤의 현상이다. 그러나 문제는 지명소 '드리'와 '岩'의 관계이다. '石·岩'의 훈을 '돌'로 본다면 '드리'는 '岩'의 뜻일 가능성이 없는 것도 아니다. 그러나 '板岩'으로 표기되기 이전에는 이곳 한자 표기가 '板橋'이었다. '너더리 板橋'(전남 고흥 豆原, 경기 성남)이 있기 때문에 확실하다. 이곳에 '널(나무판자)다리'가 실존하였기 때문에 '널다리'라 불렀던 것이다. '다리 橋'가 '다리>더리>드리'와 같은 폐구조음성에 따라서 변화를 입은 후에 '더리>드리'가 '橋'와의 관계를 모르는 시기에 이르러 마침 '돌'(岩)과 근사한 음형이기 때문에 '岩'의 훈음으로 적었을 뿐이다. 따라서 '느드리'는 틀림없이 '널다리'(板橋)의 변화형인 것이라 하겠다. 이 경우의 '돌'(岩)은 훈음차에 해당한다.

'늘개~늘애'(板浦)(전북 익산 웅포)는 '널개>늘개>늘애'로 변화하였다. 이 지명의 구조는 '널+개'로 분석할 수 있다. '널>늘'은 앞에서 설명한 경우와 같이 폐구조음성에 의한 변화이다. '개>애'는 15세기 지명에서 발견되는 '졸애 照浦'(「용비어천가」제 43장)와 같이 'ㄹ'아래서 'ㄱ' 탈락현상에 해당한다. 그러나 한편으로는 '돌개 石浦'(「용비어천가」제 9장)와 같이 'ㄱ'탈락규칙을 거부한 경우도 있기 때문에 덮어놓고 옛 변화규칙을 끌어다 댈 수는 없다. 「용비어천가」는 '石浦平壤府十一里許'라 주석하였다. 그 당시에는 'ㄹ'아래 'ㄱ'탈락규칙이 평안도 방언에는 없었던 것으로 확인할 수 있다. 그렇다면 동일현상이 전북에도 있었을 가능성이 있겠으나 5세기가 지난 오늘날에는 그 규칙의 분포가 달라졌을 터이니 현대 지명에서 그 분포상황을 파악할 필요가 있다. 정영숙(1998:172-184)에서 'k>∅/l___'규칙이 거의 전국적으로 확산되어 있음을 논증하였다. 따라서 현대에는 전북지역에도 이 규칙이 실현되고 있는 증거의 1예로 보면 될 것이다.

그러면 여기 '널>늘'의 본뜻은 무엇인가. '곰개'(熊浦)로부터 '봄개'(春浦)까지 여러개의 '개(浦)'가 널렸다(連布)는 뜻이다. 그렇다면 여기서도 '널板'은 훈음차일 뿐이다. '널'(=판자)이란 뜻과는 아무런 관계도 없이 오로지 그 훈의 음만 빌어 적은 것이기 때문이다.

熊忽>弓忽, 熊州>公州에서 '弓·公'은 음차 표기인가 아니면 훈차 표기인가. 필자는 음차 표기로 추정한다. 우선 熊의 대응 표기인 '弓·公'이 '熊'의 훈음인 '곰'(<고마)과 비슷하다. 다름이 있다면 '弓·公'의 말음이 동일한 'ㅇ:ㅁ'의 차이 뿐이다. 그런데 공교롭게도 '弓·公'의 말음이 동일한 ㅇ이란 점에 유의할 필요가 있다. 그리하여 '*kom-hol·kom-kol'의 변형을 '弓忽·公州'로 표기한 것으로 추정한다. 여기서 '곰'을 전사할 적합한 글자가 없었기 때문에 부득이 유사음자로 표기한 것이라면 보다 근사한 '甘, 儉, 錦' 등 자를 선택할 수 있었을 터인데 굳이 '弓·公'을 차자한 이유가 무엇인가. 그것은 'ㅁ~ㄱ'처럼 자음이 연접하면 'ㅁ~ㄱ→ㅇ~ㄱ'과 같이 변동하는 규칙에 말미암았던 것으로 추측할 수 있다. 예를 들면 '곰개(熊浦)→공개, 곰골(熊洞)→공골, 봄개(春浦)→봉개, 밤고개(栗峴)→방고개' 등과 같이 변하는 것들이다. 남풍현 (1981:175)은 13세기 국어의 특징으로 'n→m/___p, n→ŋ/___k, p→m/___n' 등을 들은 일이 있는데 이보다 약 2세기 빠른 시기인 서기 940(고려 태조 23년)에 개정된 '公州'에도 'm→ŋ/___k' 규칙을 적용하여 그 변천과정을 다음과 같이 밝힐 수 있다.

ⓐ 고마+골+뫼(熊忽山)>고ㅁ+골+뫼>곰+골+뫼>공골뫼(弓忽山)
ⓑ 고마+골(熊州)>고ㅁ+골>곰골>공골(公州)

그러니까 '公州'로 개정되기 전에 벌써 '熊州'의 고유어형이 '곰골>공골'로 변화하였던 것으로 추정할 수 있다. 이 '공골'을 '公州'로 표기한 것이라 하겠다. '公州'의 '公'은 음차 표기로 '州'는 훈차 표기로 해독할 때 '공골'이 되기 때문이다(졸저 1994:111-113 참고).

가령 '소라단'이란 고유지명은 이것에 대한 한자지명 '松田內'가 없으면 그 본래의 모습을 복원할 길이 없다. 한자 지명에 따라서 '솔(松)+밭(田)+안(內)'으로 분석하여 본모습을 복원할 수 있다. 이 '솔밭안'이 'ㄹ' 아래서의 'ㅂ'약화 탈락 규칙과 설단자음 중화규칙에 의하여 '솔받안'으로 변하고 나서 '솔앋안'을 거쳐 연음규칙에 의하여 '소라단'에까지 이르게 된다. 고유지명의 연음법칙은 고유지명 풀이에 큰 역할을 한다. 위의 '소라단'에서 경험한 바와 같이 못+안(也內)은 '모산'이 되기 때문에 한자 지명없이는 본모습을 찾기 어렵다. '팍거리'(豆磨)는 '신도안'(新都內)이란 한자 지명의 '안팎'의 상대개념에서 '안거리'에 대한 '밖앗거리'란 뜻으로 '팥(豆)+갈(磨)→밖거리'를 훈음차하여 적어준 것이라 하겠다.

'고지'(串)가 경음화하여 '꼬지→꽂'으로 변화된 뒤에 '돌꼬지'(石花)〈충북 처원군 북이면〉와 같이 '花·華'로 표기되기도 한다. '花·華'의 훈음차인 것이다. 그런데 이 '꼬지'의 별칭으로 '꼬장배기'(花粧)가 쓰이기도 하여 흥미롭다. 이것은 '조리+앙이→조르앙이→조랭이, 꼬리+앙이→꼬르앙이→꼬랭이, 꼬치+앙이→꼬츠+앙이→꼬챙이, 토끼+앙이→퇴끼+앙이→퇴ㄲ+앙이→퇴깽이' 등과 같은 조어법에 의하여 '꼬지+앙+박이→꼬ㅈ+앙+박이→꼬장배기'로 변화하였을 것이다. 역시 '두들기~두들가리'(청원군 북일면)도 '두듥'이 본모습인데 접미사가 붙어 '두듥+이→두들기'가 생성된 뒤에 '두들기+아리→두들ㄱ+아리→두들가리'의 변화과정을 밟았을 것으로 해독할 수 있다.

5. 맺음말

5.1.

이 글은 지명의 차자 표기 해독에 적용하여 봄직한 방법을 몇 가지 고안하여 구체적으로 시론하여 보았다. 실로 지명의 차자 표기에는 일정한 표기법이 없다. 그것은 다양한 차자 표기이기 때문에 상황에 따라 여러 각도에서 입체적으로 접근할 도리밖에 없다. 그리하여 필자는 비교적 보편성이 있어 보이는 몇 가지 방법을 고안하여 이를 필요한 상황에 따라서 적용하여 보았다. 그러나 엄격히 말해서 아직은 시도에 불과하기 때문에 앞으로 더욱 보완하여야할 부분이 남아 있음을 솔직히 고백한다.

5.2.

지명의 차자 표기를 해독하려면 먼저 그것이 음차 표기인가 훈차 표기인가를 구별할 수 있어야 한다. 훈차 표기는 훈차 표기(한역 표기)와 훈음차 표기의 구별이 가능하여야 한다. 그리고 '음·훈·훈음'의 혼용 차자 표기까지 완벽하게 분별할 수 있어야 한다. 이처럼 아주 견고하게 다져진 기초 위에서 최대한으로 수집한 모든 별칭과 표기 변화에 의한 전후의 지명들이 비교 분석되어야 한다. 또한 지명어의 구조적 분석을 통하여 참여하고 있는 지명소를 분리할 수 있어야 한다. 그런 다음에 참여한 지명소끼리의 관계 즉 조어론적 관계와 음운론적 관계가 어떤 것인가를 파악할 수 있어야 한다. 때로는 지명 밖의 일반 어사의 조어에 참여한 형태소의 변형이 그대로 지명어의 구성에 투여되는 경우가 있기 때문에 어휘사적 관여까지 유의하여야 한다. 때때로 지명이 소재하고 있는 현지를 일일이 답사하여 지세와 지형을 살펴 보아야 한다. 그리고 동서남북, 고저장단, 앞뒤안팎 등(3.5. 말미 참고)과의 상관성을 주로 분석 기술하여야 한다. 가령 '샘골(泉洞), 느드리(板橋), 돌다리골(石橋洞), 한절골(大寺洞), 한밭(大田)' 등은 각각의 지명어에 해당하는 사항이 있거나 과거에 있었던 사실이 확인되어야 한다. 그렇지 않으면 그것은 훈차(한역) 표기가 아니라 훈음차 표기로 볼 수밖에 없다. 물론 여기에 국어사의 지식 즉 어휘사적 지식과 음운사적 지식부터 먼저 넉넉하게 갖추어야 함은 두말할 나위 없는 기본이라 하겠다.

5.3.

이밖에 더 부과되어야 할 기능은 지명어를 오래 다루어 본 경험이다. 큰목수(大木)일수록 '나무'를 보면 外見으로 그 나무의 '결, 연륜, 단단함, 공이의 유무, 목질' 등을 감지할 수 있다고 한다. 더구나 손으로 만져 보면 그 감지의 정확도가 더 높아진다고 한다. 지명 연구자도 오랜 연구 연륜을 통하여 동격의 경험을 체득하여야 함은 두말할 나위없는 필수 요건이라 하겠다.

【참고문헌】

김방한(1982), '溝漊와 烏斯含에 대하여', 언어학 5, 한국언어학회
김완진(1980), 鄕歌解讀法 硏究, 서울대출판부
김준영(1986), 全北 小地名의 語源, 전라문화논총 제 1집, 전북대 전라문화연구소
남풍현(1989), 借字表記法의 固有名詞表記法에 미친 中國의 영향, 진단학보 제 68호, 진단학회
──(1990), 迎日冷水里 新羅碑의 語學的 考察, 강신항교수 회갑기념국어학 논문집, 간행위원회
도수희(1976), 吏讀史 硏究, 인문과학 논문집 제 2권 6호, 충남대 인문과학연구소
──(1977), 百濟語 硏究(博論), 아세아문화사
──(1990), 龍飛御天歌의 地名註釋에 대하여, 강신항교수 회갑기념국어학논문집, 태학사
──(1987, 89, 94), 百濟語 硏究(Ⅰ,Ⅱ,Ⅲ), 백제문화개발연구원

──(1994), 지명연구의 새로운 인식, 새국어생활 제 4권 제 1호, 국립국어
　　　　연구원.

──(1995), 「泉·交·宜」의 古釋에 대하여, 남풍현선생 화갑기념논총, 간행
　　　　위원회.

──(1996), '지명속에 숨어 있는 옛새김들', 진단학보 제 82호, 진단학회

──(1997), 地名 解釋 二題, 이돈주선생 화갑기념 국어학연구의 새지평, 간
　　　　행위원회.

──(1998), '地名硏究의 諸問題, 호서문화논총 제 12집, 서원대 호서문화연구소

박병철(1994), '谷'계 지명에 관한 일 고찰, 우리말연구의 샘터, 도수희선생화
　　　　갑기념논총, 간행위원회.

양주동(1965), 增訂 古歌硏究, 박문서관

유재영(1982), 傳來地名의 硏究, 원광대출판부

이강로(1991), '加知奈·加乙乃→市津의 해독에 대하여, 국어의 이해와 인식,
　　　　갈음 김석득교수 화갑기념논문집, 한국출판사.

이돈주(1971), '지명어의 소재와 그 유형에 관한 비교연구', 한글학회 50돌 기
　　　　념논문집, 한글학회.

──(1994), 지명의 전래와 그 유형성, 새국어생활 제4권 제1호, 국립국어연구원

이병도(1980), 三國史記 譯註, 을유문화사

이병선(1978), 慰禮城과 百濟·十濟國名考, 어문학 37, 어문학회

이철수(1980), 名稱科學의 論理 -地名硏究의 당면과제-, 어문연구 28, 한국어
　　　　문교육연구회.

정영숙(1998), 지명어의 음운현상에 대하여(Ⅰ), 한국언어문학 제40집, 한국언
　　　　어문학회.

지헌영(1942), 朝鮮地名의 特性, 朝光 8권 9호

천소영(1990), 古代國語의 語彙硏究, 고려대 민족문화연구소

최범훈(1976), 地名論, 한국어학논고(제3장), 통문관

'한밭'의 유래와 그 '漢字地名'의 문제*

1. 머리말

1.1.

이 글은 '한밭'의 유래와 분포를 밝히고 이 고유지명의 漢譯名 즉 한자 지명의 正統性에 관한 문제를 논의 하는데 목적이 있다. 여기에서 논의하려는 고유지명인 '한밭'은 전국에 비교적 많이 산재하여 있다. 그렇기 때문에 이 글은 현재의 대전광역시의 原初名인 '한밭'을 중심으로 제기된 문제를 풀어나가기로 하겠다.

1.2.

정확히 말해 지금부터 5년 전인 1992년에 이 고장의 지명 '한밭'에 대한 漢譯名이 본래에는 太田이었다는 주장이 갑자기 대두되었고, 이듬해인 1993년에는 드디어 그 正統性에 관한 是非가 벌어졌다. 말하자면 '한밭'의 正統 漢字名이 '大田'이냐 아니면 '太田'이냐는 논쟁이 벌어져 과열 상태에까지 몰입하기에 이르렀다. 그리하여 필자는 이 방면의 전공자로서 책임있는 해답을 하여야 할 처지에서 여러 가지 고충을 무릅쓰고 이 논문을 쓰게 되었다. 따라서 필자는 이 글을 쓰는데 있어서 지명

* 이 글은 석천 강진식 박사 회갑기념논총(1997)에 게재하였다.

사적 면과 어휘사적인 면을 논의의 바탕으로 삼고 비교적 폭넓은 실증
자료를 토대로 과학적인 고찰을 하려고 무던히 애썼다.

1.3.

일반적으로 큰 지명이든 작은 지명이든 우리가 살아온 지명들은 갖가
지 얽히고 섥힌 문제를 내포하고 있다. 이제는 제기되는 지명 문제들이
즉흥적으로 해답되거나 피상적으로 풀이되어서는 안되겠다. 모든 지명
문제들이 보다 높은 차원에서 심도있게 논의되어야 할 시기에 있음을
통감하면서 이 글을 하나의 본보기로 제시할 뿐이다.

2. 지명사적 고찰

2.1. 고유지명과 한자지명의 관계

대전광역시의 본래 이름은 고유어인 '한밭'이었다. 우리 나라에 漢字
가 들어오기 전에도 우리의 조상들이 땅이름을 지어 불렀을 것은 틀림
없는 사실이기 때문에 漢字를 차용하여 적은 한자지명보다는 훨씬 이른
시기 즉 우리 민족의 역사와 함께 우리말의 땅이름이 존재하였다고 추
정할 수 있는 것이다. 이 사실을 증명하는 실례로 우리는 옛 땅이름 중
'셔블'(徐伐=慶州), '소부리'(所夫里=扶餘), '고량부리'(古良夫里=靑陽),
'비사벌'(比斯伐=全州), '달구벌'(達邱伐=大邱), '위례홀'(尉禮忽=漢州),
'매홀'(買忽=水原), '미추홀'(彌鄒忽=仁川), '살매'(薩買=淸州), '무돌'
(武珍=光州) 등의 아주 이른 시기의 땅이름을 들 수 있다. 앞에서 열
거한 땅이름들의 예로 보아 알 수 있듯이 우리 조상들은 처음에는 한자
의 '새김'과 '음'을 차용하여 우리말의 고유명사를 적었다. 그리하여 사람
의 이름, 땅의 이름들이 표기어로 남게 된 것이다.

앞에서 설명한 것처럼 묵은 지명은 한자지명보다는 우리 지명이 훨씬 일찍이 발생하였고 우리말 지명이 표기에 옮겨진 뒤부터 한자의 '뜻과 음'을 빌어 적는 법에 따라서 우리말 지명이 표기되었던 것이다. 이런 과정을 거치고 나서 삼국시대에 이르러 고유지명이 한자어식 지명으로 바뀌게 되었다. 따라서 이 고장의 본 이름은 '한밭'이었고, 이 '한밭'을 한자어로 옮겨 적은 것이 곧 '大田'이다. 그러나 口語로는 내내 '한밭'이라 불려왔고 文語로는 '大田'으로 표기하여 왔을 뿐이다. 오늘날까지도 '한밭'과 '대전'이 공존하는 연유가 바로 이런 까닭에 있는 것이라 하겠다.

2.2. '한밭'과 한자지명

여기서 우리가 이 고장의 전통지명인 '한밭'과 '大田'의 어원과 어의를 파악하고 나아가서 그 정통성을 캐어보는 것은 참으로 뜻깊은 일이라 하겠다.

'큰밭', '넓은밭'이란 의미인 우리말 땅이름인 '한밭'이 한자어로 표기된 가장 이른 한자지명은 무엇이었을까. 그것은 오늘날 우리가 부르고 있는 지명인 '大田'이었음이 다음의 地誌 등에서 확인된다.

(가) 「東國輿地勝覽」(成宗 17, 1486년간) 제 17권 公州牧條에

· 柳浦川 : 유성현 동쪽 20리에 있다. 그 근원은 전라도 珍山縣 지경에서 발하였다.
· 省川 : 유성현 동쪽 7리에 있는데 그 근원이 連山, 珍山 두 고을 지경에서 발하여 합류하여 鎭岑縣을 지나 유성현 동쪽에 이르러 성천이 된다.
· 大田川 : 유성현 동쪽 25리에 있으니 전라도 錦山郡 경계에서 나왔다.

이상의 세 냇물이 합류하여 회덕현의 甲川이 된다.

자료 1

자료 2

자료 3

  자료 1에서 확인하는 '대전천'은 대전의 복판이나 주변에 흐르는 하천이었기 때문에 지어진 땅이름이다. 따라서 이 '대전천'은 땅이름 '大田'의 존재를 알려주는 으뜸가는 최초의 증거가 된다.(자료 1참조)

  (나) 앞에서 제시한 「동국여지승람」보다 약 200여년 뒤에 저술된 문헌에 이 고장의 한자지명이 귀중하게 나타난다.

  「宋書續拾遺」부록 권2의 「楚山日記」에 나타나는 '大田'이 바로 그것이다. 이 '大田'은 이 고장의 한자지명을 확인하는데 너무나 소중한 자료이기 때문에 「楚山日記」의 해당 부분을 다음에 번역하여 소개하고 아울러 원문의 해당부분을 그대로 옮기려 한다.

　7월 11일(乙巳)새벽 2시(축시)에 빈소를 파한 다음 朝奠과 上食을 올리고
나서 시신(柩)을 상여에 실은 다음 발인제를 지내고 바로 길을 떠나는 새벽未
明에 비바람이 치다가 오래지 않아 조금 개었다. 상여를 메는 등의 인부들의
담당은 注山, 馬山, 沙峴, 瓦旨 등 4개 부락과 白達村, 大田, 沙塢, 草洞에서
社倉契가 差出하여 3패로 나누어 번갈아 메고 東華洞까지 갔는데 李德遠등이
병풍과 차일을 냇가에 치고 기다리고 있기에 거기에 머물러 잠시 쉬었다.

　앞의 자료 2인 「楚山日記」는 우암 송시열(1607~1689)의 장례에
관하여 제자가 그날 그날 필사한 일기이니 여러 마을 이름과 더불어 '大
田'이 나타남은 그 당시에 '한밭'에 대한 한자지명으로 '大田'이 쓰였음을
확신할 수 있는 확증적인 자료인 것이다.
　앞에서 제시한 자료에서 '大田'을 바롯하여 '注山, 馬山, 沙峴, 瓦旨,
白達村, 沙塢, 草洞' 등 8개의 지명이 발견되는데 이것들은 「輿地圖書」
(영조 33~41년 사이에 간행됨) 에서

　　　公州牧 山內面 瓦旨里 自官門東距九十里
　　　懷德縣 縣內面 注山里 自官門東距十五里
　　　懷德縣 外面南 草洞里 自官門南距十五里
　　　公州牧 鳴灘面 草塢浦里 自官門東北間距四十五里

와 같이 瓦旨里, 注山里, 草洞里, 草塢浦里만이 행정 里名으로 나타나는
것으로 미루어 볼 때 그 당시에는 大田이 馬山, 沙縣, 白達村과 더불어
자연부락명에 불과하였던 것으로 파악된다.
　(다) 또한 영조 27년(1751년)에 작성된 충주박씨 「別級文書」(朴鎭
昌 所藏)에도

　　　內山面 大田九浦坪 字十七卜四
　　　畓四斗落賭組三石十五斗其東邊畓七卜七二斗落

이란 기록이 위의 자료3과 같이 명기되어 있어 '大田'이 유일한 한자지

명이었음을 입증하여 준다.(자료 3 참조).

　위 문서는 박민희(1687~1756)가 아들의 武科 급제를 기뻐하여 9
필지 36마지기의 토지를 別級하는 내용이다. 따라서 위의 문서를 작성
한 당시(건융 16년, 1751)에 이 고장의 한자지명이 ʻ大田ʼ이었음을 알
려주는 확증 자료라 할 수 있다.

　(라) 또한 徐有榘(純祖 27, 1827)의 「林園經濟志」의 倪圭志, 권4
八城場市 중에 다음과 같이 大田場이 공주목에서 동쪽 70리에 있는 山
內面의 ʻ大田ʼ에 2일과 7일에 선다고 기록하였다. 여기 大田場은 ʻ大田ʼ
에 서는 닷새장을 이름이니 ʻ大田ʼ이란 한자지명을 알려주는 좋은 증거
가 된다(자료 4 참조).

자료 4

자료 5

(마) 「호서읍지」에도 다음과 같은 기록이 있다.

公州誌 권2(哲宗 10년, 1859)와 또 다른 公州牧地圖, 壬申(1872 肇夏)에 大田市 혹은 大田場이 2일과 7일에 山內面의 '大田里'에 섰던 사실을 알려 준다(자료 5 참조).

자료 6　　　　자료 7　　　　자료 8

(바) 金正浩의 「大東地志」(哲宗 14년, 1863) 권5 公州의 山水에 甲川, 省川, 大田川, 柳浦川이 위 자료6과 같이 나타난다.

여기에는 다른 옛 문헌과는 약간 다르게 大田川의 별칭으로 '一云 官田川'이 나온다. 이 '官田川'의 '官田'에 대한 풀이는 뒤로 미룬다. 여기에서도 '大田'의 川('한밭'의 내)란 의미로 '大田川'이라 한 것이니 한자지명이 '大田'임을 극명하게 증언하고 있다.

(사) 舊韓末 高宗(32년, 1895)에 地方官制를 개정할 때에 이르러서야 비로소 '한밭(大田)'은 가장 작은 행정단위의 지명인 '大田里'(회덕군 산내면)로 昇格하게 된다. 그리고 「東京朝日新聞」의 '忠淸道의 賊勢'라는 제목(1895. 12. 27일자) 밑에 '公州·蘇田·懷德·大田'이란 표기가 나타나 역시 '大田'을 확인하게 한다.

여기에서 고유지명 '한밭'을 漢語化한 한자지명이 '大田'이었고 이 '大田'이야말로 이 고장의 전통(혹은 正統) 漢字 지명임을 確證하는 舊韓末의 공식적인 자료를 위에 제시한다. 「高宗實錄」(권 32)의 高宗 31년(甲午 1894) 10월조에 '大田'이 나온다(자료 7 참조).

이로부터 5년 뒤인 「高宗實錄」(권 39)의 光武 3년(1899) 조에도 역시 '大田'이 등장한다.(자료 8 참조).

더욱 확실한 것은 「純宗皇帝實錄」目錄(권1)의 隆熙 3년(1909) 13일조에도 '大田'으로 나온다는 사실이다. 이 기사를 왜곡하여 傳統地名이 '太田'이었다고 허위날조한 문제는 뒤에서 자세히 논의할 것이기 때문에 여기서는 우선 해당 자료만을 제시하고 그대로 넘어가기로 하겠다(자료 9 참조).

이 뒤로 日帝의 郡·面廢合에 의하여 '大田里'가 大田面으로, 1931년에는 大田邑으로, 1935년에는 大田府로 격상되었고, 1948년에는 대한민국의 大田市로, 1989년에 大田直轄市로 격상하게 되었다.

大田의 변천내력을 표로 작성하여 보기에 편하게 하면 다음과 같다.

純宗皇帝實錄目錄卷之一

賓禮卷之五

隆熙三年乙酉

一月一日　役員墓坂子守視件裁可

觀德寺宮

二日　接見統監伊藤博文

下鄔迴國內之祖

觀德寺宮

四日　南門驛進迓南迴辛

沿路儒賢名臣祠版迓致祭

七日　駐懷德郡守以下搢紳章甫陞見

停宿大卲

八日　慶北觀察使郡尹郡守官公吏陞見

日本國天皇有觀電派送艦隊

巡覽革萊召見搢紳者老烈婦

慶南觀察使府尹郡守官日韓官公吏陞見

進發至釜山停宿

九日　慶北觀察使郡守日鼓官憲陞見

停宿釜山

巡覽日本國第二艦隊司令官出羽重遠陞見

勅諭于群臣兩國各學校

巡覽商品陳列所

下賜金一千圓于日本國第一第二艦隊司令官

十日　進發至馬山停宿

停宿馬山

巡覽日本國第一艦隊海軍中將伊集院五郎等陞見

十一日　進發至大卲停宿

巡覽達城公園

十二日　進發至大卲停宿

召見各觀察使奬勵敎育及實業

下賜金二千圓于各觀察使

十三日　進發菩南大門仍觀德寺宮

還宮

十四　

자료 9

年代 ＼ 地名	表 記 地 名	表記資科
成宗17年 (1486년)	大田川:在儒城東二十五里源出全羅道錦山之界已上三川合流爲懷德縣之甲川	「東國輿地勝覽」公州　山川條
中宗25年 (1530년)	내용 상동	「新增東國輿地勝覽」　公州 山川條
肅宗25年 (1689년)	注山 馬山 沙峴 瓦旨 四村 白達村 大田 沙塢 草洞	「宋書續拾遺」附錄　卷2 楚山日記 己巳 七月十日 條
英組27年 (1751년)	山內面 大田九浦坪	忠州朴氏別給文書

年代＼地名	表 記 地 名	表記資科
純組27年 (1827년)	大田場 在州東七十里 山內面 二七日設	「林園經濟志」(五) 貨殖 八城場市 胡西公州條
哲宗10年 (1859년)	大田川 在儒城縣東二十五里 源出全羅道 錦山 郡之界 已上三川合流爲懷德縣之甲川 大田市 在府東八十里 二日七日	「湖西邑誌」公州誌 山川 條 「上同誌」場市條
哲宗14年 (1894년)	大田川(一云官田川) 儒城東二十五里	「大東地志」公州 山水條
高宗31年 (1894년)	議政府啓 卽見忠淸監司朴濟純狀啓贍報 則兵 營領官 廉道希 領率兵丁八十名 分巡連山 鎭 岑 回到公州大田地	「高宗實錄」卷32
高宗32年 (1894년)	懷德郡 山內面 大田里 大田	地方官制改定 「東京朝日新聞」(1895.1 2.21) "忠淸道의 賊勢" 題下
高宗光武 3年 (1899년)	蓋此訟起自斫楸埋炭大田 則嗣玆以後 此等之 幣云云	「高宗實錄」卷39
純宗 3年 (1909년)	進發 至大田 召見忠淸南北觀察使 及縉紳 有 敕揄	「純宗實錄」目錄 卷1

大田의 문헌별 표기변천표

2.3. 大田과 太田의 공존시기

앞에서 우리가 옛 문헌에서 찾아 낸 實證資料를 통하여 '한밭'이 표기
된 때로부터 계산하여도 줄잡아 500여년 동안이나 전통적으로 부단히
사용하여 온 한자지명이 大田임을 확인하였다.

그런데 갑자기 大田과 다른 太田이란 한자지명은 그것이 나타난 이후
비교적 短命(약 7~8년간)한 지명이었음이 다음의 일람표에 의하여 확
증된다.

地名 年代	大 田	太 田
光武 8年 (1904年)	里單位行政地名「大田里」로 계 속됨	「京釜鐵道 停車場內 郵電基地 踏査記」 '太田驛' 名
明治37年 (1904年)	大田里	「最新 朝鮮移住案內」'太田驛' 名
光武 9年 (1905年)	大田里	官報 3227號 附錄(8.25일) 太田郵便受取所 太田電信管理所
光武10年 (1906年)	大田里	1)官報3506號(7.16일) 忠淸南道 警務署 太田分署 2)官報 3587號 警務分署 및 分波所 開設 太田警務分署
隆熙元年 (1907年)	大田里	1)官報 3750號(4.26일) 國車金取扱所 太田局 2)官報 3781號(6.1일) 太田郵便局 3)官報 3817號(7.13일) 警務署 太田分署 4)官報 3960號(12.27일) 太田區 裁判所 5)官報 3961號外(12.28일) 警務署 太田分署 所在地 : 太田
隆熙2年 (1908年)	大田里 및 〈郵便局所 改定〉 1)統監府 公報 45號(3.14일) 大田郵便局 位置: 忠淸南道 懷德郡 外南 面 大田 2)統監府 公報 54號(6.1일) 大田郵便局 電信事務開始 位置 : 懷德郡 外南面 大田 大田電信取扱所 電報配達區域	1)官報 4010號(2.29일) 太田郵便局 所在地 : 太田里 2)統監府公報 43號(2.29일) 太田郵便局 所在地 : 懷德郡 州南面 太田 3)統監府 公報 45號 太田郵便局 位置: 忠淸南道 懷德郡 外南面 太田
隆熙2年 (1908年)	位置 : 大田停車場 3) 統監府公報 57號(6.6일) 太田을 大田으로 改定함 明治37年(1904)6月 遞信省 告示317號의 韓國地方地名	4)官報 4135號(7.25일) 末開廳裁判所:太田區 裁判所 5)官報 4138號(7.28일) 太田 警察署 6)統監府 公報 54號(8.1일) 裁判所 設置法 太田區 裁判所

年代＼地名	大 田	太 田
隆熙2年 (1908年)	4)官報 附錄(8.11일) 大田郵便局 : 懷德郡 外南面 大田 大田電信取扱所 : 大田鐵道停車場	7)官報 4271號(11.2일) 開廳區裁判所:太田裁判所 8)統監府 公報75號(11.7일) 太田郵便局 開廳區裁判所:太田裁判所
隆熙3年 (1909년)	1)統監府公報 87號(2.6일) 大田電信取扱所 位置 : 大田 鐵道 停車場 2)統監府公報 96號(4.10일) 家屋稅 懷德郡 邑內, 山內面, 外城面內 大田 3)官報 4375號(5.13일) 統監府 公報 100號 收入 印紙 分賣 大田郵遞局:忠淸南道 懷德郡 外南面 大田 4)官報 4668號 電話 呼出地域改定 : 大田 5)官報 4681號 電話通話事務開始 : 大田 6)官報 號外(11.1) 統監府 裁判所 設置 大田(懷德郡) 7)統監府 公報 號外(12.1일) 區裁判所 設置 大田(懷德郡)	1)官報 號外(1.13일) 皇帝陛下 太田驛에 御着 2)官報 4302號(1.26일) 南巡幸時 太田에 御駐 3)官報 4331號(3.22일) 太田財務所 4)官報 4339號(4.1일) 家屋稅法에 의한 市街地指定 懷德郡 邑內, 山內面, 外城面內 太田 5)官報 4462號(8.24일) 各地 未作 豫想 太田 6)官報 4518號(10.30일) 警察署 分署名 改定 太田警察署
隆熙 4年 (1910年)	1)官報 4644號(4.5일) 忠淸南道 告示, 屠場設立地 一等地: 懷德郡 山內面 大田 2)官報 4668號(5.3일) 電話 呼出地域 大田 : 大田本町, 大田驛 3)官報 4681號(5.18일) 大田郵遞局 懷德郡 外南面 大田	1)官報 4669號(5.4일) 太田警察署 太田
大正3年 (1914年)	日帝의 郡, 面廢合에 의하여 大田郡, 大田面(朝鮮總督府命 第111號)	

地名 年代	大 田	太 田
昭和6年 (1931年)	大田邑(昇格)	
昭和10년 (1935年)	大田府(昇格)	

앞의 자료를 근거로 하여 '大田'과 '太田'의 관계를 보기에 편하도록 다시 표를 만들면 다음과 같다.

'大田과' 太田'의 시대별 비교표

百濟·新羅(景德王 16年)	A.D. 757 以前	雨述, 奴斯只, 所比浦
新羅(景德王 16年)	A.D. 757 以後	比豊, 儒城, 赤烏
高麗(太祖 23年)	A.D. 940	懷德, 儒城, 德津
朝鮮(太宗 13年)	A.D. 1413	懷德(～公州)
(成宗 17年)	A.D. 1486	公州 大田川
(純祖 27年)	A.D. 1827	公州 山內面 大田場
(哲宗 10年)	A.D. 1859	公州 山內面 大田川·大田市
(哲宗 14年)	A.D. 1863	公州 山內面 大田川·官田川
(高宗 31年)	A.D.1894	大田
大韓帝國(高宗 32年)	A.D.1895	懷德 山內面 大田里
(高宗 光武3年)	A.D.1899	大田
(純宗 3年)	A.D.1909	大田
日帝(7年間)	A.D.1904～10	大田里(혹은 太田)
大正 3年	A.D.1914	大田郡 大田面
昭和 6年	A.D.1931	大田邑
昭和 10年	A.D.1935	大田府
大韓民國	A.D.1946	大田市
	A.D.1989	大田直轄市

앞의 비교표가 알려주는 바와 같이 '太田'이 등장하는 시기는 亡國條約을 맺은 乙巳年(1905)보다 1년전이다. 그리고 이른바 庚戌合邦으로

亡國의 恨을 남긴 1910년에 '太田'은 공식적인 기록에서 사라진다. 이처럼 짧은 기간에 그것도 日帝의 통치기간의 초기에 잠시 사용된 흔적만을 가지고 그것이 전통지명이었다고 주장하는 것은 아주 큰 잘못이다. 애초에는 고유지명었던 '한밭'을 漢字로 표기한 '大田'은 처음부터 오늘날까지 어느 한 시기에도 쓰이지 않은 일이 없이 500여년 동안 부단히 계승되어 왔다. 그럼에도 불구하고 앞에서 우리가 확인한 경우 7년여 동안만 공식적으로 표기되어 나타난 '太田'을 이 고장의 전통적인 漢字地名인 것처럼 주장하거나 착각하게 만든 직접적인 이유가 두 가지 있는 듯하다. 그 하나는 日人 田中市之助가 지은 「朝鮮大田發展誌」(1917年) 154쪽에 伊藤博文 통감이 「'太田'을 '大田'으로 부르도록 하라」는 명령에 의하여 본래의 지명 '太田'이 '大田'으로 바뀌었다고 주장한데서 비롯된 듯하다.

그러면 우선 해당 내용을 다음에 소개하고 이 기사의 내용에 대한 眞僞를 판별하기로 하겠다(자료 10 참조)

도대체 日人 田中이 어떤 근거에서 이런 터무니 없는 괴변을 남겼는지 도무지 이해할 수가 없다. 田中은 주장의 근거를 「明治42년(1909년) 1월 韓皇帝(純宗)의 南鮮巡遊의 행차시에 伊藤公이 수행하여…」에 두고 있으나 앞에서 제시한 당시의 「純宗

逸話

大田の由來　無人の境より生れ未だ幾年ならざるに、大田の如く能く斯の繁盛を顧ち得たる所朝鮮中斷じて他に類例あるを聞かず、誠に我が大田の面目として更に偉大なる發展を遂げすんばあるべからず、明治四十二年一月韓皇帝の南鮮巡遊の途次故伊藤公來つて此地を見歸はれしに痛く山水凰光の雄大なるを愛せられ侍者に向ひて寧う地名（太田）を秘して大田と呼ぶの佳なるを説かれしより、誰改むると無く大田と唱わ大田と囁き、茲に今日の名稱を確定するに至りしものなり、記して後世に傳へん。

자료 10

實錄」에 그런 내용이 전혀 없다. 앞의 明治 42년 1월은 純宗 3년 (1909년) 1월과 정확히 일치한다. 그런데 앞에서 제시한 「純宗皇帝實錄」目錄 卷 1의 隆熙 3년(1909년) 1월조에는

2일에 통감 伊藤博文을 接見하였고, 13일에 '大田'에 도착하시어 충청남도의 관찰사를 부르시어 접견하시고….(二日 觀德壽宮 接見統監伊藤博文…十三日進發至大田 召見忠淸南北觀察使及搢紳有勅勳諭 進發着南大門 仍觀德壽宮 還宮)

와 같이 통감 伊藤이 純宗皇帝를 수행한 내용도 없고 '太田'을 '大田'으로 고쳐 부르라고 명령한 내용도 없다. 오로지 純宗께서 '大田'에 이르러서 忠淸南北의 관찰사를 부르신 사실 등만이 적혀있을 뿐이다. 도대체 田中이 주장하는 근거가 「純宗實錄」에 없을 뿐만 아니라 田中의 기술한 내용 자체만 가지고도 앞뒤가 맞지 않는 또 다른 모순을 발견할 수 있다. 만일 田中의 주장대로라면 伊藤통감이 '太田'을 '大田'으로 바꾸라고 명한 시기가 서기 1909년(明治 42년)인데 그렇다면 그 이전에는 '大田'이 나타나지 않아야 한다. 伊藤이 명한 때로부터 '大田'이 비롯되어야 하기 때문이다. 그러나 '大田'은 앞에서 제시한 「高宗實錄」의 1894년조와 1899년조에도 나타나며 「純宗實錄」의 1909년조에도 나타날 뿐만 아니라 그 이전에도 「동국여지승람」(1486년)부터 500여년이나 끊임없이 존속하여 왔고 더욱이 바로 1년전인 1908년에 이미 '太田郵遞局'을 '大田郵遞局'으로 改定한 사실을 統監府 公報 45호(3월 14일자)가 증언하고 있는 점에 주목할 필요가 있다. 역시 통감부 공보 57호(6월 6일자)에서도 '太田'을 '大田'으로 改定한 사실이 확인된다. 더더구나 서슬이 퍼런 통감의 하명이었다면 伊藤통감이 엄명한 1909이후에는 '太田'이 적어도 官報에는 나타나지 말아야 한다. 그런데 앞의 표에서 확인할 수 있는 바와 같이 1910년 5월 4일자 官報 4669호에 '太田警察署'가 버젓이 나타난다. 그럴 뿐만 아니라 1914년에 三省堂에서 日人들이 펴낸 「朝鮮地圖」에도 다음 지도(2)에서 확인하는 바와 같이 '太田'이 나

타난다. 이 지도를 한국인이 발행하였다면 모르되 日人들이 감히 통감이 명령한 사실을 어기고 이렇게 '太田'으로 표기할 수가 있겠는가? 오히려 日人들이 전통적인 한자명인 '大田'보다 '太田'을 選好한 탓으로 봄이 온당할 것이다(지도 2 참조).

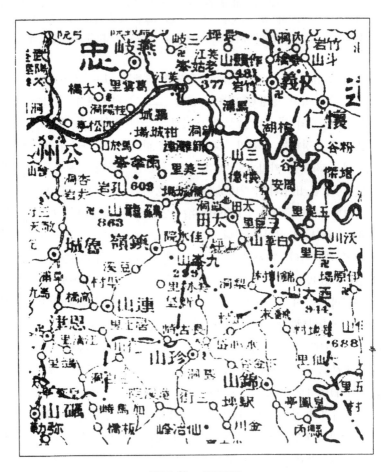

〈지도 2〉　朝鮮地圖

무릇 '太田'이란 한자지명은 오히려 日人들이 즐겨 쓰는 땅이름이다. 왜냐하면 일본에는 '太田'이란 땅이름이 많이 분포되어 있기 때문이다. 그렇기 때문에 되려 日人들이 우리나라를 강점한 시기 이후에 '太田'이 등장하기 시작한 것이며 한때에는 관보에까지 적극적으로 쓰다가 우리의 전통적인 한자지명인 '大田'에 밀려 스스로 자멸한 것이다. 그러나 日人들은 엽서나 편지의 겉봉에 '太田'을 즐겨 사용하였다고 한다(金英漢씨 증언). 이런 흔적이 日人이 손으로 그린 위의 「南北鮮觀覽地圖」에 나타난 '太田'이다(지도 3 참조)

〈지도 3〉 南北鮮觀覽地圖

이 지도는 필자가 고서점에서 우연히 입수한 것인데 작도한 연대가 없음이 못내 아쉽다. 그러나 觀覽地圖이니만큼 日人들이 왕래가 매우 자유롭던 시기의 지도임에 틀림없으니 늦어도 1920년대 이후의 지도일 것이다. 그런데 일부에서 주장하는 바의 금지된 지명인 '太田'이 버젓이 쓰이고 있는 것이다. 그럴 뿐만 아니라 자매결연을 맺은 일본의 同志社 大學의 법학부 학생들이 최근(1993년 9월 5~10일)에 충남대학교를 방문한 日程案에도 다음과 같이 '太田'을 사용하고 있다는 점을 각별히 유의할 필요가 있다. 여기서 우리는 日人들이 부르기를 좋아하였던 이 고장의 땅이름이 오히려 '太田'이었음을 재확인할 수가 있다(자료 11 참조).

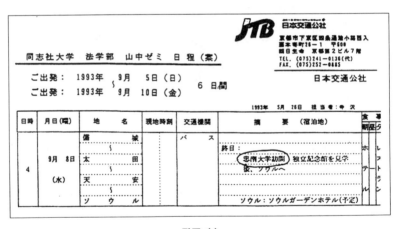

자료 11

2.4. 잘못 풀이한 내용과 그 원인

한편 '太田'이 '大田'보다 이른 시기에 발생한 것으로 주장하는 근거를 「朝鮮王朝實錄」太宗 13년조에 '太田'이 나타난다고 들었다. 이런 주장은 「한국지명요람」(한국지리원 1983), 「동아세계백과사전」(동아출판사 1986),

「민족문화대백과사전」(한국정신문화연구원 1991)에서 하였다고 소개하고 있다(집필자의 문맥을 잘못 이해한 탓으로 그리된 것임을 뒤에서 밝힐 것임).

과연 그런가를 여기서 면밀히 검토하여 보자. 우리가 「太宗實錄」 13년 조에서 아무리 '太田'을 찾아보아도 찾을 수가 없다. 다음에 제시하는 원본에 그 기록이 없기 때문이다(자료 12 참조).

위 기사는 太宗 13년 10월에 각 道와 각 官의 호칭을 개칭한 사실을 밝히고 있다. 이 사실을 우리는 「世宗實錄」(卷 149) 地理志에서 다시 확인할 수 있다(자료 13 참조).

무릇 太宗 때에는 縣단위의 행정지명이 아니었던 지명인데 '大田'이든

자료 12

'太田'이든 왕조실록이나 그 지리지에 등재될 리가 만무하다. 그 당시의 이 고장의 행정지명은 위의 두 자료가 보여주듯이 '懷德'이었을 뿐이다. 다만 '大田'은 그저 평범한 자연부락이었을 뿐이다. 그렇기 때문에 縣단위 이상의 지명이 아니면 기록으로 남기 어렵다. 그러나 필요에 따라서는 里名까지도 기록된 일이 있다. 예를 들면 앞의 「세종실록」 懷德縣條의 말미부의 「驛一貞民(俗訛田民)……越境處儒城東村郎山里 越入縣南面」(자료12)에서 오늘의 '田民洞'의 전신인 '貞民驛'(혹은 田民驛)을 발견할 수 있는 경우이다. 그러나 '大田'에 대한 당시의 명칭은 아무런 기록도 남기지 않았다. 그럼에도 불구하고 마치 「太宗實錄」에 '太田'이 나타나는 것처럼 착각하기에 이르는데에는 그럴만한 이유가 있었던 것 같다.

자료 13

이른바 '大田'에 있었던 「湖南日報」가 발간한 「忠淸南道發展史」
(1933.3, p.387)에서 '太田'이 '大田'으로 바뀐 대목을 「한밭승람」(湖西
文化社 刊, 1972, p.112~113)에서 다음과 같이 소개하였다(맞춤법과
띄어쓰기는 인용된 원문대로이다).

「이또오」는 露·日戰爭에서 勝利한 도취감에 싸여 1905년 12월 초대 「統監」
으로 韓國에 부임했다.

그는 부임후 서울에서 얼마전 겨우 개통을 본 京·釜線 특별열차를 타고 釜
山까지 지방 시찰을 떠났다.

大韓帝國을 총칼로 위협하여 실질적으로는 이 나라 主權을 탈취하는 「統監

府」를 세우고 그 初代 統監으로 列車에 오른 「이또오」는 日本 수상을 역임하고 東洋을 주무르는 실력을 과시하듯 흰수염을 나부끼며 달리는 車窓밖으로 韓國의 풍물을 야심있게 바라보고 있었다.

列車가 大田驛에 물을 넣기위해 잠시 멎었다. 列車가 서자 「이또오」는 넓은 평원에 유독 돋보이는 日本人들의 집단마을이 인상적이어서 밖으로 나왔다.

밖에 나와 보니 넓은 들과 아름다운 산세가 列車안에서 보다 훨씬 좋게 보였다.

『여기가 어딘가?』

「이또오」는 옆에 서 있는 驛長에게 물었다.

『太田이라고 합니다.』

驛長의 대답이었다. 그러자 「이또오」는 『아니야 太田보다는 形勝雄偉한 지세를 나타내는데는 大田이 좋아. 앞으로는 太田이라 하지말고 大田으로 고쳐 부르게 하시오』

하고 統監府에서 수행온 관리에게 지시했다.

이때부터 太田驛은 大田驛으로 부르게 됐고 그후 面이 설치되자 大田面이라 하는 등 「大田」은 이땅의 이름이 되어 버린 것이다. 「이또오」의 머리속에서는 이땅에 日本人의 도시가 세워질 꿈이 순간적으로 스쳐갔을 것이고 日本人 都市에 어울리는 이름은 「太田」보다는 「大田」이 더 日本式 地名에 가깝다고 생각했는지 모른다. 「太田」을 「大田」으로 바꾸어 버린 「이또오」는 서울에 올라가 病弱한 大韓帝國의 純宗황제를 꼭두각시 처럼 앞에 내세워 地方순행을 하도록 했다.

비슷한 내용이 「大田直轄市」(한민출판사, 1990, p.86)에 다음과 같이 인용되었다.

太田이 大田으로 地名이 변한데 대해서 1932년도 湖南日報가 發行한 「忠淸南道發展史」엔 우리 나라 侵略의 元兇 當時 統監이었던 伊藤博文이 大田을 지나다가 이곳의 形勝雄偉함을 보고 太田을 大田으로 바꾸어 부르도록 하였다는 記錄(1829)은 있으나 믿을만한 것인지 알 수 없다.

그러나 여기에서는 「믿을만한 것인지」라고 의문시하고 있음이 저 앞

의 인용태도와는 다르다. 다음의 두 책은 그나마 아무런 근거도 대지
않고 다음과 같이 기술하고 있다. 「한밭의 얼」(대전직할시 刊, 1991.1,
p.480)에서 옮긴다.

   16. 貞洞
   대전역전 : 큰 벌판을 이룬 지역으로 한밭, 太田이라 부르던 지역이다. 대전
역이 들어서기 전에는 대전천(大田川)이 범람해서 모래사장을 이루어 콩을 뿌리
고 거두는 콩밭의 지대였다. 朝鮮時代 初期에는 公州郡 山內面의 지역이었다.

그리고 「한밭정신(精神)의 뿌리와 창조(創造)」(대전직할시 발행 1991,
5, p.174)에서 옮긴다.

   "대전(大田)"이란 지명(地名)은 우리 민족의 전통적 지명(地名)이 아니라,
한밭의 지명(地名)을 한자식(漢字式)표기로 "태전(太田)"이라 쓴 것을 한일합방
이후 1905년 경부선 철도역을 이곳에도 지은 일본사람에 의해 "대전(大田)"이
라 고쳐부른 후부터 지금까지 불려오고 있다. 지금의 대전도시(大田都市)도 옛
날부터 꾸준히 발전되어 형성된 도시가 아니고, 한일합방이후 대전역을 중심으
로 발전되다가 現代에 이르러 급속도로 발전해온 도시이다.

위의 두 기술 내용이 사실과 다름은 다음의 기술내용의 검토에서 여
실히 확인할 수 있다. 「大田市誌(中)」(대전시 발행, 1979, p.219~
220)에서 옮긴다.

   「대전(大田)」이 지방 행정구역(地方行政區域)의 명칭(名稱)으로 등장(登場)
하기는 최근인 1900년초의 일이고, 그 이전에는 「한밭」이라고 하는 조그마한
마을에 지나지 않았던 것이다.
   「한밭」이란 이름은 「큰 들」 또는 「넓은 들」이란 뜻으로서 대전(大田)이란
지명(地名)도 「한밭」의 원명(原名)을 의역(意譯)한 것이다. 처음에는 태전(太
田)이라고 했다가 뒤에 대전(大田)으로 고친 것이지만, 문헌상(文獻上)에 나타
난 것을 보면 "大田川 在儒城縣東二十五里 源出全羅道 錦山郡 地界 已上三川合
流爲懷德縣之甲川"이라 한 대전천(大田川)은 현재(現在)의 대전천(大田川)을

말하는 것이다. 이것으로 보아 대전(大田)이란 명칭(名稱)은 5백년전 이조초 (李朝初)에도 불리워졌던 것으로 보아야 할 것이다.

그리고 「大田市志(上卷)」(1984.12. p.655)에 앞의 내용이 그대로 전재되었음을 확인할 수 있다.두 곳의 콤마(,)를 찍지 않고 마지막에 문단만 하나 더 늘린 점만 다르다.

앞에서 제시한 「大田市志」의 내용은 스스로 앞뒤가 맞지 않는 모순된 기술을 하고 있다. 앞에 부분에서는 「처음에는 태전(太田)이라고 했다 가 뒤에 대전(大田)으로 고친 것이지만」이라고 전제하여 놓고 이어서 「문 헌상(文獻上)에 나타난 것을 보면…대전(大田)이란 명칭(名稱)은 오백 년전(五百年前) 이조초(李朝初)에도 불리워졌던 것으로 보아야 할 것이 다」라고 모순된 기술을 하였다. 앞의 기술이 모순되지 않으려면 「'태전 (太田)'이란 명칭이 적어도 오백년(五百年) 이전에 존재하였어야 할 터 인데 앞에서 제시한 자료에서 확인할 수 있는 바와 같이 오백년(五百 年) 이전의 문헌에는 고사하고 1900년대 이전의 문헌에서 조차도 '태전 (太田)'은 발견되지 않기 때문이다.」로 기술하였어야 한다.

지금까지 논의하여 온 바와 같이 이 고장의 고유어 지명인 '한밭'을 한어(漢語)식 지명으로 표기한 '대전'(大田)은 줄잡아 500여년의 긴 역 사를 가진 전통성이 있는 한자지명인 바(물론 이것에 대한 원초지명은 '한밭'이었기 때문에 둘이 내내 공존(共存)하여 왔지만) 앞에서 제시한 자료에서 확인할 수 있듯이 1904년에 '태전(太田)'이 등장하게 되어 단 기간(약 7년간 공보 등에 나타남) 혼용되다 보니 '한밭·大田'의 뿌리를 잘 모르는 처지에서 마치 '태전'(太田)이 전통 지명인 것처럼 착각하게 만들거나 아니면 공보에 나타나는 7년간만 중심으로 따지게 되면 마치 '태전'(太田)이 전통지명인 것처럼 주장할 수 있는 계기가 되어 줄 수도 있었던 것이라 하겠다.

이상에서 논의하고, 때로는 면밀히 검토한 내용들을 깊이 살펴 보지 도 않고 잘못 기술한 선행의 주장들을 액면 그대로 믿고 이를 토대로

동일한 오류를 범한 사실을 이른바 권위있는(?) 백과사전에서 재차 소
개할 수 있다.

그러면 이제 지명을 다룬 요람이나 백과사전에 나타난 '태전'(太田)의
문제를 면밀히 검토하여 보도록 하겠다.

우선 그 내용들을 간행년대 순서대로 다음에 제시한다.

(가) 「韓國地名要覽」(1982, 1983재판, 국립지리원, p.325)
대전시 〔대전시(大田市) : Daejeon Si〕(한밭, 대전, 대전부) 면적 87.36
㎢, 인구 651,642인. 〔위치〕서울에서 남으로 167.3km, 부산에서 북으로
238.2km, 시(市)전체가 대덕군에 의해 완전히 둘러싸여 있다. 지리좌표는
N36° 16′~36° 22′, E127° 28′~127° 21′이다.
〔연혁〕본래 마한에 속하였다가 백제 때 우술군(雨述郡), 신라때 비풍군(比
豊郡), 고려 때 회덕현(懷德縣)과 진잠현(鎭岑縣)으로 나뉘었다. 이조(李朝)
태종(太宗(1413))때 회덕군과 진잠군으로 개칭, 일명 태전(太田)「한밭」이라고
하였다.

위 글의 내용을 언듯 보면 마치 太宗 13년에 「懷德縣과 鎭岑縣을 '懷
德郡과 鎭岑郡'으로 개칭하였고 '太田'(한밭)이라고도 하였다.」라고 착각
하기 쉽다. 그러나 위 (가)의 글을 쓴 이는 "회덕군과 진잠군으로 개칭,
일명 태전(太田)「한밭」이라고도 하였다."와 같이(밑줄과 ⓐⓑ는 필자)
ⓐ와 ⓑ사이에 콤마(,)를 찍었다. 따라서 ⓑ는 ⓐ의 내용과 관계가 없
는 별도의 내용을 기술한 것으로 볼 수 있다.그렇기 때문에 (가)의 필
자는 '일명…이라고도 하였다'는 표현으로 '한밭' 혹은 '大田'에 대한 별칭
으로 '太田'이 한때 쓰인 사실을 밝힌 것이다.그리하여 (가)의 필자는
'대전시 〔대전시(大田市) : Daejeon Si〕(한밭, 대전, 대전부)'라고 머
리에 제시한 내용에 '太田'을 넣지 않았던 것이다. 여기에서 일명 '太田'
은 앞에서 제시한 서기 1904~1910년 사이에 잠시 사용한 지명을 두
고 한 말일 것이다.

(나) 「동아원색세계대백과사전」(1986 4판, 동아출판사, p.575)
　　고려시대에는 회덕현(懷德縣)과 진잠현(鎭岑縣)으로 나뉘었다. 1017년(현
종 8)에는 공주 관하(管下)에 속하였고, 1172년(명종 2)에는 현감(縣監)을 두
었다. 조선시대에 들어와 1413년(태종 13)에는 회덕군(懷德郡)과 진잠군(鎭岑
郡)으로 개칭하고 일명 태전(太田)이라고도 하였다.

　　(나)의 내용을 (가)의 내용과 비교할 때 동일함을 확인하게 된다. 다
만 (가)는 콤마(,)가 있는데 (나)는 그것이 없다. 그리하여 더욱 더 '회
덕군과 진잠군으로 개창하고'와 '일명 태전이라고도 하였다'가 동일 문맥
상의 앞 뒤 사실이 직접 연결되는 것처럼 오해하기 쉽게 되어 있다. 따
라서 콤마(,)가 빠진 것으로 보아야 옳다. 그렇다면 여기에서도 '일명
太田'은 태종 13년의 존재가 아니라 서기 1904~1910년 사이에 일시
적으로 나타난 별지명으로 보아야 타당할 것이다.

　　(다) 「민족문화대백과사전」(1991년, 한국정신문화연구원, p.458)
　　〔조선〕 1413년(태종 13) 전국을 8도로 하여 군현을 개편할 때 대전지방은
공주군·진잠군의 일부에 속하고 태전(太田:한밭)이라 불렸다.

　　(다)의 내용에 이르러서는 아예 태종 13년(1413)부터 이 고장(한
밭)의 한자어 지명이 '太田'이라 불렸다고 단정하고 있다. 앞에서 제시
한 자료에서 확인할 수 있는 바와 같이 이는 전혀 없는 사실을 허위로
조작한 내용임을 확인할 수 있다. 국가적 사업으로 이룩한 가장 권위가
있다는 「백과사전」이 이처럼 어처구니 없는 실수를 범하고 보니 사회에
끼치는 악영향이 얼마나 클 것인가는 짐작하고도 남음이 있다.
　　지금까지 우리는 지명사적인 측면에서 이 고장의 전통지명이 무엇인
가를 고찰하였다. 이 고장의 고유한 땅이름은 '한밭'이고 이것을 한자어
식으로 바꾸어 표기한 지명이 '大田'임을 재삼 확인하였다. 물론 최초의
땅이름은 '한밭'이었는데 이것이 한자어로 표기되어 처음 나타나는 문헌
은 「東國輿地勝覽」(1486)이다. 따라서 그 근거가 확실한 서기 1486년

부터 계산한다면 지금까지 '大田'은 장장 500여년간이나 전통적으로 사용되어 온 正統한 한자지명이라 확언할 수 있다. 그리고 '太田'은 관보에 잠시(약 7년간)나타났다가 사라진 그러나 일인(日人)에 의하여 가끔 쓰인 전통성이 없는 한자지명이었을 뿐이다. 따라서 이를 '일명'이라 부른 것은 매우 적절한 표현이었다고 결론지을 수 있을 것이다.

3. '한밭'과 '大田'의 어휘사적 풀이

3.1. 지명어의 발생·변화와 사용습관

우리의 지명들은 일반적으로 고유지명이 있고 이 고유지명을 漢字語식으로 개정한 한자지명이 있다. 그 예를 들면 다음과 같은 것들이다.

> 한밭→大田, 한절골→大寺洞, 돌다리→石橋, 갓골→邊洞, 안골→內洞, 버드내→柳等川, 대실→竹谷, 감나무골→柿木里, 숯골→炭洞, 못골→池谷, 까치재→鵲峴, 으능정이→銀杏洞, 한우물→大井洞, 잣티→城峙, 가는골→細洞, 활골→弓洞, 샘골→泉洞, 새탐말→新興洞, 진골→長洞, 놋즌골→鍮洞, 울바우→鳴岩, 바리바우→鉢岩, 검은들→黑石 (琴坪), 배나무골→梨木洞, 용머리→龍頭洞, 닭재→鷄峴, 가래울→楸洞, 미리미→龍村, 느다리→板橋, 소들→孝坪, 가는내→細川, 쑥내→艾川, 말뫼→馬山洞, 숯뱅이→炭坊, 새울→新灘, 쇠울→金灘, 새골→鳥洞, 남달미→木達洞, 방아미→砧山洞, 범골→虎洞, 개대가리산성→犬頭山城 등.

앞의 예와 같이 두 가지 지명이 존재할 경우에는 순수한 우리말 지명이 먼저 발생하였고 한자지명은 고유지명을 어느 시기엔가 뒤에 漢字化한 것임을 확신할 수 있다. 왜냐하면 한자가 우리 나라에 수입되기 이전부터 우리말의 고유지명을 우리의 조상들이 사용하였던 사실을 우리는 믿기 때문이다. 이런 보편적인 원리에 따라서 '한밭'이 보다 훨씬 오래 묵은 이 고장의 본 지명이며 '大田'은 보다 후대에 발생한 한자지명인 것이다.

그러면 '한밭'과 '大田'은 어휘사적인 면에서 볼 때 어떤 대응관계가 있는가를 살펴보기로 하겠다. 무릇 '한밭'의 '한'에 대한 대응 표기의 한자를 '大'자로 표기한 역사는 삼국시대부터 비롯된 전통적인 관습임을 다음의 여러 가지 예에서 확인할 수 있다.

(가) 신라의 관직명을 儒理王(9년)이 관직을 17등급으로 나누어 제정한 내용이 「삼국사기」권 38 職官(上)에 나오는데 그 가운데서 '大舍'를 혹은 '韓舍'라 호칭한다(十二日大舍 或云韓舍)라고 하였다. 그럴뿐만 아니라 '大奈麻'(十등급)가 '韓奈麻'로 표기되어 있기도 하다. 신라 유리왕 9년이면 서기 32년에 해당하니 참으로 그 역사가 깊다고 할 수 있다.

(나) 지명 표기에서는 고유어인 '한'의 대응 표기자가 오로지 '大'임을 확인할 수 있다.

1) 옛지명에서
   韓 山 → 大山(「三國史記」 地理3 1145년)
   漢 山 → 大山(「大東地志」 AD1864년)
   한여흘 → 大灘(「龍飛御天歌」 제14장, 제33장 1445년)

2) 傳來地名에서

한 내 → 大川	한 골 → 大洞
한머리 → 大頭里	한다리내 → 大橋川
한 뫼 → 大山	한재 → 大峙
한절골 → 大寺洞	한밤이 → 大栗里
한뿔이 → 大角里	한갓골 → 大枝洞
한실 → 大谷	한티골 → 大峙洞
한새골 → 大鳥谷	한박실 → 大朴里
한가래기 → 大加里	한우물 → 大井洞

(다) '한'의 뜻풀이에서 「용비어천가」(1445) 권8 제 67장에서 '한비'를 '大雨'라 하여 역시 '大'가 고유어 '한'에 대응 표기되어 있음을 확인한

다. 그렇기 때문에 이름난 옛학자들이 모두 한글이 태어나기 전의 옛날에 한자의 음을 차용하여 적은 '한(韓), 한(漢), 간(干), 한(翰), 감(邯), 건(鞬)'은 모두 '한'이며 이 '한'은 '大'의 뜻과 같다고 다음과 같이 풀이하였다.

(ㄱ) 我國方言 謂種蔬者爲園頭干 漁採者爲漁夫干 造泡者爲豆腐干 大抵
　　　方言以大者爲干故也(李晬光 : 芝峰類說)

(ㄴ) 漢山卽黔丹山 方言稱大曰漢猶言大山(金正浩 : 大東地志 廣州沿革條,
　　　AD1864)

(ㄷ) 東韓人自以爲大且多故謂大爲한者卽韓之稱也(作者未詳 : 東言考略　古談條)

(ㄹ) 한글학회발행 「큰사전」(1957)에는 '한' : 명사위에 붙어서 '큼'의 뜻을 나
　　　타내는 말이라 하였다. 그렇기 때문에 아직도 '한가위, 한글, 한길(大路),
　　　한가람(漢江), 한숨(大息)'이 보편적으로 쓰이고 있는 것이라 하겠다.

　(라) '밭'에 대한 대응 표기 한자

　'밭'에 관한 한자의 대응 표기를 찾아보면 '대밭 : 竹田'(「용비어천가」제33장), '삼밭개 : 三田渡'(「용비어천가」제14장) 등과 같이 '밭＝田'으로 대응 표기되어 나타난다. 이 밖에도 '밭톨다스리며:治田'(「呂氏鄕約」), '밭뎐:田'(「訓蒙字會」 1527)와 같은 기록에 의거하여 '밭'을 '田'으로 옮겨 적었음이 확인된다.

　현대 지명에서도 상주군 상주읍의 '대밭골:竹田里', 외서면의 '잣밭:栢田里', 화동면의 '쑥밭골:艾田' 등과 같이 '밭'은 '田'으로 표기되어 있다.

　앞에서 우리는 '한'과 '밭'을 漢字로 옮겨 적은 글자가 '大'와 '田'임을 확인하였다. 따라서 '한밭'에 대한 전통적인 漢字표기는 '大田'임에 틀림없다. 그 근거를 우리는 앞에서 여러 가지 옛문헌에서 제시하였으니 더욱 확실한 것이라 하겠다. 그렇기 때문에 전국에 분포하여 있는 '한밭'이란 지명들이 한결 같이 '大田'이라 표기되어 있는 것이다. 그 실례를 들면

· 포천군(抱川郡) 청송면(靑松面)의 '한밭 : 大田里'
· 상주군(尙州郡) 외서면(外書面)의 '한밭 : 大田里'
· 단양군(丹陽郡) 어상천면(魚上川面)의 '한밭 : 大田里'

등과 같이 '한밭'에 대한 한자지명은 모두가 '大田'일 뿐이다.

4. 한밭과 大田의 형성발달

4.1. 지명의 명명법

'玉溪洞'은 玉溪가 있기 때문에 그로 인하여 지어진 지명이다. '三川洞'은 세내가 합하는 곳이기 때문에 命名된 지명이다. '石橋洞'은 그 곳에 '돌다리'가 있었기 때문에 지어진 지명이다. '柳等川(柳川)'은 그곳에 '벌들'이 있었기 때문에 지어진 川名이다. 마찬가지로 '大田川'은 '大田'이 존재하였기 때문에 그 가운데나 아니면 그 변두리를 흐르는 내란 뜻으로 명명된 川名이다. 괴산군 靑川面 如思日王里에서 발원하여 「大田里」를 관류하는 내이름도 '한밭내'(大田川)이다. 또한 고문헌에 나타나는 '大田場·大田市' 역시 '大田'이란 지명이 먼저 형성되지 않고는 성립할 수 없는 市場名이다.

4.2. '大田'의 호칭

고유지명과 한자지명이 공존할 때는 지금과는 달리 약 반세기 전까지만 하여도 주로 고유지명을 불렀다. 말하자면 '柳等川'(혹은 柳川)을 아직까지도 '버드내'(<벌들내)라 부르고 있듯이 '대전천'도 '한밭내'로 불렀을 것임에 틀림없다. '大田'을 아직도 '한밭'이라 부르고 있는 사실로 미루어 생각하여도 그렇다.

비록 표기지명으로는 '大田'이라 적었으되 실제적인 호칭은 '한밭'이라 하였던 사실을 알려주는 기록이 바로 '大田川 一云 官田川'이다. 이 '官田川'을 '관밭내'로 읽을 수 있기 때문이다. 이와 비슷한 예를 한둘 들어보자. '한밭'(大田)이라 불리는 지명이 전국에 보편적으로 분포되어 있는바 다른 곳에 있는 '한밭'은 아직도 하나의 마을로 남아 있을 뿐이다. 가령 淸風郡 源南面의 '한밭'(大田)과 丹陽郡 魚上川面의 '한밭'(大田)은 하나의 마을로 거기에 '큰밭'이 있었기 때문에 '한밭, 한밭들, 大田'이라 불렸는데 1914년에 '大田里'가 되었다. 또한 舊忠州郡 東良里의 지역에도 '큰밭'이 있으므로 '한밭, 大田, 黃田'이라 불렸는데 1914년에 역시 '大田里'가 되었다. '黃谷'을 '황골'이라고도 부르는 바 이것도 '한'(大)을 '黃'으로 표기한 경우이며, '黃泉'을 '황샘'으로도 부르니 이것 역시 '한'(大)을 '黃'으로 표기한 것이라 하겠다. 여기서 우리는 '한밭'을 '黃田'으로도 표기하고 그것을 '황밭'이라 부른 例와 '한밭'을 '官田'이라 표기하고 부르기는 '관밭'이라 부른 例는 정확히 동일한 경우로 판단하게 된다. 이 '관밭'은 곧 '한밭'이기 때문에 이 '官田'(관밭)이 당시에 口語로는 '한밭'이라 불렸던 사실을 증언하는 바라 하겠다.

4.3. 가장 보편적으로 호칭된 '한밭'(大田)

이른바 市場名은 가장 보편적으로 부르는 지명이다. 매 5일마다 서는 '닷새장'의 이름 그것은 가장 널리 그리고 일반적으로 불리는 토착지명이다. 이 시장의 이름이 '大田場'(한밭장) '大田市'(한밭저자)이었던 것이니 이 고장의 전통적인 한자지명이 '大田'(한밭)이었음은 의심할 여지가 없는 것이다. 그렇기 때문에 송시열 선생을 비롯한 여러 선비들이 지은 '이 고장 찬가'의 제목이 '大田八景', 혹은 '大田八景歌'이었다. 그 중에도 특히 지명학의 大家였던 池憲英 선생의 '아! 大田아'는 이 고장을 찬양한 현대시이다. 그는 여러 세대를 '鉢岩里'(지금의 선화동)에서 거주한 '大田' 토박이의 후손으로 그의 논문과 작품에서 오직 '大田'만을 발견할 뿐이다. 그리고 한 고장의 전통지명이 무엇인가를 자연스럽게 확인하는 방법으로서 우리는 宅號를 참고할 수 있다. 가령 '숲말(林里)宅', '범말(虎洞)宅' 등이 그것인데 필자는 '大田宅, 한밭宅'이란 말은 들었어도, '太田宅'이란 말은 들은 적이 없다.

지금까지 어휘사적인 면에서 살펴본 결과로도 이 고장의 전통적인 고유지명은 '한밭'이며 그 한자지명은 '大田'임에 틀림없다.

5. '太田'의 발생 이유

우리는 '太田'이 발생한 원인을 두 측면에서 우선 가설로 생각해 볼 수 있다.

5.1 첫째 가설 : '大田'의 誤記일 가능성

지명을 기록하는 과정에서 점하나를 더 찍거나 안 찍거나 혹은 덜 찍으므로 말미암아 발생하는 誤記의 결과가 非一非再하다. 실례를 「三國史記」・「三國遺事」・「李朝實錄」에서 들어본다.

> ① 泗沘 → ② 泗泚(「三國史記」, 「三國遺事」)
> ③ 比豊 → ④ 北豊(「世宗實錄 地理志」)
> 所比浦 → 所北浦(「世宗實錄 地理志」)
>
> (「삼국사기」①)　　(「삼국유사」②)
> (「삼국사기」③)　　(「세종실록 지리지」④)

의 경우처럼 '大'字에 점하나를 더 찍으면 '犬' 혹은 '太'의 誤記가 발생하게 된다. 그리하여 大田→太田, 大洞→太洞, 大興洞→太興洞, 大禾里→太禾里, 大寺洞→太寺洞으로 誤記될 가능성이 있는 것이다. 그러면 위의 옛 문헌의 예와 같이 부주의로 점하나를 더 찍음으로써 발생한 '大→

太'의 誤記인가 아니면 반대로 덜찍음으로써 발생한 '太→大'의 誤記인가?

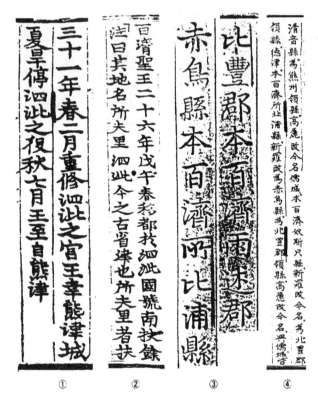

① ② ③ ④

만일 1904년까지 '太田'으로 전해오다가 갑자기 '大田'이 나타났다면 '太→大(太田→大田)'의 誤記를 주장함이 마땅하다. 그러나 이와는 반대로 1904년까지 '大田'이 전통적으로 사용되었고 또한 지속적으로 사용되고 있는 중에 갑자기 '太田'이 나타났기 때문에 '大田→太田'의 誤記로 봄이 타당한 것이다.

5.2 둘째 가설 : 日本식 표기형일 가능성

日人들은 ‘大'와 ‘太'를 〔夕イ〕로 동일하게 발음한다. 따라서 日人들에게는 ‘大田' 혹은 ‘太田'이 둘다 〔夕イテン〕이기 때문에 어느 것으로 적어도 무방하다. 그렇기 때문에 官報에 ‘大田'과 ‘太田'이 혼기되어 있다. 비록 1910年 이후의 官報에는 ‘太田'이 나타나지 않았지만 보다 후대에 간행된 日人 藤戶計太郞의 「最新朝鮮地理」에서 동일한 ‘한밭'의 의미인 ‘大田'을

大田(定州郡) (平安北道)
大田(大田郡) (忠淸南道)
太田(潭陽里) (全羅南道)

와 같이 混記하고 있다. 그러나 朝鮮總督府에서 1914년에 개정한 내용에는 ‘大田'(潭陽郡)으로 표기되었다.

또한 三省堂篇(1914)의 「朝鮮地圖」에도 엄연히 ‘太田'으로 표기되어 있다(앞에서 제시한 지도2 참고). 이 모두가 이른바 伊藤博文이 ‘太田'을 ‘大田'으로 바꾸라고 명령한 것으로 誤報된 1909년 뒤에 混記된 사실들이다.

앞의 두 가설 중에서 필자는 둘째 가설이 보다 더 가능성이 농후한 것으로 보려 한다. 그 이유는 다음과 같다.

(가) 「太田」이 비롯된 시기가 乙巳망국조약을 맺은 1905년의 바로 전해인 1904년이다. 이 시기는 벌써 國權이 거의 일본의 손에 넘어간 때이다. 따라서 日人들이 편의에 따라 日本식으로 거리낌없이 적어도 무방한 혼란기였다는 점.

(나) 만일 田中市之助가 「朝鮮大田發展誌」에 기술한대로 伊藤博文이 ‘太田'을 ‘大田'으로 고치라고 명하였다면 그것은 오히려 混記 상태에 빠져 있는 지명표기를 전통지명인 ‘大田'으로 復元하라는 의미로 해석할 수도 있다. 그 결정적인 理由를 다음 (다)에서 제시한다.

(다) 서기 1914년에 朝鮮總督府令 제111호에 의거하여 전국의 행정 구역을 개편할 때 그당시까지 사용하던(高宗 32년에 확정된)지명을 그 대로 傳承하였다는 사실이다. 이 원칙에 따라서 고종 32년(1895) '大田里'가 '大田郡'과 '大田面'으로 승격된다. 여기서 전래지명인 '大田'이 그 대로 승계된 점에 유의할 필요가 있다.

(라) 경부선의 가설과 '大田'역이 설치된 이후부터 하나의 자연부락이 었던 '한밭'(大田)은 里단위 행정지명으로 승격한(1895)때로부터 오래 지 않아 급격히 都市化한다. 그리고 이처럼 새로 형성된 도시인 '大田'은 日人에 의하여 개척되고 발전한 것이다. 이와 같은 초기의 '大田'발 전과 日人의 밀접한 관계에 유의할 필요가 있다. 그리고 日人들이 이 곳을 적극적으로 지배하고 통치한 시기로부터 비로소 '太田'이 등장한다 는 사실은 '太田'과 日人과 깊은 관계가 있다고 확신할 수 있다.

(마) 만일 잘못된 일부의 주장대로 '太田'을 日人의 어떤 목적 때문에 '大田'으로 바꾸었다면 왜 '太白山脈'은 '大白山脈'으로 개정하지 않았던 가? 그리고 전국의 전통적인 한자지명인 '公州, 全州, 光州, 淸州, 大 邱, 釜山, 馬山, 木浦, 江陵, 水原, 仁川, 海州, 平壤' 등 어느 한 곳도 바꾸지 않았는데 하필이면 '大田'만이 유일한 개정 대상이 되었던가? 그 맥을 자르기 위해서였다면 다른 곳은 자를 맥이 전혀 없었기 때문에 개 정하지 않았다는 말인가? 도무지 납득할 수 없는 주장에 불과함을 알 수 있다.

또한 일부의 잘못된 주장대로 오랜 동안 사용하여 온 전통지명이 '太田'이었는데 日人 이등박문이 그 발전의 맥을 단절하기 위하여 '大田'으 로 바꾸었다면 서기 1945년의 광복과 동시에 왜색이 짙은 '大田'을 폐 기하고 '太田'을 도로 찾는데 市民이 앞장 섰을 것이다. 마치 '漢陽・漢 城'이라 부르던 首都名을 일제(日帝)가 '京城'으로 바꾸어 불렀던 것으로 이해한 나머지 광복과 동시에 왜색지명인 '京城'을 버리고 '서울'을 택한 국민의 슬기처럼 만일 '한밭・大田'이 전통지명이 아니고 '太田'이 전통 지명이었다면 '太田'이라 도로 부르기 운동이 펼쳐졌을 것이다. 그러나 아무런 저항없이 '한밭·大田'이 사용되었음은 곧 그것이 傳統 혹은 正統의 지명이었기 때문임을 증언하는 것이라 하겠다. 더욱이 항일투쟁으로 옥고까지 치른 池憲英(1971)이 '大田'을 예찬한 詩의 제목도 '아! 大田아'이며, 역시 조선어학회 사건으로 일제 때 옥고를 치른 金炯基(1970)의 '大田'을 찬미한 詩의 제목도 '大田八景歌'이다. 위 두 사람은 '大田'을 지켜 온 항일투사이다. 그런데 만일 '大田'이 왜인의 지명이었다면 제일 먼저 앞장 서서 본래의 지명을 찾는 운동을 벌였을 것이다. 그럼에도 불구하고 '大田'을 그대로 詩의 제목으로 삼은 것을 보면 그것이 전통(정통) 한자지명이었기 때문이었다고 확신할 수 있게 된다.

5.3 지명의 개정 문제

만일 이 고장의 옛 이름을 찾아서 바꾸어야 한다면 그것은 앞에서 이미 밝힌 바와 같이 뒷전으로 밀려나 있는 고유지명인 '한밭'이다. 한자지명인 '大田'은 고유 지명인 '한밭'을 漢字로 옮겨 표기한 것이기 때문에 우리의 고유성을 잃고 있기 때문이다. 비록 공식명이나 행정지명으로 공용되고 있진 않지만 아직도 이면에서는 '한밭식당, 한밭고등학교, 한밭중학교' 등과 같이 쓰이고 있으니 고유지명 '한밭'으로 되돌아가도 지명사적인 면에서나 어휘사적인 면에서 볼 때 지극히 자연스런 회귀임에 틀림이 없다.

그러나 비록, 그것이 한자지명으로 고유지명인 '한밭'에서 파생한 '大田'이기는 하지만 역시 그것이 아마도 500년 이상(문헌에 나타나는 시기로부터 가산하여도)을 '한밭'과 공존하여 왔다. 근래에 와서는 '한밭'보다는 '大田'이 오히려 행정 지명으로 공식화하였기 때문에 이것을 고유지명 '한밭'으로 바꾸려면 현실적으로 많은 애로가 뒤따를 것이다. 문패로부터 호적, 주민등록, 등기부 등에 이르기까지 모든 기록이 '大田'으로 표기되어 있기 때문이다. 다음으로는 만일 '大田'을 고유지명 '한밭'으로 바꿈이 마땅하다면 '公州'는 '곰나루~곰골'로, '全州'는 '비사벌(比斯伐)'

로, '夫餘'는 '소부리(所夫里)'로, '光州'는 '무진주(無珍州)=무돌골'로, '江陵'은 '아슬라(阿瑟羅)'로, '水原'은 '매홀(買忽)'로, '仁川'은 '미추홀(彌鄒忽)'로 바꾸는 거국적인 고유지명의 되찾기 운동이 일어나야 한다. 이는 국가적인 사업으로 이와 같은 우리의 이상이 실현되려면 막대한 경제적 뒷받침과 인력 그리고 상당한 시일이 필요한 것이라 하겠다.

요컨대 그것이 고유지명이든 한자지명이든 오랫동안 사용하여 온 전통지명은 무형문화재이다. 연대가 올라갈수록 문화재의 값어치는 상승한다. 지명의 경우는 더욱 그렇다. 문화재는 長久한 세월에 걸쳐 전해져 오면서 누대로 愛之重之하며 정성껏 看守한 조상들의 얼이 깃들어 있기에 그것은 훼손됨이 없이 고이 간직하고 길이 보호하여야 할 至尊한 존재인 것처럼 고지명 역시 오랫동안 민족의 입에 膾炙되어 왔기에 그 속에는 민족혼이 대대로 스며들어 있는 것이다. 그렇기 때문에 공인할만한 특별한 사유가 없는 한 정통지명은 물려 받은대로 보존하여 길이 후손에게 물려 주어야 할 막중한 책임이 우리들에게 있는 것이라 하겠다.

6. 마무리

6.1.

지명은 小地名으로부터 大地名에 이르기까지 저마다 독특한 뜻을 지니고 존재한다. 그런데 지명의 大小관계는 고정적인 것이 아니다. 오랜 역사 속에서 어떤 지명은 보다 작은 단위로 格下되기도 하고, 어떤 지명은 보다 큰 단위로 格上되기도 한다. 고려 태조 23년(서기 940년)에 '比豊郡'이 '懷德郡'으로 변경된 이래로 郡단위였던 이 지명은 郡>縣>面>里·洞과 같이 그 지칭범위가 점점 축소되었다. 이와는 반대로 無名의 小地名이었던 '大田'은 최근에 와서야 '리>면>군>부>시>직할시

>광역시'와 같이 대도시의 유명한 지명으로 급격히 부상하게 되었다. 이렇듯 하루가 다르게 번영하여가는 희망찬 '한밭·大田'이다.

여기서 우리가 우리 고장의 전통지명인 '한밭·大田'의 어원과 어의를 파악하고 나아가서 그 정통성을 재확인하는 것은 참으로 뜻깊은 일이라 하겠다.

이 고장의 한자지명인 '大田'이 기록으로 나타나는 최초의 문헌은 「新增東國輿地勝覽」(서기 1530년간)이다. 이 문헌에 현재의 '大田'이 '大田川'으로 등재 되어 있다. 이 책의 원본은 「東國輿地勝覽」(1486)이니 '大田'은 오히려 40여년이나 더 앞선 시기에 나타난 사실로 볼 수도 있다. 그리고 숙종 15년(1689)의 「초산일기」에 '大田'이 나타나며, 영조 27년(1751)의 「忠州朴氏別給文書」에도 '大田'이 나타난다. 그 뒤의 영조때(1757~1765)에 간행된 「여지도서」에서는 발견되지 않는다. '大田'은 公州牧 山內面의 지역에 있었던 마을이었을 것인데 '木尺里'만 나타나고 '大田里'는 나타나지 않는다. 이때의 '大田'은 아직 里·洞단위의 행정지명에도 못미치는 소지명이었기 때문이다.

최초의 기록년으로부터 270여년 뒤에 저술된 金正浩의 「大東地志」(1863)에 '大田川 一云官田川'이라 적혀 있고, 「湖西邑誌」(1871)의 公州牧條에 2일과 7일에 서는 市場名으로 '大田市'가 나타난다. 이 때까지는 아직도 '大田'은 里·洞단위의 행정지명이 아니었기 때문에 市場名이나 川名으로만 겨우 나타날 뿐이었다.

고종 32년(1895)에 단행된 지방관제 개정에 의하여 '大田'은 비로소 회덕군 산내면의 '大田里'란 里단위 행정지명으로 등장한다. 그뒤로 '大田'은 1901년 경부선의 '大田驛'을 설치함에 따라 급격히 발전되어 1914년 일제의 군면폐합에 의하여 '大田郡'이 설치되고 '大田里'는 '大田面'이 되었다. 이후로 1931년에 '大田邑'으로 격상하였고, 1932년 공주에서 도청이 이전된 뒤인 1935년에 '大田府'로 승격되었다.

여기까지에서 우리는 이 고장의 한자지명의 전통명이 '大田'이었음을 확인하였다. 그런데 을사망국조약을 맺은 1905년부터 관보에 느닷없이

'太田'이 나타나기 시작하였고, 그후에 관보(1906~1909 사이)에도 여러번 '太田'이 나타난다. 그런가 하면 한편 관보(1908)의 부록에는 '太田'과 '大田'이 동시에 나타나기도 한다. 도대체 이 '太田'의 정체가 무엇인가? 이에 대하여는 다음에서 요약 규명하기로 하고, 우선 일차적으로 내릴수 있는 결론은 앞에서 확인한 바와 같이 그 정통명이 '大田'일뿐 결코 '太田'이 아니라는 사실이다. 앞에서 제시한 바와 같이 '太田'이 '大田'으로 바뀐 것이 아니라 아주 후대(1904)에 '大田'이란 전통명 곁에 '太田'이 잠시(7년동안) 관보란 문서에 제한적으로 나타났을 뿐이기 때문이다.

6.2.

주지하는 바와 같이 우리는 고유지명과 한자지명을 아울러 사용하고 있다.

'한밭'과 '大田', '곰나루'와 '熊津', '한절골'과 '大寺洞' 등이 바로 그 좋은 예들이다. 그런데 이처럼 한고장에 대한 두 지명이 존재할 경우에는 순수한 우리말 지명이 먼저 발생하였고, 이 고유지명을 후대의 어느 시기인가 漢字로 표기한 것들이 이른바 한자지명이다. 따라서 '한밭'이 '大田'보다 훨씬 이른 시기에 발생한 우리 고장의 고유지명이라 하겠다. 그러면 발생당시의 '한밭'은 현 대전광역시의 어느 곳이었던가? 앞에서 소개한 문헌들의 설명에 의거하건대 '大田川'의 상하류역을 제외한 중앙부의 양천변이었을 것이다. 그렇다면 현재의 '인동, 원동, 정동, 중동, 대흥동, 은행동' 일원인 한밭들이었을 것으로 생각된다. 이처럼 한밭들이 있었기 때문에 이 곳의 지명을 우리 조상들은 '한밭'이라 불렀던 것인데 이 고유지명을 표기할 때에 우리의 고유한 문자가 없어 어쩔 수 없이 漢字를 차용하여 적었다. 그러면 '한밭'을 어떤 漢字로 표기하여 왔던가를 살펴보기로 한다. 먼저 '한'에 대한 대응기록을 찾아보면 신라의 관직명인 '韓奈麻 : 大奈麻, 韓舍 : 大舍'를 비롯하여 지명표기에서도 '한

내 : 大川, 한골 : 大洞, 한머리 : 大頭里, 한뿔이 : 大角里, 한다리내 : 大橋川, 한뫼 : 大山里, 한갓골 : 大枝洞, 한실 : 大谷, 한티골 : 大峙洞, 한재 : 大峙, 한밤이 : 大栗里, 한절골 : 大寺洞,' 등과 같이 오로지 '大'자로만 표기되어 있을 뿐이다. 그리고 '밭'에 대한 대응표기를 찾아보면 '삼밭 : 麻田, 대밭 : 竹田, 삼밭개 : 三田渡, 진밭들 : 長田里, 꽃밭들 : 花田里, 갈밭 : 葛田' 등 모두가 한결같이 '田'자로 표기되어 있을 뿐이다. 그렇기 때문에 충주 동량면의 '한밭', 청풍 원남면의 '한밭', 평북 정주의 '한밭'이 '大田'으로만 표기되어 있는 것이라 하겠다. 이처럼 한자지명의 전통 표기법도 오로지 '大田'만을 허용하기 때문에「'太田'을 '大田'으로 바꾸었다 함」은 터무니 없는 주장이라 하겠다.

6.3.

그러면 서기 1904년부터 1909년까지의 관보에 나타나는 '太田'의 정체는 무엇인가? 앞에서 우리가 확인한 바와 같이 우리의 전통적인 한자 표기는 '大田'이었기 때문에 '太田'은 오히려 일본식 표기법에서 비롯된 것이라 하겠다. 日人들의 발음으로는 '大'와 '太'가 동일음인「タイ」인 것이다. 말하자면 '大田'과 '太田'이 동일한 발음인 고로 그네들은 어느 것으로 적어도 무방하다. 그렇기 때문에 관보에 '大田'과 '太田'이 혼용되어 있을 뿐만 아니라 등호계태의 저서인「최신조선지리지」에서도 담양군의 '大田面'을 '太田面'으로 표기하였다. 그러나 그는 우리 고장 '大田'은 '太田'으로 적지 않고 '大田'으로 적었다. 그런가 하면 '太白山'을 '大白山'과 '太白山'으로 혼기하고 있다. 이처럼 '太田'은 日人들의 발음으로 '大田'과 동일하였기 때문에 임의로 혼용 표기한 아주 단명한(7년간) 표기지명일 뿐이다.

6.4.

실로 우리 조상들이 남긴 지명개정법은 현명하였다. 행정구역의 변경에 따라 두 지역을 통폐합할 경우에는 반드시 두 지역의 지명에서 한 자씩을 따다가 새로운 지명을 삼았다. 이와 같이 양쪽 지명의 일부를 따다가 새지명 만드는 법을 日人들이 그대로 습용하여 개정한 새지명이 '대전군+회덕군→대덕군, 대면+덕면→대덕면(담양군), 대치면+갈전면 →대전면(담양군)' 등이다. 이처럼 통폐합의 경우에 한하여 전래지명의 개정이 허용되는 것인데 그것도 전통지명의 명맥을 이어주는 범위안에 서 가능하였던 것이다.

또한 행정지명이 개정될 때는 반드시 공식적인 기록을 남기는 법이 다. 그러나 우리 고장의 전통명인 '한밭'과 '大田'이 다른 땅이름으로 바 뀐 공식적인 기록이 전혀 없다. 그렇기 때문에 고유지명으로는 '한밭'만 이 시종일관하여 사용되어 왔고, 한자지명으로는 '大田'만이 「大田里, 大 田面, 大田郡, 大田府, 大田市, 大田直轄市, 大田廣域市」와 같이 공식적 으로 사용되어 왔을 뿐이다. 우리가 마음놓고 믿을수 있는 공식적인 기 록인 「고종실록」의 서기 1894년 (甲午)조와 서기1909년조에 나타나는 '大田'이 이 고장의 정통 한자지명임을 증언하기 때문이다. 따라서 우리 고장의 정통지명은 오로지 '한밭'과 '大田'일 뿐임을 재삼 강조하여 마땅 하다.

한국 고지명 개정사에 대하여*

1

1.1.

지명도 일반 어사와 마찬가지로 생성·발달·소멸의 과정을 밟는다. 다만, 다른 점은 그 대부분이 인명의 경우처럼 인위적으로 명명되고, 필요에 따라서 개정되는 데에 있다. 그리고 또 다른 점은 인명은 발생과 동시에 그 사람과 더불어 사용되다가 그 사람이 사망하면 조만간 실용권에서 사라지지만 지명은 때때로 변화를 입으면서 내내 활용되는 데에 있다. 실로 지명의 변천과정을 세심히 살펴보면 사람에 의하여 명명된 원초지명이 때때로 인위적으로 개정되기도 하고 인류사의 발달단계에 따라서 새로운 지명들이 명명되어 추가되기도 한다. 그럴 뿐만 아니라 일반 어사처럼 자연적인 변천을 경험키도 한다.

지명은 또 다른 특징이 있다. 그것이 인위적인 명명이기 때문에 어의가 분명하게 파악된다. 가령 다음의

大田-한밭	連山-느르뫼(＞놀미)	黑石-검돌(큰돌)
高山-높은뫼	石橋-돌다리	大灘-한여홀

---

* 이 글은 金完鎭 先生 回甲紀念論叢–國語學의 새로운 認識과 展開–(서울대 대학원 국어연구회 1991)에 게재하였다.

등과 같이 거의가 어떤 특징적인 의미를 근거로 명명되기 때문에 그 의미를 알아내기가 수월하다.1) 주지하는 바와 같이 지명은 보수성이 아주 강인하다. 원초지명이 대개의 경우 어느 구석엔가 잔존하여 있거나 화석어로 남아있기 마련이다. 고대에는 郡·縣의 이름이었는데 오늘날에는 보다 작은 시골이름으로 格下되어 겨우 명맥만을 유지하고 있음이 그 좋은 예이다. 가령 '扶餘'의 初名인 '소부리'(所夫里)가 부여읍에 사는 촌로들에 의하여 아직도 가끔 쓰이고 있으며, '公州'의 옛이름 '고마ᄂᆞ르'(熊津)가 지금은 나루이름인 '곰나루, 고마나루'로 현지에서 아직도 쓰이고 있다. 현 '連山'의 옛이름 '놀뫼<느르뫼(黃山<黃等也山)'이 현 '論山'으로 쓰이고 있음도 그 한 예라 하겠다.2)

이렇듯 원초지명이 그대로 존속되면서 이에 대한 인위적인 개정지명

---

1) 가령 Italia Napoli는 西쪽으로 20km 떨어진 Cuma에 800 B.C. 경에 식민도시를 건설한 희랍인들이 2세기 후인 600 B.C.경에 일차 건설한 희랍의 식민도시이었다. 그리하여 初名은 Polis(The city)이었는데 얼마 후에 Cuma로부터 희랍의 식민집단이 제차 이주하여 처음 정착한 도시곁에 新居住集團을 형성하고 이 새마을의 이름을 Neapolis(The new city)라 命名하였다. 이렇게 되니 그 初名은 자동적으로 Palaepolis(The old city)라 부르게 된 것이다. 320 B.C.에 Roma가 이 곳을 정복한 이후에도 여러 세기 동안 Napoli는 희랍의 관습과 언어를 사용하였다. 그리하여 Napoli의 발달과정은

Palae+polis>Nea+polis>Napolis>Napoli~Naples

로 정리되는데 그 근간과 의미가 2600여년을 지속하고 있다.

2) 실로 郡·縣단위의 고지명이 格下되어 구석으로 밀려나 있는 경우가 허다하다. 그에 대한 수예를 다음에 들어 본다.

백제시대의 '所比浦縣'은 경덕왕 때에 '赤烏縣'으로, 고려초에 '德津縣'으로 바뀌었는데 조선초에 廢縣이 되면서 그 이후로 '德律里'로 格下殘存하게 되었다 그리고 '所比浦'는 舊地의 隣近(현 연기군 금남면 부용리)에 '새오개'란 마을 이름으로 남아 있기도 하다. 일명 '草五介'란 表記名으로도 쓰이는데 부르기는 '새오개, 새오개 나루'라 부른다. 또한 백제지명인 '伐首只'(>唐津)는 '버스랭이, 푸르래기'란 村名으로 남아 있으며, '餘村'(>餘邑>餘美>貞美>海美)는 조선조 태종 7년(A.D.1407)까지 縣단위로 존속하다가 그 이후부터 '海美面'의 이웃에 있는 貞美面의 餘美里로 降等存續되어 왔다. 그리고 '德近郡>德殷郡>德恩·市津>恩津'에서 '德恩'이 현 可也谷面 六谷里의 '德恩골'로 남아 있다.

이 공존하여 여기에 다시 새로 명명된 지명까지 추가되기도 한다. 그런가 하면 기존 지명을 신지명으로 한 子地名까지 파생하기 때문에 지명어휘의 구조는 매우 복잡하게 新舊形을 누적하여 간다 하겠다.

1.2.

일반적으로 한국 지명사에서 지명의 개정작업이 경덕왕 16년 (A.D.757)부터 비롯된 것으로 알려져 있다.3) 실은 그렇지 않았던 사실을 일찍이 도수희(1987 : 30-33) 등에서 여러번 지적한 바 있다. 실로 한국지명사에 있어서 지명의 개정은 훨씬 이른 시기부터 단행되었다. 초기의 개정은 지극히 부분적인 데에 국한되었던 것이지만 후대로 내려 오면서 경덕왕 이전에 이미 적어도 한두 차례의 대대적인 개정작업이 감행되었던 것으로 추정한다.

1.3.

이 논고는 한국지명의 개정사를 주로 논의하되 편의상 경덕왕 16년 (A.D.757)을 기준으로 그 이전의 개정에 대한 제문제와 그 이후의 개정에 관한 제문제로 구분하여 고찰키로 한다. 그리고 한국지명의 개정에 끼친 중국측 영향이 무엇인가를 아울러 살피고자 한다. 또한 지명개정에 수반된 지명의 정리작업에 대한 제문제를 통시적으로 고찰하게 될 것이다.

---

3) 金澤庄三郎(1985:59-60)에 다음의 見解가 있다.
　　而已ならず, 景德王 十六年(A.D. 757)に地名を二字に制限し, 例へば商城郡本西兄山郡の如く, 景德王 以前の名を本の字を以て區別しているか, その際舊地名の發音を尊重して改修することは勿論であるか, それ以外に高句麗・百濟などのを舊地名を意譯していることも甚少ない.

2

2.1.

한국 지명사에서 그 개정의 첫단계는 최초의 지명표기에서부터 출발한다. 내내 口傳되어 오던 고유지명을 언젠가 한자를 차자하여 표기할 때에 때때로 음차표기하지 않고 한어화 내지는 훈차표기를 한 데서부터 부분적인 개정이 시작된 것이다. 가령 '고마ᄂᆞ르'로 통용되던 고유지명을 음차표기하지 않고 한역하여 '熊津'(熊川)이라 표기하였을 때 '고마ᄂᆞ르'에 대한 異稱이 발생하게 된다. 물론 기록자는 표기는 '雄津'으로 하여 놓고 실지 발음은 '고마ᄂᆞ르'로 사용하도록 희망하였을 것이다. 처음에는 언중 역시 이에 순응하여 기왕에 부르던 습성에 따라 고유어로 호칭하였던 것이다. 가령 「용비어천가」의 지명주석(A.D.1447)에서

가린여흘(岐灘) 거츨뫼(荒山) 고마ᄂᆞ르(熊津) 구무바회(孔巖)
대받(竹田) 돋여흘(猪灘) 돌개(石浦) 뒷싑골(北泉洞)

등과 같이 표기는 한자로 되어 있으며 관용에 따라 고유어로 불렀던 사실을 발견한다. 지금부터 반세기 내지 1세기 전만 하여도 현지에서의 지명의 실용은 한자(漢語)로 표기된 지명들이 거의가 고유어로 불리었음을 상기할 때 이보다 이른 시기에 있어서의 언중은 더욱 고유지명을 선호하였을 것이기 때문이다.

한편 경덕왕이 고유지명을 오로지 漢式으로만 개정한 것으로 알려져 있지만 실은 그런 것만도 아니다. 가령 그가 '大山'을 '翰山'으로 '寺浦'를 '藍浦'로 개정한 것은 일찍이 漢語化한 지명을 오히려 고유어로 복원한 경우이며, '馬山'이 고려초에 와서야 '韓山'으로 바뀐 것도 일찍이 한어화 되었던 사실을 입증한다. 또한 경덕왕은 '新村'을 '新邑'으로 고치었는데 바로 이웃하고 있었던 '沙尸良'은 백제시대에 이미 '新良'으로 개정되었

는 고로 '新=沙尸'임을 확인하게 된다. 거기에다 '新村'의 별명이 '沙村'이요, '新良'의 별명이 '沙羅'이기 때문에 '新'의 고유어가 '沙, 沙尸'임을 알 수 있다. 이처럼 '沙尸村, 沙村'이었던 고유어가 경덕왕 이전에 벌써 '新村'으로 표기되어 고유명과 한어명이 공존하여 온 것이다. 다른 예를 한둘 더 들어 보이겠다. 백제의 고유지명 '難等良'은 일찍이 백제시대에 '高山'으로 바뀐 이래 오늘날까지 그대로 사용되고 있으며, '井村>井邑, 赤川>丹川' 역시 백제시대부터 벌써 고유어의 흔적을 남기지 않고 한어지명으로만 사용되어 온 것이라 하겠다.

　앞에서 기술한 바와 같이 한국 지명사에 있어서의 고유지명에 대한 한어화 내지 훈차표기의 과정에서 최초의 표기자가 내막적으로는 고유어로 실용하여 줄 것을 요구하였던 의도와는 달리 한식표기화 이래로 오랜 역사 속에서 동일지역에 대한 지명들이 실용면에서도 複지명으로 점점 굳어진 것이라 하겠다. 이 점은 처음부터 의도적으로 지명을 개정하는 경우와는 전혀 다른 것이다. 그럼에도 불구하고 결과적으로 복지명을 산출하는 면에서는 동일하다. 그러나 의도적으로 고유지명을 개정하는 경우와 다른 바는 한어화표기 내지 훈차표기의 지명을 새겨 읽으면 곧 고유지명이 되지만 의도적인 지명 개정은 그렇지 않은 점이 대부분이란 사실이다.4) 다만 전자와 후자가 동일한 점은 표기에 차용된 한자를 음독하게 되면 양자 공히 신생 한어지명이 되는 것인데 세월이 흐름에 따라서 처음에는 어색하던 신지명이 점점 익숙하여져서 결국에는 고유지명과 대등하게 쓰이고 나아가서 그 세력이 오히려 더욱 강화되어 도리어 고유지명은 구석에 밀리는 경우가 非一非再하였다.

---

4) 실은 경덕왕의 지명개정에서도 정확한 한역지명은 표기만 그렇게 하고 읽기는 고유지명으로 풀어서 발음하라는 의도가 다분히 엿보인다. 가령

　　仍斤內>槐壤, 今勿奴>黑壤, 仍忽>陰城, 沙伏忽>赤城, 買忽>水城,
　　齊次巴衣>孔巖, 主夫吐>長提, 烏斯含達>兎山

　등에서 그런 경향이 발견된다(대응표시인 ·, ○는 필자)

2.2.

앞에서 우리는 전래지명을 기록화하는 과정에서 야기되는 고유지명과 新生 한어화지명에 대한 관계를 알아 보았다. 이 新·舊지명의 관계에서 새지명(漢字地名)의 강화는 한국 지명사에서 본의 아니게도 고유지명이 수난을 당하게 된 최초의 경험이었다. 이로부터 고유지명의 순수성이 침해받기 시작한 것이라 하겠다.

다음으로 우리가 상고할 수 있는 바는 자못 의도적이면서 계획적인 지명개정이 부분적으로 감행되었다는 사실이다. 앞에서 지적한 바와 같이 일반적으로 한국 지명사에서 고유지명이 한어지명으로 개정된 최초의 작업이 경덕왕 16년(A.D.757)에 이루어진 것으로 잘못 알려져 왔다. 물론 경덕왕 16년에 거국적으로 행정구역을 재조정하고 현단위 이상의 대지명을 한어식 2자(漢字) 지명으로 개정한 것만은 틀림없는 사실이다. 따라서 어떤 의미에선 개정이라기보다 一大 개혁이었다고 하여도 과언이 아닐 것이다. 그러나 앞에서 잠시 언급하였지만 보다 훨씬 이른 시기에 누구의 소행인지는 알 수 없지만 벌써 고유지명이 한어화하였고, 또한 그 개정자가 알려진 사실만도 경덕왕보다 훨씬 앞선 일이었다. 「삼국사기」와 「삼국유사」에서 그 최초의 예를 찾아보면 유리니사금 9년(A.D.32)에 六部(六村)을 다음과 같이 개정하였음이 확인된다.

楊山部＞梁部　　高墟部＞沙梁部　　大樹部＞漸梁部(车梁)
于珍部＞本彼部　　加利部＞漢祇部　　明活部＞習比部

위 두 사서의 기록내용을 사실로 일단 받아들인다면 이것이 한국의 고지명 개정에 관한 최초의 기록이라 할 수 있겠다.[5] 실로 신라에서는 지증왕 6년(A.D.505)에 비로소

---

5) 李丙燾(1980:9)의 주 2에서는 이 사실을 다음과 같이 부인하였다.
　　"六部 改稱說과 賜姓說은 믿을 수 없는 말."

王이 친히 국내의 州郡縣의 制를 정하고 '悉直州'를 두어 異斯夫로 軍主를 삼으니 軍主란 이름이 여기서 시작되었다. (「삼국사기」 권4)

와 같이 州郡縣제가 확립되었으니 이 때에도 일단 지명이 다소 정리되었을 것이다. 이후로

沙伐國>沙伐州(沾解尼師今)>上州(法興王12)>沙伐州(神文王7)>尙州(景德王16), 甘文小國>靑州(眞興王 18)>開寧(眞興王?)

와 같이 경덕왕 이전에 沙伐國이 '上州'로 甘文小國이 '靑州'로 개정되었다. 또한「삼국사기」권8 신문왕 4년(A.D.684)조에

陷其城 徙其人於國南州郡 以其地爲金馬郡

와 같이 이미 '金馬渚'를 '金馬'로 改定하였는데 동서 지리 3에서는

金馬郡 本百濟金馬渚郡 景德王改名 今因之

와 같이 경덕왕이 처음으로 개정한 것처럼 기술하였다. 그럴 뿐만 아니라 「삼국사기」 지리 1의

① 金山>金山　　② 冠文 一云高思葛伊>冠山
③ 母山 一云阿莫城>雲峰

등에서 ①은 전지명을 그대로 사용하였으며 ②는 '一云 高思葛伊'란 고유명이 있으니 이미 한역된 지명을 그대로 두었음이 분명하고 ③역시 '母山 一云阿莫城(혹은 阿英城)'이란 고유명이 있으니 이미 한역되었음을 알 수 있다. 또한 동서 지리 1의

① 水酒>醴泉 ② 虎側>虎溪 ③ 熊只>熊神 ④ 推火>密城, 推浦>密津
⑤ 浦村>河邑, 赤村>丹邑

등도 이미 한역되었던 사실을 알려준다. 특히 例 중 ④에서 '推:密'의
대응을 보면 공존하고 있었던 두 지명 중에서 오히려 고유어 지명을 택
하여 음차표기한 개정태도의 일부까지 엿볼 수 있게 한다. 한편 백제시
대에도 '固麻城, 久麻那利, 久馬怒利'(고마ㄴㄹ〈「龍歌」〉)가 '熊津'으로 한
역된 것을 비롯하여 '泗沘江'이 '白江'으로, '難等良'이 '高山'으로, '甘買'가
'林川'으로, '比斯伐'이 '完山'으로, '古龍'이 '南原'으로, '仍利阿'가 '海濱'으
로, '水入伊'가 '水川'으로 삼국통일 이전에 이미 한역되었던 것이다(도수
회 1987:30-33참조)6). 그런데 이상과 같이 부분적인 개정(漢譯)과는
달리 「삼국사기」 지리2, 4의 이른바 고구려 지명(필자의 백제 전기지
명)은 수시로 이루어진 개정이 아니라 어느 시기엔가 일시적으로 대폭
적인 개정이 단행되었던 것으로 믿어진다.

2.3.

唐 고종 20년(總章 2年)에 우리의 고지명이 개정된 사실이 「삼국사
기」 권37 지리4의 말미에 적혀 있다. 이는 경덕왕 16년(A.D.757)의
개정보다 88년이나 앞서는 서기 669년에 단행된 작업이었다. 당나라는
서기 660년에 신라를 도와 백제를 평정하고, 이어서 서기 668년에는
고구려를 평정하였다. 이처럼 고구려의 평정이 완료된 바로 즉후년인
서기 669년에 당고종은 李勣 등에게 고구려의 제성에 都督府 및 州郡
을 설치하되 고구려의 男生과 상의하여 결정하라고 명하였다. 이어서
고종의 勅書는 다시 그 작업을 劉仁軌(당시 遼東道安撫使 兼右相)에게

---

6) 신라 경덕왕 이전에 州·郡·縣名이 대폭적으로 개정된 사실을 다음 기사가 알
려준다. "孝昭王(A.D. 692-701) 置九州分統郡縣(前此分十道)改郡縣名(以沙代
州 爲尙州 歃良州爲良州 菁州爲康州 漢山州爲漢州 首若州爲朔州 何西州爲溟州
熊川州爲熊州 完山州爲全州 武珍州爲武州又改官號〈「동국사략」 권2〉

위임하라고 지시하였다. 劉仁軌는 고구려의 고지를 적당히 분할하여 모두 중국의 안동도호부에 예속케 하였다. 그러나 그 곳을 어떻게 분할하였는지는 분할지역의 지명이 구체적으로 기록되어 있지 않아 전혀 알길이 없다. 만일 당시에, 뒤에서 언급하게 될 백제의 고지에 해당하는 지명들을 기록으로 남겼듯이, 압록수를 중심으로 남북에 분포하였던 고구려의 모든 지명을 기록으로 남겼더라면 오늘날 고구려어를 연구하는데 크게 도움이 되었을 뿐만아니라 고구려 말기의 판도를 정확히 알 수 있을 것이다. 이는 참으로 애석한 일이다. 그런데 그 구체적인 안건(分割隷屬한 고구려 지명의 기록내용)이 후세에 전하여지지 않은 까닭은 무엇이겠는가. 이미 그 지명록이 逸失되었기 때문에 김부식이 이 지역의 지명을 도외시하였던 것인지 아니면 경덕왕이 신라가 통일지역내의 고구려·백제의 지명에 한하여 정리하고 개정한 내용에만 충실하려고 하였기 때문이었는지 알 길이 없다. 다만 「삼국사기」권 37 말미에 있는 '三國有名未詳地分'이란 題下의 지명 중에

薩水 薩鼻水 蓋馬國 松壤國 淹㴲水 骨句川 関中原 故國原 故國谷 左勿村 酒桶村 中川 西川 美川 理勿村……

등은 신라가 병합한 북경보다 더 이북지역의 고구려 지명임이 분명하다. 이 지명들은 고구려본기의 기사 중에 등장하는 지명이기 때문이다. 아마도 그 文籍이 전하여졌다면 김부식은 백제의 고지에 설치한 熊津都督府에 分割隷屬한 51개현의 지명처럼 열거하였을 터인데 그렇지 않았던 것을 보면 거기가 신라의 점령지역이 아니었기 때문이었거나, 아니면 백제와는 달리 문헌이 不傳하였기 때문이었을 것이다. 어쨌든 신라가 병합하지 못한 본래의 고구려 영토의 수많은 지명들을 어떤 형식으로든 찾아서 기록으로 전하지 못한 것은 참으로 불행한 일이다.

이와 같이 어떤 연고인지는 모르겠으나 그 시행의 前文만 남기고 고구려 고지의 분할내용은 남겨지지 않았지만 다행히 압록수 이북의 고구

려 지명 중 未降 11성, 已降 11성, 逃성 7, 打得성 3 도합 32개성의
이름이 지리 4의 말미에 남겨졌음은 참으로 다행한 일이다. 이 32개성
은 당시에 아직 분할이 불가능하여 안동도호부에 예속시키지 못한 고구
여 지명들이다. 그렇기 때문에 백제의 고지명에 주현을 접미한 것과 같
은 형식으로 前記 32개성에는 州·郡·縣을 접미치 않았던 것이 아닌가
한다. 그 문장이

　　　北夫餘城州　本助利非西
　　　節城　　　　本燕子忽
　　　大豆山城　　本非達忽

과 같이 표현하고 있어 언뜻 보면 당시에 지명을 개정한 것처럼 착각하
게 한다. 그러나 여기 '本'은 개정 사실을 말하는 것이 결코 아니다. 이
'本'은 바로 뒤에 이어지는 백제의 고지명에 대한 개정표기의 '本'과 동
일하지만 백제의 경우는 '本'에 앞세운 지명(정리 당시의)이 모두 漢式
2자명인 데 반하여 고구려의 것들은 본래의 지명이 아닌 現用지명으로
5자명이 1개, 4자명이 6개, 3자명이 19개, 2자명이 6개이다. 이것들
은 웅진도독부에 분할예속된 51개현의 한어식 2자명과는 판이하게 다
르다. 이 사실은 그 당시의 고구려의 신구지명을 여실히 밝힌 귀중한
지명자료임을 알려준다. 그것들이 醇正 고구려 지명임을 未降 11성명이
증언하여 주기 때문이다. 여기 '未降'의 의미는 아직 정복하지 못한 지
역이란 뜻이다. 그런 까닭에 안동도호부에 분할하여 예속시키지 못한
것이다. 그런데 이 未降 11성명은 압록수 이북의 未降城 11, 已降城
11, 逃城 7, 打得城 3 도합 32개 성명은 순수한 고구려의 지명임을 확
신할 수 있다. 이 순수한 고구려 지명은 「삼국사기」 권35, 37의 지명
(이른바 고구려 지명, 필자의 백제 전기지명)의 속성을 밝히는 데 크게
도움이 될 것이다.[7]

---

7) 唐 高宗이 李勣에게 下命할 때 고구려인 男生과 상의하여 정하라 하였으니 혹

어쨌든 비록 그것이 안건에 머물렀을 지언정 唐 高宗 總章 2년에 단
행한 웅진도독부의 7州 51縣名의 개정은 한국의 고지명 개정사에서 文
籍으로 확인되는 최초의 작업이었다. 이것들은 「삼국사기」 권34-37(지
리 1-4)의 지명록(A.D.757)보다 88년이나 앞서는 지명개정이라는 데
큰 의미가 있는 것이다.

2.4.

앞에서 우리는 삼국시대에 이미 우리의 고지명이 수시로 필요에 따라
서 개정되거나 조정되었던 사실을 신라(통일전)와 백제에서 확인하였
다. 이처럼 그때그때 필요에 따라서 부분(개별)적으로 개정한 경우와는
달리 한꺼번에 대폭적인 개정이 고구려에서 단행되었던 사실을 탐색하
고자 한다.

일찍이 도수희(1987:30-33) 등에서 누차에 걸쳐 논의한 바와 같이
고구려의 광개토왕과 장수왕(A.D. 391-491)이 국토를 최대한으로 확
장한 뒤에 전국의 지명을 조정하고 고구려식 행정용으로 알맞게 개정하
였을 가능성이 농후하다.

여기서 우리는 일반적으로 지명을 개정하고 조정한 보편적인 내외사
적인 면에서 다음과 같이 요약하여 참고로 삼을 필요가 있다.

첫째 : 중국에서 지명이 체계있게 정리된 시기는 진시황 26년(221
B.C.)부터이다. 진시황은 6국을 통일한 후에 비로소 전국을 36군으로
구분하고 군명을 확정하였다.[8]

시 남생의 의견이 존중되어 고구려식 지명개정법(전통적인 고구려식 개정법)에
의존하였다면 앞에 내세운 지명들이 개정지명일 수도 있다. 여기서 이 점을 전
적으로 배제할 수는 없다.
8) 王恢(1978:742)에서 참고한 내용을 다음에 옮긴다.
始皇最大之業績, 是廢封建爲郡縣, 確立中國之版圖.
郡縣之制, 蓋萌芽於春秋. 縣名之始起, 綠於諸侯之兼併 : 縣卽統治羈縻之義, 始
見於史記秦本紀武公十年 前六八八伐邦, 冀戎而縣之. 郡亦起於秦晋, 以所得戎狄

둘째 : 백제를 멸한 후(A.D.660) 11년 만인 문무왕 11년 (A.D.671)에 '所夫里州', 동왕 15년(A.D. 675)에 고구려의 남경까지 (일찍이 신라가 점령한 백제의 失陷地)에 대하여 州郡을 두었고, 동왕 18년(A.D. 678)에 비로소 '武珍州'를 두었다. 이처럼 산발적으로 연대를 달리하여 지명이 조정되었음은 그 영역이 완전히 확정되어짐에 따랐기 때문이다. 그리하여 문무왕이 삼국통일을 완수한 후 그 점령지가 어느 정도 안정된 신문왕 5년(A.D.685)에 비로소 전국을 九州로 分定하게 된다.9)

셋째 : 唐 高宗이 백제와 고구려를 평정한 즉후인 서기 669년에 평양에 '安東都護府'를 웅진에 '熊都津督府'를 두고 그 두 고지를 분할하여 예속시킬 때에 지명을 조정하고 개정한 것도 同種의 작업에 해당한다.

넷째 : 고려가 후삼국을 통일하면서 초기에 전국의 지명을 조정하고 대폭적으로 개정한 사실도 같은 맥락에 속하는 작업이었다.

다섯째 : 조선에서도 초기에 행정단위의 지명을 거국적으로 재조정하고 상당수의 지명을 개정하였다.

앞에서 열거한 바와 같이 일반적으로 그 개정요인이 국토의 통일이나, 새 왕조의 탄생이나, 영토의 대폭적인 확대의 경우에 발생하였던 사실을 확인할 수가 있다. 위에서 예거한 통시적 사례들을 토대로 생각할 때 廣開土王父子의 국토확대는 필연적으로 지명의 조정과 개정을 수반하게 된다. 그렇다면 위 부자왕 중 어느 왕 때에 개정되었을 것인가의 의문이 제기된다.

광개토왕이 서기 397년에 백제의 한수 이북까지 침공하여 무려 58

地遠, 使吏守其土而撫其民, 故曰「郡」; 同時因應邊防軍 事之需要, 厚集實力, 遂以郡統縣, 故又爲衆邑之長. 黃歇言於楚王曰 :「准北邊齊, 共事急, 請以爲郡便.」 春申君傳而始見於左僖九年 前六五一 晋公子夷吾對秦公子擊曰 :「君實有郡縣.」 演進於戰國, 至始皇而確爲定制.

9)「삼국사기」, 권4 지증마립간 6년(A.D.502) 조에 보면 이 때에 州郡縣의 制를 정하고 '悉直州'를 두어 異斯夫로 軍主를 삼았다고 하였으니 이 사실이 史實이라면 보다 183년 전의 일이 된다.

개성·칠백촌이나 병합한 사실을 우리는 왕의 陵碑에서 확인할 수 있
다. 그러나 동왕이 점령지역을 조정하고 지명을 개정하지 않았음이 분
명함을 앞의 碑에 나타나는 백제지명이 증언한다. 그 비문에 등장하는
백제지명 중 '阿旦城 那旦城 模盧城 古莫耶羅城 彌鄒城 古牟婁城' 등 대
부분이 백제지명을 그대로 나타내고 있으며, 이것들은 唐 高宗 總章 2
년(A.D.669)의 압록수 이북역지명(그 전·후지명 중 후자)과 비교할
때 많은 차이가 있다. 그럴 뿐만 아니라 각지명이 오로지 '城'만 접미하
고 있을 뿐 '州·郡·縣'이 접미되어 있지 않다. 그렇기 때문에 광개토
왕 때에 그 지명이 개정되지 않았음은 확실하다.

　한편 장수왕이 백제의 '한성'(廣州)을 장악한 이후에 그 점령지역을
얼마나 오랫동안 고구려가 소유하였던가도 하나의 문제로 제기될 수 있
다. 실로 백제는 잠시 후퇴하였을 뿐 切齒腐心하여 그 빼앗긴 땅을 복
구하려고 끊임없이 북벌하였고, 신라 역시 지속적인 북진을 시도하였던
것이니10) 양국의 북진협공으로 고구려는 오래지 않아 점령지역을 백제
혹은 신라에게 돌려주고 본래의 고구려 영토인 大同江 이북으로 복귀한
다. 따라서 문주왕이 북역을 포기하고 '公州'로 南遷한 서기 475년부터
고구려의 망년인 서기 668년까지의 193년 간의 이 지역을 점유한 동
안은 오히려 신라의 기간이 훨씬 길다. 그렇다면 중부지역의 지명에 관
한 조정이나 개정이 신라에 의하여 이루어졌을 가능성도 전적으로 배제
할 수 없지만 그러나 신라의 소행일 가능성이 거의 없음은 경덕왕이 지
명을 조정하고 개정할 때에 기본을 삼은 지명이 곧 고구려 최강시대인
판도내의 것들이기 때문이다. 따라서 『三國史記』 地理 4의 地名이 일찍

---

10) 長壽王十五年 移都平壤 歷年一百五十六年 平原王 二十八年 移都長安城 歷年八
　　十三年. (「삼국사기」 지리 4 서문)
　　　위와 같이 平壤移都 156년 만에 다시 후퇴하여 보다 북부인 '長安城'으로 천도
　　하였다. 이는 백제와 신라의 北伐挾攻으로 못 견디어 국도의 수호를 위하여 할
　　수 없이 이도한 것인데 前都 '平壤'이 위협을 받기 시작한 것은 보다 훨씬 앞서
　　는 상황이었을 것이기로 존속기간 156년 중 거의 절반은 불안한 상태에 해당할
　　것이다.

이 조정개정된 사실이 있었다면 그것은 분명 고구려의 소행인 것이고 그 시기는 장수왕이 '한성'(廣州)을 함락한 서기 475년부터 다음의 文咨王(A.D. 492-518)대까지의 사이가 아니었던가 한다.[11]

우리는 이제까지 고구려에서의 지명개정의 가능성을 다각도로 타진하였다. 그러면 이제 「삼국사기」 지리 2, 4의 지명을 중심으로 상고할 필요가 있다.

경덕왕이 백제와 고구려의 지명을 개정할 때에 참고로 한 기본자료는 지리 4의 것들이었다고 추정한다. 이 지리 4의 고구려 지명은 165개 중 99개의 지명이 별명을 가지고 있다. 이에 비하여 지리 4의 백제지명은 147개 중 21개의 지명만이 별명을 갖고 있고, 지리 1의 신라지명은 134개 중 17개의 지명만이 별명을 갖고 있을 뿐이다. 이상 삼자간의 복지명의 비율을 보이면 '고구려 : 백제 : 신라 = 57% : 14% : 13%'가 된다. 이와 같이 신라지명(지리 1)과 백제지명(지리 4)가 보유한 별지명이 고구려(지리 4)의 그것에 비하여 4분지 1밖에 안된다. 이 사실은 고구려가 남북으로 영토를 확장하고 전국 혹은 점령지역(확대지역)에 대하여 대대적인 지명개정을 단행하였음을 말하여 주는 증거인 것이다. 더욱이 지리 4의 고구려 지명의 165개 地名 중 94개 지명이 한식명이다. 그러니까 벌써 57%가 漢譯된 것이다. 이것은 이른바 總章 2년에 정리된 압록수 이북의 32개 지명에서

忽>城   達>山   押>岳   甲>穴

---

11) 도수희(1987:31)에서 다음과 같이 이미 소박한 결론을 내린 바 있다.
  "이상에서 우리는 한국의 지명사에서 고유지명의 개정이 삼국통일 이전에 이미 때때로 단행되었던 사실을 확인하였다. 그런데 지명개정의 요인을 우리는 행정구역의 개편과 정복지역에 대한 행정상의 정비나 재조정 등에서 찾을 수 있을 것이다. 그렇다면 고구려가 南進하여 중부지역을 강점한 후에 어느 정도 안정된 시기를 택하여, 삼국통일이 성취된 후 약 1세기 만에 경덕왕이 地名을 행정용(?) 地名으로 통일하기 위하여 漢譯한 것처럼, 그 개혁을 단행하였을 개연성이 있는 것이다."

과 같이 절대적으로 改定된 데 비하여 지리 4의 고구려 지명은 그 개정
율이 낮은 편이다. 그 개정(漢譯)율이 지리 4의 것보다 總章 2년의 것
이 훨씬 높은 이유는 고구려에서의 지명개정이 시대별로 필요에 따라서
다른 규모로 이루어졌음을 알려주는 바라 하겠다. 양자의 지명기록이
동시기에 단행된 것이 아니라 「삼국사기」 지리 2, 4의 지명이 總章 2
년(A.D.669)것보다 88년이나 뒤지기 때문이다. 만일 압록수 이북의
32개 성명이 '本云云'의 표현을 하지 않고 「삼국사기」 지리 4의 기록방
식으로

> 北夫餘城州 本助利非西→北扶餘城州 一云助利非西
> 節城 本蕪子忽→節城 一云蕪子忽

과 같이 표기하였다면 지리 4의 경우처럼 그 발생의 선후를 알 수 없는
혼기의 복지명이 된다.(·는 필자, 이하동). 반대로 지리 4의 복지명이
總章 2년의 표기방식을 채택하여

> 國原城 一云未乙省 一云託長城→國原城 本未乙省(一云託長城)
> 南川縣 一云南買→南川縣 本南買

와 같이 표기하였다면 선후의 질서를 알리는 지명개정이 된다. 더욱이
總章 2년에 지명에 관한 앞서의 改定者를 認知하였더라면 劉仁軌는 金
富軾의 表記方法처럼

> 豊夫城 本肖巴忽→豊夫城 本肖巴忽 某王改名 今因之
> 新城州 本仇次忽 或云敦城→新城州 本仇次忽 或云敦城 某王改名 今因之

와 같이 표기하였을 것이다. 앞의 비교에서 우리는 지리 4의 복지명이
일찍이 개정된 사실을 알리는 증거로 제시될 수 있는 것이다. 위의 기
술내용을 근거로 우리는 장수왕과 문자왕 연간에 고구려의 최대 영토에

대한 행정지명의 조정과 개정이 단행되었을 것임을 추정할 수 있으며 그 다음 시기에서 일시적이든 단계적이든 대부분의 지명들이 漢譯되었던 사실을 인지할 수 있는 것이다.

2.5.

경덕왕은 선대왕이 삼국을 통일한 이후 거의 100년에 가까운 뒤인 서기 757년(동왕 16년)에 국토가 내적으로 완전통합(백제와 고구려의 고지)된 시기에 이르러 전국적으로 행정구역을 재조정하고 현단위 이상의 지명을 漢式으로 개정하였다. 물론 앞 장에서 누차 언급한 바와 같이 그 개정내용에 있어서는 얼마만큼 독창적이요, 새로운 방법과 나름대로의 원칙하에서 이루어진 것인가는 실상 의문이다. 가령 경덕왕은 「삼국사기」 지리 1에서 134개 지명 중 6개 지명은 前과 同으로 두었으며(未詳地名 2 포함), 개정지명 128개 중에서 29지명은 부분적인 골격이 前지명과 비슷하다. 지리 2, 4에서는 165지명 중 11지명이 前과 同이며 12지명은 개정권에서 제외하였고, 개정지명 142개 중 52개 지명이 부분적으로 개정되어 전지명과 근간이 동일하다. 지리 3에서 147지명 중 8개 지명이 前과 同이며 개정지명 139개 중 41개 지명이 골격은 전지명에 둔 부분적인 개정을 보이고 있다. 따라서 우리는 경덕왕의 독창적이 아닌 부분 즉 그가 기존하는 국내외의 지명개정 업적들을 적극적으로 참고하였거나 아니면 그것들을 토대로 개정하였던 사실을 추정하여 다음에 열거코자 한다.

(1) 선대왕인 신문왕은 이미 중국 秦始皇이 시행한 "九州 및 郡縣制"를 도입하여 신라의 국토를 九州로 分定하였다. 경덕왕은 이 九州制를 그대로 답습하였을 뿐이다. 따라서 경덕왕은 중국의 地志와 신문왕의 九州分定 내용을 적극적으로 수용하였을 뿐이다.

(2) 경덕왕은 「삼국사기」 지리 4에 등재되어 있는 백제의 지명록과 고구려의 지명록을 적극적으로 참고하여 그것을 근간으로 삼았다. 그것

은 이른바 新羅志에 해당하는(경덕왕이 개정한) 지리 2와 3이 지리 4
의 것을 기본으로 하고 있기 때문이다. 특히 이미 고구려 백제시대에
漢譯한 것으로 보이는 지리 4의 지명을 거의 그대로 아니면 약간 변형
하여 다시 사용한 사실이 이를 증명한다.

(3) 앞에서 논의한 唐 高宗 總章 2년(A.D. 669)에 개정한 '웅진도
독부'의 7州 51縣名과 압록수 이북 未降·已降·逃亡·打得 32개 지명
은 경덕왕 16년(A.D. 757)의 개정보다 정확히 88년이 앞선다. 위 都
督府의 7州名과 51縣名이 이미 漢語式으로 개명되었고 압록수 이북의
32개 지명 중에도 漢式名이 다수 나타난다. 만일 경덕왕대에 '안동도호
부'에 분할예속한 州·郡 縣名이 현존하였다면 경덕왕은 전자와 후자를
충분히 참고하였거나 개정의 토대로 삼았을 가능성이 짙다.

위에서 열거한 추정을 근거로 개정의 裏面에 비독창적인 배경이 허다
히 감추어져 있다 할지라도 한국 고지명의 개정사에서 일시에 전국의
지명을 종합적으로 어떤 원칙하에 개정하여 이를 新羅志로 남겼으니 그
공적은 다대한 것이라 하겠다. 만일 경덕왕의 이와 같은 선행업적이 없
었다면 다음에서 논의할 김부식의 「삼국사기」 지리지의 저술이 불가능
하였을지도 모른다. 이런 견지에서 경덕왕의 지명개정은 큰 의미가 있
으며 그 內容을 기록하여 新羅志로 남겼다는 것은 한국 고지명 개정사
에 있어서 극구 칭송할 최초의 偉業이 아닐 수 없다. 이 지리지는 삼국
시대의 '역사·지리·언어·전설·설화·민속' 등을 연구하는데 필요한
기본자료가 되어 주기 때문이다.

이처럼 우리는 경덕왕의 지명개정을 지대한 업적으로 인정하면서도
다소 아쉽게 생각하는 바는 지리 1의 서언 말미에서

九州所管郡縣無慮四百五十(方言所謂鄕部曲等雜所 不復具錄)

이라 한 細註의 내용 때문이다. 아마도 당시에 고유어(新羅語)로 부르
던 '鄕·部曲·村' 등 縣단위 이하의 전래지명이 많았던 모양인데 이것

들이 雜所로 가볍게 취급되어 '不復具錄'의 비운에 빠지고 만 것이다. 그 郡縣의 수에 비하여 훨씬 많은 수의 고유지명이, 각군의 領縣을 기록하였듯이, 각현의 領鄕·部曲·村을 갖추어 기록으로 남겼더라면 삼국시대의 역사와 언어를 연구하는 데 지대한 도움을 줄 수 있었을 것이다. 이 점이 무엇보다도 아쉽고 애석한 일이다. 지리 4의 말미에 '三國有名未詳地分'이라 하여 '郡·縣·鄕·村·宮·城' 등을 열거하였으나 이것보다는 차라리 그 소속이 분명한 '鄕·部曲·村'의 고유명을 기록하였더라면 우리에게 엄청난 유익을 주었을 것이다. 그 개정목적이 정치적이요, 행정적인 데 있었기 때문에 그렇듯 소중한 내용을 누락하는 실수를 범한 것이다. 이것이 표본이 되어 이후에도 地誌의 편찬에서 縣단위 이하의 지명에 대하여는 목록화한 일이 없으니 先行한 경덕왕의 영향이 얼마나 컸던가를 실감하게 된다. 앞으로 지리지에 관한 제문제는 어차피 별고로 다루려 하기 때문에 여기서는 번잡을 피하기 위하여 이만 논의키로 하겠다.

2.6.

고려 태조는 후삼국을 통일하고 고구려의 舊地 중 그 南境(鴨淥水 이남과 豆滿江 이남 지역)을 흡수하여 전국을 새롭게 分定하고 역시 대대적인 지명개정을 단행하였다. 이 때에 개정된 지명을 김부식이 기록한 「삼국사기」 지리 1, 2, 3에서 경덕왕의 개정지명과 對比하여 통계하면 지리 1의 134지명 중 54개 지명이 개정되고, 50개 지명이 前과 同으로 사용되었으며, 20개 지명은 合屬되었고, 10개 지명은 未詳이다. 지리 2는 165지명 중 124개 지명이 개정되고 31개 지명이 그대로 사용되었다. 지리 3은 134지명 중 76개 지명이 개정되고 71개 지명이 그대로 사용되었다.

한편 고려는 전국을 1京 5道 2界로 나누고 통일신라의 北界로부터 보다 확정된 압록수와 두만강까지의 영역에 대한 지명을 명명하여 추가

하였다. 추가지명의 수는 대략 86개에 달한다. 고려는 삼국시대에 지명을 도합 254개나 개정하였으니 그만큼 복지명의 수가 늘어난 셈이다. 고려 역시 통일천하와 국토확대로 인한 행정구역의 개편과 동시에 옛 지명의 개정과 새 지명의 命名을 단행했지만 이후로 亡年까지의 개정은 局部的이요 部分的이었을 뿐이다.

  한국 고지명의 개정사에서 가장 중요한 역할을 한 사람은 김부식이다. 만일 경덕왕 시대에 개정한 地誌를 置之度外하고「삼국사기」에 이것을 등재하지 않았더라면 우리는 삼국시대의 행정구역과 縣단위 이상의 지명을 전혀 알 길이 없었을 것이다. 오늘날에는 김부식이 참고한 新羅志(地理志)의 원본이나 필사본이 따로 전해지지 않고 있기 때문이다. 비록 그의 작업이 기본적으로는 경덕왕의 선행업적에 의거한 것이지만 결과적으로는 최초의 지리지가 김부식의 깊은 思慮에 의하여「삼국사기」에 남게 된 것이기 때문에 그의 功績 역시 경덕왕의 그것과 동일한 것이라 하겠다. 더욱이 김부식은 新羅志(지리 2, 3)의 기본자료인 지리 4를 버리지 않고 그대로 남겼으며, 이에 總章 2년(A.D. 669)에 작성된 '熊津都督府'의 개정 지명록과 압록수 이북의 32개 지명까지 지리 4의 후부에 실었고, 삼국의 '有名未詳地分'도 버리지 않고 게재하였다. 이 역시 한국 고지명사에 있어서 지명자료의 보존에 대한 깊은 인식의 작업이었다. 그럴 뿐만 아니라 그는 단순히 경덕왕의 개정지명만 소개한 것이 아니라 기존의 것에다 고려 초기의 지명 즉「삼국사기」저술 당시의 해당지명에 대한 고려의 지명을 밝히고 있어 지명의 3단계 변화를 비교고찰할 수 있도록 하였다. 이 또한 지대한 공헌이 아닐 수 없다.

2.7.

  조선은 개국과 동시에 전국을 8道로 재조정하고 역시 전래지명을 대폭적으로 개정하였다. 조선 태종 때에 개정한 내용을 고려시대의 지명

과 대비하여 보면 지리 2의 165지명 중 104개 지명이 개정되었고, 61
개 지명이 그대로 쓰였으며, 50개 지명이 폐지되었다.

이상에서 언급한 바와 같이 조선시대 초기에 개정된 지명이 총 186
개 지명이니 또다시 그만큼의 複地名이 발생한 셈이다.

지명을 史的으로 정리하고 지명을 길이 보존하기 위하여 地誌를 본격
적으로 편찬하는 偉業이 세종에 의하여 이루어졌다. 세종은 김부식이
남긴 지극히 초보적 기술방법에서 탈피하여 자못 입체적인 방법으로 당
대를 중심한 전구지명을 통시적으로 기술하게 하였다.「高麗史」지리
(A.D.1451-1454),「慶尙道 地理志」(A.D. 1424-1425),「龍飛御天
歌」地名註釋(A.D. 1445-1447),「八道地理志」(A.D.1432),「世宗實
錄」地理志(A.D. 1454) 등이 그 偉業에 해당한다.

만일 세종의 이와 같은 방대한 지지편찬이 이루어지지 않았다면 우리
는 김부식 의 「삼국사기」 지리 1, 2, 3의 지명에 대한 史的인 고찰이
불가능하였을 것이다. 실로 고려 초기부터 세종때에 이르는 5세기간의
지명사를 비교적 자상하게 알 수 있는 것은 오로지 세종이 이룬 업적에
의존한다. 세종 이후에 편찬된 지지들은 거의가 세종 시대의 수준에 미
치지 못한다. 대부분이 세종대의 것을 약간 첨삭하였거나 체제를 다소
변형시켰을 뿐이다. 세종의 지지들은 지명위치, 지명유래, 지명전설, 지
명의미 등 지명의 연혁을 비교적 자세히 기술하고 있다. 이후의 지지들
은 이 기본틀에서 크게 벗어나지 못한 것이다. 특히 「용비어천가」 지명
주석은 고려가 다시 확보한 고구려 고지에 해당하는 곳에서 사용되는
女眞 속지명을 다수 소개하고 있다. 여기서 특기할 사항은 종래의 한자
의 음훈차 표기법에 의하여 기록된 전래지명들이 한글표기 지명으로 바
뀐 사건이다. 물론 모든 지명을 한글로 표기한 것은 아니다. 오로지 잘
못 발음할 가능성이 있는 한자지명만을 현지에서 호칭하는 발음대로 音
寫한 것이 곧 이들 한글지명이다. 그리하여 대략 126개 지명을 한글로
표기하여 「龍飛御天歌」의 註釋에 남기었다(도수희 1989 참고).

3

3.1.

한국의 고지명사에서 적극적인 지명개정의 시기를 우리는 신라의 경덕왕 16년 이전과 이후로 양분할 수 있다. 따라서 편의상 경덕왕 이전까지를 전기로 그 뒤부터 조선 세종대왕까지를 後期로하여 이를 전·후기로 부르고자 한다.

3.2.

한국의 지명사는 개정과 기록화의 계기를 여러 번 맞이하였다. 여기서 경덕왕 이전의 불확실한 전기 지명 개정사를 우선 次置한다면 그 후기의 지명사는 거의 300년을 한 기간으로 개정·정리·수집·등기 등의 작업이 이루어졌기에 이를 3기로 구분할 수 있게 된다.

제1기 : 경덕왕 16년(A.D. 757)에 단행된 개정과 기록화가 이에 해당한다. 이 때에 縣단위 이상의 고유지명이 종합되고 체계적으로 등기된 것이다. 비록 그 목적이 정치적이요, 행정적인 데 있었다 할지라도 한국의 지명사에 있어서 최초의 지명록을 남기게 되었다는 점에서 우리는 경덕왕의 개정작업을 천행의 공적으로 높이 평가하여야 하겠다.

제2기 : 경덕왕의 업적을 토대로 전국지명을 沿革기술한 김부식의 공적이 이에 해당한다. 한국의 지명사에서 경덕왕의 업적이 뿌리라면 김부식의 업적은 그 줄기에 해당한다고 말할 수 있다.

제3기 : 이 기간은 지명에 대한 이해의 폭이 보다 넓어지고, 그에 대한 인식이 보다 심화되는 황금기였다. 역시 조선조의 개국은 행정구역의 개편에 따라 전래지명의 개정을 단행하게 되었고 이어서 전국의 중요한 지명을 통시적으로 연혁기술하는 각종 지지의 편찬에 박차를 가하게 되었다. 이 제 3기의 마무리 작업은 세종이 이룩하였다.

　요약컨대, 후기의 고지명 개정사는 3단계의 계기를 경험하였는데 그
첫단계에서 이루어진 고지명의 개정과 기록화가 둘째 단계의 업적을 쌓
게 하였고, 둘째 단계의 업적을 토대로 셋째 단계의 偉業이 결과되었다
고 볼 수 있기 때문에 이들 3단계의 작업들은 서로 유기적인 관계가 있
으며 대략 300년을 한 기간으로 이루어진 繼起的인 업적들이었다.

【참고문헌】

권상노(1960), 「한국지명연혁 2」, 동국문화사.

김방한(1983), 「한국어의 계통」, 민음사.

도수희(1987), 「백제어 연구」(Ⅰ), 백제문화개발연구원.

──(1989), '용비어천가의 지명주석에 대하여', 강신항교수 회갑논총.

──(1989), 「백제어연구」(Ⅱ), 백제문화개발연구원.

이병도(1980), 「국역 삼국사기」, 을유문화사.

金澤庄三郎(1985), 「일·한 고지명의 연구」 초풍관.

王健群(1985), 「광개토왕비 연구」, (임동석 역) 역민사.

王恢(1978), 「중국역사지리」 상·하, 대만학생서국.

「용비어천가」의 지명주석에 대하여*

1

1.1.

지금까지 「용비어천가」(이하 「용가」)의 지명주석에 기울인 국어학계의 관심은 주로 한글로 표기된 고유명사에 있어 왔다. 그 중에서도 특히 자료의 제시를 비롯하여 이른바 '漢字之難通者'에 대한 진의 파악, 여진어의 지명을 빼놓은 우리의 한글표기 고유지명의 음운현상에 대한 기술분석, 그것들의 형태소 분석 및 어원고찰 등을 들 수 있다.

그러나 이제 우리는 이 지명주석에 관하여 다음에 열거한 여러 가치를 보다 보배롭게 인식하고 이에서 제기되는 제문제를 종합적으로 분석 기술하여야 할 필요가 있다.

(가) 당대의 지리지와의 관계 및 그 나름대로의 특징

(나) 국사학(특히 역사지리)과 국어학(특히 지명연구)에 기여하는 자료로서의 가치

(다) 여진어 및 몽고어(속지명, 인명, 관직명, 종족명 등) 연구에 기여하는 자료가치 등.

---

* 이 글은 제1회 3학회 (국어국문학회, 한국언어문학회, 어문학회) 합동주최 한글날 (1986. 10. 9)기념 학술발표회에서 발표한 초고를 수정 보완하여 기곡 강신항선생 화갑기념논총(1990)에 게재하였다.

실로 「용가」의 지명주석은 여러 모로 이용될 수 있는 진귀한 자료이다. 우선 그 내용과 체재가 당대의 지리지와 동격으로 평가받아 마땅한 이 지명주석은 우리가 보다 면밀히 살펴보아야 할 여러 가지 내용을 지니고 있다.

본론으로 들어가기 전에 우리는 우선 이 지명주석의 연원부터 밝힐 필요가 있다. 왜냐하면 이 지명주석의 주석자들은 옛지리와 당대의 지리지의 영향을 많이 받았을 것이기 때문이다.

1.2.

한국의 지명사는 지명의 개정과 기록화의 전기를 여러번 경험하였다. 그것은 자못 계기적(繼起的)이면서 획기적인 업적이었다. 대체적으로 3백년을 한 텀으로 이루어진 우리의 지명작업은 3단계(3기)로 구분된다.

첫째 단계 ; 신라 경덕왕이 서기 757년에 단행한 지명개정의 기록화가 이에 해당한다. 물론 그 주목적이 행정구역의 재조정에 있었지만, 이 목적을 달성하기 위하여는 행정지명을 일률적으로 개정하여 통일할 수밖에 없었다. 개정한 새 지명을 사용케 하려면 신 · 구지명을 기록하여 언중에게 주지시키는 과정이 필요하다. 이런 과정에서 우리의 고유지명(행정단위)가 전국적인 규모로 종합되고, 체계적인 기록으로 남게 된 것이다.

그 목적이 어디에 있었던 간에 결과적으로 한국의 지명사에 최초의 지지(지명록)를 남겼다는 점에서 우리는 그 개정 작업을 천행의 공적으로 높이 평가해야 한다.

둘째 단계 ; 첫째 단계의 업적을 기반으로 하여 다시 쌓아 올린 김부식의 공적이 이에 해당한다. 주지하는 바와 같이 그는 서기 1145년에 경덕왕의 유업을 바탕으로 縣단위 이상의 지명을 연혁 기술하여 그 내용을 문헌(「삼국사기」 지리 1,2,3,4)로 남기었다.

만일 김부식의 깊은 사려가 이에 미치지 못하였다면 아마도 우리는 고대국어의 유일한(향가 25수를 빼놓고는) 자료원(資料源)인 600여 지명어휘(複地名까지 합하여)를 확보하지 못하였을 것이다.

따라서 한국의 지명사에서 첫째 단계의 업적이 튼튼한 뿌리라면, 둘째 단계의 업적은 그 뿌리의 줄기(巨木)에 해당한다.

셋째 단계 ; 세종대왕의 적극적인 지지편찬 사업이 이에 해당한다. 이 제삼의 계기는 지명에 대한 관심의 폭이 보다 확대되고, 그 깊이가 보다 심화되는 황금의 전기가 된다. 이 때에 속출(續出)한 「高慮史 地理」(1451~1454), 「慶尙道 地理志」(1424~1425), 「八道地理志」(1432), 「世宗實錄 地理志」(1454) 등이 모두 둘째 단계의 바탕에 다시 쌓아 올린 금자탑이라 할 수 있다.[1]

요컨대, 아마도 한국 지명의 개정 및 기록화가 첫째 단계에서 이루어지지 않았다면 둘째 단계의 업적이 나올 수 없었을 것이고, 둘째 단계 없이 셋째 단계의 위업이 결과되지 않았을 것이란 생각에서 그 단계적인 업적 마다에 깊은 의미를 부여하고 싶다.

이 최종 단계의 맥을 이어 편찬된 그 이후의 지지들은 세종시대의 수준에도 못미치거나 아니면 약간의 내용이 첨삭되었을 뿐 그 체재를 변형시키거나, 거기서 벗어나지 못하는 답보상태의 연속이었다.

1.3.

여기서는 「八道地理志」와 직·간접적으로 관계가 있으면서 지리지의 성격을 벗어난 「용가」의 주석지명에 대하여 상고하고자 한다. 비록 「용가」의 지명주석이 지지(地志)처럼 체계적인 것은 아니지만, 그 주석의 내용이 매우 용의주도 하게 기술되어 있다는 사실이 일단 우리의 관심을 끈다. 「용가」의 지명주석(1445)은 「팔도지리지」(1432)와 거의 동

---

1) 세종은 서기 1432년에 尹淮, 申檣 등에 명하여 「八道地理志」를 저술케 하였다. 이것이 그 후 단종 2년(1454)에 간행된 「세종실록」에 그 명칭이 '지리지'로 바뀌어 실리게 된 것이다.

시대에 이루어졌으면서도 서로 비교컨대 동일 지명에 대한 기술내용이
상이한 경우가 종종 발견된다. 우선 우리는 동일 지명을 표기하는데 차
용한 한자가 동음이자라는 점을 지적할 수 있다. 그리고 「용가」의 지명
주석에는 나타나는 대목이 「팔도지리지」에는 나오지 않고, 반대로 「팔
도지리지」에는 등재되어 있는 내용이 「용가」의 지명주석에서는 발견되
지 않는다. 이렇게 「팔도지리지」와 「용가」 지명주석은 부분적으로 상보
적(相補的)인 관계에 놓이기도 한다.

특히 지명주석 중에서 함경도 지명에 대한 설명이 우리의 주목을 끈
다. 물론 부차적으로 평안도의 지명주석을 추가할 수 있다. 이 두 지역
의 지명은 사실상 「삼국사기」 지리에서는 제외되었다가 고려시대에 비
로소 확보한 지명들이다. 여기서 주로 다루게 될 대상지역은 함경·평
안 양도의 지명주석이 되겠는데 그 중에서도 특히 한글로 표기된 지명
을 우선 택하게 될 것이다. 한글지명 중에서도 몇몇 지명만이 특히 논
의의 초점이 될 것이다.

2

2.1.

여기서 「용가」 지명주석의 태도를 고찰키로 한다.

주(州), 부(府), 군(郡), 현(縣) 단위의 지명에 대하여는 그 연혁만
을 밝히었다. 이점은 「고려사」 지리지 및 「세종실록」 지리지의 형식과
동일하다. 다만 「세종실록」 지리지는 조선조 태종까지의 연혁만 기술하
였는데 「용가」 지명주석에서는 「용가」를 완성하는 시기까지(당대의 최
근까지)의 연혁을 밝히고 있다. 이 시한은

據今所稱而書 後凡書諸道 及州府郡縣之名 亦多類此(제3장)

란 단서에서 파악된다. 德源府에 대한 기록중에

李朝 太宗十三年 改宜川郡 我殿下十九年 改德源 二十七年 陞爲都護府(제3장)

란 내용이 있어 세종 27년까지의 변경사실을 기재하고 있다. 이 '27년'
이란 연대표시는 「용가」의 본가사, 한시, 주석의 저작연대가 상이함을
논하는데 결정적인 도움을 줄 수 있을 것이다.

이 문제를 좀 더 구체적으로 논의하여 보자.

(A) 鄭麟趾의 「용가」序는 세종 27(1445)에 「용가」의 本歌辭를 완성하여
   製進한 것으로 되어 있으며
(B) 崔恒의 「용가」跋은 세종 29(1447)에 「용가」의 주해를 완성한 것으로
   되어 있다.

위 (A)(B)의 사실과 앞서 밝힌 27년의 변경사실이 잘 부합된다. 만
일 (A)(B)가 없었다면 本歌辭와 주해의 완성년대가 다름을 증명하는
자료는 세종 27년의 변경사실을 기재한 내용이다. 이와 같은 증거자료
를 면밀하게 검토한다면 문제해결에 도움이 될 자료가 새롭게 검출될
것이다.2)

2.2.

縣단위 이하의 지명에 대한 위치를 비교적 소상히 밝히었다. 예를 들
면 다음과 같은 것들이다.

· 幹東. 在今慶興府東三十里(제3장)
· 奚關城 東距薰春江七里 西距豆漫投 · 먼江五里(제4장)

---

2) 세종 27년(正統 十年 四月 1445)에 權踶, 鄭麟趾, 安止 등이 용가본가해를 製
   進함(鄭麟趾序) 世宗 29년(正統 十二年 二月 1447)에 崔恒, 朴彭年, 姜希顔,
   申叔舟, 李賢老, 成三問, 李塏, 辛永孫 등이 주해함(崔恒跋文)

- 豆漫투・먼江. 自童巾以上 稱於伊後江 其以下謂之豆漫江 江西南距慶源府十 五里許(제4장)
- 赤島 在慶興府東六十餘里(제4장)
- 泥城 在郡(慈州)南三十里(제9장)
- 威化島(울・헤 : 섬)在今義州西七十里許 鴨綠江中(제9장)
- 石浦(:돌・개). 在今平壤府西四十一里許(제4장)
- 岐灘. 古稱岐平渡 在黃海道江陰縣東十一里許(제9장)
- 合浦. 慶尙道 昌原府西九里許(제9장)
- 鐵峴. 在抱川縣南二十八里許(제9장)
- 滓嶪洞. 在縣(抱川)西三十里許(제9장)
- 北泉洞. 在松京北部五冠坊(제12장)

2.3.

다음과 같이 지명의 어원(혹은 유래)를 기술하였다.

① 압록강 : 강물이 오리의 머리털처럼 맑기(파랗기) 때문에 鴨綠江 이라 이름하였다. (水色似鴨頭 故名之爲鴨綠 제9장)

② 두만강 : 여진의 속어로 萬을 豆漫(투먼)이라 하는바 衆水(萬가닥 의 물줄기)가 이에 이르러 합류하는고로 이름하였다. (女眞俗語 謂萬爲 豆漫 以衆水至此合流 故名之也 제4장)

③ 대동강 : 그 본원이 둘인데 하나는 熙川郡 加莫洞(가막:골)의 묘 향산 동쪽에서 출발하고, 다른 하나는 陽德縣 북쪽 文音(그슴산)에서 출발하여 강 동에 이르러 三波가 합류하여 평양성의 동부에서 대동강이 된다.

그 근원이 되는 두 물줄기가 大同하다는 데서 이름지어진 듯하다.

④ 해주 : 본래 고구려의 內米忽인데 신라가 瀑池郡으로 고치었다. 고려 태조 때에 부의 남쪽이 대해에 臨하여 있는고로 해주로 고쳤다. (以郡 南臨大海 改名海州 제4장)

⑤ 워허 : 斡合(워허)는 지명인데 여진어로 '石'을 '斡合'이라 하기 때 문에 명명된 지명이라는 것이다. (共俗謂石爲斡合 故因名其地焉 제53장)

이 유래를 통하여 여진어로 '石'을 의미하는 어휘가 幹合(워허)임을 확인하게 된다. 「여진관역어」에는 '幹黑=石(wehe)로 표기되어 있고, 「金史」에는 '幹勒=石'으로 표기되어 있다.

2.4.

동일지명의 기술내용을 비교할 때 서로 다른 점이 발견된다.

「세종실록 지리지」의 편찬자와 「용가」의 주석자가 서로 다르기 때문에 동일 지명에 대한 기술내용이 차이가 있어서 연구자에게 비교 검토할 수 있는 기회를 부여하거나 때로는 두 내용을 보완케 한다.[3)]

① 다음은 동일 지명에 대한 기록에서 그 표기의 借字가 다름을 나타낸다.

(A) 大川曰豆滿江:在府東北 源出白頭山 東流自東良北 歷舍知 吾音會 愁州 童巾 多溫 迷錢 等處 至會叱家 南流過所多老 東林 吾弄草 阿吾知 等處 歷孔州 東流二十三里 至沙次亇島 分流五里許入海(「세종실록」 155권 咸吉道)

(B) 慶源府西 有長白山 一名白頭山 山凡三層 其頂有大澤 南流爲鴨綠江 北流爲蘇下江 東流爲豆漫江 江自東良北동량:뒤 歷斜地 阿木河옴·회 隨州·수쥬 童巾통권 多溫 迷障 等處 至回叱家횟·갸 南流過蘇多魯 東林 吾籠所 阿吾智 等處 歷慶興東流二十三里 至沙次麻島 分流五里許入海(「용가」 제4장)

여기서 (A)와 (B)의 차이를 다음에 對比하여 보자.

舍知~斜地, 吾音會~阿木河, 愁州~隨州, 童巾=童巾, 多溫=多溫, 迷錢~迷障, 會叱家~回叱家, 所多老~蘇多魯, 東林=東林, 吾弄草~吾籠所, 阿吾知~阿吾智, 孔州~慶興, 沙次亇島~沙次麻島

---

3)「팔도지리지」는 尹淮, 申檣 등이 서기 1432년에 편찬하였고, 「용가」의 주해는 崔恒, 朴彭年, 姜希顔, 申叔舟, 李賢老, 成三問, 李塏, 辛永孫 등이 서기 1447년 2월에 하였다.

앞의 대비에서 유사음의 차자표기 지명은 음독해도 좋음을 시사한다.
② 「용가」 지명주석에는 童巾퉁·권山에 대하여

自童巾以上 稱於伊後江 其下謂之豆漫江(제3장)

와 같이 그 어의와 어원에 대한 언급이 없다. 그러나 「세종실록」 지리
지에는

胡人謂鍾爲童巾 府有童巾山故名之(제155권)
童巾山在府北 形如覆鍾 其上有古石城 城內有池(제155권)

와 같이 '퉁권'의 의미가 '鍾'임을 밝히고 있다. 이로부터 지명 鍾城이 유
래하였음을 추정할 수 있다.

2.5.

「용가」 지명주석에서 특이한 별호가 많이 발견된다. 모든 별칭을 정
리한다면 다른 지지에서 발견되지 않는 것들이 많이 수집될 것으로 보
인다. 여기에 별호, 별칭의 일부만 열거하여 본다.

- 慶源 ; 孔州, 匡州, 楸城
- 完山 ; 承化, 甄城
- 三陟 ; 眞珠
- 泉井 ; 宜城, 東牟, 春城
- 鴨綠江 ; 馬訾水, 靑河, 龍彎
- 馬忽 ; 淸化, 鼻城
- 鐵圓 ; 陸昌, 昌原
- 內米忽 ; 大寧, 西海, 孤竹, 首陽
- 江界 ; 禿魯江, 淸源
- 雲峰 ; 阿英城, 阿莫城, *景德

3. '漢字之難通者'의 문제4)

「용가」지명주석은 우리의 지명사에서 최초의 한글표기의 지명을 남기었다. 이른바 '漢字之難通者'에 국한된 일종의 한글주음식 표기라 할 수 있는 것들이다. 이는 우리의 국어사상 지명, 인명, 관직명이 한글로 표기되는 시초이기도 하다.

문제의 '漢字之難通者'에 대한 진의를 잠시 생각하여 볼 필요가 있다. 앞의 귀절에서 우리는 '難通'의 '難'이 崔恒의 「龍歌」跋文에 표현된 '人難遍閱'의 '難'과 상관성이 있음을 알 수 있다. 그 표현된 문의로 보아서 앞의 '難'이 뒤의 '難'에 포괄됨을 알 수 있다. 이 '難'을 해결하기 위하여 주석자는 '註解'를 부치었고 (就加註解) 그 註解방법으로 두 가지를 택하였는데 먼저 '用事之本末'을 略述(粗叙)하였고 그래도 부족한 대목(아직도 '難'이 남아 있는 부분)은 다시 '音訓'을 달았다(復爲音訓)고 고백하고 있다. 이렇게 당시에 일반적으로 통용되는 현실 한자음을 가지고 음독하여서는 안될 지명, 인명, 관직명, 종족명 등을 현지에서 쓰이는대로 한글을 이용하여 注音 표기하였고, 비록 현실한자음으로 호칭되는 것이라 할지라도 한자로 표기되어 오던 지명 중에 그 호칭이 釋+音+釋, 音+釋+釋, 釋+釋+音' 등과 같이 복잡한 차자법을 가지고 있었기 때문에 이들 지명을 처음 접하는 언중은 誤稱하기가 쉬운 것이다. 그리하여 音讀字를 구별하여 호칭하는 현실을 그대로 注音방법으로 구별하였다.5) 이점에 대하여는 다음에서 재론하게 될 것이다.

실로 지명은 그 지명을 소유하고 살아가는 언중의 언어와 同軌의 변화 과정을 밟는다. 이에서 방언지명이 생성된다. 또한 방언지명 중에는

---

4) 凡書地名 漢字之難者 又卽以正音之字書之 人名 職名 亦皆放此 (「용가」제2장 주)

5) 我殿下覽而嘉之 賜名曰龍飛御天歌 惟慮所述事蹟 雖載在史編 而人難遍閱 遂命臣及 朴彭年 姜希顔 申叔舟 李賢老 成三問 李塏 辛永孫 等 就加註解 於是叙其用事之本末 復爲音訓 以便觀覽 共一十卷. (崔恒跋文)

현재 사용하고 있는 언중의 언어와는 그 계통이 전혀 다른 것이 존재할
수도 있다. 先住族이 남기고 간 古地名이 그대로 保守될 수 있음이 지
명의 특성임은 地上의 여러 곳에서 古今을 통하여 쉽게 발견된다. 더욱
이 함경도 지역은 여말·조선초까지 여진족이 활거하던 곳이다. 따라서
그곳의 고지명은 상당량이 여진족의 고유지명일 가능성이 있다. 저들이
사용하다 우리 선조에게 넘겨 준 지명을 현실발음 그대로를 음성표기한
것이 「용가」의 한글표기지명의 일부이다. 예를 들면 幹東오동, 鑽城:
훤·잣, 豆漫투·먼江, 禿魯·투루江, 韃洞다대쫄, 童巾퉁권' 등이 바로
그것들이다.

　다음은 한자로 표기된 속지명을 음독할 것이냐, 釋讀할 것이냐의 모
호한 것들을 음성표기한 것이다. 예를 들면 '鑽城:훤·잣, 烏島城오도
잣, 泥城훍셩'에서 '城'에 대한 주음을 달지 않았다면 모두들 '잣'으로 발
음하든지, 아니면 '셩'으로 읽을 것이다. '*훍잣, *훤셩, *오도셩'으로 읽
어서는 안된다는 사실을 요구한 것이다. '洞'에 대하여도 '加莫洞가막쫄,
北泉洞뒷쉼쫄, 加斤洞가큰동'처럼 '골'을 '동'으로 읽어서는 안되며, 반대
로 '동'으로 호칭하여야 할 곳을 '골'로 읽어서는 안된다는 사실을 밝히
었다. 그러나 현실음(俗音)으로 읽어도 좋은 대목은 '豆漫투먼江, 禿魯
투루江, 文音그슴山'과 같이 '江, 山'을 끝에 그대로 두었다. '城山 잣뫼,
登山串등산곶'와 같이 끝자라도 석독자는 '뫼'라 달고 있다. 그러나 음독
자라도 중간에 끼어 있으면 '*등뫼곶'이라 호칭할까 보아서 '山'에 대한
주음을 달고 있다. '峴'에 대하여도 경우에 따라서는 '炭峴숫재, 泥峴훍
고개, 鐵峴쇠재'와 같이 '고개'와 '재'로 분화되기 때문에 실용대로 주음
한 것이라 하겠다. '津'과 '渡'의 경우를 더 살펴본다. '熊津고·마ᄂᆞ른〈제
15장〉, 廣津:광ᄂᆞ른, 立石·션:돌津, 加斤洞가·큰동津, 渡迷·두미津
〈제14장〉'와 같이 음독과 석독으로 갈라진 현실을 발견한다. 그리고 '三
田渡삼밭·개〈제14장〉'에서와 같이 '渡'를 '개'로 석독하는 경우를 그대로
반영하고 있다. 일반적으로는 沙平渡, 漢江渡, 露渡 등과 같이 음독된데
대한 예외이었기 때문에 註音하였던 것이다. 그리고 '가막골(加莫洞),

가큰동(加斤洞), 대밭(竹田), 뒷심꼴(北泉洞), 비애(梨浦), 션째(善竹), 쇠벼릭(淵遷)'등을 보면 '골~꼴, 개~애, 대~째, 받~밭, 벼릭~벼릭' 와 같은 음운변동의 사실과 澄波渡듬바되〈제33장〉, 加斤洞가큰동〈제14장〉, 渡迷두미津〈제14장〉 등과 같이 당시의 속음에서 벗어나 있는 현실 발음(속지명 그대로)을 여실하게 표기한 것으로 보아 현지의 방언지명을 발음나는대로 충실히 음성표기화한 것이다. 이 표기태도에서 우리는 두 가지의 진의를 발견한다. 그 하나는 방언지명의 현지음을 정확히 알려 주자는 것이요, 다른 하나는 한글의 음성표기 기능을 시험한 것이다.

앞의 두 목적을 실현하기 위하여 정음의 주음방법을 택한 것인데 여기 주음에는 나름대로의 표기원칙이 있었다.

(1) 현실 한자음으로 音讀이 가능한 어휘는 주음하지 않는다. 그럴 필요성이 없기 때문이다.

(2) 비록 음독지명이라 할지라도 그 음이 현실한자음(일반적으로 통용되는 한자음)에서 벗어나 있으면 주음한다. 잘못 음독(오독)할 가능성이 있기 때문이다. 단 어떤 지명이 여러 자의 한자로 구성되어 있을 때(다음절어) 그 중 하나의 한자만이 현실음에서 벗어나 있다 하더라도 그 어휘 전체를 주음한다.

(3) 어떤 어휘가 音+釋 혹은 釋+音과 같이 혼합식 표기일 때는 주음한다. 단 어휘의 말음절 한자가 음독일 경우에는 주음하지 않는다.

(4) 어떤 어휘가 석독하여야 할 경우는 모두 주음한다. 이 경우에도 그 말음절 한자가 음독될 경우에는 주음하지 않는다.

이상과 같은 원칙이 「용가」의 주석에서 추출된다.

4. 기타 여러 문제

4.1.

여진 속지명의 전통적인 표기태도는 둘로 갈라진다. 그 하나는 여진어 발음(여진어 속지명)을 당시의 우리의 현실 한자음을 빌어 쓴 경우이다. 예를 들면

　　伊板大嶺(野人謂牛爲伊板)(「세종실록」 지리지 제155권)
　　羅端山(羅端胡言七數)(「세종실록」 지리지 제155권)
　　雙介院(女眞謂孔爲雙介)(「세종실록」 지리지 제155권)

등이 그것이다. 다른 하나는 여진인의 선대로부터 전해 내려오는 그들 나름대로의 차자표기법에 의한 여진인의 기록을 그대로 옮겨 놓고 그들의 발음대로 한글로 주음표기한 것들이다. 예를들면

　　童巾(퉁건)(胡人謂鍾爲童巾)(「용가」 제4장) 斡合(워허)(「용가」 제53장), 斡東(오동)(「용가」 제3장) 豆漫(투먼)(「용가」 제4장) 哈蘭(하란)(「용가」 제24장)

등이 그것이다. 이것들은 또 다시 '童巾＞鐘城, 斡合＞立岩'으로 한역되기도 하였다.

4.2.

「용가」에는 '回叱家'(횟갸)로 표기된 어휘가 「세종실록」 지리지에는 '會叱家'로 표기된 사실을 앞에서 이미 대조하였다. 그런데 이 여진 지명을 형태소 분석할 때 우리는 '家'를 하나의 형태소로 규정할 수 있을 것 같다.

同良介家洞, 毛乙古家洞, 所古家洞, 多弄介家, 波泰家

에서 '家'의 重出을 발견할 수 있기 때문이다. 가령 Hawaii어에서
'Molokai, Molokin'의 공통요소 'Molo-'는 '섬'(island)의 의미일 가능
성이 짙고, 그리고

> Wainapanapa 'sparkling water'
> Wailau 'four hundred stream'
> Waiwa 'bitter water'
> Waiaka 'laughing water'
> Waiokamilo 'kamilo's water'
> Waikoko 'bloody water'
> Wailuku 'water of slaughter'

등에서 'wai-'는 '물(water)'을 의미하는 형태소일 것이다. 이르쿠쓰크
의 지리학자 Schostakowitsch(1926: 81~9)는 일찍이 시베리아의
강이름에서 omj: Tomj, Kehesch: Beresch: Seresch, Aban: Kan,
Mana: Ana: Ona, Basas: unsas: Kasas: Kumsas: Arsas와 같
은 대응 예를 찾아 말음절의 동일성을 추출하고 그 의미를 '江, 水'일
것으로 추정하였다. 그리고 obj江을 위시하여 그 말음절이 obj-로 끝나
는 Aobj, Atobj, Barobj, Sobj, Kobj, Tymkobj 등의 江이름을 소개
하였다.

우리의 고대지명에서도 만일 어말 형태소, '-達, -忽, -頓, -吐' 등이
'山·高, 城, 谷, 堤'로 한역되지 않았다면 그 의미를 파악할 길은 없지
만 그것들이 重出形이기 때문에 독립 형태소임을 추정할 수는 있었을
것이다.

4.3.

앞의 '毛乙古家'와 '毛乙冬非'(鐵圓)의 대응에서 동일형 '毛乙'을 발견

하다. 鐵圓이 강원도 북부에 위치하고 있으니 서로의 거리가 멀지 않다. 혹여 어떤 관계가 있지 않을가 의심해 본다.

4.4.

일반적으로 '薩水'를 청천강으로 추정하여 왔다. 그러나 「용가」의 지명주석은 '薩水'에 대한 또 하나의 후보지를 암시한다. 앞에서 이미 그 어원을 밝혔지만 압록강의 옛이름이 淸河이며, 그 수색이 鴨頭와 같기 때문에 鴨綠이라 이름지었다는 설명이 있을 뿐만 아니라 그 상류역인 禿魯江(江界)의 별칭이 '淸源'인 사실을 미루어 보아 이 '청하, 청원'은 '薩水'일 가능성이 있으며, 「삼국사기」 고구려 본기에 나오는 '薩賀水'(薛賀水)일 가능성이 있다. 다음의 지명 자료는

> ① 秋七月 我軍與新羅人 戰於薩水之原 羅人敗保犬牙城(「三史」 권19)
> ② 淸川縣 本薩買縣 景德王改名 今因之(「三史」 권34)
> ③ 於是 遂進東濟薩水 去平壤城三十里……秋七月 至薩水 軍半濟 我軍自後擊 其後軍(「三史」 권20)

와 같이 '薩:淸(靑)'의 대응을 보인다. ①②의 '薩水, 薩買'는 고려때 淸川의 古號이며6), (3)의 薩水는 이른바 靑川江에 해당하기 때문이다. 이 밖에도

> ④ 淸風縣 本高句麗 沙熱伊縣(「三史」 권35)
> ⑤ 淸川縣 本薩買縣(「三史」 권34)

앞의 ④⑤ 역시 '淸:薩, 淸:沙熱'을 보인다.

---

6) 「新增東國輿地勝覽」 권15 淸州牧의 屬縣條에
   靑川縣 在州東六十里 古薩買縣 一云靑川 高麗改今名來屬이라 적혀있다.

⑥ 青驍縣 本昔里火縣 今青理(「三史」 권34)

⑦ 霜陰縣 本高句麗薩寒縣(「三史」 권35)

⑧ 積善縣 本高句麗靑己縣 今靑烏縣(「三史」 권35)

위의 자료에서 우리는 ⑥ 靑 : 昔里 = 靑理, ⑦ 霜 : 薩, ⑧ 積 : 靑의 대응을 확인하는데 ⑥은 昔里(靑里) = *səri, ⑦은 霜(薩) = *syeri(중세국어 '서리') ⑧은 積(靑) = *sahir-(중세국어 '뽕-')로 추독할 수 있기 때문이다.

청천강의 古號 薩水와 淸川(현 청주)의 薩買는 서로의 거리가 상당히 멀다. 오히려 청천강과 압록강의 거리는 그에 비하면 近隣이다. 따라서 압록강의 古號 '淸河, 淸源'은 '薩水, 薩賀水(薛水)'의 한어화임을 알 수 있다.[7)]

여기서 하나 더 지적하고 싶은 것은 '河'에 대한 대응으로 중부지성에서 흔하게 발견되는 '買'가 없다는 사실이다. 환언하면 '薩買, 薩賀買, 薛買'가 아닌 점을 주의할 필요가 있다.

4.5.

지명표기에 있어서 옮겨 적거나, 판각할 때에 잘못을 저지르는 경우가 종종 있다. 「용가」의 지명주석 중 '斡東'(오동)은 정확히 새겨져 있다. 다른 문헌에 표기된 경우도 '斡'로 뚜렷이 나타난다. 그러나 '워허'에 해당하는 한자는 '斡合'와 같이 아주 애매하게 나타난다. 그리하여 「동국여지승람」에는 아예 '斡合'으로 옮겨진다. 만일 '워허'라는 한글주기가 없었다면 우리는 본래의 '斡合'은 잃고 얼토당토 않은 '斡合'으로 통용되게 되었을 것이다. 이렇게 잘못되는 사례는 非一非再하다. 가령 「삼국

---

7) 「용가」(제14장)의 주석을 보면

漢江古稱沙平渡俗號沙里津

이라 하였는 바 여기 '沙里' 역시 '淸'의 뜻을 지닌 '薩'과 어떤 관계가 있지 않은가 의심하여 본다.

사기」 및 「삼국유사」의 泗沘→泗泚(현扶餘)를 비롯하여 所比浦→所北
浦, 比豊→北豊(「세종실록」의 誤記) 加火押→加火挿(「삼국사기」), 平原
→乎原(「삼국사기」), 奈兮忽→祭兮忽(「열려실기술」), 沙伏忽→沙己乙
(「삼국사기」), 古斯也忽次→左斯也忽次(「대동지지」) 등이 그에 해당한
다(도수희 1987 : 613~622 참고). 우리는 지명자료에서 이런 誤字,
誤刻을 찾아서 먼저 바로 잡는 작업부터 실시하여야한다. 「용가」의 지
명 주석도 그 판각을 거듭하고(중간, 복간, 복각), 이기를 거듭하여 오
는 동안 많은 글자가 잘못 이기되거나, 잘못 새겨지는 액운을 면치 못
하였을 것이다. 우리가 「용가」를 읽을 때 이 점에 유의하여 誤處를 수
시로 발견하여 바로잡는 작업도 세심하게 병행하여야 할 것이다.

5

　이제까지 논의한 바와 같이 「용비어천가」의 지명주석은 여러 분야에
서 이용할 수 있는 진귀한 자료이다. 그 내용과 체재가 여타 지리지와
동격으로 평가받아 마땅한 이 지명주석은 우리가 주의깊게 고구하여야
할 여러 가지 특징을 지니고 있다.
　「팔도지리지」(서기 1432)는 지명 연혁을 태종 때까지만 밝히었는데
「용가」 지명주석은 세종 27년까지의 변경사실을 기록하였다. 德源이 都
護府로 승격한 세종 27년의 사실을 기록한 내용이 바로 그 한 예이다.
여기 27년이란 연대는 「용가」의 본가사와 주석의 저작년대가 상이하였
을 가능성을 암시하는 중요한 증거가 된다. 공교롭게도 「용가」의 완성
년대가 세종 27년이기 때문이다.
　「용가」 지명주석에서 여진의 속지명이 다수 발견된다. 그리고 여진
속지명의 위치를 비교적 자세히 기술하였다. 이는 우리 민족과 여진족
의 관계를 파악하는데 큰 도움을 준다. 그리고 이 여진 속지명은 우리

의 고대지명과 비교검토할 기회를 부여한다.

　이 지명주석은 지명의 유래를 밝히고 있다. 압록강은 수색이 鴨頭와 같이 푸르기 때문에 명명된 것이고, 童巾(통권)산은 그 모양이 '鐘'과 같기 때문에 그렇게 명명되었다는 식의 기록이 종종 발견된다. 이 '퉁건산'으로 인하여 鍾城(함경도)이 발생하였다.

　이 지명주석에서 州, 府, 郡, 縣의 별칭이 다수 발견된다. 옛지명은 별명이 많을수록 그것의 어의와 어원을 파악하는데 큰 도움이 되기 때문에 그것은 매우 소중하다.

　세종 13년(서기 1432)에 왕명에 의하여 尹淮, 申檣 등이 편찬한 「팔도지리지」와 「용가」 지명주석(서기 1447)을 비교하면 그 체재와 기술 요령이 대체적으로 동일하다. 그러나 동지명에 대한 기술 내용을 비교하여 보면 상당한 차이가 있다. 다음에 그 차이를 대응시켜 본다.

　　　舍知 : 斜地, 吾音會 : 阿木河, 愁州 : 隋州, 迷錢 : 迷障, 會叱家 : 回叱
　　家, 所多老 : 蘇多魯, 吾弄草 : 吾籠所, 阿吾知 : 阿吾智 등

　여진 지명인 '回叱家'(횟갸)와 '佰顏家舍, 毛乙古家洞, 所古家洞, 多弄介家, 波泰家'의 비교에서 우리는 '가'(갸)가 지명 어미일 가능성을 발견한다. 그리고 '毛乙'은 철원의 고호인 '毛乙冬非'의 '毛乙'과 깊은 관계가 있을 듯싶다. 바로 인근의 '圓山'이 '豆里山'으로 적혀 있다. 여기서 '冬非'와 '豆里'도 비교될 가능성이 있어 보인다. 이는 흔히 비교되는 '羅端山'과 '難隱別'의 거리보다 훨씬 가까운 지역내라는 잇점이 있다.

　끝으로 우리가 특기할 사항은 한자 지명이 한글 지명으로 전환한 사건이다. 한자로만 표기하여 놓으면 오독할 가능성이 있는 지명에 한하여 현지발음(방언지명)대로 음성표기한 것이 곧 신생 한글표기 지명이다. 거의 126어에 달하는 이 한글표기 지명에 대하여 그 동안 여러 학자들이 그 발생이유, 어형분석, 어원고찰 등을 적극적으로 논의하여 왔다. 그러나, 아직 남아있는 문제는 함경도 지역의 여진 지명이다. 인명

을 포함하여 80여에 달하는 이 한글 표기의 여진지명 역시 앞으로 적
극적인 논의의 대상이 되어야 할 것이다.

　　다음에 한글로 표기된 지명을 가나다순으로 배열하고 이를 부록으로
부치어 참고자료가 되도록 하겠다.

　　　　ㅇ가린여·홀 岐灘〈龍9章, 一卷, 44頁〉
　　　　ㅇ가막:골 加莫洞〈龍9章, 一, 39〉
　　　　ㅇ가·큰·동 加斤洞〈龍9章, 三, 13〉
　　　　ㅇ갈·두 加乙頭〈龍9章, 一, 38〉
　　　　ㅇ:갏불·어 高卜兒閼〈龍53章, 七, 22〉
　　　　ㅇ갸·온멍거터·믈 夾溫猛哥帖木兒〈龍53章, 七, 21〉
　　　　ㅇ갸·온부·허 夾溫不花〈龍53章, 七, 23〉
　　　　ㅇ갸·온치우·리 夾溫赤兀里〈龍53章, 七, 23〉
　　　　ㅇ·갸쥬 甲州〈龍53章, 七, 22〉
　　　　ㅇ거츨:뫼 荒山〈龍50章, 七, 8〉
　　　　ㅇ고·론두란터·믈 古論豆蘭帖木兒〈龍53章, 七, 22〉
　　　　ㅇ고·론보·리 古論孛里〈龍53章, 七, 23〉
　　　　ㅇ고·론어허·츄 古論阿哈出〈龍53章, 七, 22〉
　　　　ㅇ고·마ᄂᆞᄅ 熊津〈龍15章, 三, 15〉
　　　　ㅇ고시티·믈 高時帖木兒〈龍9章, 一, 43〉
　　　　ㅇ골·야발·소 括兒牙八兒速〈龍53章, 七, 24〉
　　　　ㅇ골·야오·난 括兒牙兀難〈龍53章, 七, 22〉
　　　　ㅇ골·야릿더·믈 括兒牙火失帖木兒〈龍53章, 七, 22〉
　　　　ㅇ골·야키무·나 括兒牙乞木那〈龍53章, 七, 24〉
　　　　ㅇ골·야투칭·개 括兒牙禿成改〈龍53章, 七, 24〉
　　　　ㅇ:광ᄂᆞᄅ 廣津〈龍14章, 三, 13〉
　　　　ㅇ구무바·회 孔巖〈龍14章, 三, 13〉
　　　　ㅇ·구쥬 古州〈龍53章, 七, 24〉
　　　　ㅇ그슴文音山〈龍9章, 一, 39〉
　　　　ㅇ김·곡·개 金谷浦〈龍12章, 二, 22〉
　　　　ㅇ남·돌 南突〈龍53章, 七, 24〉
　　　　ㅇ남·돌아라·카바얀 南突阿剌哈伯顏〈龍53章, 七, 24〉
　　　　ㅇ넌·투구·루 暖禿古魯〈龍53章, 七, 23〉

○닌취·시 紉出闊失 〈龍53章, 七, 23〉
○다대:골 달靼洞 〈龍35章, 五, 33〉
○다비·나 答比那 〈龍53章, 七, 24〉
○ ·달:내 達川 〈龍14章, 三, 13〉
○ ·달:내 獺川 〈龍37章, 五, 42〉
○답샹:골 答相谷 〈龍35章, 五, 34〉
○당·뫼 堂山 〈龍24章, 四, 21〉
○ ·대ᄇᆞᆮ 竹田 〈龍33章, 五, 26〉
○더·버 的遏發 〈龍53章, 七, 22〉
○덕물 德積 〈龍49章, 六, 58〉
○돋여·흘 猪灘 〈龍12章, 三, 22〉
○:돌·개 石浦 〈龍9章, 一, 38〉
○동·량: 뒤 東良北 〈龍4章, 一, 8〉
○ ·두미 渡迷津 〈龍14章, 三, 13〉
○등산·곶 登山串 〈龍9章, 一, 31〉
○:뒷:심:쏠 北泉洞 〈龍12章, 三, 32〉
○듬바·되 澄波渡 〈龍33章, 五, 27〉
○ ·딘·개 鎭浦 〈龍15章, 三, 15〉
○ ·로양·재 錄楊峴 〈龍53章, 七, 23〉
○마·근·담:쏠 防墻洞 〈龍33章, 五, 27〉
○ᄆᆞ·ᄅᆞᆷ:골 舍音洞 〈龍35章, 五, 34〉
○ᄆᆞᆯ:뫼 馬山 〈龍37章, 五, 42〉
○ᄆᆡᆼ·간 猛安 〈龍53章, 七, 22〉
○머·툰ᄂᆞᄅᆞ 麻屯津 〈龍9章, 一, 39〉
○몰·애오·개 沙峴 〈龍9章, 一, 49〉
○바·횟방 巖房寺 〈龍9章, 一, 47〉
○ᄇᆞ얌·개 蛇浦 〈龍14章, 三, 13〉
○ᄇᆡᄂᆞᄅᆞ 梨津 〈龍33章, 五, 27〉
○ᄇᆡ·애 梨浦 〈龍14章, 三, 13〉
○ ·ᄇᆡ얌:골 蛇洞 〈龍6章, 一, 43〉
○ ·부훵바·회 鳳凰岩 〈龍33章, 五, 27〉
○ ·블·근·못 赤池 〈龍53章, 七, 25〉
○블·근:셤 赤島 〈龍4章, 一, 8〉
○ ·살여·흘 箭灘 〈龍12章, 二, 22〉

○삼받・개 三田渡〈龍14章, 三, 13〉

○새와・이 草黃〈龍39章, 五, 47〉

○:새한 草閑〈龍53章, 七, 25〉

○샨・츈 實眼春〈龍53章, 七, 22〉

○샹갸・하 常家下〈龍53章, 七, 23〉

○설몌・골 所磨洞〈龍78章, 九, 28〉

○설헌 薛列罕〈龍39章, 五, 47〉

○・션:돌 立石〈龍14章, 三, 13〉

○:션・쩨 善竹〈龍9章, 一, 47〉

○・소두・듬 松原〈龍35章, 五, 36〉

○:손돌 窄梁〈龍49章, 六, 59〉

○솓:뫼 鼎山〈龍50章, 七, 8〉

○・쇠벼・ㄹ 淵遷〈龍14章, 三, 13〉

○・쇠・잣 金城〈龍50章, 七, 7〉

○쇠:재 鐵峴〈龍9章, 一, 50〉

○・쇼・재 牛峴〈龍9章, 一, 31〉

○・수쥬 隨州〈龍4章, 一, 8〉

○수・핑 速平〈龍53章, 七, 23〉

○・술위나・미 車踰〈龍35章, 五, 33〉

○숫고・개 炭峴〈龍33章, 五, 29〉

○쉰・믈 酸水〈龍28章, 五, 4〉

○시・린 實隣〈龍53章, 七, 23〉

○아모・라 阿木剌〈龍53章, 七, 23〉

○아・샤 阿沙〈龍53章, 七, 23〉

○아치랑・귀 阿赤郎貴〈龍53章, 七, 24〉

○・안반여・흘 按板灘〈龍14章, 三, 13〉

○:암림・곶 暗林串〈龍9章, 一, 36〉

○앓・튼원・져 奧屯完者〈龍53章, 七, 22〉

○야・튼 也頓〈龍39章, 五, 48〉

○얀・츈 眼春〈龍53章, 七, 23〉

○어두・워 阿都哥〈龍53章, 七, 22〉

○어러・순 阿剌孫〈龍53章, 七, 23〉

○오도・리 斡朶里〈龍9章, 一, 43〉

○오・도・잣 烏島城〈龍14章, 三, 13〉

○오·동 斡東〈龍3章, 一, 6〉
○오랑·캐 兀良哈〈龍4章, 一, 7〉
○옴·회 阿木河〈龍4章, 一, 8〉
○·외:셤 孤島〈龍37章, 五, 42〉
○우디·거 兀狄哈〈龍4章, 一, 7〉
○·우·라 兀剌〈龍39章, 五, 48〉
○·우로더·믈 兀魯帖木兒〈龍39章, 五, 48〉
○·운강·고 雲剛括〈龍53章, 七, 22〉
○운·뎐 雲田〈龍35章, 五, 36〉
○울·혜:셤 威化島〈龍9章, 一, 39〉
○울후·리 兀兒忽里〈龍53章, 七, 23〉
○워·허 斡合〈龍53章, 七, 23〉
○이·란투먼 移闌豆漫〈龍53章, 七, 21〉
○·이싱·개 圍仍浦〈龍9章, 一, 31〉
○잇·뵈 伊布〈龍14章, 三, 13〉
○·잣·곶 城串〈龍24章, 四, 21〉
○·잣:뫼 城山〈龍9章, 一, 52〉
○즈릅·개 助邑浦〈龍12章, 二, 22〉
○지·벽:골 滓甓洞〈龍9章, 一, 49〉
○조ㅋ볼 粟村〈龍12章, 二, 22〉
○죠:콜:셤 召忽島〈龍49章, 六, 58〉
○졸애 照浦山〈龍43章, 六, 37〉
○쥬·후귀·툰 朱胡貴洞〈龍53章, 七, 22〉
○쥬·후원·져 朱胡完者〈龍53章, 七, 23〉
○쥬·후인다·호 朱胡引答忽〈龍53章, 七, 23〉
○츄라·치 吹螺赤〈龍9章, 一, 47〉
○컬더·거 可兒答可〈龍53章, 七, 24〉
○콜·칸 闊兒看〈龍53章, 七, 24〉
○타·온 托溫〈龍53章, 七, 21〉
○탕·고 唐括〈龍53章, 七, 23〉
○탸·신 泰神〈龍53章, 七, 22〉
○투·씻:골 兎兒洞〈龍58章, 七, 53〉
○·투루 禿魯〈龍9章, 一, 36〉
○투·먼 豆漫江〈龍4章, 一, 8〉

○투·문 土門〈龍53章, 七, 23〉
○툴·우 禿魯兀〈龍53章, 七, 23〉
○퉁·컨 童巾〈龍4章, 一, 8〉
○포쥬 婆猪〈龍39章, 五, 48〉
○푀·모월·쥬 南亦莫兀兒住〈龍53章, 七, 23〉
○·피모·로 椵山〈龍24章, 四, 21〉
○하·란· 뒤 許哈闌北〈龍53章, 七, 25〉
○하·란 哈闌〈龍24章, 四, 21〉
○·학드리 鶴橋〈龍9章, 一, 46〉
○·한여·흘 大灘〈龍14章, 三, 13〉
○·한여·흘 大灘〈龍33章, 五, 27〉
○합·개 合浦〈龍9章, 一, 49〉
○해·연 海洋〈龍53章, 七, 22〉
○해·튠 海通〈龍53章, 七, 22〉
○홁고·개 泥峴〈龍9章, 一, 44〉
○홁셩 泥城〈龍9章, 一, 44〉
○히·스 海西〈龍53章, 七, 22〉
○·힌·다리 白達〈龍12章, 二, 22〉
○혐·진 嫌眞〈龍53章, 七, 24〉
○홀아 火兒阿〈龍53章, 七, 21〉
○홍·컨 洪肯〈龍24章, 四, 21〉
○횟·갸 回叱家〈龍4章, 一, 8〉
○후쥐 許歸州〈龍53章, 七, 25〉
○홀·면 忽面〈龍35章, 五, 33〉
○훗·기 厚叱只〈龍53章, 七, 25〉
○:훤·잣 豩城〈龍4章, 一, 8〉
○·훤바·회 白巖〈龍50章, 七, 7〉
○히·탄구유·누 奚灘古玉奴〈龍53章, 七, 23〉
○히·탄보·야 奚灘孛牙〈龍53章, 七, 23〉
○히·탄서·러 奚灘薛列〈龍53章, 七, 23〉
○히·탄타·스 奚灘塔斯〈龍53章, 七, 22〉
○히·탄하랑·캐 奚灘訶郎哈〈龍53章, 七, 22〉
○·힌·다리 白達〈龍12章, 二, 22〉

【참고문헌】

金東昭(1977), 北青女眞字石刻의 女眞文硏究, 국어국문학 76(국어국문학회).

金永鎭(1985), 龍飛御天歌漢字의 正音表記, 論文集 제4집(대전대)

金允經(1962), 龍飛御天歌에 나타난 地名, 한글 130(한글학회).

金鍾塤(1964), '龍歌'에 나타난 國語地名에 관한 硏究, 文耕 14(中央大).

金鎭九(1973), 麗末鮮初豆滿江流域의 女眞分布, 白山學報 15(白山學會).

———(1974), 初期毛憐兀良哈硏究, 白山學報 17(白山學會).

都守熙(1987), 漢字借用表記의 傳訛에 대하여, 韓南語文學 第13輯(韓南大).

柳在泳(1975), 地名表記의 한 考察, 「龍飛御天歌」註解를 中心으로, 論文集 8
(원광대)

李基文(1958), 女眞語의 地名攷, 文理大學報(서울대)

———(1964), 龍飛御天歌의 語學的 價値(人名, 地名), 東亞文化 2(서울대).

李相寅(1939), '龍歌註解'에 나타난 朝鮮語地名, 한글 64(한글학회).

今西春秋(1967), MANJU雜技, 朝鮮學報 51(朝鮮學會).

제 2 부

지명속에 숨어 있는 옛새김들*

1

1.1.

국어사 연구에 있어서 새김이 차지하는 비중은 매우 크다. 이렇듯 막중한 새김들이 아직도 여러 곳에 숨어서 찾으려는 혜안(慧眼)을 기다리고 있다. 새김 중에서도 특히 옛새김은 국어사의 난제들을 푸는데 열쇠의 역할을 하기 때문에 더욱 귀중하다. 그런데 아직도 찾아내지 못한 옛새김들이 고문헌이나 묵은 '金石文'의 여기 저기에 감추어져 있다. 각종 문헌이나 '金石文'에서 이미 수집한 차자 표기 자료를 분석 기술하는 작업도 중요하지만 잃어버린 새김을 찾거나, 숨어 있는 새김들을 발굴하는 일은 더욱 중요하고 시급하다. 더욱이 잊혀졌거나 이미 죽어버린 옛새김을 재구하는 작업 역시 매우 긴요한 급선무이다. 그럼에도 불구하고 옛새김이나, 망각한 고유어를 찾으려는 열의는 오히려 점점 식어가는 듯하다. 옛새김들이 국어 발달의 추세로 날로 생성되거나 변혁하는 어휘력의 실세에 쫓기어 점점 더욱 찾기 어려운 구석으로 밀리거나, 아니면 아주 보이지 않는 먼 곳으로 살아져 버리는 듯하여 안타깝기 그지없다.

국어사 연구의 기본 자료로서의 옛새김이 중요한 자리를 차지하고 있

---

* 이 글은 진단학보 제82호(1996, 진단학회)에 게재하였다.

음은 재삼 강조받아 마땅하다. 새김은 곧 국어의 고유어에 해당한다. 따라서 국어 어휘사에서 일찍이 사어(死語)가 되어버린 고유 어휘를 옛 새김 중에서 찾아낼 수도 있고, 이른 시기에 한자어로 치환(置換)된 고유어를 옛새김에서 찾아낼 수도 있는 것이다. 이제 우리는 옛새김을 찾는데까지 찾아 종합하여 색인 작업을 하거나, 새김사전을 만드는 일이 긴요하고 시급하다.

1.2.

이른바 석차표기의 방식에 의하여 나타나는 옛새김은 여러 종류로 유별될 수 있다. 이두, 향찰, 구결에서 석독이 가능한 한자의 새김을 비롯하여 각종의 고문헌에 산재하여 있는 인명·관직명 등의 고유명사를 표기하는데 차자한 석독자의 새김, 그리고 '鄕藥名·穀名' 등을 차자표기한 석독자의 새김, 지명 표기에 차자된 석독자의 새김으로 대별할 수 있다. 편의상 이렇게 표기 대상별로 분류할 수는 있지만 그 표기의 내용과 방식에 있어서는 서로가 '大同小異'할 뿐이다.

실로 지명을 표기하는데 차용된 석독 한자의 수는 다른 어느 경우보다 많다. 이제까지의 지명 연구는 대체적으로 지명을 수집하고 그것을 분석하여 지명소를 가려내고, 지명의 의미와 그 어원 및 유래 등을 알아내는 일에 주력하여 왔다고 하여도 과언이 아니다. 그러나 지명 연구에 있어서 시급한 당면 과제는 이미 수집하였거나 앞으로 수집되는 옛 지명들이 어떻게 표기되었나를 먼저 풀어야 하는 일이다.

어떤 지명이 음차 표기되어 있다면 그것은 표기 당시의 한자음으로 음독하면 족하지만, 석차표기라면 차자의 새김, 그것도 표기 당시의 새김을 모르고는 도무지 해독할 도리가 없기 때문이다. 그럴뿐만 아니라 지명의 차자표기도 '音借, 音+釋借, 釋+音借' 등 다양한 표기 양상을 나타내기 때문에 그 표기 구조가 어떤 것인가를 확연히 파악하기가 매우 어렵다. 이처럼 비록 난해한 과제라 할지라도 그것을 방치할 수 없는 시점에 우리가 와 있음을 절감하게 된다. 이 기본 과제가 우선 해결이 안되면 지명 연구는 더 이상 전진할 수 없기 때문이다.

1.3.

우리가 옛새김을 찾아야 할 곳은 아직도 많다. 그리고 찾아질 가능성도 적지 않다. 새로 발견된 고문헌이나 '金石文' 등의 석차 표기어에서 옛새김을 찾아내는 보편적인 방안도 있고, 이미 알려진 새김들을 비교 검토하여 보다 이른 시기의 옛새김을 재구하는 방안을 강구할 수도 있다. 이런 수삼의 방안 중에서 필자는 특히 지명의 차자 표기 속에 숨어 있는 옛새김을 찾는 방안에 대하여 논의하고자 한다. 아울러 구전 지명 중 '고유지명'과 '한어지명'이 공존하는 경우에 구전고유지명에 의존하여 옛새김을 발견하는 방법에 대하여서도 논의하고자 한다.

실로 지명은 보수성이 강한 존재다. 모든 어휘 중에 변화를 가장 싫어하는 존재가 곧 지명이다. 지명의 변천 과정을 세심히 살펴보면 비록 그것이 개정 혹은 개명된다 할지라도 반드시 '新·舊形'이 내내 공존하기도 하고, 때로는 '新地名'의 득세로 인하여 '舊地名'이 구석으로 밀리기도 하지만 그 뿌리가 송두리째 뽑히는 것이 아니라 어느 구석엔가 잔뿌리라도 남아서 숨쉰다. 이를테면 본래에는 州·郡·縣 단위의 지명인데 그 단위가 점점 격하되어 일개의 '面名'이나 마을 이름이 되었다 하더라도 그런대로 '原初名'의 모습이 거기에 남아 있게 된다. 이렇게 잔존하는 지명 중에 옛새김을 보유한 고유명이 많다.

가령 백제 후기의 지명인 경우 '黃等也山'은 '누르기재(黃嶺), 놀뫼(論山)'으로 남아 있고, '雨述'은 '비래(雨來)'로 잔존하고, '所比浦'(개정명인 赤烏)는 '새오개'로 남아 있다. 경덕왕(A.D.757) 이 '扶餘'로 개정하기 전의 지명인 '所夫里'(혹은 변화형인 泗沘)가 아직도 그곳 토박이 노인들에 의하여 쓰이고 있으며, '熊津>公州'로 표기변화한 곳의 본명인 '고마ᄂᆞ르'가 그곳 노인들에 의하여 지금도 쓰이고 있음이 앞의 주장을 뒷받침한다. 한편 기원전 10여세기로부터 기원전후까지 쓰이던 성경속의 지명들이 지금까지 본모습을 거의 간직한 어형을 보이고 있는 사실이 지명의 보수력이 얼마나 강인한가를 증언한다. 여기서 서구 지명의 1예를 들어 그것이 거의 2,600년 동안 어떻게 변천하였는가를 알아보기로 하겠다.

Italy의 Napoli는 그곳에서 서쪽으로 약 20Km 떨어진 Cuma라는 곳에 기원전 8세기 경에 식민도시를 건설한 희랍인들의 일부가 약 200년 뒤인 기원전 6 세기 경에 옮겨와 1차로 건설한 희랍의 식민 도시였다. 그런데 그 때부터 오래지 않아 희랍의 식민 집단이 다시 Cuma로부터 이주하여 일차 정착한 도시와 인접한 곳에 새도시를 건설하자 보다 먼저 건설한 도시의 이름은 'Palaepolis'(the old city)라 호칭하게 되었고, 새로 성립한 도시의 이름은 'Neapolis'(the new city)라 명명하게 되었다. 그 뒤 320 B.C.에 Roma가 그 곳을 정복한 이후에도 원초명(희랍어)인 'Neapolis'는 변함없이 존속되었고, Roma시대에도 건재하였던 'Neapolis'는 그 명맥이 연면히 이어져 비록 어형은 'palae+polis : Nea+polis>Napolis>Napoli~Naples'로 변화하였지만 결코 막강한 Roma어로 치환되지 않은채 그 원초형의 근간이 거의 2,600년간이나 지속된 것이다. 이들 지명속에서 우리는 'palae(old), nea(new), polis(city)'란 3개의 희랍어 어휘를 찾아내게 된다. 이 밖에도 Italy에는 수 없이 많은 Roma시대 이전의 희랍어 지명이 잔존하여 쓰이는데 앞의 Napoli 인근의 Pozzuoli와 Cuma도 희랍어 지명이며 저 유명한 Sicilia 역시 희랍어 지명이다.

Mario Pei(1965:59)는 미국의 주명(state names)중 1/2이나 되는 지명이 인디안어 지명(Indian Place name)임을 확인하였다.

Dakota(leagued or allied), Tennessee(the vines of the big bend), Iowa(the sleepy ones), Oklahoma(the red people), Kansas(a breeze near the ground), Michigan(great water), Kentucky(the dark and

bloody ground), Illinois(the tribe of perfect men), Texas(Friends!),
Idaho(Good morning!), Mississippi(the father of water)

등이 그것들에 해당한다.

Hawaii나 Honolulu도 결코 영어가 아니다. Hawaii 주의 여러 섬
에는 Molokai, Molokin의 'm olo-'(島), Wainapanapa Wailau
Waiwa Waiaka Waiokamilo Waikane Waikoko Wailuku
Waikiki Hawaii의 'wai-~-waii'(水)와 같은 선주족이 남긴 지명소가
남아 있으며, Siberia의 강명 중에는 아직도 '-obj'(江) (Aobj, Atobj,
Barobj, Sobj, Kobj, Tymkobj)와 같은 원시의 지명소가 살아 숨쉬고
있음을 발견한다.

중국에도 거의 불변의 원형으로 남아 있는 고지명이 헤아릴 수 없을
만큼 많다. 예를 들면 '洛陽, 洛水, 伊水, 渭水, 邙山, 崇山, 殷墟, 安陽,
南陽, 遼東, 泗水, 羑里' 등은 모두 기원전의 지명들이다.

「世宗實錄 地理志」, 「高麗史 地理」, 「龍飛御天歌 地名註釋」, 「東國輿
地勝覽」과 같은 문헌의 지명 풀이에서도 우리는 '童巾(鐘)山, 豆漫(萬)
江, 雙介(孔穴)院, 斡合(石), 羅端(七)山, 伊板(牛)嶺' 등의 여진 지명을
발견한다.

2

2.1.

'고유지명'과 '한어지명'의 선후관계는 고유명이 먼저이고, 한어명이
나중이다. 한자가 차용되기 이전부터 고유지명은 존재하였기 때문이다.
지명도 우리말이기 때문에 이것을 표기하는 문자의 존재와는 상관없이
민족의 언어속에서 지명이 간단없이 존재하여 왔음은 확연한 사실이다.

그러나 고유지명(특히 古地名) 역시 그 표기는 한자로 되어 있다. 어떤 것은 음차표기로, 어떤 것은 훈차표기로 되어 있고 또 다른 경우로는 '音+訓' 혹은 '訓+音'과 같이 병차표기된 것도 있다. 예를 들면

  (1) 음차표기 : 所夫里, 泗沘, 加知奈~加乙乃, 乃利阿, 伐音支, 甘買, 悅己, 古良夫里, 沙尸良.
  (2) 훈차표기 : 熊川, 熊津, 大山, 新村, 湯井, 高山, 赤川, 猿村, 水川.
  (3) 음차+훈차표기 : 沙+平(音釋), 所比+浦(音音釋), 金馬+渚(音音釋), 于召+渚(音音釋), 武+珍+州(音釋釋), 雨+坪(音釋), 揷+平(별칭 沙平)(音釋).
  (4) 훈차+음차표기 : 珍+惡(釋音), 黃等+也(釋釋音), 雨+述(釋音), 大+尸(釋音), 任+實(釋音), 月+奈(釋音), 黃+述(釋音), 牙+述(釋音)

이상과 같이 차자 표기형을 유별할 수 있는데 그 중에서 (2)의 '熊川~熊津, 新村'과 (4)의 '雨述, 珍惡(山), 黃等也(山), 牙述' 등에 차자된 '熊, 新, 雨, 珍, 黃等, 牙' 등은 새김소리만을 차용한 것이기 때문에 이런 경우를 필자는 訓音借(새김소리의 빌림)로 불러 왔다.

이제까지 우리는 「삼국사기」 지리3을 중심으로 논의하였다. 다음에서는 지리 2,4를 중심으로 고찰하여 보도록 하겠다.

2.2.

지명에서 옛새김을 가장 손쉽게 찾을 수 있도록 도와주는 표기형은 음차표기된 고유지명을 漢譯표기한 경우이다. 이에 해당하는 몇예를 다음에 열거한다.

「삼국사기」 지리 4의 복수지명에서 고유지명을 A라 하고, A에 대한 한역 지명을 B로 표시한다. 경덕왕 16년(A.D.757)의 개정 지명을 C로 표시하고, 고려 태조 23년(A.D.940)의 개정 지명을 D로 표시하고, 별지명은 E로 표시한다.

(1) 買 : 川・水・井

(1)-a   買 :   川
         A :   B > C > D
① 南 買 : 南 川 > 黃 武 > 利 川
② 省知買 : 述 川 > 訴 川 > 川 寧
③ 於斯買 : 橫 川 > 潢 川 > 橫 川
④ 伏斯買 : 深 川 > 浚 水 > 朝 宗
⑤ 也尸買 : 牲 川 > 狼 川 > 狼 川

(1)-b 買   :   水
    A   :   B > C   > D
① 買 忽 : 水 城 > 水 城 > 水 川
② 買 伊 : 水 入 > 通 溝 > 通 溝
③ 買旦忽 : 水谷城 > 檀 溪 > 俠 溪

(1)-c   買 :   井
        A :   B > C > D
① 於乙買串 : 泉井口 > 交 河 > 交 河
② 於乙買 : 泉 井 > 井 泉 > 湧 州

(1)-d   買 : □
        A :   B >   C >   D
① 內乙買 : □ > 沙 川 > 沙 川
② 伊珍買 : □ > 伊 川 > 伊 川

(1)-e   □ :   川
        A :   B >   C >   D
①   □ : 伐力川 > 綠 繞 > 供 川
②   □ : 藪牲川 > 藪 川 > 和 川

    (1)-a,b,c의 대응 한역명에 의거하여 우리는 '買'가 '川・水・井'의 포괄 의미로 쓰인 고유어이었음을 확인할 수 있다. 그리고 (1)-d에 의하

여 '川'의 고유어가 '買'임을 재확인하게 된다. 한편 더욱 면밀하게 살펴
보면 어두의 '買'는 '水'의 뜻으로, 어미의 '買'는 '川'의 뜻으로, '泉'의 고
유어인 '於乙'의 뒤에 복합어소로 위치할 때는 '井'의 뜻으로 쓰였음을
짐작하게 된다. 또한 (1)-e ①②의 '川'의 새김인 A의 □도 '買'이었을
것으로 추정할 수 있다.

  여기서 우리는 '川·水·井'의 동음(類似音) 이의어 혹은 유의어로
'買'가 쓰이지 않았나 의심하여 봄직도 하다. '川·水·井' 3字는 물이
없이는 성립할 수 없는 즉 '물'이 그것의 핵심 의미이기 때문에 오히려
동음 유의어로 보아야 할 것인지 의문이 남는다. 그러나 모든 '買'가 그
런 것은 아니다.

$$
\begin{array}{lccccc}
\text{(1)-f 買} & : & \square & & & \\
A & : & B & > & C & > & D \\
① 買召忽 & : & \square & > & 邵\ 城 & > & 仁\ 州 \\
② 買\ \ 城 & : & \square & > & 來\ 蘇 & > & 見\ 州 \\
③ 買\ \ 谷 & : & \square & > & 善\ 谷 & > & 未\ 詳 \\
④ 乃\ \ 買 & : & \square & > & 旌\ 善 & > & 旌\ 善 \\
⑤ 買 尸 達 & : & \square & > & 蒜\ 山 & > & 未\ 詳 \\
\end{array}
$$

  (1)-f ①~⑤까지의 '買'역시 '川·水·井'의 새김에 해당하는 것인가
아니면 경덕왕이 개정한 대응 한자의 새김에 해당하는지 선뜻 확답할
수 없다. (1)-a①, (1)-b②③, (1)-c①와 같이 정확한 한역 개정이 아
닌 경우도 있기 때문이다. 그러나 만일 (1)의 '買'가 '川·水·井'과 관
계가 있을 것으로 가정한다면 (1)-f ①~③은 형태소 배열의 위치가 어
두이니 (1)-b ①~③에 해당하므로 (1)-fA의 '買'에 대응하는 B의 □가
'水'로 채워질 수 있겠고, (1)-f ④는 어말 위치이니 (1)-a ①~⑤에 근
거하여 '川'으로 채워질 수 있을 것이다. 그러나 (1)-f ⑤만은 '買尸'가
1개 형태소이어서 '蒜'으로 한역된 것으로 볼 수도 있기 때문에 (1)-f
①~④와는 이질적인 어형으로 보아야 할 것이다.

(2) 達 : 高·山

(2)-a 達　　　: 高
　　　A　　　: B　　　> C　　　> D
　① 達乙省 : 高　烽 > 高　烽 > 高　烽
　② 達乙斬 : 高木根 > 喬　桐 > 喬　桐

(2)-b 　　達 : 　　山
　　　　A : 　　　B > 　C > 　　D
　① 松村浩達 : 金　山 > 振　成 > 振　成
　② 功木達 : 熊門山 > 功　成 > 功　成
　③ 所勿達 : 僧　山 > 童　山 > 烈　山
　④ 非　達忽 : 大豆山城 (未降十一城)
　⑤ 加尸達忽 : 犁　山城 (逃城七)

　(2)-a,b의 漢譯으로 우리는 ‘達’이 ‘高·山’의 의미로 쓰였음을 알 수 있다. 그리고 ‘達’이 어두에서는 ‘高’의 뜻으로 어미의 ‘達’은 ‘山’의 뜻으로 쓰였음을 알아차릴 수 있다. 다음의 (2)-c ①은 ‘高:達’의 대응을, (2)-c ②~⑦은 ‘山:達’의 대응을 상반된 위치(어두:어말)에서 보이므로 위치에 따라서 의미가 분화됨을 확인할 수 있다.

　(2)-c 　　達 : 　□
　　　　A : 　B　> C　　> D
　① 達　忽 : □ > 高　城 > 高　城
　② 烏斯含達 : □ > 兎　山 > 兎　山
　③ 今(息)達 : □ > 土　山 > 土　山
　④ 菁(昔)達 : □ > 蘭　山 > 未　詳
　⑤ 加支達 : □ > 菁　山 > 汶　山
　⑥ 買尸達 : □ > 蒜　山 > 未　詳
　⑦ 夫斯達 : □ > 松　山 > 未　詳

(2)-d   □   :   山

         A   :   B >   C   >   D

   ①   □   :   漢   山 > 漢   州 > 廣   州

   ②   □   :   皆次山 > 介   山 > 竹   州

   ③   □   :   蛇   山 > 蛇   山 > 稷   山

   ④   □   :   北漢山 > 漢   陽 > 楊   州

   ⑤   □   :   赤   山 > 赤   山 > 丹   山

   ⑥   □   :   乃伐山 > 伋   山 > 興   州

   ⑦   □   :   支   山 > 支   山 > 連   谷

   ⑧   □   :   穴   山 > 洞   山 > 洞   山

(2)-c에 나타난 경덕왕의 한역명에서도 동일한 대응관계를 재확인할 수 있다. 만일 고구려가 (2)-cA를 한역하였다면 C와 동일하게 하였을 것이다. 이것은 고구려의 한역명이 逸失된 것을 신라(경덕왕)가 복원한 것처럼 착각할 정도로 완역하였기 때문이다. 그것들((2)-c B)이 「삼국 사기」 지리 4에 남겨지지는 않았지만 기타의 문헌이나 口傳에 의한 자료에서 찾아진 것들이든 아니면 경덕왕의 개정에 의한 것들이건 어쨌든 C의 존재는 A만으로는 그 의미파악이 거의 불가능한 경우를 풀어주는 열쇠의 역할을 한다. 말하자면 A: χ = A:C에서 χ =C이다. 그리고 χ =B이므로 결국 B=C란 공식이 성립될 수 있을 것으로 추정하게 된다. 따라서 (2)-d B의 '山'에 해당하는 A의 □의 새김들도 '達'로 채워질 가능성이 짙은 것이다.

2.3.

신라 경덕왕 (16년 A.D 757)의 개정 지명 중 한역명은 한역된 고유지명의 뜻을 알려 준다. 다음의 예들이 이에 해당한다.

(1) 「삼국사기」 지리 3의 예

(1)-a A : B > C > D 　　E

① 沙　平：　□　＞　新　平　＞　新　平　　　東　村
② 珍惡山：　□　＞　石　山　＞　石　城
③ 古良夫里：□　＞　靑　正　＞　靑　陽　　　靑　武
④ 所比浦：　□　＞　赤　烏　＞　德　津
⑤ 沙尸良：　□　＞　新　良　＞　黎　陽　　　沙　羅
⑥ 古尸伊：　□　＞　岬　城　＞　長　成
⑦ 所非芳：　□　＞　森　溪　＞　森　溪

(1)-b A : B > C > D

①　□　：　大　山　＞　翰　山　＞　鴻　山
②　□　：　雨　述　＞　比　豊　＞　懷　德
③　□　：　牙　述　＞　陰　峯　＞　牙　州

(2) 「삼국사기」 지리 2의 예

(2)-a A : B > C > D

① 加火岬：　□　＞　唐　嶽　＞　中　和
② 扶蘇岬：　□　＞　松　岳　＞　王　畿
③ 扶斯波衣：□　＞　松　岳　＞　松　峴
④ 夫斯達：　□　＞　松　山　＞　未　詳

(2)-b A : B > C > D

① 仍斤內：　□　＞　槐　壤　＞　槐　州
② 今勿內(奴)：□　＞　黑(黃)壤　＞　鎭　州
③ 仍伐奴：　□　＞　穀　壤　＞　黔　州
④ 骨衣內：　□　＞　荒　壤　＞　豊　壤

(2)-c A : B > C > D

① 主夫吐：　□　＞　長　堤　＞　樹　州
② 東(柬)吐：□　＞　棟(棟)堤　＞　未　詳
③ 吐　上：　□　＞　隄　上　＞　碧　山

(2)-d	A	:	B	>	C	>	D
①	齊次巴衣	:	□	>	孔 岩	>	孔 岩
②	烏斯含達	:	□	>	兎 山	>	兎 山
③	德 勿	:	□	>	德 水	>	德 水
④	沙熱伊	:	□	>	清 風	>	清 風
⑤	古斯馬	:	□	>	玉 馬	>	奉 化
⑥	薩 寒	:	□	>	霜 陰	>	霜 陰
⑦	波 利	:	□	>	海 利	>	未 詳
⑧	波旦 (豊)	:	□	>	海曲(西)	>	未 詳
⑨	青 己	:	□	>	積 善	>	青 鳧
⑩	屈 火	:	□	>	曲 城	>	臨 河
⑪	悉 直	:	□	>	三 陟	>	三 陟

위의 예에서 (2)-a ①②의 '押'(岬)은 '嶽·岳'의 새김이다. 지리 4에
'阿珍岬 : 窮嶽'과 같은 한역표기가 있어서 믿을 수 있다. 그러나 (2)-a
의 ②③④는 경덕왕의 한역 개정이 아니었다면 '松'의 옛새김이 '夫斯~
扶蘇'임을 파악할 수 없었을 것이다. (2)-b의 ①~④는 '壤'의 옛새김이
'內~奴'이었던 사실을 알려 준다. 이것은 지리 4의 '於斯內:爺壤, 金惱:
休壤'의 대응 한역을 더욱 확실하게 만든다. (2)-c의 ①②③은 지리 4
의 '奈吐:大堤'에서 유일한 '吐:堤'의 대응 한역을 믿을 수 있도록 뒷받
침 한다. (2)-d ①~⑪도 B가 없는 A를 경덕왕의 한역명인 C와 이를
승계한 고려초 지명인 D에 의거하여 그 새김의 뜻을 파악할 수 있게
한다. 이처럼 경덕왕의 한역 개정은 지명의 새김 즉 고유어를 찾아내는
데 길잡이가 되어 주기도 한다. 또한 고려 태조(23년)의 개정지명(D)
도 상당수가 보다 이른 시기의 고유 지명의 뜻을 이어주는 한역명이기
때문에 지명의 뜻을 풀이하는데 도움을 준다. 한편 정통적으로 맥을 이
어온 공식적인 지명은 흔히 관계가 깊은 별지명을 소유하고 있다. 그
별지명을 세심히 고찰하면 역시 고유지명의 어형과 의미를 파악하는데
필요한 결정적인 힌트를 얻게 되는 경우가 종종 있다.

2.4.

아직도 현지에 잔존하고 있는 고지명은 잘못 전하여 오는 口傳 지명이나 혹은 문헌의 표기지명을 바로 잡는데 증거의 역할을 할 때도 있다.

(1) 所比浦 〉 赤烏(鳥) 〉 새오개

	A	B	C	D	E
① 所比浦 :	□ >	赤烏~赤鳥 >	德津,	草五介 (지리 3)	
② 沙伏忽 :	□ >	赤城	> 陽城,	鞋浦 (지리 2)	
③ 沙非斤乙:	赤木>	丹松	> 嵐谷,	赤椒魚 (지리 2,4)	

위 (1)③의 '沙非'에 대한 한역 "赤"과 (1)①②C의 '赤'이 동일하므로 B의 □에 '赤'을 대입할 수 있다. 그리고 '赤'의 새김이 '所比~沙伏~沙非'임을 알 수 있다. 그런데 경덕왕의 한역명이 '赤烏'인가 아니면 '赤鳥'인가의 문제가 제기된다. 「삼국사기」에는 '鳥'로 「동국여지승람」에는 '烏'로 혼기되어 있기 때문이다. 이것은 현지에 '새오개'란 고지명이 잔존하여 있어서 '赤烏'를 택하고 '赤鳥'를 버리게 한다. 이른바 백제시대에 석축되었던 것으로 전해오는 '所比浦縣'의 주성인 '德津山城'의 옛이름이 '赤烏山城'이다. 이것은 '赤鰲山城'으로 표기되기도 하였던 것으로 보아 '赤烏'가 正이요, '赤鳥'는 誤임을 알 수 있다. 이 옛성이 있는 산이름도 '赤烏山' 혹은 '赤鰲山'이다. 그러나 '赤鳥山' 혹은 '赤鳥山城'이란 이름은 전혀 남아있지 않다. 이렇게 잔존하여 있는 지명 '赤烏'가 '赤鳥'인가 아니면 '赤烏'인가의 시비를 가리어 주는 열쇠이다. 그럴 뿐만 아니라 별지명인 '草五介'와 '鞋浦'가 필자의 주장을 더욱 틀림없게 만든다. '草'의 옛새김이 '새'이기 때문에 '草'를 훈음차자로, '五介'를 음차자로 풀면 '새오개'가 된다. 또한 '鞋'는 그 훈음이 '신'(「字會」 中 22) 혹은 '가죽신'(崔南善의 「新字典」)이지만 이것에 대한 옛새김은 '수비자'이었을 것이다.

지금도 혼례식에 신는 신을 '수이자'라고 한다는 것이다.(池憲英선생전언) 이 어휘가 '수비자>수비자>수이자'로 변화한 것으로 추정할 때 '수비(자) + 개~수이개'와 '사비개~새오개'는 아주 근사하기 때문에 '鞋'가 훈음차된 것이라 하겠다. 또한 국어 음운사에서 '*sapikay>sɛpikay>새비개>새오개'는 가능성이 있어도 '사조개>새오개'의 발달은 불가능하기 때문이다. 졸고(1991c:588~589)에서 이 '所比'가 중세국어의 '새배'와 현대국어의 '새벽'에 이어질 듯하다고 보았는데 역시 어중에 'ㅂ'이 개재하여 있음은 주목할 일이다. 백제의 제7대(A.D234)의 王名이 '沙泮~沙沸 ~沙伴~沙夷~沙伊'와 같이 다양한 표기 현상을 보이는데 이른 시기에 'ㅂ'이 탈락한 흔적을 남긴듯 하여 흥미롭다.1) 여기의 'ㅂ'은 전자의 'ㅂ'과 연관시켜 봄직한 존재이다.

(2) 黃等也山>黃山>連山

① 黃山郡 本百濟黃等也山郡 景德王改名 今連山縣(「삼국사기」 지리 3)
② 連山郡 本百濟黃等也山郡 新羅經德王 改爲黃山郡 高麗初更今名
   (「고려사」 지리 1)
③ 連山 本百濟黃等也山 新羅景德王十之年改黃山郡 高麗太祖二十三年改連山
   (「대동지지」 권 5)

(2) ① ② ③에 의하여 백제시대의 '黃等也山'이 신라의 경덕왕 16년(A.D. 757)에 '黃山'으로 개명되고 고려 태조 23년(A.D. 940)에 다시 '連山'으로 개정되었음을 확인할 수 있다. 경덕왕의 지명개정의 방식 중에서

---

1) 강헌규(1995:111)는 '赤鳥'의 '鳥'는 '赤'을 뜻하는 신라어 sopo/sobo의 말음〔o〕의 표기로 볼 수도 있고 한편 백제어 sapi-kae/supi-kae는 신라어 '赤鳥'로 적힐 때쯤 k>g>ø의 변화를 입고 '赤鳥로 적혔을 것으로 볼 수 있다고 하였다.

波害平史(吏)　　＞　波平 (「삼국사기」 지리 2)
大楊管　　　　　＞　大楊 (「삼국사기」 지리 2)
藪狂川　　　　　＞　藪川 (「삼국사기」 지리 2)
各(客)連城　　　＞　連城 (「삼국사기」 지리 2)
金馬渚　　　　　＞　金馬 (「삼국사기」 지리 2)
因珍島　　　　　＞　珍島 (「삼국사기」 지리 2)
大尸山　　　　　＞　大山 (「삼국사기」 지리 2)
黃等也山　　　　＞　黃山 (「삼국사기」 지리 2)
古沙夫里　　　　＞　古阜 (「삼국사기」 지리 2)

등과 같이 2字名으로 축약하는 방식을 취하였다. 따라서 백제지명인 '黃
等也山'에서 '山'을 보편적으로 쓰인 지명어미(접미어소)라 볼 때 '等也'
는 버리고 '黃'의 뜻만을 이어준 개정이라 할 것이다. 이 '黃山'의 '黃'이
다시 (2)② ③과 같이 고려의 건국 초기인 서기 940년에 '連'(山)으로
바뀐다. 그러면 고려 태조는 아무 까닭이 없이 '黃'을 '連'으로 바꾼 것일
까. 그 '黃>連'의 까닭이 곧 이 둘 사이의 상관성이요 새김풀의 실마리
가 되어 줄 것이다.

'黃'의 새김은 「鷄林類事」의 '黃曰那論', 「朝鮮館譯語」의 '黃雲曰努論故
論'을 비롯하여 '누를황 黃'(「光千文」 1, 「石千文」 1, 「字會」 中 15, 「類
合」 上 5), '黃온 누를씨라'(「月釋」 一 22), 'ᄀᄅ미 雲霧 누러ᄒᆞ도다'
(江霧黃)(「初杜」 十 45) 등과 같이 '누르다'이다. 그러면 '連'의 새김을
찾아보자.

'니을련 連, 繼'(「類合」 上 6, 下 12, 「光千文」 16, 「石千文」 16)을
비롯하여 '몰우희 니어티시나 馬上連擊'(「龍歌」 44장), '나라니스리롤 굿
게 ᄒᆞ시ᄂᆞ니'(「釋詳」 六 6), '스승을 곧 닛긔ᄒᆞ니'(「月曲」 112) 등과 같
이 '連'의 중세 국어의 새김은 '닛다'이다. 여기서 우리는 '누르다'(黃)와
'닛다'(連)가 아무런 관계도 없는 것으로 일단 확인하게 된다. 그러면
둘 사이가 무관한 것일까. 만일 무관하다면 어떻게 '黃'을 '連'으로 바꿀
수 있었을까. 그렇기 때문에 무관한 관계가 아니었을 가능을 성급히 포

기하지 않고 또 다시 서로의 깊은 관계를 탐색하게 된다.

여기서 우리는 '連'의 유의어적 새김을 찾아서 '黃'의 새김과 비교할 필요가 있다.

'連'은 '連續, 連接, 連立'의 뜻으로 쓰인다. 그 의미를 「全韻玉篇」에서 찾아보면 '連 接也 續也 牽也 聯也'와 같고, 최남선(撰)의 「新字典」도 '連 接也 聯也 續也'라 풀이하고 있다.

오늘날 우리는 '連立'을 고유어로 '늘어서다'라고 한다. 이 '連'의 새김 '느러'가 고려 초기에 일반적으로 쓰였고 백제 시대까지 소급할 가능이 있다. 그리고 '닛-'과 '늘-'은 유의어의 관계에 있었던 것 같다. 아니면 '늘->닛-'과 같이 '連'의 새김이 변화한 것으로 추정할 수도 있다.

④ 黃山 自大芚山 來爲本邑主脈 自官門東距五里(輿地圖書 上 連山條)

위 ④는 '黃山'(>連山)이 治所로부터 동쪽 5리에 있음을 밝히고 있다. 이 '黃山谷'에서 고려 태조가 후백제와의 결전에서 승리하였을 때 하늘의 보호를 받은 山이라 여기어 '黃山'을 '天護山'으로 바꾸고 전국 제일의 사찰을 지어 '개태사'(開泰寺)라 이름한 그 유명한 곳이기도 하다. 이른바 이 '開泰寺'의 배산인 '天護山'의 본명이 '黃山'인 바 이 '黃山'은 옛 '連山郡 治所'를 중심으로 동쪽에 36개의 산봉우리가 거의 같은 높이로 병풍처럼 '連立'하여 있는데 이 山이 곧 '黃山'이다. 따라서 '느러 뫼 ~느르뫼'란 지형명명에 해당하며 이 고유지명을 훈음차 표기한 것이 '黃山'일 것으로 믿는다.

이 고장의 이름이 문어(표기어)로는 '黃山>連山'이지만 전래되어 오는 고유 지명은

　　누르기재(黃嶺재)　　(連山面 天護里)
　　누르기(마을이름)　　(連山面 莘岩里)
　　누락골(마을이름)　　(伐谷面 於谷里, 於羅洞)
　　누르미(마을이름)　　(陽村面 新良里)

황산리(마을이름)   (新良里 東郡)
놀미 (論山)   (論山市)

등과 같이 현지에서 불리우고 있다. 말하자면 백제 시대에 쓰인 '黃'의 새김이 아직도 잔존하여 숨어서 숨쉬고 있는 것이다. 지금까지도 건재한 이 고유지명이 백제시대의 '黃'의 새김이 '누르-'였음을 추정케 한다. 그러면 '黃'과 '連'의 관계는 그 새김소리는 같되 뜻은 다른 동음훈이었거나 유사음훈이었을 것으로 추정할 수 있다. 따라서 黃山의 '黃'은 훈음차일 뿐이며, 고려 태조는 이새김소리 빌림표기인 '누르 뫼'의 뜻을 '늘어선 뫼'로 정확히 파악하고 '連山'으로 한역 개정한 것이라 하겠다. 그렇다면 백제 시대에까지 '늘어-'가 '連'의 새김으로 소급할 가능성도 배제할 수 없게된다. 요컨대 백제 시대에 '黃'의 새김소리가 '누르-'였다면 그것의 새김이 '누르-'엿던 것을 확인할 수 있고 그것이 '連'의 뜻을 적는 데 쓰였다면 '連'의 새김 또한 '느러-~늘-'이었을 것으로 추정하게 된다. 그리고 '黃'과 '連'은 유사음 이의어의 새김 관계이었다고 말할 수 있을 듯하다.

(3) 所夫里>泗沘(泗沘)江~白江

잘 알려져 있는 바와 같이 현 '扶餘'에 대한 백제의 마지막 지명은 '所夫里'이었다. 현재의 '扶餘'란 이름은 신라의 경덕왕 (A.D 757)이 백제 말기의 국호인 '南扶餘'에서 '南'자를 떼어 내고 나머지 '扶餘'만 가지고 고친 개정명이다. '南扶餘'는 성왕(AD 538)이 '公州'(＜熊津)로부터 이곳 '所夫里'로 천도하면서 북쪽의 '扶餘' 즉 그 선조인 '北扶餘'를 源出로 삼기 위하여 새로 지은 국호이다. 따라서 '扶餘'는 보다 이른 지명인 '所夫里'와는 아무런 관계도 없이 백제의 새 국호를 1자 생략하여 개정한 특이형에 해당한다. 그렇기 때문에 '扶餘'로 개명되기 전(AD.757)까지의 이 고장 이름은 내내 '所夫里'로 호칭되어 왔던 것이다. 앞에서 약술한 바와 같이 지금 '扶餘'의 백제시대 지명은 '所夫里'인데 이 지명의 주

위에 '泗沘, 白江, 白村江, 白馬江' 등이 있다. 그 중 '白馬江'은 필자
(1994 :80-83)에서 소상히 소개한 바와 같이 세종실록(권 149), '扶
餘條'에서 처음 발견된다. 이 '白馬江'의 문제는 위의 졸고(1994)가 논
의한 내용에 미루고 보다 이른 시기의 문헌인 「삼국사기」, 「삼국유사」,
「당서」, 「일본서기」 등에서 발견되는 '白(江), 泗沘(江)'만을 '所夫里'의
별칭으로 보고 이것들을 비교하여 '白(江)'의 새김을 찾아 내고자 한다.
아직까지도 쓰이고 있는 '泗沘城, 泗沘江'은 '白馬江'의 전신인 '白江'(백
제의 지명)과 어떤 관계가 있는 것인가. 아무런 관계도 없는 것인가.
아니면 동명 이표기의 관계가 있는 것인가. 동일한 강에 대한 서로 다
른 표기현상들이니 필연코 백제의 고유어로 동일하게 부르던 강이름을
표기만 다르게 하였던 것으로 보고 이를 추구하려 한다.

우리가 먼저 여기서 해결하여야 할 과제는 '泗沘'와 '泗沘'의 正誤 문
제이다. 이 문제는 필자의 두 논문(1981:117-128, 1991:219-229)
에서 '泗沘'가 正이요, '泗沘'가 誤라고 판단한 바 있어서 그 논고에 미루
고 여기선 재론하지 않기로 한다. '泗沘'는 훈차 표기 지명인가 아니면,
음차 표기 지명인가. 이것을 '所夫里'의 변형표기로 본다면 '所夫里'가 음
차 표기어이니 '泗沘' 역시 음차 표기어이었을 것으로 추정되며 이것은
백제의 고유어에 해당할 것으로 우선 짐작할 수 있게 된다. 그런가 하
면 '泗沘'에 대한 다른 어떤 별명이 없이 '사비강' '사비성'이라 부르는 것
을 보면 또한 백제어를 그대로 音寫한 결과로 여겨지며 이것의 원형이
라 할 수 있는 '所夫里'가 구 부여박물관 앞마을 村老에 의하여 아직도
그대로 호칭되고 있다는 사실이 그럴 가능성을 더욱 짙게 한다. 그렇다
면 아직도 잔존하여 사용되고 있는 '所夫里'의 축약형 '*sapi'(泗沘)는
'白江'과 어떤 관계일 것인가. 우리가 가지고 있는 가장 오랜 새김 사전
인 「계림유사」(A.D.1103-1104)는 '白米曰漢菩薩, 鷺曰漢賓, 銀曰漢歲'
와 같은데 이 '白:漢'의 대응에서 '漢'이 그 이후의 문헌에서 '힌므지개'
(「龍歌」 50장) '힌빗 白'(「字會」 中 14, 「光千文」 6)과 같이 '힌'으로
나타나기 때문에 우리를 난감하게 한다. 그렇지만 여기서 가던 걸음을

멈추고 주저 앉을 수도 없다. 우리에게 막힌 길을 열어 주는 열쇠가 보이기 때문이다. 「훈몽자회」(中14)의 풀이인 '白ᄒᆡᆫ빅 又告也'의 '告也'가 바로 그것이다. 이 '告也'를 최남선의 「新字典」은 '白 素也ᄒᆡᆫ, 告也ᄉᆞᆯ올, 알욀'와 같이 'ᄉᆞᆯ올'로도 풀고 있다. 이 'ᄉᆞᆯ올'이 「龍歌」(1445)에 '神物이 ᄉᆞᆲ니(52 장), 말ᄊᆞᆷ을ᄉᆞᆯᄇᆞ리하더 (13 장)' 등과 같이 'ᄉᆞᆲ'으로 나타난다. 그럴뿐만 아니라

　　　白等ᄉᆞᆲ등, 白是ᄉᆞᆲ이 敎是白毘이시ᄉᆞᆲ곤, 爲白乎旀ᄒᆞᄉᆞᆲ오며

등과 같이 이두 표기에서도 '白=ᄉᆞᆲ'이며, 이와 같은 새김이 향약명 표기에도 '白菜 沙邑菜'(「鄕藥救急方」下 5)로 나타난다. 보다 이른 시기의 「鄕歌」 표기에서도

　　　白乎隱(ᄉᆞᆲ온), 爲白(ᄒᆞᄉᆞᆲ), 白孫(ᄉᆞᆲᄇᆞᆯ손), 白制(ᄉᆞᆲ져), 白乎叱(ᄉᆞᆲᆺ), 白屋尸(ᄉᆞᆲᄇᆞᆯ), 白遣(ᄉᆞᆯᄇᆞ), 白良(ᄉᆞᆯᄇᆞ), 白反也(ᄉᆞᆯᄇᆞ녀)

등과 같이 '白'의 옛새김이 'ᄉᆞᆲ-'이다. 물론 '白雲音(ᄒᆡᆫ구름)'〈讚耆婆郞歌〉처럼 추독하여야 할 경우도 전혀 없는 것은 아니다. 그러고 보면 고대국어에서도 '白'의 새김은 'ᄉᆞᆲ'과 'ᄒᆡᆫ'이 공존하였던 것으로 추정할 수 있게 된다. 따라서 백제 시대에도 '白'의 새김은 'ᄒᆡ-'와 'ᄉᆞᆲ-'이 공존하였을 것이다. 그렇다면 '白(江)'의 새김은 어느 것인가. 잔존 지명인 '泗沘江'의 '泗沘'가 곧 그 정답의 열쇠가 되어 줄 수 있다. 'ᄉᆞᆲ-'과 '泗沘'의 어형이 아주 비슷하기 때문이다. 아마도 백제인들은 차자표기의 수단으로 '熊津'이라 적어놓고 '웅진'이라 음독하지 않고 반드시 고유어인 '*고마ᄂᆞᄅ'로 불렀듯이 이 '白江'도 오로지 표기어일뿐 구어로 틀림없이 'ᄉᆞᆲ비강(혹은 ᄉᆞᆲ비ᄀᆞ롬) ~ ᄉᆞ비강(혹은 ᄉᆞ비ᄀᆞ람)'이라 불렀을 것이다.

　다른 고지명의 표기에서 '白'의 새김이 어떻게 나타나는가를 찾아 보도록 하자. '儒城 甲洞'(국립묘지가 위치한)에서 '東鶴寺'로 넘어가는 고

개가 있는데 이 고개의 이름이 '沙峯'이며 이 '沙峯'을 넘어서 '東鶴寺' 입
구에 이르면 삼거리에 '白亭子'가 있다. 이 '白亭子'를 속칭 '삽쟁'이라 부
르고 '沙峯'을 가르켜 '삽재'(혹은 삽재고개)라 부른다. 그리고 이 주변에
'새봉(鶴峯), 새미래-쇠뫼래(牛山峯), '새흘이>술이 (東屹里)' 등이 있
어 '삽:새:쇠:새'의 대응을 보인다. '慶北 榮州'의 '사라미'(白山)는 또다
른 하나의 예증이다. 졸저(1989 : 125)에서 필자는 속칭 '새치'(白髮)
에서 '치'를 접미형태소로 분석하여 그 어기 '새'를 '*sari>sai>sɛ'의 발
달로 보고 일본어의 'shiri(白)'와 대응시켰다. 그리고 '희-'도 '*sari>
*shari>*hiri>hii>hiy'의 발달과정을 밟았을 것으로 추정하였다. 이
주장은 Miller R.A.(1979:7)에서도 *silap white(OK9), sirŏ
white(OJ)와 같이 추정한 사실이 있다.

   이상을 종합하여 결론컨대 백재시대의 '白'의 새김이 '숩-'에 매우 가
까운 어형이었을 것으로 추정할 수 있게 된다. 그리고 이것은 다른 곳
의 지명 표기에서 나타나는 의미로 '所夫里, 泗沘'의 '所·泗'에 대응되는
것으로 보아 '東'(혹은 '新')의 뜻을 나타내기 위하여 훈음차된 내용까지
인지할 수 있게 된다.

(4) 勿(物) : 水·積


```
(4)-a 勿 :        水
      A  :  B  >  C  >   D
   ① 德勿 :  □  >  德水    德水
   ② 史勿 :  □  >  泗水  >  泗州
```

   졸고(1985:103-118)에서 이미 논의한 바와 같이 '믈'이 중세 국어
의 여러 문헌에서 확인된다.

水日沒(mir), 井日烏沒(umir) 〈「鷄林類事」1103-1104〉
시미 기픈 므른 ᄀᆞᄆᆞ래 아니 그츨씨 〈「龍歌」2장〉
믈슈 水 〈「訓蒙字會」下 35, 「新增類合」上 6, 「光千文」2〉

    (4) ①②A의 '勿'이 음차자임은 한역명인 C의 대응자인 '水'에서 확인한다. 이 '勿'은 「계림유사」(1103-1104)의 '水日沒'(*mir)에 이어지기 때문에 믿음직스럽다. 그럴뿐만 아니라 이 '勿'(水)은 '德水~(德積~德水)~德物~仁物'과 같이 '物'로도 異表記되어 있다. 만일 '勿'이 훈차자이었다면 '物'로 표기될 가능성이 거의 없다. 처음부터 음차자이기 때문에 동음이자인 '物'의 표기가 허용될 수 있는 것이다. 한편 「龍歌」(49장)에 '召忽島 죠콜셤'이 나오는데 이것을 「世宗實錄」(권 148 지리지 南陽條)에서는 '古稱召物島'라 하였고 「高麗史」(지리1)에도 '召勿島'로 적혀 있으니 일찍이 '勿'이 '忽'로 訛誤되고 이 錯誤로 인하여 '죠콜셤'이 생성된 것이라 하겠다.

    이제까지의 논증을 수긍할 수 있도록 마무리하는 존재가 곧 「龍歌」(49장)의 '덕믈(德積)島'이다. 다음에서 논의하게 될 고기록으로 '德積島'는 여러 곳에서 '德勿島'로도 나타나기 때문에 '勿'은 '믈'(水)임에 틀림없다. 여기서 우리는 A의 '勿'에 대응하는 B의 □에 '水'를 안심하고 적어 넣을 수 있게 된다.

    (4)-b   勿 : 積

    ① 召忽島(在靈興島西三十里 古稱召物島), 德積島(在召忽島南六十里 古稱仁物島).(世宗實錄 地理志 南陽條)
    ② 京城戒嚴倭舶大集德積(덕믈) 紫燕二島(德積島 在南陽府海中) (龍歌 49 장 주석)
    ③ 召勿島承黃島仁物島伊則島雜良串島沙也串島難知島木力島 (高麗史 地理 1 唐城條)
    ④ 召勿島. 德積島 一云德物島 唐蘇定方伐百濟時 引軍自登州成山 濟海 至國西德物島者 卽此島 〈全國地理志 東國輿地志 ③ 南陽條〉

⑤ 德積山(又名德物山 在郡東 三十里). 古跡德水廢縣(在郡東三十里 本高句麗德物縣 一云仁物 新羅名德水 高麗因之)〈上同 豊德條〉

위 (4)-b ①-⑤와 같이 '積：勿·物·믈'로 대응 기록되어 있다. 김정호의 「대동지지」에도 '積：勿·物'의 대응기록이 여러번 중복되어 나타난다. 따라서 '積'의 옛새김이 '믈'임을 알 수 있다. 그런데 「類合」(下 58)과 「石千文」(10)에는 '사홀적'(積)으로 나타난다. 다만 「광주천자문」 (10)에만 '물적'(積)으로 나타난다. 이처럼 복수의 새김을 지니고 있는데 이 둘 사이의 선후 혹은 공존관계 등은 그 고찰을 후일로 미루어 둔다. 다만 여기서 우리는 '積'은 '水'의 고유어 '믈'을 적어주기 위하여 훈음차된 것이며 '水'는 고유어 '믈'을 한역한 것이란 사실을 확인하는데서 머물고자 한다.

3

3.1. '等·珍·月·靈'의 옛새김

(1)-a 等 ： 珍 ： 月 ： 靈

	A	B	C	D	E
① 武珍州	：武州	＞武州	＞光州	瑞石	茂珍
② □	：高山	＞高山	＞高山	難等良	
③ 馬突	：馬珍	＞馬靈	＞馬靈	難等良	
④ 難珍阿	：□	＞鎭安	＞鎭安	越浪, 月良	
⑤ 珍惡山	：□	＞石山	＞石城		
⑥ 月奈	：□	＞靈岩	＞靈岩		

여기서 우리는 '珍：等：月'의 대응으로 이것들의 옛새김이 '*tʌr'일 가능성을 얻는다. ①의 A：E에서의 '珍：石'과 ⑤의 A：C에서의 '珍惡 ：石'의 대응을 주목하여 ③의 A：B가 '突：珍'이어서 '珍'의 옛새김이

'*tʌr-*tor'(突)이었을 것임을 추정하게 된다. ④의 '(難)珍阿'의 별칭이 '月良'인 것으로 보아 '月'의 새김 'tʌr'에 의거하여, '-阿'와 '-良'은 음차 자로 볼 때, '珍阿'와 '月良'을 모두 '*tʌra'로 추독하게 된다. 그리고 '鎭'의 옛 새김이 '*tʌr' 혹은 '*nantar'일 가능성을 엿보인다. ④ B의 □는 '鎭安'으로 메워질 수 있을 듯하고 ⑤ B의 □은 '石山'으로 채우면 될 것이다.

한편 ③의 '突 : 珍 : 靈 : 等'의 대응과 ⑥의 '月 : 靈'의 대응에 의거하여 '靈'의 옛 새김이 '*tʌr'이었음을 알 수 있다. 위 (1)-a의 대응은 주로 『삼국사기』 지리 1,2,3,4를 중심으로 이루어진 것들인데 동일한 사실을 후대 문헌의 기록들에서 재차 확인할 수 있다.

(1)-b 等 : 珍 : 月 : 靈
  ① 無等山 一云無珍山 一云瑞石山 〈「고려사」 지리2〉
  ② 馬靈縣 本百濟馬突 一云馬珍 一云馬等良 〈「고려사」 지리2〉
  ③ 馬靈廢縣 本百濟馬突縣 一云馬珍 一云馬等良 〈「여지승람」 권39〉
  ④ 靈岩郡 本百濟月奈郡 新羅景德王更今名 〈「고려사」 지리2〉
  ⑤ 鎭安縣 本百濟難珍阿縣 一云月良縣 〈「고려사」 지리2, 「여지승람」 권 39〉
  ⑥ 難珍阿 一云月良阿 〈「고려사」 지리2〉
  ⑦ 難珍阿縣 一云月良 〈「여지승람」 권39〉
  ⑧ 高山縣 本百濟高山縣 一云難等良 〈「고려사」 지리2〉

(1) - (b) ① - ⑧의 자료에서 대응 표기만 가리어 다시 정리하면

① 等 : 珍 : 石   ② 靈 : 突 : 珍 : 等良   ③ 靈 : 突 : 珍 : 等良
④ 靈 : 月   ⑤ 珍阿 : 月良 : 鎭山   ⑥ 珍阿 : 月良阿
⑦ 珍阿 : 月良   ⑧ 高山 : 等良

와 같다. 위의 자료에서 ②③의 '突'은 음차자이고 ⑤⑥⑦⑧의 '阿,良'은 어미를 표기한 음차자이다. 나머지 모두 훈차인데 이것들은 '*tʌr'의 새

김을 가진 동음이의어의 관계가 있었던 것으로 보인다. '郡·靈·珍·等·石·月·鎭·高'는 모두가 새김이 '*tʌr'이었던 것으로 추정된다. 특히 여기서 '鎭'의 옛새김이 '*tʌr'이었을 것으로 추정하는 문제에 대한 구체적인 논의는 별고로 미룬다. 그리고 여기에서 차자된 한자들 중에서 '突'만 음차되고 나머지는 모두가 훈차인데 그 중에서 어느 것이 진정한 훈차이고 기타는 훈음차인지의 여부를 가리기가 어렵다. 이 문제에 대한 논의도 후고로 미루어 둔다.

3.2. '壤·川·世'의 옛새김

~(1)　　　　內·奴　：　　　壤
　　　　　　　　A　：　　B　＞　　C　　＞　D
　　① 仍伐 奴　：　□　＞　穀　壤　＞　黔 州
　　② 骨衣 奴　：　□　＞　荒　壤　＞　豊 壤
　　③ 今勿 內　：　□　＞　黑(黃)壤　＞　鎭 州
　　④ 於斯 內　：　斧 壤　＞　廣　平　＞　平 康
　　⑤ 金 惱　：　休 壤　＞　金　壤　＞　金 壤

우리가 기대하는 가장 바람직한 대응은 (1) ④⑤와 같은 A:B의 직접적인 맞대응이다. 그러나 (1) ①②③과 같이 B가 □로 비어 있는 경우가 허다하다. 만일 (1) ④⑤가 없이 (1) ①②③만 있는 경우에는 A:C의 간접적인 대응을 통하여 B의 □에 들어갈 수 있는 정답을 찾는 차선책을 택하게 된다. 이런 방법으로 B의 □는 '壤'으로 메꾸면 된다. 그리고 A:B의 대응을 가장 튼튼하게 뒷받침하는 대응은 (1) ⑤처럼 'A:B:C:D'까지 계속되는 근거이다. 또한 (1)②처럼 A:C의 간접적인 대응이 D에까지 이어지면 B의 □를 메우는 데 보다 확실한 근거를 제공하게 된다. 이제 우리는 '壤'의 새김이 '奴·內·惱'임을 확신할 수 있다.

(2) 那·乃 : 川
　　① 素那 一云金川, 沈那 或云 煌川(新羅 人名)
　　② 加知奈 或云 加乙乃, 乃利阿(百濟 地名)
　　③ 阿里那禮(慶州의 閼川), 久麻那利·久麻怒利(熊津) (日本書紀)
　　④ 汀里, 川里(讚耆婆郞歌)
　　⑤ 나리(川) (高麗歌謠 動動) 달내(撻川, 達川) (龍歌 37장)

　(2) ①②에서는 '川'의 새김이 '那·奈·乃'로 나타나고, ⑤에서도 '내'를 발견한다. 그러나 한면 ②③④⑤에서 '乃利·那利·那禮·怒利·川里·나리'를 발견하게 되어 이른 시기부터 어중에서 'r'이 탈락하는 변화 규칙에 의하여 '내'와 '나리'가 공존하여 온 사실을 확인하게 된다. 지금도 '자나리(尺川洞), 이나리(仁川洞), 어나리(彦河洞)'과 같이 지명에는 '나리'가 쓰이고 있다.

　(3) 川·壤 : □

A	B
① 故國川王　或云國襄王 (제 9대)	① 國川 亦曰國壤 乃葬地名
② 東川王　或云東襄王 (제 11대)	② 東川王~□
③ 中川王　或云中壤王 (제 12대)	③ 中川王~□
④ 西川王　或云西壤王 (제 13대)	④ 西川王~□
⑤ 美川王　一云好壤王 (제 14대)	⑤ 美川王一云好壤王
⑥ □ ~ 故國壤王 (제 18대)	⑥ □~國壤王
(三國史記 本紀 제 4·5)	(三國遺事 卷 1 王歷 제 1)

　(3) (A) ①~⑤와 (B) ①⑤의 '川:壤'을 근거로 (3)(B)②③④⑥의 □을 '壤'으로 채울 수 있고, (3)(A)⑥의 □은 '川'으로 메울 수 있다. 그리고 (3)의 □를 (1)(2)에 의거하여 '奴·內·惱·那·奈·乃'로 메우므로 그 새김을 재구할 수 있다.

　(4) 奴·那 : □
　　① 高句麗 …… 有五族 有消奴部 絶奴部 順奴部 灌奴部 桂婁部 (後漢書

卷 85 東夷傳)

② 二十年 春三月 遣貫那部沛者達賈伐藻那 虜其王 (高句麗 大祖大王條)

二十二年 冬十月 王遣桓那部沛者薛儒伐朱那 虜其王子乙音爲古鄒加(上同)

八十年 秋七月 …… 貫那, 恒那, 沸流那(上同)

(4)①의 '奴'는 '壤'의 새김일 것으로 추정할 수 있다. (1)①②에서 '奴:壤'을 재구하였기 때문이다. (4)②의 '貫那部, 恒那部'의 '那' 역시 '壤'의 새김으로 볼 수 있다. (4)①과 같이 '部'가 접미하고 있기 때문이다. 그러나 '藻那, 朱那'의 '那'는 '川'과 '壤' 어느 것의 새김에 해당할지 성급히 속단할 수 없다. '沸流那'의 '那'는 '沸流水'(東明聖王 元年 大武神王 4년)가 나타나기 때문에 '那:水'의 대응으로 '川'의 새김일 가능성을 보인다. 그러나 '沸流部, 沸流國'이라 적혀 있기도 하고 또한 이것들이 '松讓'으로 대응 기록되기도 하였기 때문에 '讓'이 '壤'과 관련이 있을 것으로 본다면 '那'를 '壤'의 새김으로 추정할 수도 있다. 따라서 역시 '川(水), 壤'의 새김에 해당하는 동음이의어일 가능성이 짙다. (1)(2)(3)의 재구 결과에 따라서 (4)의 □를 '壤・川'으로 채울 수 있다.

(5) 內・儒理 : 世

① 因名赫居世王 蓋鄕言也 或作弗矩內王 言光明理世也(三國遺事 卷1 赫居世王條)

② 琉璃明王立 諱類利 或云儒留 (三國史記 卷13)

③ 第二琉璃王 一作累利 又儒留 (三國遺事 卷 1)

④ 儒理尼師今 南解太子也(三國史記 卷1)

⑤ 第三弩禮尼叱今 父南解母雲帝 (三國遺事 卷1)

⑥ 第十四儒禮尼叱今 一作世里智王(三國遺事 권 1)

⑦ 儒禮尼師今立 古記 第三・第十四 二王同諱 儒理 或云儒禮 未知孰是 (三國史記 卷 1)

⑧ 世理都之叱逸烏隱等也 (怒歌) (누리 모돈갓 여희 온더여 : 金完鎭)

(5)①은 '內:世'의 대응을 보이고 ②~⑧은 '儒理・누리:世里'의 대응

을 보인다. 그리하여 아주 이른 시기부터 '世'의 새김이 '內'와 '儒理'로
공존하였던 사실을 알려 준다. 이런 공존 현상은

    ⓐ 네 닛글아니라도 (「龍歌」 86 장)
       世는 뉘라 (「月釋」 2:12)
    ⓑ 누릴 셰(世) (「光千文」 22)
       누릿 가온디 나곤 (「高麗歌謠」 動動)

와 같이 중세국어 이후까지 이어져 왔다. 여기서 우리는 '世'의 새김 '內'
가 '壤'의 새김과 동일하다는 데 유의할 필요가 있다. 이제 우리는 3.2
(1)(2)(3)(5)의 새김들을 비교고찰하여야 할 자리에 이르렀다. (1)'壤'
의 새김은 '內·奴'이고, (2)'川'의 새김은 '那·乃'이다. 언뜻 보기에도
서로 비슷한 음상인 이것들은 (3)에서 '川'과 '壤'의 통용으로 말미암아
서로 동음이의어이거나 상사음의 이의어임을 확인케 한다. 또한 (5)에
서 '世'의 새김 '內'는 (1)의 새김자와 동일하여 '世'와 '壤'의 새김이 동일
어이었음을 인지할 수 있다. 그렇다면 (1)(2)(5)의 '壤·川·世'의 새김
이 동일어형이었거나, 아니면 상사형이었음을 확인할 수 있다.

    또 하나의 중요한 사실은 (2)에서 '那·乃 : 川理·나리'의 공존 사실
과 (5)의 '內·뉘 : 儒理·世里·누리'의 공존사실에 의거하여 (1)도
'內·奴·那 : □'의 공존형을 가상할 수 있다는 점이다. 여기 가상의
□안에 들어갈 수 있는 재구형은 (2)(5)가 보이는 공존의 짝에 의거하
여 역시 '*nVrV'형이었을 것으로 추정할 수 있다. 그 가능성의 흔적을
우리는 '나라'(國)에서 찾을 수 있을 듯하다.

3.3. '泉·宜·交'의 옛새김

    (1) 泉 : □

A	B	C	D
① 泉井口 : □		交河 >	交河
② 泉井口 : 於乙買串 >	交河 >	交河	

③ 泉井 : □   > 井泉 > 湧州
④ 泉井 : 於乙買 > 井泉 > 湧州

(1)②④의 대응으로 (1)①③ B의 □안에 ②④에 근거하여 '於乙'을 채울 수 있다. 따라서 '泉'의 새김은 '於乙'이었음을 확인할 수 있다. 만일 ②④가 없다면 우리는 ① C·D의 '交'에서 '泉'의 새김을 찾을 수밖에 없다. ③은 글자의 순서만 바꾼 개명이기 때문에 대응의 의미가 없다. 반면에 ②④가 있으므로 ①②의 '交'가 '於乙'과 비슷한 音形의 새김을 가졌던 것으로 예견할 수 있다. 따라서 '交'의 옛새김을 찾아볼 필요가 있다.

졸고(1995:9-10)에서 '交'의 옛새김이 '얼-'이었음을 확인하였다. 그러면 왜 '泉井口'를 景德王이 '交河'로 개명하였는가를 알아보도록 하겠다. 우선 필요한 자료부터 열거하여 놓고 차근차근 따져보기로 하자.

⑤ 交河郡本高句麗泉井口懸 一云屈火郡 一云於乙買串 別號宜城有烏島城(漢江臨津下流會于此) (「고려사」 지리 1 交河郡條)
⑥ 新羅景德王 始高句麗泉井口之懸名 而改一號交河 盖取一縣 地勢處於江河交流之兩間也(「여지도서」 上 交河郡條)
⑦ 新羅景德王 始以高句麗泉井口之縣改號交河 盖取一縣 地勢處於江河交流之兩間也(「交河邑誌」)

위 ⑤⑥⑦의 내용은 '漢江'과 '臨津江'이 합류하는 두 江 사이에 위치하였는고로 '交河'라 개명하였던 사실을 밝힌 것인데 그 사실여부를 다음 지도의 '交河郡' 위치도가 판단하여 준다.

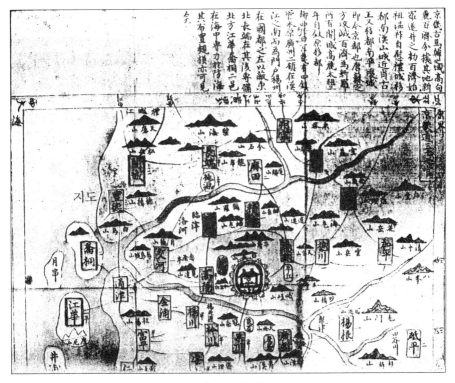

〈交河 고지도〉

　여기서 우리는 우선 '泉·交'의 새김이 '於乙·얼-'인 동음이의어를 추정할 수 있다. 그런데 이들 지명의 주변에서 별칭이 통용되고 있다. 예를 들면

　　⑧ 郡名 : 泉井 於乙買 井泉 湧州 宜州 宜川 宜春 宜城 (「동국여지승람」 권 49 德源條)
　　⑨ 郡名 : 宜城 泉井口 屈火 原井 (상동 권 11 交河縣條)

등(⑧⑨)에서의 별칭인 '宜州, 宜川, 宜春, 宜城'이 그것이다. 어째서 이

지명의 별칭에 '宜'자가 차자되었는가. 이 의문을 풀기 위하여는 '宜'의
옛새김을 찾아서 원지명과 대비하여 보아야 할 것이다. 졸고(1995:8)
에서 '宜'의 옛새김은 '*ər'(「大東千字文」의 '열')로 추정하고 현대국어
'옳'의 고형을 '열'(宜)로 잡고 그 변천과정을 다음과 같이 재구하였다.

$$*ər(宜) > yər$$
$$*ər(宜) > *ər + hʌta > orhʌta > or^hta$$

요컨대 '泉·交·宜'의 옛새김이 *ər로 그 뜻은 서로 다른 동음이의
어의 새김이었다고 결론할 수 있다.

4

4.1.

실로 지명속에는 옛새김이 많이 숨어 있다. 이 새김들은 고금을 망라
한 것들이다. 그 가운데는 아주 뿌리깊은 새김이 많다. 어휘 중에 지명
처럼 변화를 싫어하는 존재도 별반 없다. 그만큼 지명은 보수성이 강하
다. 이처럼 보수력이 강한 지명속에 숨어 있는 새김이니 그 새김 또한
거의 옛모습 그대로일 수밖에 없다. 기타의 차자 표기어에도 많은 옛새
김이 간직되어 있지만 지명어의 차자 표기속에 숨어 있는 새김이 양적
인 면에서나 표기의 다양성인 면에서 오히려 우월한 위치에 있다고 말
할 수 있다. 경우에 따라서 깊게 혹은 얕게 숨어 있는 지명어의 옛새김
(고유어)들을 찾아내려는 노력이 다른 곳에서의 이 방면의 작업만큼 적
극적이지 못한 학계의 동향인 것만은 사실이다. 국어 어휘사 연구에 있
어서 기본 자료가 되어줄 수 있는 지명어 속의 옛새김들의 확보는 참으
로 절실한데도 불구하고 학계의 현실은 아직도 제자리 걸음인 것 같아

서 안타깝다.

4.2.

이 글은 본론에서 지명속에 숨어 있는 옛새김들을 어떻게 찾아내야 할 것인가를 여러 측면에서 고찰하여 보았다. 그리고 옛새김을 찾는 방안을 마련하여 실제적으로 발굴 작업에 적용하여 보았다. 여기서 적용한 수조의 방안들이 과연 얼마만큼 유용한 것인지는 아직 불확실하지만 어느정도는 유용하리라 예상하고 부족하거나 미비한 점은 보다 효율적인 방향으로 수정 보완해 갈 것을 기약할 따름이다. 어디까지나 아직은 試案에 불과하기 때문이다.

4.3.

우리가 분석 대상으로 삼은 지명 자료는 지명사를 대변하는「삼국사기」지리,「세종실록」지리지,「고려사」지리,「동국여지승람」등에 등장하는 공식적으로 그 맥이 이어지는 지명들이 주종을 이루고 있다. 그 중에도 특히「삼국사기」지리 1,2,3,4의 지명 자료만을 절대적으로 중요시하여 이것에다 논의의 초점을 맞추는 경향이 지배적이었다. 물론 이것들이 이른바 전통 지명들임에 틀림없지만 이렇게 공식적으로 알려진 전통 지명의 주변에서 맴도는 별지명들 역시 소홀히 간과해서는 안될 값진 존재들이다. 이 별지명이 때로는 전통 지명을 덮고있는 짙은 의운을 걷는 데 결정적인 역할을 하는 때가 종종 있어서 매우 소중하다. 이렇게 지명은 어느 하나 버릴 것이 없이 모두가 진귀하다.

4.4.

요컨대 지명은 마치 석유와 같은 존재다. 石油(原油)에는 갖가지 성분의 내용물이 함유되어 있기 때문에 거기에서 휘발유, 등유, 경유, 콜

탈, 중유 등을 분해할 수 있듯이 지명어의 분석을 통하여 우리는 옛새
김을 찾는 일에서부터 음운사, 어휘사, 문법사, 차자표기법의 이모저모,
그것의 변천사 등을 기술하는데 필요한 정보를 다양하고도 풍부하게 확
보할 수 있다. 따라서 지명어의 연구가 보다 과학적인 방법으로 화발하
게 전개되어 나가야 함을 재삼 강조하고 싶다.

【참고문헌】

姜憲圭(1988), 韓國語 語源研究史, 集文堂
───(1995), 백제 지명 所比浦縣에 대하여, 百濟文化 제24집, 공주대학교 백
　　　　　제문화연구소.
金完鎭(1980), 鄕歌解讀法연구, 서울대학교 출판부.
───(1985), 特異한 音讀字 및 訓讀字에 대한 硏究, 東洋學 제15집, 단국대
　　　　　학교 동양학연구소.
金正泰(1989), 천원지역 전래지명어에 대한 국어학적 고찰, 語文研究 제19집,
　　　　　어문연구회.
───(1995), 傳來地名語에 대한 記述上의 몇 問題, 語文研究 제26집, 어문연
　　　　　구회
金正鎬(1995), 古地名의 kVr-系 語型에 對한 硏究, 충남대학교 박사논문
南豊鉉(1981), 借字表記法研究, 단국대학교 출판부.
都守熙(1987), 百濟語의 「泉·井」에 대하여, 國語學 16, 국어학회
───(1991a), 韓國古地名의 改定史에 대하여, 『國語學의 새로운 認識과 展
　　　　　開』, 金完鎭先生回甲紀念論叢, 서울대학교 대학원 국어연구회,
　　　　　민음사.
───(1991b), 百濟語의 「雨述·奴斯只·所比浦」에 대하여, 갈음 김석득교수
　　　　　회갑기념논문집, 한국 문화사.
───(1991c), 古地名 訛誤表記의 解讀問題, 金英培先生回甲紀念論叢, 경운출
　　　　　판사
───(1991d), 백제어의 「眞峴·貞峴」에 대하여, 金鍾塤博士華甲紀念論文集,
　　　　　集文堂.
───(1994), 지명연구의 새로운 인식, 새국어생활 제4권 제1호, 국립국어연

구원.

─── (1995), 「泉・交・宜」의 古釋에 對하여, 南豊鉉先生回甲紀念論叢, 간행
위원회.

─── (1977), 百濟語硏究, 아세아문화사.

─── (1987), 百濟語硏究(Ⅰ), 백제문화개발연구원.

─── (1989), 百濟語硏究(Ⅱ), 백제문화개발연구원.

─── (1994), 百濟語硏究(Ⅲ), 백제문화개발연구원.

朴秉喆(1994), '谷'계 지명에 관한 일 考察, 우리말연구의 샘터, 연산 도수희선
생 화갑기념논총, 간행위원회.

成周鐸(1991), 백제 所比浦縣城址(一名德津山城), 조사보고서, 百濟硏究 제22
집, 충남대학교 백제 연구소.

이강로(1991), 加知奈・加乙乃 → 市津의 해독에 대하여, 국어의 이해와 인식,
갈음 김석득 교수회갑기념논문집, 한국문화사.

李基文(1989), 古代國語 硏究와 漢字의 새김 問題, 震檀學報 제67호, 진단학
회.

─── (1972), 漢字의 釋에 관한 硏究, 東亞文化 제11집, 서울대학교 동아문화
연구소.

이돈주(1971), 지명어의 소재와 그 유형에 관한 비교연구, 한글학회 50돌 기
념논문집, 한글학회.

池憲英(1942), 朝鮮地名의 特性, 朝光 8권 9호.

千素英(1990), 古代國語의 語彙硏究, 고려대학교 민족문화연구소.

지명소 '泉·交·宜'의 옛새김에 대하여*

1

1.1

이 글은 백제의 전기시대(18 B.C.~A.D. 475)의 판도내에 분포하였던 지명 중에서 '於乙買串'의 구조가 몇 개의 형태소로 구성되어 있으며 분석되는 각 형태소의 의미가 무엇인가를 먼저 고찰하게 된다.

한편 백제의 전기언인 이 '於乙買串'은 고구려의 남침에 의한 强占으로 서기 475년 이후에 '泉井口'로 개정되었던 것으로 추정하며, 이것은 신라의 경덕왕에 의하여 다시 '交河'로 바뀌었다. 그리고 이 지명의 주변에 별칭이 있는데 그것이 곧 '宣城'이며 역시 가까운 곳에 위치한 島嶼가 있는데 그것의 이름은 '一眉島'이다.

1.2

위에서 제기한 문제를 풀기 위하여 개정과정에서 상호 대응표기된 '於乙買串:泉井口:交河'의 관계를 통하여 의미 대응을 확인한다면 최초의 지명인 '於乙買串'의 의미를 확실히 파악할 수 있을 것이다. 여기서 '於乙買串'을 최초의 지명으로 지목하는 것은 도수희(1987, 1989,

---

* 이 글은 소곡 남풍현 선생 회갑기념논총(1995)에 게재하였다.

1994)에서 누누이 강조한 바와 같이 대체적으로 고유어 지명이 한자어
지명보다 이른 시기로 소급되는 고유성이 있기 때문이다.

1.3

앞에서 제시한 별칭인 '宣城'의 '宣'자가 만일 字形相似로 인한 '宜'자
의 誤記 혹은 誤刻이었다면 '宣城'을 우선 '宜城'으로 바로 잡아야 한다.
여기 '宣'이 '宜'자의 訛誤임을 증언하는 자료가 있다. 〔東國興地勝覽〕,
〔興地圖書下〕, 金正浩의 〔大東地志〕 등 여러 地誌의 德源條에

'於乙買(>泉井>井泉>湧州)를 고려 성종 14년(A.D. 995)에 '宜州'로 개명
하였고, 조선 태종 13년에 '宜川'으로 다시 개명하였으며 邑號(別號)를 '德州,
宜春, 宜城春'이라 고려 성종이 정하였다.

라고 기술하였다. 위의 내용에서 우리는 '宜州, 宜川, 宜春, 宜城'의 '宜'
자를 발견하기 때문에 이를 근거로 '宣城'을 '宜城'으로 바로 잡을 수 있
는 것이다. 다른 하나의 근거를 〔삼국사기〕 권 34(지리 1)의

宜桑縣 本辛爾縣(一云 朱烏村 一云 泉州縣)景德王改名 今新繁縣

와 같은 '宜桑:辛爾:泉州'의 대응에서도 찾아서 보완할 수 있다.

그리고 부근에 있는 '一眉島'의 '一眉'역시 '於乙買串' 즉 '泉井口'와 무
관하지 않으리라 예견하게 된다. 그렇기 때문에 앞에서 바로 잡은 '宜城'
의 '宜'와 '一眉島'의 '一眉' 역시 '於乙買串'을 푸는데 필요한 一助의 소중
한 자료가 될 것이라 믿는다.

또한 '於乙買串'과 이웃한 '烏阿忽'도 전자와 무관하리라 보아지지 않
는다. 후대에 '津臨>臨津'으로 개정된 이 옛지명이 역시 '交河'와 인접하
여 있기 때문이다. 따라서 두 지명을 비교 고찰하면 어떤 동질성이 발
견될 것이라 믿어진다. '交河' 서쪽의 '烏島城' 역시 친근지명에 해당할

듯하다. '開城'과 '豊德' 사이에 위치한 德勿縣의 鎭山名이 '德積山'(큰물뫼)임을 감안하면 족히 그렇게 추정할 수 있다.

2

2.1 〔삼국사기〕권 35와 37에서

(1) 井泉郡 本高句麗泉井郡 景德王改名 今湧州〈地理 2〉
(2) 於乙買 一云 泉井〈地理 4〉
(3) 交河郡 本高句麗泉井口縣 景德王改名 今因之〈地理 2〉
(4) 於乙買串 一云 泉井口〈地理 4〉

와 같은 하선 부분(필자)의 지명들을 발견한다. 위의 자료에서 (1),
(2)는 '於乙買:泉井'의 대응표기를, (3), (4)는 '於乙買串:泉井口'의 대응표기를 보인다. 여기서 (1)(2)와 (3)(4)의 차이는 (3)(4)에 '串:口'가 더 접미된 점 뿐이다. 그리고 (1)(2)는 옛 牛首州(혹은 朔州)에 속하였던 동일지명에 관한 異稱들이며, (3)(4)는 옛 漢山州(혹은 漢州)에 속하였던 동일지명에 관한 異稱들이다. 이 글이 논의하는 대상은 (3)(4)에 해당하는 '於乙買串'과 관련된 문제들이다. 그런데도 (1)(2)를 아울러 제시하고 비교고찰함은, 앞에서 일차 지적한 바와 같이, (3)(4)에서 접미어소를 제거하면 (1)(2)의 어형과 정확히 동일하기 때문에 (3)(4)의 지명어를 해석하는데 있어서 여러모로 도움을 받자는 데 그 목적이 있다.

2.2

고지명인 '於乙買串~泉井口'의 위치는 말미에 있는 고지도가 보여주는 바와 같이 '한강'과 '임진강'의 하구 즉 두 강이 교류(합류)하는 지역이며 경덕왕 16년(A.D. 757)에 '交河'로 개정된 이래 현재까지 그대로 쓰여지고 있다. 여기서 우리는 두 강이 하구에서 상호교류하는 곳이란 지세를 유의하면서 우선 '於乙買串'을 '於乙+買+串'으로 형태소를 분석할 수 있다. '串'이 하나의 형태소임은 그것이 '口'와 대응하여 나타나기 때문에 확실하다. 이 '口'는 '(要隱)忽次:(楊)口'(地理 2), '(古斯也)忽次:(獐)口'(地理 2) '(甲比)古次:(穴)口'(地理 2) 등과 같이 고유어'忽次, 古次'의 한역이다. 따라서 '串' 역시 '口'와 마찬가지로 부분적 한역이라고 할 수 있다. 위의 '口, 串'에 해당하는 고유어 '忽次, 古次'를 金完鎭(1968:133~141)에서, /hurči/(또는 /kurči/)와 /kuči/로 해독하였는바 지형이 '입'(口)처럼 나온 곳을 이른바 '곶'(串)이라고 불러온 사실로 미루어 볼 때 지극히 타당성이 있는 풀이라 하겠다. 끝에 제시한 고지도에서 확인할 수 있듯이 '交河郡'의 지형이 서해 쪽으로 불쑥 튀어나와 있다. 따라서 유독히 '串'이 접미하였음은 지형명명법에 따라 당연히 접미되어야 할 지명소에 해당한다.

다음은 형태소 '買:井'의 문제이다. 이 문제는 일찍이 도수희(1987: 65~90)에서 자세히 논의한 바와 같이 백제의 전기어로 '水·川·井'의 의미로 '買'가 쓰였음을 확인할 수 있다. 앞에서 잠시 언급한 바이지만 '交河郡'의 위치가 한강과 임진강이 交合하는 河(江)口이니 물을 뜻하는 형태소가 그 곳 지명어 형성에 참여하게 되었음은 지극히 당연한 이치라 하겠다. 이는 앞에서 결론한 '串=口'(hurči~kuči)가 河口란 지세를 반영한 지명소였다면 河, 江을 이루는 근본은 물이기 때문에 여기에 '買'(水)가 참여하여야 함은 지극히 자명하다. 이 '買'를 다른 경우처럼 '水'로 한역하지 않고 '井'으로 한 개정자의 의도가 무엇인지는 확언할 수 없지만 아마도 '買'가 '水·川·井'의 포괄의미를 지니고 있으니까 별다른 뜻이 없이 '井'자를 택한 것이 아닌가 한다. 따라서 그 곳에 오늘날의 개념인 '우물'이 있었기 때문에 '井'자를 썼다고 볼 수는 없는 것이다. 그렇다면 '於乙買串'의 '買'는 '交河郡'에서 교합하는 두 강의 강물을 의미하는 것이라 결론지을 수 있다.

2.3

이제부터 본고의 핵심 문제인 '於乙'에 관하여 논의하기로 한다.

실로 '於乙買串'의 어기라 할 수 있는 '於乙'이 나타낸 지명의미는 무엇인가. 이 지명의 '於乙'은 '泉'으로 대응 표기되어 있다. 이미 도수희 (1987:65~90)에서 논의한 바와 같이 백제의 전기어로는 '泉'을 '於乙'이라 하였고, 韓系語의 지역으로 추정되는 신라어 혹은 가라어의 분포 지역에서는 중세국어에 해당하는 '심'이 쓰였던 것으로 추정된다. 〔삼국사기〕권 34에

　　宜桑縣 本辛爾縣(一云 朱烏村 一云 泉州縣) 景德王改名 今新繁縣

와 같은 '辛爾:泉'을 발견할 수 있고 또한 앞의 내용을 뒷받침하는 다른 기록을 다음에 제시할 수 있다.

　　辛爾縣 一云 泉州縣〈〔三國史記〕卷 34〉
　　辛爾縣 一云 泉川縣〈〔東國輿地勝覽〕卷 31〉

위와 같이 '泉'에 대한 어휘가 'ər(於乙):sʌym(辛)'으로 대립 분포하였는데 과연 이 'ər'(於乙)이 '泉'의 뜻을 반영하는 지명 의미소로 '於乙買串'의 구조에 참여한 것인가. 만일 '泉'의 뜻이었다면 그 곳에 유명한 '샘'(泉)이 있어야 한다. 그러나 거기에 그럴만한 샘이 있어서가 아니라 아마도 앞에서 논의한 '井'이 우물을 뜻함이 아니라 오로지 '강물'을 뜻하는 한역이었을 뿐이었듯이, 필연코 다른 뜻을 나타낸 동음이의어의 관계이었을 것으로 추정된다. 왜냐하면 이 '於乙'을 한역한 '泉'을 경덕왕 (A.D. 757)이 '交'로 다시 개정하였기 때문이다. 위의 삼자관계는 '於乙=泉=交'와 같이 등식을 이루며 '於乙>泉>交'의 표기변화의 질서를 유지하여 왔기 때문이다. 이는 마치 그 뒤의 지명소가 '買=井=河'의 등식으로 '買>井>河'의 표기 변화를 하였기 때문에 '井'을 '물'(河)의 의

미로 풀어도 무방한 것처럼 '泉' 역시 '交'의 의미로 풀어도 무리하지 않을 것이기 때문이다.

景德王(A.D. 757)이 '於乙'을 '交'로 개정한 원칙은 '買'를 '河'로 바꾼 것과 같아서 '於乙'의 뜻이 '交'와 같았음을 알려 준다. 그럴뿐만 아니라 앞에서 별칭인 '宣城의 '宣'은 '宜城'의 '宜'의 訛誤일 것으로 바로 잡은 바인데 이 '宜'가 '交'와 마찬가지로

宜桑縣 本辛爾縣(一云 朱烏村 一云 泉州縣) 景德王改名 今新繁縣 〈[三國史記] 권 34〉

와 같이 '宜=泉'의 관계를 나타낸다. 그렇다면 '於乙=泉=交=宜'의 등식이 성립한다. 여기서 우리는 '交'와 '宜'의 옛새김을 찾아서 비교하는 작업을 하여야 한다.

문제의 '宜'의 옛새김은 무엇이었을가. '宜'에 대한 근대국어의 새김은 일반적으로 '맛당, 맛쌍', 〈[光州千字文], [類合] 등〉, '安也 편안할' 〈[字典釋要] 上30〉와 같이 달려 있는데 단지 [大東急本千字文](13)만은 '열을'을 고수하고 있다. 여기 '열'이 곧 '宜'의 옛새김일 것임을 다음 고문헌의 자료가 증언하여 준다.

우선 위에서 제시한 '宜:辛:泉'에서 '泉'은 한역이며 '宜'는 釋音借 '辛'은 음차표기의 고유어이다. 이 지명은 옛 가라지역에 분포하여 있다. 그런데 가라어에 백제의 전기어에 해당할 것으로 보이는 '宜'(='於乙')과 신라어일 것으로 보이는 '辛'(=sʌym)이 함께 분포하여 있음이 특이하다. 일찍이 도수희(1987:313~341)에서 고대 한반도의 중부지역어 즉 백제의 전기어가 가라어에 침투되었던 사실을 밝히었는고로 문제될 것이 없다. 오히려 '宜:泉'의 대응에서 '宜'를 'ər'(於乙)로 해석할 수 있는 길을 찾은 셈이다. 백제의 전기어로 '泉'의 뜻을 지닌 어휘가 'ər'(於乙)이기 때문이다. '宜'를 'ər'로 석독할 수 있도록 하여 주는 자료가 또 있다. 위에서 제시한 '宜桑縣'과 인접한 宜寧縣의 하위 지명 중에서 '亏

勿郡曲'이 발견된다. 이 '○勿'은 곧 중세국어의 '烏沒'(井)〈〔계림유사〕
(A.D. 1103~1104)〉에 이어지는 존재로서 오늘날의 '우물'에 해당하는
어휘일 것이다. '우물'의 생성변천 과정을 도수희(1985:116~90)에서

$$*ər \sim *əri(泉) + mir(水) > ərmir > əmmir > əmir > umir$$

와 같이 추정하였는고로 '宜寧:亏勿'의 대응에서 '宜'의 옛새김에 대한
추상적인 표기 '亏'(= *ər)로 인하여 '宜'를 '*ər'로 훈독할 수 있게 한
다. 또한 2.1의 (2)로 제시한 '於乙買:泉井'이 '宜州', 宜川으로 개명된
것을 보면 '宜=於乙=泉'인고로 '宜'의 옛새김이 'ər'(於乙)임을 재확인할
수 있다. 이제 우리는 '맛당, 편안'에 앞서는 옛새김을 'ər'(〔대동천자문〕
의 '열')로 추정하여도 무방할 듯하다. 이 '宜'의 옛새김 '열'은 고대 일본
어의 'yörösi~yörasi'와 비교됨직 하다. 그리고 이 '열'(宜)은 현대국어
'옳'의 고형이 아닌가 한다. 그 변천과정이 다음과 같이 가상되기 때문
이다.

$$*ər(宜) > yər$$
$$*ər(宜) > *ər + hʌta > orhʌta > ortʰa$$

결론컨대 고대국어 즉 백제의 전기어에서 '宜'의 새김을 '泉'의 그것과
동일한 '*ər'이었을 것으로 추정할 수 있겠다.

이제 남은 문제는 '交'의 옛새김을 찾는 데 있다. 우선 관계되는 자료
부터 제시하고 제시된 자료를 근거로 문제를 풀어 나가도록 하겠다.

(1) 新羅景德王 始高句麗泉井口之縣名 而改號交河 盖取一縣 地勢處於江河交
流之兩間也〈〔興地圖書〕上 交河郡 建置沿革條〉
(2) 新羅景德王 始以高句麗泉井口之縣改號交河 盖取一縣 地勢處於江河交流
之兩間也〈〔交河郡邑誌〕建置沿革條〉

위 (1)(2)의 지세에 관한 설명내용과 후미에 제시한 古地圖에서 확인할 수 있는 바와 같이 두 江河가 交合하는 사이에 위치한 郡이기 때문에 군명을 '交河'라 명명한 것이라 하겠다. 그런데 경덕왕이 개명하기 이전의 본명은 '於乙買串'이니 앞에서 이미 '河=買'임을 논증하였는고로 '交=於乙'임은 자명한 귀결이다.

'交'의 새김을 찾아보면 한결같이

　　사괼교(交) 〈〔字會〕下 7, 〔類合〕上 3, 〔千字文〕 16〉

로만 나타난다. 梁柱東(1947:142)은 '交'의 옛새김을 '어울'이라 하였다. 「훈민정음 해례」의 '制字解'에서 "基形則 與一合而成 取天地初交之義之"라 하여 '交'가 天(陽+)과 地(陰-)이 合(+)함을 의미하는 것으로 해석하였다. 그런데 '交'와 동일한 새김으로 쓰였을 가능성이 있는 한자의 새김을 찾아보면

　　嫁 얼일가 〈〔字會〕上 17〉
　　嬌 얼울교 〈〔字會〕上 17〉
　　娶 어를취 〈〔字會〕上 17〉
　　媚 얼울미 〈〔類合〕下 31〉

와 같이 '얼다'를 기본형으로 한 변화형이 발견된다. 또한 향가 「서동요」의 1절인 "他密只嫁良置古"에서의 '嫁良置古'를 '어러두고'로 풀이하는 바 여기서도 '嫁=어르다'를 확인할 수 있다. 그리고 '交'의 옛새김을 '交配하다, 交合하다'의 뜻으로 쓰인 예를 고문헌에서 찾아 보면

　　나괴어러나흔노미 〈〔初朴〕上 34〉
　　간듸마다겨집어리ᄒᆞ느니 〈〔初朴〕上 36〉

와 같이 '어러, 어리'가 발견되고 또한

    얼우니 술읫자최롤 〈〔初朴〕 21:6〉
    얼우넷늘근婆羅門돌히어엿비너겨 〈〔月釋〕 10:25〉
    얼우니며져므니며 〈〔釋譜〕 19:1〉
    어루신이나롤ᄒᆞ야아기롤뫼ᄉᆞ와(大人令我奉阿郎) 〈〔三綱行實〕 조寧〉

등과 같이 '長者, 尊長'의 뜻으로 쓰인 예도 발견된다. 이 '얼운'(>어른)
은 '交合한 사람 즉 장가들거나 시집간 사람'이란 뜻이니 여기서도 '얼'
(交)을 확인한다. 역시 초기의 정음문헌에서도

    ᄯᆞᆯ올아돌얼이라가니 〈〔月曲〕 149〉
    아돌올ᄯᆞᆯ올얼유려터니 〈〔月曲〕 149〉
    여슷아돌란ᄒᆞ마갓얼이고 〈〔釋譜〕 6:13〉
    겨집남진얼이며 〈〔觀音經〕 3〉
    겨지블ᄃᆞ려다가구틔여어루려커늘 〈〔三綱行實圖〕 都彌妻〉
    니믜알ᄑᆡ드러얼이노니 〈〔樂學軌範〕 動動〉

와 같이 '交'의 새김이 '얼'로 나타난다. 가령 李相和의 시 「離別」 중의
"두마음 한가락으로 얼어보고 싶다"란 대목에서 '얼어'는 '交合'을 의미하
는 경상방언으로 아직도 쓰이고 있다. 이 '얼'이 고대국어에까지 소급하
여 '於乙' 즉 '*ər'로 그 맥이 이어진다. 따라서 경덕왕(A.D. 757)의
개명은 백제의 전기어인 '*ər'(於乙)의 의미를 정확히 '交로 漢譯한 것
이라 하겠다.
  그렇다면 '泉, 宜'와의 관계는 어떤 것인가. '泉'과 '宜'의 옛새김이 '交'
의 옛새김과 동음어의 관계이었기 때문에 '交'의 뜻인 '*ər'(於乙)을 표
기하는데 '泉'과 '宜'가 訓音借된 것이라 하겠다. 그렇기 때문에 '於乙買
串'(>泉井口>交河~宜城)의 '於乙'은 오로지 두 江河가 어울리는(교합
하는) 의미일 뿐 결코 '泉'이나 '宜'의 뜻이 거기에 담겨 있는 것은 아니
다.
  '於乙買'(泉井>交河)에서 파생한 地名인 듯한 섬이름이 또 하나 있
다.

(3) 一眉島 在郡西二十里 洛河下流 周回十五里 水漲則沒 〈[交河郡邑誌] 山
　　川條〉

(4) 一眉島 在郡西二十里 在洛河渡下 水漲則沒 〈[輿地圖書] 上 交河郡 山川
　　條〉

(5) 一眉島 臨津下流泥生處 〈[大東地志] 交河 山水 島嶼條〉

(6) 洛河渡 在郡北二十五里 卽坡州臨津下流 〈[交河郡邑誌] 山川條〉

(7) 洛河渡 在郡北二十五里 卽臨津下流 〈[輿地圖書] 上 交河郡 山川條〉

　위 (3)(4)(5)에 의거하여 '一眉島'의 위치가 交河郡의 治所로부터 서
방 20리의 거리에 있었음을 알 수 있고, (6)(7)에 의거하여 '一眉島'가
군치소로부터 북방으로 25리의 거리에 있는 '洛河渡'의 아래에 있었던
구체적인 위치를 알 수 있다. 그리고 '一眉島'가 交河郡에 속한 한 섬이
었던 사실을 확인하게 된다. 따라서 그 지명이 '於乙買'와 모자관계에
있었을 가능성을 예측할 수 있겠다.

　여기서 우리가 '一眉島'의 구조를 '一+眉+島'로 분석할 때 '眉'는 '於
乙買'의 '買'에 대응시킬 수 있다. 현재의 仁川에 대한 옛지명이 '彌鄒
忽~買召忽'와 같이 '買'가 '彌'로 터쓰인 예가 있기 때문이다. 더욱이 '一
眉島'의 위치가 두 江河가 交流하는 水中이기 때문에 '水'의 뜻을 나타내
는 형태소가 끼어 있어야 함은 지극히 당연하다. 다음은 '於乙:一'의 문
제이다. 우선 '一'의 고대음을 재구하여 보자. (T=Tung T'ung-ho,
K=Bernhard Karlgren, Ch=Chou Fa-Kao)

	上古音	中古音	俗音・訓
一	·iet(T)	읿(東國正韻)	훈일 〈[字會] 下 14〉
	·iĕt(K)	·iĕt(K)	훈일 〈[類合] 上 1〉
	·jiet(Ch)	·ɪit(Ch)	훈일 〈[光千文] 6〉
眉	mied(T)		
	miər(K)	mji(K)	눈섭미 〈[字會] 上 13〉
	miər(Ch)	miei(Ch)	눈섭미 〈[類合] 上 20〉

다음으로 '於乙'의 고대음을 재구하면

	上古音	中古音	俗音·釋
於	·ăg(T)		
	o(K)	·uo(K)	늘어 (〔光千文〕28)
	·ăə(Ch)	·uo(Ch)	늘어 (〔類合〕上 16)
乙	·iɛt(T)		
	·iet(K)	·iet(K)	
	·iet(Ch)	·iet(Ch)	

와 같은데 한자음이 우리말에 차용된 이후 't>r'의 변화를 입었으니 여기서 B. Karlgren의 재구음에 따라서 '一'은 '＊ir'로, '於乙'은 '＊əyər > ＊ər' 정도로 조정할 수 있을 듯하다. 도수희(1987)에서 논증한 바와 같이 '泉'에 대한 우리의 옛새김을 고대 일본어가 '＊iri'(伊梨)로 轉寫한 점이 '＊ər(於乙)＝＊ir'(一)의 가능성을 암시하여 준다. 물론 이와 같은 추독은 '一眉' 역시 '於乙買'처럼 音借表記된 것이란 전제하에서만 가능한 것이다. 그렇다면 '於乙買＝一眉＝＊ərmʌy~＊ərmi'이었을 것이며 '一眉島'는 '＊ərmʌysema'로 추독할 수 있게 된다.

지금까지 논의한 바를 근거로 '於乙買串'(>泉井口>交河~宜(城)~一眉(島))는 백제의 전기어로 '＊ərimʌyhurci~＊ərmʌykuci'이었을 것이라 추정하며 이것을 현대국어로 옮긴다면 '얼(交)물(河)고지(串~口)'라 볼 수 있다.

3

3.1

그러면 2.1의 (2)에서 제시한 '於乙買 一云 泉井'의 '於乙'도 '交'의 뜻으로 쓰인 것인가의 문제가 제기된다. 비록 동일한 '於乙買'이지만 이 경우는 사정이 여러 면에서 다르다.

첫째, 2.1~2.3에서 논의한 '於乙買串'은 고구려의 점령시에 '泉井口'로 漢譯되었고, 이것을 경덕왕이 다시 '交河'로 개명하였지만 여기의 '於乙買'는 1차 '泉井'으로 한역되었고 이것을 경덕왕은 '井泉'과 같이 순서만 바꾸어 놓는 정도의 개명을 하였을 뿐이다.

둘째, 경덕왕이 개명한 '井泉'이 고려초기에 '湧州'로 다시 개명되었다. 따라서 이 지명의 개명 순서는 '於乙買>泉井>井泉>湧州'인데 여기서 우리가 주목할 점은 마지막 개명인 '湧州'의 '湧'자에 있다.

위와 같이 '於乙買'에 대응하는 마지막 改名字가 '交'와 '湧'으로 相異하기 때문에 양자를 획일적으로 뜻풀이 할 수는 없다.

3.2

이 지명의 개명 순서는 '①於乙買>②泉井>③井泉>④湧州>⑤宜州>⑥宜川'와 같다. 여기서 ④:⑤~⑥의 대응은 '湧:宜'이다. 앞에서 이미 논증한 바와 같이 '宜'의 옛새김은 '*ər'(>yər>or)이다. 그렇기 때문에 여기에서도 '②泉井:⑥宜川'와 같은 대응표기의 改名이 가능하였고 '於乙:泉:宜'의 대응이 성립하게 된다. 그렇다면 '宜州>宜川'의 전신인 '湧州' 역시 '於乙:泉:湧'의 대응이 성립하는 것으로 추정하여 여기에서의 '於乙'의 의미를 '湧'자에서 찾을 수 있게 된다.

〔康熙字典〕은 '湧:集韻 涌或作湧詳涌字註'라 하였다. 따라서 '湧'과 '涌'이 같은 의미로 쓰였음을 알 수 있다. '涌'(=湧)에 대한 풀이를 찾아보면

　　　소슬용 涌 泉上溢〈〔字會〕下 5〉

와 같다. 〔삼국사기〕에 '京都地裂泉湧'(유리왕 11년), '泉水湧'(실성왕 15년), '牛谷水湧'(눌지왕 3년) 등과 같이 '泉湧·水湧'이 쓰이었다. 따라서 '於乙買'(>泉井>井泉>湧州>宜川)은 '심'이 솟는 곳이기 때문에 지어진 지명임을 알 수 있게 한다. 또한 '德源'의 '源'도 이 '於乙=泉=

湧'을 근본으로 지어진 지명이기에 '源'자가 차자된 것이라 하겠다. '源'에 대한 〔說文解字〕의 풀이는 '水泉本也'라 하였기 때문이다.

요컨대 '德源'에 위치한 '於乙'은 '泉'이 존재하였기 때문에 '泉'이란 뜻을 반영한 것이며 그러기에 고려초기에 '湧'자로 한역된 것이라 하겠다. 따라서 여기서 차용한 '宜'자도 역시 새김소리의 차용일 뿐이다.

한편 '湧'의 새김이 〔훈몽자회〕(A.D. 1572)에는 '소술'로 나타나지만 고려초기에는 '泉'의 새김과 동일한 '＊ər'이 아니었나 의심하여 본다. 그것이 '於乙>泉>湧'와 같은 改名을 하였기 때문이다. 그리고 '湧>宜'와 같이 개명한 '宜'의 옛새김도 '＊ər>yər'이기 때문이다.

4

지금까지 논의한 내용을 요약하면 다음과 같다.

1) 고대국어에서 '泉, 交, 宜, 湧'의 새김은 '＊ər'(於乙)이었던 것으로 추정된다. 다만 '泉'과 '湧'의 새김은 동음동의어의 관계이었을 것이고, 나머지와는 동음이의어의 관계이었던 것으로 추정한다.

2) 現在의 '交河郡'의 고지명인 '於乙買串'(>泉井口>交河~宜城)의 '於乙'은 '交'의 뜻으로 표기된 것이며 이 뜻을 나타내기 위하여 借音된 것들이 '宜, 泉'의 '새김소리(訓音)'이며, 역시 음차표기지명으로서 '一眉'가 別名으로 파생분포한 것이라 하겠다.

3) 德源의 '於乙買'의 '於乙'은 '泉'과 '湧'의 뜻으로 쓰였다. '泉'의 옛새김은 '＊ər'이었으며 아울러 '湧'의 옛새김도 같은 '＊ər'이 아니었나 의심하여 본다.

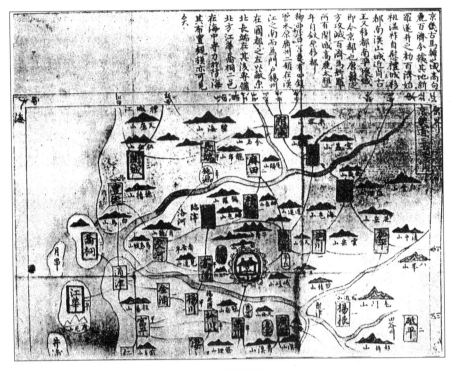

〈交河 고지도〉

【참고문헌】

金完鎭(1968), 「高句麗語에 있어서의 t口蓋音化 現象에 對하여」, 〔李崇寧博士
　　　　頌壽紀念論叢〕, 乙酉文化社
都守熙(1987), 「百濟語의 〔泉·井〕에 대하여」, 〔國語學〕16, 國語學會.
──(1987), 〔百濟語 研究〕 I, 百濟文化開發研究院.
──(1989), 〔百濟語 研究〕 II, 百濟文化開發研究院.
──(1994) 〔百濟語 研究〕 III, 百濟文化開發研究院.
梁柱東(1947), 〔朝鮮古歌研究〕, 博文書館.

'奴斯只, 眞峴, 所比浦'에 대하여

1. '奴斯只'에 대하여

1.1. '儒城'(<奴斯只)의 유래

'유성'(儒城)이란 땅이름은 「삼국사기」(三國史記) 권 36(지리 3)에
다음과 같이 처음 나타난다.

比豊郡 本百濟雨述郡 景德王改名 今懷德郡 領縣二
儒城縣 本百濟奴斯只縣 景德王改名 今因之
赤烏縣 本百濟所比浦縣 景德王改名 今德津縣

우리는 위 기록에 의하여 '유성'이 백제시대에는 '노사지'이었으며 '우
술군'이 거느린 속현이었음을 알 수 있다. 그리고 통일신라 경덕왕 16
년(서기 757년)에 '유성'으로 바뀌고 고려시대 및 조선시대를 거쳐 지
금까지 그대로 쓰이고 있음을 확인할 수 있다. 그러나 정확한 위치를
밝히지 않았기 때문에 그 때의 위치는 알 길이 없다. 그리하여 후대의
기록에 의하여 알아볼 수밖에 없다.

「신증동국여지승람」(新增東國輿地勝覽) 권 17 公州牧조에

儒城縣 在州東五十四里 本百濟奴斯只縣
(유성현은 공주 동쪽 54리에 있는데 백제시대 노사지현이다.)

이라 기록되어 있어서 공주목 관내로부터 약 30km 쯤 떨어진 곳에 위치하고 있었음을 알 수 있다. 그리고 이보다 380 여년 뒤인 1863년에 김정호(金正浩)가 지은 「대동지지」(大東地志 公州牧條)에는 다음과 같이 '유성'의 위치가 기록되어 있다.

儒城 東五十里 本百濟奴斯只 奴一作內 新羅景德王十六年 改儒城爲比豊郡領縣
(유성은 공주목의 동쪽 50리에 위치하고 있었다. 본래 백제시대의 땅이름은 노사지(奴斯只)이었는데 '奴'자는 '內'자로도 쓰였다. 신라 경덕왕 16년(서기 757년)에 지금 이름인 유성으로 신라시대 경덕왕이 고친 이름인 비풍군(백제시대 이름은 우술군(雨述郡))이 거느리었다.

위 두 기록에 의하면 근대에까지 유성의 위치는 공주목의 치소(관청)에서 약 27-30km쯤 멀리 떨어진 위치에 있었다. (옛날의 1리는 300보(545m)이므로 54리×545＝30.430km, 50리×545m＝27.250km로 계산된다.) 따라서 '유성'은 백제시대부터 지금까지 거의 고정된 장소에 위치하고 있었다고 볼 수 있다.

현재의 유성구는 대전광역시의 서부에 위치하고 있다. 보다 구체적으로 말하자면 그 동쪽은 위쪽이 대덕구와 경계하고, 아래쪽은 서구와 경계하고 있다. 서쪽은 충청남도의 연기군과 공주군에 연접하였고, 서남쪽은 논산군과 경계를 이루고 있다. 그리고 북쪽은 충청북도의 청원군과 경계하고 있다. 본래의 유성을 중심으로 하여 구즉면, 탄동면, 진잠면을 흡수하였기 때문에 5개구 중에서 동구와 더불어 가장 넓은 행정구가 되었다.

1.2. 고서에 기록된 유성온천

다음 유성의 고지명에서 자세히 설명할 바와 같이 지극히 오래 묵은 세 지명을 뿌리로 하여 2000년에 가까운 장기간에 다지고 다져온 유서

깊은 고장이 곧 유성구이다. 거기에다 전국(全國) 제일의 온천수(溫泉水)가 풍족히 솟아 오르니 천혜(天惠)의 명소(名所)가 아닐 수 없다. 대전 시민이 지극히 애호(愛好)하고, 전국민이 애용(愛用)하는 유성(儒城)의 명수(名水)인 '유황온천'은 「세종실록」(世宗實錄) 지리지의 '공주목조'(公州牧條)에

　　　溫泉 在儒城東五里 獨只于乙
　　　(온천은 유성동쪽 5리에 있는데, '독지우을'이라 한다)

이란 귀중한 기록이 있다. 이 기록을 근거로 그 당시의 현치소(縣治所)가 지금의 유성온천을 기점으로 서쪽 5리에 있었음을 알 수 있다. 그리고 '독지우을'(獨只于乙)의 '독지'(獨只)는 '온'(溫)에 대한 고유어로 보고 '더운'으로 풀고자 한다. 그런데 문제는 '천'(泉)에 대응하는 '우을'(于乙)에 있다. 「세종실록」지리지 용강현조(龍岡縣條)를 보면

　　　溫泉一 在縣西於乙洞
　　　(온천 하나가 현의 서쪽 어을골에 있다)

이란 기록을 발견한다. 그 곳의 지명이 온천(溫泉)이 있기 때문에 지어진 것이라면 '어을동'(於乙洞)은 곧 '천동(泉洞)'인 것이다. 「삼국사기」지리지에 '於乙買串~泉井口, 泉乙買~泉井'와 같은 대응기록을 발견하기 때문에 '어을'(於乙)은 '천'(泉)에 해당하는 고유어임에 틀림없다.(도수희 1987:65-90을 참고할 것) 그렇기 때문에 충남지역 등에서 아직까지 사용하고 있는 방언으로 음력 정월 보름날 밤에 장독대에 떠다 놓고 고사지내는 '물'을 '얼'(정한수(井華水)이라 부른다.

　따라서 위에서 제시한 '어을=우을'(於乙=于乙)은 천(泉)의 뜻이며, '독지우을'(獨只于乙)은 '더운 샘물'이란 의미일 것이다.

　유성은 천혜(天惠)의 온천을 중심으로 전국에서 제일가는 관광도시의 개발이 이루어질 것이며, 충남대학교와 과학단지의 우수한 두뇌의 집성

촌으로 최첨단 지식이 축적되는 과학도시로의 발돋움과 이에 걸맞는 엑
스포장의 과학도시로의 전환은 대전시의 기타 구(區)보다 큰 발전의 가
능성이 가장 풍부히 잠재하고 있는 가장 유서깊은 구(區)라 하겠다.

2. 유성구내의 고지명의 어의와 어원

지금의 유성구 영역 안에는 3개의 옛지명이 있다. '유성'을 비롯하여
'진잠'(鎭岑)과 '덕진'(德津)이 그에 해당한다. 이 지명들은 보다 이른 시
기의 옛지명에 뿌리가 박혀 있다. 백제시대의 '노사지'(奴斯只)가 통일
신라시대에 '유성'으로 개정된 이래 지금까지 그대로 사용되었고, 백제
시대의 '진현'(眞峴)은 통일신라시대에 '진령'(鎭嶺)으로 바뀌었다가 고려
초기에 또 다시 '진잠'(鎭岑)으로 바뀌었고, '소비포'(所比浦)가 '적오'(赤
烏)로 바뀌었다가 고려 초기에 또 다시 '덕진'(德津)으로 바뀌었다.

한편 백제시대의 '진현'(眞峴)은 마한시대의 54개국명의 하나이었던
'신흔국'(臣釁國)에 소급될 가능성이 있다. 그렇다면 지명사적인 면에서
볼 때 유성구 안에서 가장 오래된 지명은 '진잠'의 밑뿌리인 마한의 '신
흔'이라 할 것이다.

위에서 밝힌 유성의 뿌리 지명들을 보다 작은 항목으로 나누어 각각
을 자세하게 다음에서 논의키로 하겠다.

2.1. 奴斯只縣

일명 '노질지'(奴叱只)로도 불리운 이 지명은 신라 경덕왕 16년에 '유
성'(儒城)으로 개명된 이후 오늘날까지 계속되고 있다. 그런데 이 지명
을 신태현(1958:78-79)은 다음과 같이 해독하고 있다.

奴斯只縣-儒城縣-儒城縣-儒城 (公州牧屬縣) (늣재)

① 奴斯 : '奴' 音 '노', '斯' 音 '사'로 촉음자(促音借), '奴斯'는 '늣'(완(緩)·
   연(延)·연(連))의 음차 (音借)이다. 개칭명(改稱名) '儒城'의 '儒'는 훈
   (訓)이 '놀희'(戱), '놀희바치'(우령(優伶))이므로 '느르'(완(緩)·연(延)·
   연(連))의 훈차(訓借)로만 사용한 것이다.
② '只' : 音 '지'로 '재'(峴·城)의 음차(音借)이다. '奴斯只'는 '늣재'(連城)이
   다.

우선 여기서 '노사지'(奴斯只)에 대한 어휘 구조부터 분석할 필요가
있다. 그것은

(a) 노(奴)+사(斯)+지(只),
(b) 노사(奴斯)+지(只),
(c) 노(奴)+사지(斯只)

와 같이 예상적으로 분석할 수 있다. 앞에서 분석한 (a), (b), (c) 중
에서 어느 것이 보다 타당한 추정일 것인가를 논의키로 한다.
  여기서 먼저 '노사지'(奴斯只)와 부분적으로 동일 형태소를 갖고 있었
던 것으로 판단되는 지명을 열거하면 다음과 같다.

① 奴斯只 奴叱只 奴斯火
② 奴同覓 奴音竹
③ 奴只

앞의 ①②③에서 우리는 '노'(奴)와 '노사'(奴斯)(奴叱)로 분석할 수
있는 공통성을 발견한다. '-지'(只)가 한 형태소로 분리될 수 있음은 뒤
에서 논의하기로 하겠다. 그러면 일단 '노사지'(奴斯只)를 음차표기로
보고 먼저 동동화(董同龢)(T), 高本漢(K), 周法高(Ch)가 추정한 고대
음을 다음에 소개키로 한다.

	상고음	중고음	새김·속음
奴	nâg(T)		
	no(K)	nuo(K)	남자종 노(천자문·유합)
	naγ(Ch)	nuo(Ch)	
斯	sieg(T)		
	sieg(T)	sie(K)	이 사(천자문·유합)
	sjier(Ch)	sil(Ch)	
只	kieg(T)		
	tieg(K)	tsie(K)	
	tjier(Ch)	tsil(Ch)	

위의 추정음을 근거로 도수희(1980:64)에서 *noski~*nosʌki로 추독한 바 있다. 이 음독은 '노사(奴斯):유(儒)'의 대응이 그 가능성을 시사한다. 먼저 '유'(儒)의 고대음이 어떤가를 알아보도록 하자.

	상고음	중고음	새김·속음
儒	ńiug(T)		
	ńiu(K)	ńźiu(K)	선븨 슈(훈몽자회)
			선븨 유(유합)
	njew(Ch)	niuo(Ch)	

여기서 위와 같이 '노(奴):유(儒)'는 그것들의 상고음이 nâg: ńiug, no:ńiu, naγ:njew 처럼 거의 비슷함을 나타내며 중고음의 대응에서도 nuo:ńźiu, nuo:niuo 와 같이 아주 비슷함을 보인다. 따라서 '유성'(儒城)은 경덕왕이 고칠 때에 '노'(奴)와 비슷한 음가인 '뉴'(儒)자로 음차표기하였음이 분명하다. 이를 역으로 생각할 때 '노(奴):뉴(儒)'가 새김에서는 어떤 상사점을 보이지 않고 오로지 그 음의 대비에서만 비슷함을 보인다는 사실은 '노'(奴)를 음차자로 보아도 무방하다는 암시이기도 한 것이다. 이와 동일한 표기현상을 하나 더 소개할 수 있다. 신라의 '뉴리니사금'(儒理尼師今)과 '노례왕'(弩禮王)의 동명이기(同名異記)에

서 보이는 바와 같이 '뉴'(儒)와 '노'(奴)는 서로 넘나들고 있다. 이 왕명들은 양자 공히 '누리'(世上)를 표기한 것으로 보이는데 그렇다면 그 당시에는 '유'(儒)의 음이 *nyu였던 것인데 후대로 내려오면서 y앞에서 n이 탈락된 것이 아닌가 한다. y앞에서의 자음탈락 현상은 '서나벌(徐羅伐)＞서야벌(徐耶伐), 가나국(加羅國)＞가야국(加倻國)' 등에서도 발견된다. 그렇다면 노(奴)＞유(儒) 공히 *nu~*no로 읽을 수 있는 것이다.

그런데 여기서 '사'(斯)를 촉음으로 보지 않고 '*스~사'정도의 음절차로 본다면 '노사'(奴斯)는 '*nusa~*nosa'가 된다. 그러나 '질'(叱)로 대용된 것을 보면 촉음 'ㅅ'로 볼 수도 있다. 그렇다면 '*nus~*nos'인 것이다.

마지막으로 '지'(只)의 문제인데 이 '지'(只)는 '잣'(城)으로 풀릴 가능성도 있다. 이 '지'(只)는 다음과 같이 '기(己), 기(岐)'와 혼용되기도 하였기 때문이다.

奴斯只＞儒城   多只＞多岐
豆仍只＞燕岐   悅己＞悅城
結己＞潔城

여기서 '지'(只)는 '기'(己)와 더불어 *ki로 음독할 수 있을 것으로 보인다. 그 뜻은 성(城)으로서 백제시대의 성(城)에 대한 말이 *kiy였을 것을 추정케 한다. 그렇다면 이 '노사지'(奴斯只)의 해독은 '놋긔·노사긔·느르긔'로서 느슨하게 퍼진 지형의 명명이 아니었던가 한다. 이 지명의 속명은 지금의 유성(儒城)의 성(城)터 후부에 있는 '니비＝立義'가 바로 그것이 아니었던가 추정해 본다. '기'(己)와 '지'(只)가 성(城)에 대한 백제의 고유어이었을 것임은 도수희(1985:367-382)에서 상론하였는고로 여기서는 결론만을 요약한다.

위에서 유성의 백제시대 지명인 '노사지'(奴斯只)를 '놋긔·노사긔·느르긔'로 짐작하여 읽고 이것의 의미를 '느슨하게 펼쳐진 지형'의 뜻으로 풀이하였다. 그리고 '유'(儒)자의 음이 신라 경덕왕이 개정할 당시(서기 757년)에는 'nyu'이었기 때문에 '노'(奴)의 음과 동일하였을 것으로 추측하였다. 그리고 '지'(只)는 '긔'로 백제의 고유어인 '성'(城)을 뜻하는 말로 풀이하였다. 그렇기 때문에 '성'(城)으로 한역(漢譯)한 것이라 하겠다. 그런 까닭에 '유성'(儒城)은 '노사지'(奴斯只)와 동일한 의미의 이형 표기(異形表記)일 뿐이다. 따라서 '유성'(儒城)의 '유'(儒)자는 '선비'라는 새김과는 아무런 관계가 없는 것이다.

그럼에도 불구하고 앞에서 고증한 내용들이 완전히 은폐된 후대에 이르러서 '유성'(儒城)의 역사적인 내막을 전혀 모르는 사람들이 '유'(儒)자의 새김에 얽매여 '선비가 모여 사는 고장'이란 현대식 풀이를 하는 경향이 있다. 우연히 유성을 중심으로 충남대학교와 과학단지에 선비들이 많이 상주하는 점이 일치하였기 때문이다. 그렇다면 서기 757년 이후 1200년이란 장기간(長期間)에는 왜 선비들이 모여 살지 않았던가도 한 번쯤 깊이 생각하여 볼 필요가 있는 것이다. 이처럼 '유성'(儒城)은 본 지명 '노사지'(奴斯只)의 '노사'(奴斯)를 대신 표기하기 위하여 비슷한 'nyu'(儒)를 빌어 적은 것일 뿐이며 '유'(儒)의 새김인 '선비'와는 아무런 관계도 없는 것이라 하겠다.

현재 유성구에 학자(선비)들이 전국적으로도 가장 많이 모여 생활하고 있는 것만은 틀림없는 사실이다. 그러나 그것은 우연일치로 儒城의 '儒'자 의미와 같을 뿐이지 처음에는 오로지 'nyu'음을 적으려고 뜻과는 아무런 상관도 없이 '儒'를 음치하였던 것이다. 따라서 '유성'을 현재의 상황에 이끌리어 마구잡이식으로 풀이하는 잘못은 더 이상 범하여서는 안될 것이란 점을 재삼 강조한다.

2.2. 眞峴(혹은 정현(貞峴)縣

유성구에서 가장 오래전부터 쓰여 온 옛지명이 '진잠'이다. 이 지명은

백제시대까지 그 연원이 소급한다. 이보다 더 이른 옛지명으로 마한 54
국 중의 하나인 '신흔국'(臣釁國)이 지금의 진잠안의 어느 곳에 있었던
것으로 추정된다.

　이미 여러 학자들이 주장한 바와 같이 이 곳에 선사시대부터 사람들
이 거주하여 왔다면 이 곳에 대한 지명이 반드시 있었던 것임은 자명한
일이다. 그런데 우리가 현재 확인할 수 있는 최고의 지명은 삼한(三韓)
지명인데 그 중에서도 마한 54국명 중의 한 지명인 '신흔국'(臣釁國)이
이 진잠안에 위치하였던 것으로 추정하는 것은 동일 지역에 산재하여
있는 선사유적으로 보아 가능성이 있어 보인다.

　그러면 진잠안의 어느 곳인가? 일인 학자 나가통세(那珂通世)가「조
선고사고」(朝鮮古史考) 중의 삼한고(三韓考, 外交繹史 券之二)에서 '신
흔국'을 백제의 '진현현'(眞峴縣)에 비정(比定)하였고, 정인보는「조선사
연구」(朝鮮史硏究, 서울신문사 1946년)에서 백제의 '시산현'(屎山峴:지
금의 臨陂)에 비정하였으나 이병도는「한국사」(韓國史 古代篇)에서 '진
잠현 위치'설을 지지하고 있고 지헌영과 필자도 이에 동조하고 있다.

　그러면 이제 가장 오랫적 지명인 '신흔국'(臣釁國)에 이어서 쓰였던
백제시대의 옛지명 '진현'(眞峴)과 이것과 아주 밀접한 관계가 있는 '정
현'(貞縣)은 어떤 상관성이 있으며 또한 이것들의 곁에서 거의 비슷한
해묵음을 간직하고 있는 '기성'(杞城)의 존재는 무엇인가를 다음에서 비
교적 깊이 있게 고찰하고자 한다.

　백제어의 두 어휘 '眞'과 '貞'은「三國史記」卷36(지리3)에

　　鎭嶺縣 本百濟眞峴縣 (眞一作貞) 景德王改名 今鎭岑縣

같이 세주(細註)로 대응표기되어 있다.

　그리고「삼국사기」지리3 (백제 지명록)을 작성하는데 있어서 기본자
료이었을 것으로 추정되는 지리4의 지명록 중 백제지명에서

　　眞峴縣 一云 貞峴

와 같은 동일한 내용을 확인하게 된다.

　　위의 두 기록을 통하여 우리는 동일현(同一縣)에 대한 두 이름인 '진현'(眞峴)과 '정현'(貞峴)이 이미 백제시대부터 쓰이었음을 알 수 있다. 이는 마치 '소부리'(所夫里)에 대한 별칭으로 서로 비슷한 이름 '사비'(泗沘)와 '사자'(泗泚)가 공존하는 사실과 유사하다.

　　일반적으로 두 지명 '진현'(眞縣)과 '정현'(貞峴)은 '진현'(眞峴)이 옳은 표기이고 '정현'(貞峴)이 와오(訛誤)인 것으로 착각하기 쉽다. 이것들에 대한 최초의 기록이 한결같이 '진현'(眞峴)을 앞에 내세웠고 '정현'(貞峴)은 一作 또는 一云식으로 참고삼아 부기(附記)한 것 같은 느낌이 들기 때문이다.

　　언제부터인지는 정확히 알 수 없지만 적어도 경덕왕(景德王) 16年(서기 757년) 이후부터 전승하여 온 현지인들의 칭호가 '진령'(鎭嶺)>'진잠'鎭岑에 치중되어 왔기 때문에 그 이전에 적극적으로 불리었을 지도 모르는 '정현'(貞峴)은 이미 실용권에서 망각되고 만 데도 다른 하나의 이유가 있을 듯하다.

　　여기서 필자는 「三國史記」에 나타나는 두 지명의 기록순서 혹은 '一云'식의 세주에 대한 선입감(先入感)을 버리고 '진현'(眞峴)과 '정현'(貞峴)의 상사성(相似性)을 구명하려 한다.

　　그러면 이들 지명이 동일지역에 대한 동명이칭(同名異稱)의 관계인가 아니면 처음부터 장소를 달리하는 이지명어(異地名語)인가를 먼저 고구하여야 한다. 이 문제를 풀기 위한 기초 작업으로 우선 통일신라시대에 있어서의 해당 현(縣)의 치소(治所)를 비정하여 치소(治所)의 이동(移動)여부를 가리게 될 것이다. 아울러 '진현'(眞峴)과 '정현'(貞峴)의 지명의(地名意)를 파악하게 될 것이며 이 문제를 위요하고 있는 직·간접의 문제까지도 검토하게 될 것이다.

　　여기서 우리가 먼저 검토하여야 할 대상은 '진현'(眞峴)과 '정현'(貞

峴)에서의 眞:貞이 어떤 관계인가의 문제이다. 위의 '眞'과 '貞'은 그 자형(字形)이 매우 비슷하다. 이는 마치 앞에서 예시한 '사비'(泗沘)와 '사자'(泗泚)에서 '沘'와 '泚'의 자형상사(字形相似)와 비슷한 상태이다. 이와 같은 자형상사로 인하여 발생한 이칭(異稱) 현상을 우리는 「三國史記」를 비롯한 고문헌에서 많이 발견할 수 있다. 만일 다른 경우와 마찬가지로 '眞'과 '貞'의 관계가 자형상사(字形相似)에서 기인한 것이라면 '진현'(眞峴)이 正이요 '정현'(貞峴)이 잘못일 가능성을 생각할 수 있다. '貞'은 一云 또는 一作 형식으로 부기한 것이니 어찌 생각하면 괄호 안에 적어 놓은 참고사항 내지는 주기(註記)에 해당하기 때문이다. 그래서인지 이 지명의 정통적인 호칭이 '진현'(眞峴(百濟))>'진령'(鎭嶺(통일신라))>'진잠'(鎭岑(고려))으로 이어져 왔고 그렇기 때문에 '진잠'(鎭岑)만이 우리의 기억에 남아 있고 '진현'(眞峴)은 현지인의 뇌리에서 사라져 버린 듯하다.

그런데 자형상사(字形相似)로 인하여 발생한 이칭(異稱)이거나 혼기인 경우에는 대개 두 이름이 내내 공존하거나 아니면 원명이 구석으로 밀려나고 와오(訛誤)된 地名이 보다 활발하게 실용되는 사례가 보편적으로 나타난다. 그 대표적 예가 곧 '사비'(泗沘)와 '사자'(泗泚)이다. 현지에서의 활용이나 고래의 문헌에서 확인되는 사실로는 와오명(訛誤名)인 '사자'(泗泚)가 더욱 적극적으로 사용되어 왔고 사용되고 있기 때문이다.

그런데 이와는 다른 양상으로 '진현'(眞峴)만이 정통인 것처럼 전하여졌기 때문에서인지 근래에는 정현(貞峴)은 실용되는 일이 거의 없이 문헌에서 '一云' 또는 '一作'으로 첨기되어 왔을 뿐이다. 따라서 자형상사(字形相似)의 보편성에 입각할 때 '진'(眞)과 '정'(貞)의 관계는 그 일반성에서 벗어나기 때문에 자형상사(字形相似)로 인한 이칭일 것으로만 지향하던 우리의 생각을 멈추게 한다. 여기서 우리는 또 다른 가능성을 모색할 수 있다.

실로 '진'(眞)과 '정'(貞)이 자형상사인 것만은 사실이지만 자형상사로 인하여 발생한 오기 혹은 오각의 와전현상과는 달리 이 경우만은 본래부터 그렇게 다른 글자로 표기된 것으로 보자는 것이다. 이처럼 액면 그대로 수용할 때 우리는 '진'(眞)과 '정'(貞)의 관계를 일단 차자표기 당시에 동음(同音)자 내지는 유사음자(類似音字)의 이자(異字)표기 현상으로 볼 수도 있게 된다. 이 경우에 있어서의 '진'(眞)과 '정'(貞)의 관계는 동일지명에 대한 동음, 유사음(同音, 類似音) 이자표기어가 된다.

또한 다르게 생각해 봄직한 제 3의 가능성은 문자 그대로 본디부터 상이한 지명을 표기하였던 것으로 추정하자는 의견이다. 이 경우에 있어서는 '진'(眞)과 '정'(貞)이 모두 훈음차자(訓音借字)이었던지 아니면 어느 한편만이 훈음차자(訓音借字)이며 다른 한편은 음차자(音借字)이었을 것으로 추정할 수 있다.

요컨대 제기되는 의문은 다음 세 가지로 압축할 수 있다.

첫째, 동지명(同地名)에 대한 단일 표기이었던 것인데 '진'(眞)과 '정'(貞)의 자형상사(字形相似)로 인하여 옮겨 적을 때 또는 새길 때 우연히 발생한 와오(訛誤)이다. 이 경우에 있어서라면 어느 것이 正이요 어느 것이 誤인가를 밝혀야 할 것이다.

둘째, 동지명(同地名)에 대한 동음이자(同音異字) 표기현상일 것이다. 이 경우는 다른 예와 비교할 때 이들은 동음이자이면서 자형상사(字形相似)가 복합되어 있기 때문에 전혀 다른 특례에 속한다. 가령 '사비'(泗沘)와 '사자'(泗泚)에서 '沘'와 '泚'는 자형상사(字形相似)이면서 이음자이며 '비풍'(比豊)과 '북풍'(北豊)에서 '比'와 '北'이 자형상사(字形相似)이면서 이음자(異音字)인 경우와 '진'(眞)과 '정'(貞)은 판이하다.

셋째, 만일 자형(字形)과 자음(字音)이 서로 비슷하다 할지라도 이와 같은 외관상의 혼착(混錯)을 벗기고 그 속을 들여다 볼 때 다른 유사한 경우와는 달리 훈음차(訓音借) 표기의 동명 내지는 이칭(異稱)으로 추정할 수 있을 것이라 믿는다.

그러면 '진'(眞)과 '정'(貞)이 어떤 상관성을 지니고 있나를 파악하기 위한 기초작업으로 이것들에 대한 고대음(古代音)과 새김을 동동화(董

同觫)(T=Tung Tung-ho), 주법고(周法高)(Ch=Chou Fa-Kao), 고
본한(高本漢)(K=Bernhard Karlgren), 東國正韻(＝東) 재구음(再構
音)에서 찾아 옮기기로 한다.

	上古音	中古音	俗音 및 釋
	tien(T)	cin(東)	
眞	tien(K)	tSien(K)	춤 진(千字文)
	tjien(Ch)	tsiIn(Ch)	춤 진(類合)
	tieng(T)	ty(東)	고돈 뎡(千字文 字會)
貞	tieng(K)	tiang(K)	고둘 뎡(類合)
	tieng(Ch)	ting(Ch)	

위의 재구음을 통하여 우리는 상고음(上古音)과 중고음(中古音)이 비
슷함을 확인할 수 있다. 이 정도의 상사성(相似性)이라면 자형상사(字
形相似)로 인하여 발생한 잘못 기록이라기보다 오히려 동일 지명에 대
한 동음이자(同音異字) 표기현상으로 추정함도 배제할 수 없는 하나의
가능성인 것이다.

그러면 어찌하여 '진현'(眞峴)만이 정통(正統(?))으로 계승되고 '정
현'(貞峴)은 구석으로 밀려난 것인가의 의문이 수반된다. 그것은 신라의
경덕왕이 개정할 때에 '정'(貞)을 버리고 '진'(眞)을 바탕으로 하여 개정
한 '진령'(鎭嶺)으로부터 비롯된 듯싶다. 여기서 '鎭'의 고대음을 찾아서
'진'(眞)과 '정'(貞)의 그것과 대비할 필요가 있다.

	上古音	中古音	俗音 및 釋
	tien(T)	tin(東)	
鎭	tien(K)	tiin(K)	누를 딘(類合)
	tien(Ch)	tiIn(Ch)	누를 진(新字典)

위에서 제시한 3자의 고대음 중에서 '진'(鎭)은 '진'(眞)과는 거의 동
일하고 '정'(貞)과는 어느 정도 비슷할 뿐이다. 따라서 우리는 우선 경

덕왕의 이 지명에 대한 개정의도가 동음이자(同音異字)를 택한 데 불과
하다는 결론을 내릴 수 있겠다. 이렇게 일단 음차표기 지명으로 굳어진
뒤로 고려초의 개명에서도 '진'(鎭)자만은 그대로 계승되고 다만 '령'(嶺)
자만이 '잠'(岑)으로 바뀌어 '진령(鎭嶺)>진잠(鎭岑)'이 되었다. 백제시
대에는 *tʌrʌpʌhoi(혹은 *tʌrpʌhoi)로 호칭되었을 것으로 추정되는 이
고유지명이 1차 '진현'(眞峴)으로 표기되고, 2차 '진령'(鎭嶺)으로 개명
되고, 3차로 '진잠'(鎭岑)이 됨으로써 결국 '정현'(貞峴)보다 '진현'(眞峴)
이 정통으로 인식되기에 이르렀던 것이라 하겠다.

실로 '진현'(眞峴)의 '진'(眞)이 음독자(音讀字)일 가능성은 이것의 전
신을 마한(馬韓) 지명에서 찾을 수 있다는 데에도 잠재하여 있다. 일찍
이 일인 나가통세(那珂通世) 박사는 '진현'(眞峴)을 마한 54국 중의 1
국인 '신흔국'(臣釁國)에 비정한 바 있다. 또한 지헌영(1973)에서도 이
곳 '진현'(眞峴)에 마한의 1부족국이 선주하였을 가능성이 있음을 탐색
한 바 있다[1]. 이와 같은 주장은 이곳에서 지석묘가 다수 발견되었다는
점과 민간전승으로 내려오는 「솟대」「수살마기」와 관계가 있는 '소대
봉'(蘇台峰)이 존재한다는 점을 근거로 삼고 있다. 위 두 견해를 긍정적
으로 수용한다면 여기서 우리는 '진현'(眞峴)의 '진'(眞)을 '신흔국'(臣釁
國)의 '신'(臣)에 관련지워 서로의 고대음을 대응시켜 볼 수 있다.

	上 古 音	中 古 音
臣	jin(T)	zin(東)
	dien(K)	ien(K)
	djien(Ch)	dzien(Ch)

---

1) 류렬(1983:386)에서 다음과 같이 해독하였다.
　「眞峴」과 「貞縣」은 모두 「디리바히 /다라바히」에 대한 소리-뜻옮김일 수도 있
다. 「眞」은 tsian → tin/tan → tir/tar 로서 「디리 /다라」에 대한 소리옮김
이고 「貞」도 tia → tin/tan → tir/tar 로서 같은 소리옮김이고 「峴」은 「고개」,
「재」 등의 뜻으로 그런 뜻과 통하여 쓰이던 「바위」의 옛날말인 「바히」에 대한
뜻옮김으로 된다. 「鎭嶺」도 「디리바히/다라바히」에 대한 표기일 수 있으며 「鎭
岑」도 「鎭嶺」에 기초하여 「嶺」자를 「岑」자로 바꾸어 쓴 것이다.

마한 54국명을 기록한 시기를 기원전의 한(漢)나라 때로 보고 여기서 우리가 그 상고음을 택하여 '진'(眞)의 상고음과 대비할 때 유사함을 확인할 수 있다. 따라서 그 의의가 무엇인지 아직 정확히 알 길이 없지만 다만 이 지명의 음형은 그 어근음(語根音)이 *tin이었을 것으로 추정할 수 있다.

일찍이 신태현(辛兌鉉 1959:78)은 진현(眞峴)에 대하여

> 진(眞). 개칭명 「진령」(鎭嶺)의 「鎭」에 비추어 보아 「진」의 音借인데 그 뜻은 「니」(泥)일 것이다.
> 縣. 「재」(峴 城)의 훈차이니 「眞峴」은 「진재」(泥縣)이다.

라고 해석하였다. 이 풀이는 국어음운사적인 면에서 볼 때 타당성이 없어 보인다. 가령 중세 한국어에서 '泥'에 대한 새김을 찾아보면

> 즌ᄃᆞ롤 드ᄃᆡ욜셰라〈樂學軌範 井邑詞〉
> 가시논 ᄯᅡ히 즐어늘〈月印釋普 一 16〉
> 즌 홀개 그스며〈金鋼經三家解 四 37〉
> 즌흙니(泥)〈新增類合 上 6〉

와 같이 '즐다'이다. 이 '즐다'가 앞에서 推讀한 *진~정의 고대차용음(古代借用音) *tin으로부터 어두(語頭)에서 어떤 음운사적 변화규칙에 의하여 'ㄷ>ㅈ'으로 변하였나를 논증하여야 한다. 여기 'ㄷ>ㅈ'는 구개음화 규칙에 의한 변화를 의미한다. 그러나 한국어가 구개음화를 경험한 것은 근대에 일어난 일이니 이 규칙을 백제시대의 언어에 적용하는 것은 무리하다. 물론 전기 백제어가 ㄷ구개음화를 경험한 것을 김완진(金完鎭 1968)에서 주장한 바 있어 그 가능성을 여기서 배제할 수는 없지만 문제는 구개음화를 충족시킬 만한 음운론적인 조건이 '딘'(眞·鎭)의 상고음 *tin에 있느냐는데 있다. 물론 보는 바와 같이 *tin은 구개음화가 될 수 있는 조건을 갖추고 있는 것만은 사실이다. 그러기에 후대의

음이 '진'(千字文, 類合)으로 바뀐 것이라 하겠다. '정'(貞)도 그럴 가능
성이 있지만 비교적 보다 후대까지 '뎡'(千字文, 字會, 類合)으로 쓰이다
가 최근에 와서야 '졍'으로 바뀐 것을 감안할 때 이것은 전자보다 구개
음화의 조건이 덜 충족되었기 때문이었다고 볼 수 있겠다.

그런데 비록 *tin(眞·鎭)이 구개음화를 일찍이 할 수 있었다손 치더
라도 근본적인 문제는 그대로 남게 된다. '즐다'(泥)의 '즐-'이 어느 시기
에 구개음화의 조건에 합당하여 '*딘>*질->즐->질'로 변천하였는지를
논증할 수 있어야 하기 때문이다. 여기서 우리는 '질->즐-'의 변화과정
을 논증할 수 없는고로 '*딘'(眞·鎭)이 '즐다'(泥)를 표기한 것으로 보는
선견을 받아들일 수 없게 된다.

한편 류렬(1983)은 '진현'(眞峴)과 '정현'(貞峴)을 모두 '디리바히/다
라바히'에 대한 표기일 것이라고 추정하였다.[2] 앞에서 이미 지적한 바
와 같이 여기 '진'(眞)과 '정'(貞)을 동일시한 점에 대해서는 다음에서 재
론할 문제이기로 우선 미루어 두지만, 나머지 '딘'(眞), '딘'(鎭)을 흡借
字로 보고 '디리, 디라'로 해독한 것은 보다 진일보한 견해라 할 수 있
다.

그러나 이 주장에 뒤따르는 두 문제가 있다. 당해 지명을 표기한 당
시에 어중(語中)에서 'ㄴ'과 'ㄹ'이 터쓰였음을 증명하여야 함이 그 첫째
문제요, 앞의 문제가 해결된 후에 또 뒤따르는 문제는 '*다라'를 '*딘(*딜)
으로 표기하였으니 그 말모음(末母音)을 생략표기해야 할 이유를 논증

---

2) 지헌영(1973:53-57)에서 주장된 先見 중 본고와 직접관계가 되는 핵심만
p.66에서 옮긴다.

「잣디」(城北)地域의 原初名은(a2)(a3) 地域의 主村「周岩」「鎭岑」(鎭嶺)그대로
를 지니고 있었거니와 또는「産長山」(豆良尹山 支羅山 周留山)「鎭岑」그대
로를「잣디」(城北)로 분리되기 이전에는 지녀나려 왔던 것을 示唆하는 것이
다. 즉「잣디」一圓의 原初名도「豆良伊=周留=支羅」의 原初名(馬韓~百濟
期)「*드리(두리~드리)」「*드르~듀르」「*지ᄅ~질」로 流動되었을 蓋然性을
示唆하는 것이라 하겠다.

해야 함이 둘째 문제이다.

　그 첫째 문제는

　　　加羅忽(가라홀)＞杆(간)城, 달기(妲己), 疸病(달병)
　　　乙阿旦(을아돌)＞子春, 波旦(바돌)～波珍(바돌)

등의 실예가 있으니 이 사실로 미루어 생각할 때 어중에서나 어말에서 'ㄴ'과 'ㄹ'이 통용되었던 현상을 추정할 수 있다.

　그러면 이제 둘째 문제인 말모음 생략표기에 대한 이유를 찾아야 한다. 앞에서 우리는 '진현'(眞峴)과 이웃한 옛지명에서 상사형(相似形)을 제시한 일이 있다. 그 내용을 다음에 열거하여 비교하면

　　　① 難等良, 難鎭阿, 鎭安, 難珍阿, 月良
　　　② (馬)等良, (馬)突, (馬)珍, (馬)靈

와 같이 ①은 말모음(末母音)을 충실히 표기하고 있지만 ②는 '마등량'(馬等良)만 표기하고 나머지 3예는 생략하고 있다. 여기 ②의 말모음(末母音) 생략표기 예로 미루어 '眞·鎭'이 '眞阿＞鎭安'의 생략표기일 가능성을 확인할 수 있게 된다.

　여기서 우리는 보다 타당성이 있는 논의를 위하여 주변의 몇몇 옛지명을 열거하고 이것들을 서로 비교 검토할 필요가 있다. 무엇보다도 우선적으로 비교되어야 할 대상지명은 '진현'(眞峴)에 바로 이웃하고 있는 고지명들이다. 「삼국사기」 권 36 (지리 3)은 '진현현'(眞峴縣)이 '진동현'(珍同縣)과 더불어 '황등야산'(黃等也山)군의 영현(領縣)이었던 사실을 알려 준다. 여기서 이 3지명을 대응시키면 '黃等也山:眞峴:珍同'과 같이 된다. 앞의 대응에서 얻을 수 있는 공통요소는 '等也:眞:珍'이다. 그런데 '等:珍'을 훈음차(訓音借) 표기라고 생각할 때 'tar/tʌrʌ'로 추독(推讀)할 수 있게 된다. 그렇다면 진(眞)은 새김 혹은 소리 중의 어느 쪽이든 *tʌr(돌)을 표기하기 위하여 차자표기(借字表記)된 것으로 추정

할 수 있다. 필자는 일찍이 '황등야산'(黃等也山)을 '느르드르모이'로 해독한 일이 있다.(都守熙 1977:67-68) 즉 '等也'를 '드르'로 추독(推讀)한 것이다. 실로 '黃等也山:眞峴:珍同'이 자리잡고 있는 지역의 특징은 '대둔산'(大芚山)과 '계룡산'의 지맥(地脈)이 뻗어내린 산간(山間)이라는 데 있기도 하다. 그렇기 때문에 '山・高'에 해당하는 형태소 *tʌrʌ(드르)'를 공유하고 있는 듯하다.

다시 우리는 '眞・鎭'을 'tʌrʌ/tʌr'로 추독할 수 있는 증거를 다른 면에서 찾아서 비교 검토하기로 하자.

「고려사」권 57과 「여지승람」권 34에서 우리는 '難等良:高山'의 대응예(對應例)도 발견하게 된다. 이 '고산'(高山)은 앞의 '황등야산'(黃等也山)과 이웃한 '전주'(全州)의 속현(屬縣)이었다. 여기 '等良＝等也'의 성립이 매우 흥미롭다. 이 '等良'을 어떻게 읽어야 하나를 다음의 예가 증언하여 줄 것이다. 「삼국사기」권 36의 '난진아'(難珍阿)(혹은 難鎭阿)가 「고려사」권 57과 「문헌비고」(文獻備考) 권 16에는 '難珍阿, 月良'으로 등재되어 있고 「여지승람」권 39에는 '難鎭阿, 月良'으로 약간 다르게 표기되어 있다.이 옛지명은 경덕왕 때에 '진안'(鎭安)으로 개정된 이후 오늘날까지 그대로 부르고 있다. 그 대응관계를 다음에 요약하면

難珍阿:難鎭阿:月良:鎭安

와 같다. 여기서 접두요소인 난(難)을 소거하면 '珍阿:鎭阿:月良:鎭安'으로 재정리될 수 있다. '딘'(珍)이 *tʌr로 읽힐 수 있음은 그것이 '무등산(無等山):무진주(無珍州)'의 'mutor/mutʌr'에서, 그리고 '진악산(珍惡山):석산(石山)'의 *tʌrak에서 또한 '마등량(馬等良):마돌(馬突):마진(馬珍):마령(馬靈)'에서 '等良:突:珍:靈'과 같이 대응시킬 수 있는데 '突'을 음차(音借)로 볼 때 모두를 *tʌr/*tʌrʌ'로 읽을 수 있게 된다. 다만 '靈'이 문제인데 이것도 '月奈:靈巖'에서 '月:靈'에 의거하여 *tʌr로 풀 수

있는 다른 증거를 확보할 수 있게 된다. 여기서 우리가 '진아(珍阿), 진아(鎭阿), 진안(鎭安)'을 *tʌrʌ로 읽을 수 있는 보다 확실한 증거는 이것들의 별칭인 '월량(月良)'이다. '月'의 새김이 'tar'이요, '良'의 음이 'raŋ'인데 raŋ은 'ra' 혹은 'a'의 약음차(略音借)일 것이기 때문이다.

신라의 관직명 중 파진찬(波珍湌)에 대한 기록이 다음과 같이 다양하게 내외 문헌에 나타난다.

① 波珍湌 或云 海干 (三國史記)
② 海官波珍湌　　　(三國遺事)
③ 波鎭漢紀　　　　(古史記)
④ 波珍干岐　　　　(日本書紀)

위의 파진(波珍)은 보현십원가(普賢十願歌)에 나타나는 해등(海等)의 '等'을 비롯하여 앞에서 예증한 '突:月:珍:靈:突'의 대응에 따라서 *tʌr로 석독(釋讀)될 수 있으므로 '바둘'로 읽을 수 있을 것이다. 그런데 문제는 '진'(鎭)을 '진'(珍)에 대한 동음이자(同音異字)표기로 볼 것이냐 아니면 동훈이자(同訓異字) 표기로 볼 것이냐에 있다. 앞에서 우리가 음차자(音借字)로 추정하였던 바와는 달리 여기서 훈차자(訓借字)의 가능성을 한번쯤 탐색하여 볼 필요가 있다.

앞의 ③④에 관하여 고래로 일본인은 'ハチンカンキ'로 읽었는데 「석일본기」(釋日本紀)만은 '바도리간기'(波珍干岐)(ハトリカンキ)로 '珍'을 석독(釋讀)하고 있다.(金澤庄三郎 1985:68) 「고사기」(古事記)의 '파진한기'(波鎭漢紀)는 '波'만 동일자이고 나머지 3자는 모두가 동음이자(同音異字)이다. 여기서 '珍'과 '鎭'이 동훈자(同訓字)일 것으로 추정하여 '鎭'의 새김이 '靈'과 더불어 *tʌr일 가능성을 얻게 된다. 따라서 이 '鎭'의 전차형(前次形)인 '眞' 또한 그 새김이 *tʌr일 것으로 여겨진다. 그러면 여기서 우리는 '*tʌrʌ(高·山)'에 해당하는 어휘의 분포현상을 눈여겨 볼 필요가 있다. 고대 한반도의 중부지역(百濟의 前期語 地域)에 비교적 조밀하게 분포하였던 어휘들이 남부지역(百濟의 後期語 地域)이었

던 충청·전라도에 더러는 침투한 흔적이 나타난다. 그 실례로 우리는 '복홀(伏忽)>보성(寶城·벽골(碧骨)·벽골(僻骨)>벽성(僻城)·김제(金堤)에서 중부지역에 보편적으로 나타나는 '홀(忽), 골(骨)'(성)을 제시할 수 있고, 또한 '흔량매(欣良買)>희안(喜安), 감매(甘買):임천(林川)>순치(馴雉), 매구리(買仇里)>첨탐(瞻耽)>임준(臨准)'에서 '買(水, 川)을 제시할 수 있다. 이와 동일한 남진방법(南進方法)으로 중부지역에서 활발히 사용되었던 *tʌr(達=高, 山)이 '진현(眞峴), 황등야산((黃等也山), 진동(珍同), 난진아(難珍阿)'와 같이 남하(南下) 분포한 것이라 하겠다. 여기 '眞:等:也:珍:珍阿'는 *tʌr/*tʌrʌ로 그 의미가 '高·山'에 해당할 것임은 앞에서 누설(累說)한 바와 같이 산세(山勢)에 따른 자연조건에 부합될 뿐 아니라 이들 '진현'(眞峴)의 이웃 지명인 '難珍阿:高山'이 증언하고 있기 때문이다. 그리고 '진현현'(眞峴縣) 치소(治所)(邑內里)를 중심으로 주변에 산재(散在)하여 내려오는 파생지명(派生地名)들을 찾아보면

   돌고개(혹 돌팔재), 대고개, 두루말(학하리), 돍막이(혹은 동막이, 돍막골, 동막골), 덜샘(石泉), 틸성당이(七星堂) 띄골(茅谷)

등과 같이 '*tʌrʌ'에 접근하는 '*tVr/*tV'의 어두음 *t을 보이고 있음이 흥미롭다.

   이 'tʌrʌ'의 근본적인 분포는 중부지역에 조밀(稠密)하였던 터로 그 예들이

   達忽:高城, 達乙省:高峯, 所勿達:僧山, 松村活達:釜山, 加支達:菁山, 息達:土山

등과 같이 발견된다. 다만 앞의 어형이 모두 '*tʌrʌ'아닌 '*tʌr'(高·山)이란 점이 우리의 주목을 끈다. 여기서 만일 '모량부리(毛良夫里)>고창(高敞)'의 '毛良'이 '高'에 대응하는 것으로 보고 '毛'를 훈음차(訓音借)로

볼 수 있을 것이라면 또 하나의 '*tʌrʌ'(毛良＝高)가 남부지역의 깊숙히 까지 하강하게 되었음을 확인하게 된다. 이것은 앞에서 제시한 '복홀＞보성(伏忽＞寶城)'과 쌍벽의 존재일 수도 있을 것이다.

우리는 앞에서 '突:月:珍:靈:突'이 '珍阿·月良·鎭安·鎭阿'에 대한 말모음(末母音)의 생략표기 현상일 것으로 추찰(推察)한 문제를 제고할 필요가 있다. 물론 그럴 가능성도 있지만 다른 한편으로는 현실적으로 *tʌr /*tʌrʌ 두 어형이 공존하였을 가능성도 일단 배제(排除)할 수 없는 것이다. 중부 지역에서는 오로지 *tʌr(達)형만이 분포되어 있기 때문에 두 어형이 차용되었던지 아니면 *tʌrʌ＞*tʌr의 과도기 현상의 충실한 표기일 수도 있을 것이다.

앞에서 논의한 바와 같이 '진'(眞)과 '진'(鎭)은 음차(音借), 훈차(訓借)의 가능성을 모두 지니고 있다. 그러나 두 가능성을 지닌 음독형(音讀形)과 훈독형(訓讀形)이 공교롭게도 *tʌrʌ 와 동일하다. 따라서 우리는 '진현(眞峴)＞진령(鎭嶺)'의 '眞·鎭'을 *tʌrʌ로 추독(推讀)할 수 있으리라 믿는다.

그러면 '峴·嶺'에 대한 추독(推讀)을 어떻게 할 것이냐가 문제이다. 이 '峴·嶺'에 대한 실용례를 백제의 전기어(「삼국사기」 권 35, 37의 고구려 지명)에서 뽑아 열거하면

高句麗		新羅 景德王
夫斯波衣 :仇史峴	＞	松峴
密波兮 :三峴	＞	三嶺
烏生波衣 :猪守峴	＞	稀嶺
斤尸波兮 :文峴	＞	文登
x : 竹峴	＞	竹嶺
平珍波衣 :平珍峴	＞	?

등과 같은데 보는 바와 같이 경덕왕은 개정전 지명의 현(峴)을 모두 령(嶺)으로 바꾸었다. 이러한 개정원칙에 따라서 '진현'(眞峴)도 '진령'(鎭

嶺)으로 바꾼 것이라 하겠다. 그런데 공교롭게도 중부 지역에서 벗어난
위치(「삼국사기」 지리 3)에서는 이 '峴'(>嶺)이 오직 1예만 나타난다.
즉 「삼국사기」 권 35, 37의 백제지명에 나타나는 유일 예라는 점이 특
이하다. 비록 유일(唯一)한 존재이지만 경덕왕이 개정한 령(嶺)의 전신
(前身)이 현(峴)이고, 이 '峴'의 고유어가 파혜(波兮) 혹은 파의(波衣)이
었으니' 眞峴(>鎭嶺)'의 '峴' 또한 *pahoi로 추독(推讀)할 수 있을 듯하
다. 따라서 '진현'(眞峴)은 백제어 *tʌrʌpahoi(高峴)인 것이다. 이
*pahoi(峴)가 중부지역에 분포한 특수한 지명어미(地名語尾)이기 때문
에 그것에 앞서는 '眞'을 역시 중부지역에서 흔하게 발견되는 *tʌr(達)
로 해독할 가능성도 제공하는 것이라 하겠다.

우리는 앞 자리에서 '진현(眞峴):정현(貞峴)'에 대한 상관성을 일단
부인하였다. 이것들은 유사음자(類似音字)에 의한 동명이기(同名異記)
일 가능성이 보다 농후할 것으로 추정할 수 있기 때문이다. 그렇다면
이제부터 우리는 '정현'(貞峴)이 독자적인 별개의 지명일 것으로 보고
그것의 위치와 '貞'의 정체가 무엇인가를 탐색하고자 한다.

'정현'(貞峴)은 峴을 접미하고 있는 것으로 보아 '진현'(眞峴)과 동시
기의 것이든지 아니면 보다 이른 시기의 원초지명(原初地名)일 가능성
이 짙다.

「삼국사기」 권 5 태종무열왕(太宗武烈王) 7년(660)條에

八月 百濟餘賊據南岑 貞峴 □□□城 又佑平正武 取衆豆尸原嶽 抄掠唐羅人

와 같이 '정현'(貞峴)이 보인다. 이 기록은 경덕왕 16년(서기 757년)보
다 97년이나 앞서며 백제시대부터 '정현'(貞峴)과 '진현'(眞峴)이 공존하
였던 사실을 알려준다. 다음에서 논의하게 될 '정현'(貞峴)의 위치가 구
(舊) 기성현(杞城縣)의 옛골터이었다고 볼 때 백제시대에 이미 치소(治
所)가 '정현현'(貞峴縣)으로부터 구(舊) '진잠현'(鎭岑縣)으로 이전된 것
으로 추정할 수 있다.3) 앞에서 확인한 '정현'(貞峴)과 '진현'(眞縣)의 공

존시기가 백제시대로 올라갈 수 있음으로 치소(治所)의 이전도 통일신라가 아닌 백제가 정치군사적인 목적 때문에 단행하고, 당해 지명을 '정현(貞峴)>진현(眞峴)'으로 개정하였던 것으로 추정된다. 무릇 이 치소(治所)의 이전과정에서 흔히 지명이 개정되기 마련인데 그럴 경우에 대개는 전차지명(前次地名)을 근간으로 하여 부분 개정만 하거나 아니면 고치지 않고 전대로 두어두는 버릇이 있다. 그런 가운데 구지명(舊地名)을 버리고 전부를 새로이 바꾸는 신작명도 간혹 있었던 것이다. 가령 '우술'(雨述)이 '비풍'(比豊)으로 개정된 단계까지는 전후지명(前後地名)에 친연성(親緣性)을 잃지 않고 있지만, '비풍'(比豊)이 '회덕'(懷德)으로 개정된 데서는 아무런 동질성(同質性)도 발견할 수 없듯이 '정현'(貞峴)은 '진현'(眞峴)과 친근성이 없는 전차형(前次形)일 수 있는 것이다. 비록 현치소(縣治所)의 이전이 아닌 경우에도 경덕왕은 옛지명을 버리고

伐首只>唐津, 所夫里>扶餘, 基>富城, 加知奈>市津, 碧骨>金堤

등과 같이 전혀 딴 모습의 새지명을 짓기도 하였기 때문이다.

이상과 같이 '정현'(貞峴)과 '진현'(眞峴)의 상관성에 있어서 오로지 선후의 관계만 있을 뿐 동지명(同地名)에 대한 승계성(承繼性)이 전혀 없는 것으로 볼 때에 '정현'(貞峴)의 원위치를 제 3의 장소에서 찾아야 할 것이다.

실로 '진현현'(眞峴縣)은 '진현현'(鎭嶺縣)(통일신라)과 '진잠'(鎭岑)(고려)으로 승전개정(承傳改定)된 반면에 '정현'(貞峴)은 '기성현'(杞城縣)으로 어느 시기엔가 바뀌었다. 따라서 '정현'(貞峴)을 '진현'(眞峴)에만 결부시켜 온 생각에서 벗어나 오로지 '정현'(貞峴)과 '기성'(杞城)의 수직관계(垂直關係)만 고찰할 필요가 있다.

---

3) 지헌영(1973:54-55)에서 진현현(眞峴縣)의 치소 이전에 관하여 논의한 바 있는데 그중 본고와 관련되는 부분만 다음에 옮긴다.

'정현현'(貞峴縣)의 후신(後身)일 것으로 추정되는 '기성현'(杞城縣)은 「동국여지승람」 권18 '진잠현'(鎭岑縣) 군명조(郡名條)에

眞峴 鎭嶺 杞城 貞峴

와 같이 기록되어 있을 뿐이다. 그러나 「삼국사기」 지리를 비롯한 이른 시기의 어느 지지(地志)의 건치영역(建置沿革)에서도 '기성'(杞城)이 보이지 않는다. 따라서 그것이 어느 시기에 발생한 것인지 알 길이 없다. 다만 동서(同書) 권 18 '진잠현'(鎭岑縣)의 제영(題詠)에서

獨有山川如舊識 : 金自知詩 杞城千古 貌天隅 民戶關 條野牛蕪云云 繼迷且莫問田夫

라 읊은 시구에서 '기성 천고'(杞城千古)를 처음 발견할 뿐이다. 일계(逸溪) 김자지(金自知)는 조선초기의 인물이니 이 때로부터 천년전이면 백제시대로 소급하게 된다. 따라서 비록 기록상에 나타낸 것은 늦은 시기이지만 '기성'(杞城)의 구전(口傳) 유래는 매우 오랜 지명사를 간직하고 있었음이 틀림없는 것이다. 김정호(金正浩)는 이런 고기(古記)에서 암시를 받아 그의 역저(力著) 「대동지지」 '진잠조'(大東地志 鎭岑條)에서

本朝太宗十三年改縣 〔邑號〕杞城 〔官員〕縣監

이라 밝히고 있다. 이처럼 '기성'(杞城)의 뿌리가 깊숙한 역사의 저면(低面)에 박혀 있기 때문에 그 현명(縣名)이 '진잠'(鎭岑)과 '기성'(杞城)으로 교체 사용되다가 구한말에 드디어 '진잠면'(鎭岑面)과 '기성면'(杞城面)으로 분구되었던 것이니 이렇게 분구된 까닭은 곧 그 근본이 상이한 데서 연유한 것이라 믿게 된다.

이제 우리는 '기성현'(杞城縣)의 전신이 무엇인가를 찾아야 한다. 그

러려면 우선 기성현지(杞城縣址)부터 발견하여야 할 것이다. 기성면(杞城面) 三亭里(세누리)에 기성현지가 있었다고 구전(口傳)되고 있는데 지금은 밭으로 변하여 있다. 이 구현지(舊縣址)에서 남쪽으로 700m쯤 떨어진 곳에 이른바 농성(農城)(定方山城) 혹은 (貞坊山城)이라 부르기도함)이 있다. 이들 성명(城名)에 대한 유래는 여러 설이 있다. 현지인들의 구전에 의하면 그곳이 당(唐)나라 '소정방유진처'(蘇定方留陣處)이었기 때문에 정방(定方)의 이름을 따서 정방산성(定方山城)이라 부르게 되었다고 말하기도 하고, 그 성이 정방리(貞坊里)(杞城面 龍林里)에 있기 때문에 정방산성(貞坊山城)이라 호칭하기도 한다는 것이다. 동일한 성에 대한 별칭이 '農城, 定方山城, 貞坊山城'으로 셋이나 공존(共存)하여 있는데 여기에 다른 별칭이 하나 더 추가될 수 있다. 「문헌비고」(文獻備考)에 '밀암산고성속칭미림고성'(密岩山古城俗稱美林古城)이라 소개(紹介)되어 있으며 「대동지지」 진잠 성지조(鎭岑 城池條)에 '밀암산고성유치지속칭미림고성(密岩山古城有置址俗稱美林古城)'이라 소개되어 있다. 이 고성인 密岩山城(美林城) 역시 앞의 3개 성명과 친근성이 있을 것으로 추정한다.

앞에서 열거한 여러지명을 다시 정리하면 ①농성(農城) ②정방산성(定方山城) ③정방산성(貞坊山城) ④밀암산성(密岩山城) ⑤미림성(美林城)으로 나열할 수 있겠다. 앞의 ②와 ③의 관계는 정방(貞坊)을 동음이자(同音異字)인 정방(定方)으로 동명이기(同名異記)하였던 것인데 마침 그 글자가 소정방(蘇定方)의 이름과 동일하니까 부회(府會)되어 '소정방유진처'(蘇定方留陣處)로 전설화(傳說化)된 것이 아닌가 한다. 이와 같은 부회전설(府會傳說)은 쉽게 이루어질 수 있는 바로, 필자가 이미 백마강전설(白馬江傳說)에서 논의한 바 있기에 도수희(1989:122-128)로 미루고 여기서는 재론하지 않겠다. ④와 ⑤의 관계도 밀암(密岩)을 유사음차(類似音借)하여 미림(美林)으로 고쳐 적은 이표기 현상(異表記現象)으로 보려 한다. 앞의 미림(美林)은 또 다시 용림리(龍林里) 혹은 용산(龍山)으로 바뀌었는 바 용의 새김이 '미르'이기 때문에 가능하였던 것으로 보려 한다.

그러면 이제 ①을 제쳐 놓고 생각한다면 ②와 ④의 관계만 남게 된다. 여기서 우리는 '貞峴:貞坊:密岩'을 대응시킬 수 있게 된다. 앞의 3자를 또다시 '貞:密, 峴:岩:坊'으로 분리하여 재대응(再對應)시킬 수 있게 된다. '貞의' 새김은 '고든, 고돌'이고 '密'의 새김은 '칙칙(類合 下 28), 볼(光州千字文 24), 빅빅홀(石峯 千字文), 빅빅홀(빅빅홀), 비밀홀秕也 密俗 非密合(註解 千字文 24)'이다. 여기서 '貞'의 새김은 '고돈, 고돌'이기 때문에 문제될 것이 없지만 '密'의 새김은 '칙칙, 빅빅홀(빅빅홀), 비밀홀'로 다양하여 어느 것을 택하여야 할 지 우리를 당황케 한다. 그렇기 때문에 '密'에 대한 보다 이른 시기의 새김을 찾아 볼 필요가 있다.

> 眞實ㅅ 覺을 <u>그스기</u> 나토샤미라 (密顯眞覺)〈圓覺經 上 2-1:46〉
> 變化ㅣ <u>그스기</u> 올모몰 내 眞實로 아디몯호니 (變化密移 我誠不覺)〈楞嚴經 二:6〉
> 貞觀政體룰 <u>그스기</u> 議論ᄒ고 (密論貞觀體)〈初刊杜詩 24:19〉

와 같이 중세 국어에서의 새김이 '그스기'이다. 이 새김은 薯童謠의 一句인 '他密只嫁良置古＝눔그슥 어러 두고'(金完鎭,1980)까지 소급(遡及)하여 '그슥'을 찾을 수 있다. 따라서 '密'의 옛새김을 *kVsV/*kVzV 정도로 추정할 수 있을 것이다. 그렇다면 ②정방(貞坊)의 '貞'의 옛새김이 '고돌 /고돈'(訓蒙字會 下11, 光州 千字文 7, 新增類合 下3)이니까 보다 이른 시기의 것을 역시 '*kVsV /*kVtV' 정도로 추정할 수 있을 것이다. 여기서 '貞:密'은 그 추정훈(推定訓)으로 볼 때 거의 유사한 모습인 '*kVsV/*kVzV/*kVtV'로 재구할 수 있다. 그리고 접미요소인 '峴:岩'은 고대 한반도의 중부지역에 흔하게 분포된 '파의/파혜'(波衣/波兮(*pahoi＝峴, 嶺, 岩)에 해당할 것이기 때문에 동일한 고유어일 것으로 추정한다. 따라서 '坊'은 *pahoi에 대한 音借表記인 것이다. 이와 같은 추독(推讀)을 뒷받침하는 증거가 정방리(貞坊里)에서 발견되는 '고바위, 고바위보, 고바윗들' 등일 것이다. 이 '고바위'야말로 '고＋바위'로 분석될 수 있겠는데 '고'는 앞에서 제시한 *kʌsʌ의 축약형인 'ko'일 것이며 '바위'는 '현 암'을 새겨 부르던 고유어의 잔존형일 것으로 믿어진다.

여기서 우리는 '貞峴'(貞坊, 密岩)의 승계형인 '기성'(杞城)에 대하여 기술할 필요가 있다. 이 地名의 유래는 정방성, 정방산성, 밀암산성(貞峴城, 貞坊山城, 密岩山城)을 줄여서 개정한 듯이 보인다. 즉 '정현성(貞峴城)＞정성(貞城)＞기성(杞城), 정방산성(貞坊山城)＞정성(貞城)＞기성(杞城), 밀암산성(密岩山城)＞밀성(密城)＞기성(杞城)'으로 표기의 개정이 된 것이라 보려 한다. '기'(杞)의 상고음(上古音)은 kiag이며, 중고음(中古音)은 kji:이고, 근대음(近代音)도 kei이다. 우리 한자음은 'kji, kiy'(그이,긔)이었을 것으로 생각할 수 있다. 그것은 본래의 단모음이었던 ki가 지명에서 '긴밭들＞진밭들(장전리), 길재＞질재(장재리), 긴목＞진목(장항), 긴마루＞진마루(장지리)와 같이 ci(지)로 구개음화하였는데 구개음화를 거부하고 아직도 '杞城'(기성)이라 부르는 것을 보면 알 수 있다.

앞에서 기술한 바를 종합하여 결론하건대 '정현(貞峴)＞기성(杞城)'을 정통적인 승계로 보고 기성현지(杞城縣址)를 중심으로 분포되어 있는 지명 정방산성(貞坊坊城), 밀암산성(密岩山城), 고바위, 고시바위를 방계의 친근명(親近名)으로 결부시켜 생각할 때 '정현'(貞峴)은 '진현'(眞峴)과는 별개로

(1) *kʌsʌpʌhoi＞*kisipahoi(密岩)＞*kizipahoi＞kizipahoi＞*kipahoi(杞城)＞kicas (杞城)
(2) *kʌsʌpahoi＞*kizipahoi(密岩)＞*kïpahiy＞kipahiy＞*kopauy
(3) *kʌsʌpahye＞*koisipahoi＞*kosipauy

와 같이 세방향으로 발달한 것인데 그 중에서 현명(縣名)으로 이어진 정통적(正統的)인 표기형이 곧 기성(杞城)이라 하겠다.

이와 같이 보아 온다면 百濟期의 「貞峴縣」名을 「鎭嶺縣」으로 改稱하

게 된 연유로 縣治所의 移轉(「杞城面」에서 「産長山」下로 移轉)이라는 사실을 주목치 않을 수 없게 된다. 생각컨대 신라가 삼국을 통일한 이후에 지방 행정체제의 변화에 따른 개편이 필요했던 것으로 보아진다. 「鎭岑縣」(鎭岑面 杞城面)의 자연지리적 교통지리적 조건으로 감안할 때 현 鎭岑面 「邑內里」의 「鎭岑縣」治所는 杞城面 「三亭里」의 「貞峴縣」 縣治보다 郡治(黃山)와 수도연락에 편리했을 것으로 이해되기 때문에 景德王(16년 AD.757)의 「鎭岑縣」 縣名變更은 縣治所 이전에 따른 縣名改名이 수반되었던 것을 고려에 넣지 않을 수 없다.

3. 所比浦현

백제시대의 '소비포'(所比浦)는 '회덕'(懷德)의 백제시대 지명인 '우술군'(雨述郡)에 예속하였던 현명(縣名)이다. 「여지도서」(상)(與地圖書(上)) '공주목'(公州牧)의 고적(古跡)항을 보면 '공주'(公州)로부터 동쪽 50리에 있다고 하였다. 현재의 갑천(甲川)을 따라서 내려가다 엑스포장을 지나서 조금 더 하류로 내려 가면 '덕진리'(德津里)가 나오는데 이 곳이 곧 옛날의 '덕진고을'이다. 옛모습을 자랑이나 하는 듯 현치(縣治)를 과시하는 듯 아직도 옛 비석(碑石)과 고색찬란한 석등(石燈)들이 남아서 숨쉬고 있는 유서깊은 옛고장이다.

위에 간략히 설명한 바와 같이 이 지명은 '노사지'(奴斯只)와 함께 '우술군'(術述郡)에 속해 있다가 조선조에 와서 폐현되었다. 이 지명은 '소비포'(所比浦), '적오'(赤烏)와 같은 별칭으로 전해지기도 한다. 이 지명의 변천경로는

百濟	景德王 16	高麗	朝鮮
所比浦	> 赤烏	> 德津	> 德津發縣

와 같다. 그런데 이 '소비포'(所比浦)에 대한 신태현(辛兌鉉 1958)79)
의 견해는 다음과 같다.

所比(北)浦-赤烏(鳥)縣-德津縣(公州牧 屬縣)
① 소비(所比)·개칭명(改稱名) '적오'(赤烏) (盡勘)에 비추어 '소비'(所比)·
'소북'(所北)은 우선 새붉(新赤)의 음차(音借)로 생각되나 '비'(比)는 '빛'
음차(音借)의 용례(用例)가 허다(許多)하므로 '소비'(所比)·'소북'(所北)
은 모다 '새볕'(新陽)의 음차로 봄이 타당할 것이다.
② 포(浦). '개'의 훈차(訓借)이다.
③ 적오(赤烏). '赤烏'는 '赤烏'의 誤일 것이며 '盡勘'의 훈음차(訓音借)이다.
고려시대 개칭명(改稱名) '덕진'(德津)은 '덕'(德)의 일훈(一訓) '바르'(正)
로 '盡(적(赤)·양(陽))'을 음사(音寫)한 것으로 '덕진'(德津)은 '盡나릭(陽
盡)이다. '소비포'(所比浦)는 '새볕개'(신양포(新陽浦))이다.

우리는 여기서 다음과 같이 위의 주장을 보완설명할 필요가 있다.

① 赤木縣一云沙非斤乙〈『삼국사기』권37 지리4〉
② 赤烏縣 本百濟所比浦縣 景德王改名 今德津縣〈『삼국사기』권36 지리3〉
③ 赤烏縣 本高句麗沙伏忽 景德王改名 今陽縣城〈『삼국사기』권35 지리2〉
④ 新良縣 本百濟沙尸良縣 景德王改名 今黎陽縣〈『삼국사기』권36 지리3〉
⑤ 河東郡 本韓多沙郡〈『삼국사기』권34 지리1〉
⑥ 黎溪縣 本所比芳縣〈『삼국사기』권36 지리3〉

이상에서 인용한 예들을 중심으로 다시 다음 관계를 비교하면

赤=沙比, 赤=所比, 赤=沙伏=陽, 新=沙尸=黎陽, 東=沙, 黎=所非(金<
수비~시비)

와 같은 등식이 성립한다. 여기에 차용된 '양(陽)·(黎)·동(東)·적
(赤)·삼(森)'의 새김소리가 모두 동음이의어(혹은 유사음이어)의 관계
가 있었던 것으로 추정된다. 그 중에서도 특히 ①②③은 고려초기의 개

정지명에서 한결같이 '적'(赤)과 대응하고 있음이 특이하다. ④는 신(新):사시(沙尸), ⑤는 사(沙):동(東), ⑥은 소비(所非):삼(森)으로 대응하여 백제어의 *sʌri∼sʌsi(新)와 *sopi(黎)를 재구할 수 있도록 한다. 그리고 ⑤의 사(沙):동(東)은 신라어(지리1 지역)의 *sʌri(東)를 추정케 하며 이것은 ③④의 사복(沙伏):양(陽), 사시(沙尸):여양(黎陽)을 근거로 백제어의 *sʌri(東)를 추정하는데 도움을 준다.

요컨대 소비포(所比浦)의 '所比'는 앞에서 논의한 바를 토대로 상고할 때 *sʌri∼sʌypi∼sʌypik으로 추독할 수 있을 듯하다. 이 어휘는 백제의 전기어(중부지역어)에 해당하는 *sʌypik과 일치하는 것으로 그 표기의 형태만 '소비'(小)와 '사복'(沙伏)으로 약간 다를 뿐이라 하겠다. '소비'(所比)가 세종실록 지리지에 '소북'(所北)으로 기록되어 있는 바 이것이 만일 '北'의 와오(訛誤)가 아니라면 표기자가 '사복'(沙伏)을 참고하여 그것에 이끌렸기 때문이었다고 돌이켜 생각해 봄직하다. 이 '소비(所比)·소북(所北)·사복(沙伏)'은 중세국어의 '새배'에 연결될 것으로 보이며, 그것은 현대어의 '새벽'에 이어진다 하겠다. 특히 충남방언의 '새북'도 이 원형에 가까운 모습을 보이는 흥미로운 잔형이라 하겠다.〈筆者:都守熙〉

【참고문헌】

김방한(1982), '구루'(溝漊) '오사함'(烏斯含)에 관하여, 언어학 제5호, 한국언
　　　　　어학회
김완진(1980), 향가 해독법 연구,서울대
―――(1986), 고구려어에 있어서 t구개음화 현상에 대하여, 이숭녕박사 송수
　　　　　기념논총, 을유문화사
김주언(1982), 백제지명 '己·只'에 대하여, 민족문화논총 제2,3집, 영남대
金澤庄三郎(1985), 일한고지명 연구, 초풍관
도수희(1977), 백제어 연구, 아세아 문화사
―――(1980-81), 백제어 지명 연구 제10-11집, 충남대 백제연구소

──(1985), 백제어의 '己'에 대하여, 새결박태권선생회갑기념논총, 기념사업
　　　　회
──(1987), 백제어의 '泉·井'에 대하여, 국어학 제16호, 국어학회
──(1987), 백제어 연구(Ⅰ), 백제문화개발연구원
──(1989), 백제어 연구(Ⅱ), 백제문화개발연구원
──(1994), 백제어 연구(Ⅲ), 백제문화개발연구원
류　렬(1983), 세나라 시기의 리두에 대한 연구, 과학 백과사전 출판사
신태현(1959), 「삼국사기」 지리지의 연구, 우종사
지헌영(1972), 「豆良尹城」에 對하여, 백제연구 제3집, 충남대
──(1973), 「산장산하 지명고」(상), 백제연구 제4집, 충남대

지명 해석에 관한 두 문제*

1

1.1.

이 글은 백제 전기 시대(18B.C-A.D.475)에 고대 한반도의 중부지역(황해·경기·강원)에 분포하였던 지명소 중에서 '*tʌn'(＝旦·頓·呑·谷)과 '*tʌr'(＝達·高·山)을 선택하여 이것들이 백제 후기 시대(A.D.475-660)의 남부 지역(충청·전라)에 어떻게 분포하였나를 고찰하려는 데 목적을 둔다.[1] 그리고 지명밖의 일반 어휘에 박혀서 쓰이는 화석이 된 옛지명소도 찾아내는 데 힘을 기울이려고 한다.

1.2.

谷의 의미로 사용된 '*tʌn'(旦·頓·呑)은 고대 한반도의 중부 이남 지역에서 흔하게 쓰이던 지명소 'sil'(＝谷)과 대응되는 옛지명소이다. 이 지명소가 어느만큼 南下하였으며 그 침투의 흔적이 'sil'의 터전에 어떤 모습으로 현대 지명에 잔존하고 있는 것인가를 究明하려고 한다.

---

* 이 글은 성재 이돈주 선생 화갑기념논총(1997, 태학사)에 게재하였다.

1) 필자는 지명어를 구성하는데 참여한 형태소를 일반어휘(지명어휘가 아닌)의 단어구성에 참여한 형태소와 구별하기 위하여 '지명소'란 술어를 별도로 쓰려한다. 그러니까 '지명소'는 '지명형태소'의 준말이다.

1.3.

'達'(=高·山)의 異表記形이 백제의 후기 지명에 어떤 모양으로 나타나며 同音(類似音) 異義形인 '月·突·珍·等·石·靈·鎭' 등으로 차자표기된 지명소와는 어떤 관계가 있는가를 살펴보려고 한다. 우리 地名史에서 '뫼'(山)와 대응되는 이 지명소 '*tʌr'(達)이 '뫼'의 터밭에 어떻게 침투하였던 것이며 침투한 이후 얼마만큼 살아남을 수 있었던 것인가를 고찰하려 한다. 그 흔적들이 아직도 현대의 지명에 어떤 모습으로 잔존하여 있는가를 찾아내는데도 힘을 기울이기로 하겠다.

2

2.1.

현재의 대전광역시 서구에 屯山洞이 위치하고 있다. 이 지역은 대전시로 편입되기 이전에는 육군부대와 공군부대가 주둔하고 있던 꽤 넓은 벌판이었다. 이제는 정부 제3청사를 비롯한 각종의 관청이 자리잡은 중심지이며, 이른바 屯山新市街地의 대단위 아파트단지로 급부상한 대전의 새로운 중심지로서 전국적인 시선이 집중되는 요지로 각광을 받게 되었다. 그러나 과거의 이 곳은 마을이 여기 저기에 散在하였던 한적한 벌판이었을 뿐이다.

그런데 이 곳의 표기지명의 머리에 '屯'자가 나타나기 때문에 속설로는 군대가 주둔하였던 곳이었기 때문에 그렇게 부른 것이라고도 하고, 앞으로 군대가 주둔하게 될 곳으로 예견하고 미리 '屯'자를 써서 명명한 지명이었는데 그 예견이 실현된 것이라고 감탄조로 풀이하는 이도 없지 않다. 마침 그 자리에 육군의 '삼관구사령부'와 공군의 '공군기교단'이 이웃하여 나란히 주둔하고 있었기 때문에 현실적으로 보면 영락없이 들어

맞은 셈이다. 이런 비과학적인 풀이의 본보기가 대전 지역에 또 있는데 '大德'(郡)과 '儒城'의 세속적인 풀이가 바로 그 좋은 예이다. '大德'은 과거에 宋時烈, 宋俊吉 등의 대 학자가 거주한 곳(당시의 懷德縣)이었으며 현재 大德硏團地가 자리잡게 되어 저명한 學者가 모여 들었으니 기가막히게 적중한 셈이다. 그러나 '大德'은 일제시대 大田郡이 大田府로 승격하자 府로 편입되지 않은 舊 大田郡의 잔여 구역과 懷德郡을 통합하여 大田郡의 '大'자와 懷德郡의 '德'자를 절취하여 '大德郡'이란 명칭을 新造한 것이니 속설의 해석은 '大德'의 글자풀이에 얽매인 우스꽝스러운 견강부회일 뿐이다. '儒城' 역시 경덕왕이 서기 757년에 '奴斯只'를 改名한 것인데 '只'(ki)는 '城'으로 한역하였던 것이고, '奴'(nu)는 '儒'(nju)로 類似音을 차자하여 달리 표기하였을 뿐인데 역시 '儒'자의 의미에 얽매여 선비가 많이 모이는 곳이란 미래를 내다보고 그리 改名한 것이라고 풀이하고 있다. 물론 현실적으로는 국립충남대학교, 국립대전산업대학교, 과학기술대학, 과학원, 과기원 등이 유성에 이전하여 왔고, 또한 인근에 대덕연구단지가 위치하여 많은 선비가 雲集하였으니 '儒'자의 의미에 적중하게 된 셈이다. 이제 우리는 위와 같은 지명표기 한자의 뜻에 이끌리어 비과학적인 풀이를 하여도 용납되는 시기는 지났다.

'屯山'의 '屯'자도 위와 같은 비과학적 방법의 풀이로 一貫하여 왔다. 위에서 일차 소개한 屯山洞에 사는 현지 村老들의 '屯'자 해석말고도 〔한국지명총람〕(4. 충남편 상)에 소개된 屯谷里 유래 역시 비슷한 내용이다.

> 둔곡리(屯谷里) (두니실, 둔곡) 〔리〕 본래 공주군 九則面의 지역으로서 신라 문무왕 때 김인문(金仁問)이 이 곳에 군사를 주둔시키고 蘇文城을 쳤으므로 두니실 또는 둔곡이라 하였다.

와 같이 '屯'자의 의미에서 유래를 찾아서 풀이하고 있다. 그러나 필자는 '屯'자를 음차표기자로 추정하기 때문에 훈자표기 지명으로 풀이한 앞의 견해와는 전혀 다른 각도에서 출발하게 된다.

현재의 대전광역시 서구 屯山洞은 일명 '屯之尾, 屯山, 屯山里'라고도 부른다. 이 모든 별칭은 다음에서 제시할 '屯谷'에서 파생된 것으로 추찰할 수 있다. 이 '屯山'의 '屯'을 위에서 소개한 지명 유래와는 달리 풀이하려는 생각을 갖게 된 동기는 두어가지 이유에서이다.

첫째, 이 곳 '屯山'에서 선사유적이 발굴되었기 때문이다. 토지개발공사가 현 屯山洞을 정부 제3청사 부지와 대단위 아파트단지의 신시가지 조성을 위한 개발작업을 하는 중에 뜻밖에도 '구석기>신석기>청동기' 시대와 같이 이어지는 선사시대의 유적이 발굴되었기 때문에 이 곳 지명 역시 한자어 지명이 아니라 고유어 지명으로 유구한 역사성이 있을 것으로 추정할 수 있었다. 따라서 여기 '屯'을 '*tun'의 음차표기로 보고 '*tun'의 지명소를 고유어 지명에서 찾아낼 수 있으리라 믿게 된 것이다.

둘째, 바로 이웃한 '거믄들'(黑石里) (旧 杞城縣 現 대전광역시 杞城洞)에 다른 하나의 '屯谷'이 있다.2) 일명 '둔골, 등꼴'이라고 부르기도 하는데 한국지명총람에 게재되어 있는 풀이는 다음과 같다.

> 둔골[둔곡, 등꼴] [마을] 사진개 동북쪽에 있는 마을. "將軍大坐形"과 "掛燈形"의 두 명당이있다 함.

이 곳 지명 역시 '谷'자는 '골, 꼴'로 훈독 호칭되기도 하지만 (현재의 호칭은 '등골'이 일반적임) '屯'은 한결같이 앞의 경우와 마찬가지로 음독되고 있다는 사실을 주목하여야 한다. 이 점은 다음에서 다루어질 여

---

2) 「大東地志」에서 같은 의미의 지명으로 추정되는 '屯'자 차자표기 지명은
 屯之山(燕岐郡의 山水), 屯山峙南三十里(南原府)
 와 같이 소개할 수 있고, 현대 지명에서 어단이(於丹里) (강원 화천: 충북 중원) 숫둔(炭屯) (강원 인제) 내단(內屯) (강원 정선) 등을 열거할 수 있다.

러 곳의 '屯·芚'자 차자 지명에서도 동일하다는 사실을 주의깊게 유의할 필요가 있다.

셋째, 『新字典』(최남선 1915:41)에서 '屯'의 훈을 찾으면

屯〔쥰〕難也 어려울·原也 두터울·吝也 앗길(眞)〔둔〕聚也 모도일· 勒兵字 둔칠·머물·屯田兵耕 듄면 (元)

와 같으니 '屯谷'을 훈으로 읽는다면 '어려울골, 두터울골, 앗길골, 모도일골, 둔칠골, 머물골'이 되며 마지막으로 한자어 지명인 '屯田谷'의 준말 '屯谷'으로 추독하게 되는데 이상 중에서 필자는 어느 하나일 것으로 추정할 수 있는 까닭을 찾을 수가 없다. '屯·芚'의 표기지명이 단 하나의 예만이라도 위에서 열거한 훈독 중의 하나로 불리우는 경우가 없고 둘째의 이유에서 밝힌 바대로 '*tun'으로만 음독호칭되고 있기 때문이다.

「輿地圖書」(上)(英祖 1757-1765) 公州牧條에
東九則面 屯谷里 自官門東距五十三里 編戶一百二 男一百三十九口 女一百六十四口

라고 적혀 있다. 이 기록을 기준으로 생각하면 '둔곡(屯谷)'이 보다 이른 시기의 표기 지명이기 때문에 이것에서 '둔산(屯山), 둔지리(屯之里)'가 파생되었음을 알 수 있고, '둔지산(屯之山)의 산(山)'을 고유어로 풀어 읽었기 때문에 '둔지뫼>둔지미'가 된 것이라 하겠다. 이것을 다시 한자로 표기한 지명이 '둔지미(屯之尾)'인 것이다. 또한 이 마을은 '상둔지미(上屯之尾), 중둔지미(中屯之尾), 하둔지미(下屯之尾)'로 나누어서 부른 것을 보면 옛날부터 전해내려오는 큰 마을이었음을 엿볼 수 있게 한다. 여기서 우리가 목동(牧洞)을 '못골' 대사동(大寺洞)을 '한절골', 내동(內洞)을 '안골', 변동(邊洞)을 '갓골', 석교동(石橋洞)을 '돌다리', 유등천(柳等川)을 '버드내'라 부름이 오래 묵은 지명의 호칭법이란 사실을

상기할 때 '둔곡(屯谷)'(혹은 屯山)의 '屯'만이 한자음 그대로 발음되어
왔다는 사실에 주목할 필요가 있다. 이와 같은 전통적인 발음은 '屯'을
훈차 표기하지 않았다는 증거가 된다.

2.2.

충남과 전북의 경계에 위치한 명산인 '大芚山'에 대한 기록을 「輿地圖
書」와 「大東地志」에서 찾아보면 다음과 같다.3)

> 大芚山　自全羅道茂朱府德裕山　來入于珍山錦山兩邑之間爲本邑大芚山　自官門
> 東距三十五里〈連山縣 山川條〉
> 大芚山　在縣南十里 自連山汗三川〈鎭岑縣山川條〉
> 大芚山　東三十里珍山界〈連山縣條〉

이 '大芚山'은 고유지명으로는 '한둔뫼'라 부른다. 따라서 이 명산의
본이름은 '한둔뫼'인데 한자표기화의 과정에서 '훈(大)＋음(芚)＋훈(山)'
의 차자표기 지명인 '大芚山'이 탄생하게 된 것이라 하겠다. 여기서도
'大'와 '山'은 '한'과 '뫼'로 새겨서 읽도록 표기하였지만 '芚'자는 그대로
발음하도록 음차표기하였다. 여기 '芚'은 음가가 '屯谷'의 '屯'과 정확히
일치한다. '*tun'의 음가를 가진 글자면 어느 漢字로 표기하든 관계가
없으니 동일한 뜻의 지명소 '*tun'을 표기한 것이라 하겠다. 여기서도
'芚'자는 새겨 읽어서는 안되기 때문에 前後字는 새겨 부르면서 '芚'만은
음독한 점에 유의하여 역시 고유어형 '*tun'을 적은 흔적임을 확인할 수
있게 된다.

---

3) 大芚山이 경기, 경상 등에 또 있음은 「大東地志」에서 확인할 수 있다.
　　大屯寺 在錦川千方山　　　大芚山 在盈德西七十里
　　大芚寺 在珍山大芚山　　　大芚寺 在海南頭輪山
　　大芚山 在高山北四十五里 珍山西十里

2.3.

洪川郡 內面 廣院里(늘원이, 광원)에 '月屯·達屯'의 '屯'이 있고, 이웃한 票田里에 '生屯'이 있다. 이른바 '三屯'이라 하는 곳인데 俗說에 의하면 '月屯·達屯·生屯'의 三屯 안에 피난처가 있다고 전해온다. 철원군 원남면의 '南屯'에도 역시 지명소 '屯'이 박혀 있다.

그런데 '月屯'과 '達屯'은 계방천을 사이에 두고 양쪽에 위치한 광원리 안의 두 마을인데 '月屯'의 '月'을 새겨서 읽으면 '달둔'이 되므로 실상 '達屯'은 곧 '月屯'과 동일지명에 불과하다. 그리고 바로 이웃한 票田里에 있는 '生屯'은 '살둔'으로 새겨 읽으니 이들 세지명의 고유지명은 '달둔'과 '살둔'인 셈이다. 여기서도 '月'과 '生'은 새겨서 부르는데 '屯'만은 한결같이 음독하고 있다. 여기 '月屯'의 '月'은 'tar'을 훈음차한 것인데 이것을 고유지명대로 음차한 것이 곧 '達屯'의 '達'이다. 이 '達'은 백제의 전기지명에서 흔하게 발견되는 '達乙斬(=高本根), 達乙省(=高峯), 達忽(=高城)' 등의 '達'의 뜻인 '高'일 것이다. 한편 '達'이 '山'의 뜻으로도 쓰였으나 이 경우는 '達'이

息達(=土山)	買尸達(=蒜山)
烏斯含達(=兎山)	夫斯達(=松山)
昔達(=蘭山)	所勿達(=僧山)

등과 같이 어미의 위치에 국한하기 때문이다. 그러나 후대로 내려오면서 이런 위치의 제약을 벗은 흔적이 '달내'(㺚川)〈「용비어천가」37장〉, '달내'(達川)〈용비어천가 14장〉에서 발견된다. 위 두 '達(㺚)川'은 '高川'의 뜻으로 푸는 것보다는 '山川'의 뜻으로 푸는 것이 보다 타당성이 있어 보이기 때문이다. 그러나 홍성군 今勿內面(南面)에 '月川里'가 있는데 고유지명으로 '다락골'이라 부른다. 그리고 '月川橋'를 '다락골다리'라 부른다. 즉 '높은 곳'이라 하여 '다락골'이라 부른다는 것이다. 홍성군 里項面 '달애굴'(月谷), 銀河面 '다리굴'(月谷)의 '달'도 동일한 뜻일 것이

다. 여기의 '달'(월)은 '높다'는 뜻인 듯하다. '達'에 관한 여러 문제는 다음 장에서 상술하게 될 것이다.

2.4.

그러면 '屯'의 뜻은 무엇인가. 우리는 백제의 전기 지명에서

德頓忽>十谷城	首乙呑>原谷
于次旦忽>五谷城	於支呑>翼谷
買旦忽>水谷城	習比呑>習谿

등과 같이 '頓·旦·呑=谷'을 발견한다. 이 '*tan·*tun'은 고대 일본어의 'tani'에 비교될 수 있는데 고대 국어에서 '谷'의 의미로 쓰인 고유어 '*tun·*tan'이 잔존하여 쓰이고 있는 존재가 바로 앞에서 열거한 현대 지명의 '屯'일 것으로 추정한다. 이것은 남부지역에서 보편적으로 쓰인 'sil'(谷)에 대응하는 지명소로 북에서 南下하여 이제는 거의 화석처럼 여기 저기에 박혀 있음을 확인한다.

흔히 山間마을을 고유어로 '두메'라고 부른다. 이것은 '둔뫼'에서 변형된 것이다. 그 변화과정을 '둔뫼>둠뫼>두메'와 같이 기술할 수 있다. 따라서 '屯谷'은 '둔실·둔골'이고 '屯山'은 '둔뫼'(>두뫼)인 것이다.

'谷'의 의미인 'tun'은 '둔덕, 둔덩, 두렁, 둠벙(<둔벙), 두듥' 등에 박혀 쓰이기도 하고[4], '두메'가 '듬·뜸'으로 줄어 '벌뜸(坪里), 아래뜸(下坪), 윗뜸(上坪), 새뜸(新坪)'와 같이 쓰이는 듯하다.

---

4) 文世榮(1949 : 454)의 풀이를 참고로 다음에 옮긴다.
  둔덕: 논이나 밭들의 가장자리에 있는 높즉한 곳. 두덕.
  둑(언+덕):물이 넘치는 것을 막기위해 내·강의 가장자리를 흙 또는 돌로 쌓은 것. 防築, 堤防
  필자는 '둔덕'(>두덕)을 '둔+덕'으로 분석할 수 있으리라 본다. 즉 '둔(谷)+덕'(堤)(<둑<도(吐=堤))와 같은 복합어의 후신일 것이다. 둔덕(두덕~두렁~두던)의 '덕'은 '둔'(谷)이 없이는 성립할 수가 없기 때문이다.

한편 이돈주(1994:852-854)는 珍島방언에서 여성 인칭 접미사로 '-단'(-다니)이 쓰이고 있다고 전제하고 그 실례를

장녀 : 큰년	5녀 : 오다니
차녀 : 작은년, 둘째년, 간뎃년	6녀 : 육다니
3녀 : 시다니	7녀 : 칠다니
4녀 : 니다니	

와 같이 들었다.5) 그리고 '단심이', 춘향전의 '향단이', 玉丹春傳의 '옥단춘', 물단(勿丹) (「東國新續三綱行實圖」 권7, 12)의 '단'도 동어원일 것으로 추정하면서 전남방언에서 매사에 잘 아는 체하는 여자를 '안다니'라고 하는데 이 '다니'도 같은 의미로 추정하였다. 그리고 일본의 도적 집단이 女陰을 'tani'(谷)라고 부르는 隱語도 참고가 될 듯하다고 하였다.

2.5.

옛지명소 '*tan'(頓・旦・呑=谷)은 앞에서 열거한 자료를 통하여 확인할 수 있는 바와 같이 옛지명에서는 어두에서 쓰인 경우가 단 일예도 없다. 아마도 '*tar'(達)처럼 위치에 따라서 의미가 달라지는 이중의미소가 아니었기 때문일 것이다.

그런데 후대의 지명구조에서는 그것이 어두에 오기도 하고 어미에 오기도 하여 옛지명에서의 어미위치에 고정되어 있던 구속에서 벗어나 있다. 그렇다면 옛지명의 구조규칙(어미에만 쓰이는)에 위배되므로 후대

---

5) 이돈주(1994:854)에 다음과 같은 견해가 있다.

　이렇게 볼 때 상기한 여성 접미나 '단-다니'는 본시 '谷・溪・谿'를 가리킨 말에서 隱喩나 戲化에 의하여 轉義된 것이 아닐까. 지나친 附會가 될까 염려스러우나 女陰을 山谷, 溪谷과 유사하게 착상한 결과 이것이 여성 호칭의 접미사로 쓰이게 되었는데 어원 의식이 상실되면서 후대에 허다히 '丹'字를 끌어 음역한 것에 불과하다고 본다.

지명의 어두에 위치한 '屯'은 谷 의 의미가 아닐 수도 있지 않느냐는 의
문을 품음직하다. 그러나 이 의문은 곧 풀릴 수 있다. 후대로 내려오면
서 어느 시기엔가 '谷城, 谷川·絲川'(실내>시내)와 같이 어두에도 올
수 있는 구조변화가 일어난 것이다. 따라서 옛지명의 구조에서는 불가
능하였던 어두위치의 'tun'(屯)이 후대지명의 구조에서는 가능하게 된
것이라 볼 수 있다. 그것은 지명어의 구조변화로 인한 결과이어서 현대
지명의 어두지명소 'tun'(屯)은 그 '형태'와 '의미'의 뿌리가 옛지명의 지
명소 '*tan'(頓·旦·呑=谷)에 박혀 있는 경우로 보아도 타당한 것이라
하겠다.

3

3.1.

필자가 이미 都守熙(1996:184-185)에서 소박하게 논의한 바와 같
이 '等·珍·月·靈·石·高·山'의 새김은 '*tʌr~*tʌrʌ~*tor'이었다.
그리고 때때로 '鎭'으로 대응표기되기도 하였던 '*tVr' 혹은 '*tVrV'형
지명소는 '突'로 음차표기되기도 하였고, '等也, 等良, 月良, 珍阿, 珍惡,
鎭安'와 같이 그 표기형이 다양하게 나타나기도 한다. 이것들은 모두가
첫째 자는 훈차자이고 둘째 자는 음차자로 차자표기의 '받쳐적는법'에
해당한다. 말하자면 첫째 자(首字)를 음독하지 말고 새겨서 읽으라는
묵시적 부호이면서 제 2음절의 차음을 명시한 독특한 표기법이다.

그런데 이 지명소가 백제의 전기 지명 즉 고대 한반도의 중부지역(=
三國史記 지리 2, 4)에서는 단음절형인 '*tʌr'(達)로만 나타난다. 그리
고 어두에서는 '高'의 의미로, 비어두에서는 '山'의 의미로 분화된다.6)

---

6) 도수희(1996:174)에서 주장한 先見에 따른다.

  (2) 達 : 高 · 山

　그러나 고대 한반도의 호서·호남(충남·전남북)지역에 분포한 백제의 후기 지명어(『三國史記』지리 3, 4)에는 이 '*tVr'로 표기된 지명소가 거의가 '*tVrV'와 같은 2음절형으로 다르게 표기되어 있다. 공교롭게도 지명소 '*puri'(夫里<卑離)가 신라·가라어의 지역에는 '*pir'(伐·火·弗)로 나타나는 현상과 유사하다. 이렇게 단음절형과 2음절형이 대비될 수 있어서 동일한 의미의 지명소 '*tVr'이 '음절형 : 2음절형'으로 지역을 달리하여 분포하고 있었음을 확인할 수 있다.

　어쨌든 이것들은 '*tʌr～*tʌrʌ'의 새김을 가진 동음이의어의 관계가 있었던 것으로 보인다. 그렇다면 어느 것이 훈차이고 어느 것이 훈음차인지 그것을 가려내려는 데 본장의 목적이 있다.[7]

---

(2)-a 達　　　: 高
　　A　　　: B　　　> C　　　> D
　①達乙省　: 高烽　　> 高烽　> 高烽
　②達乙斬　: 高木根　> 喬桐　> 喬桐

(2)-b　　達　　: 山
　　　A　　: B　　> C　　> D
　①松村浩達 : 金山　　> 振成　> 振成
　②功木達　 : 熊門山　> 功成　> 功成
　③所勿達　 : 僧山　　> 童山　> 烈山
　④非　達忽 : 大豆山城 (未降十一城)
　⑤加尸達忽 : 犁　山城 (逃城七)

(2)-a,b의 漢譯으로 우리는 '達'이 '高·山'의 의미로 쓰였음을 알 수 있다. 그리고 '達'이 語頭에서는 '高'의 뜻으로 語尾의 '達'은 '山'의 뜻으로 쓰였음을 알아차릴 수 있다.

7) 도수희(1996:185)에서 다음과 같이 후고로 미룬 일이 있다.
　특히 여기서 '鎭'의 옛새김이 '*tʌr'이었을 것으로 추정하는 문제에 대한 구체적인 논의는 별고로 미룬다. 그리고 여기에서 借字된 한자들 중에서 '突'만 音借되고 나머지는 모두가 訓借인데 그 중에서 어느것이 진정한 訓借이고 기타는 訓音借인지의 여부를 가리기가 어렵다. 이 문제에 대한 논의도 후고로 미루어 둔다.

3.2.

먼저 '等'으로 표기된 지명소의 의미가 무엇이었던가를 풀어보자.

백제의 후기 지명(「三國史記」 지리 3)인 '高山'의 별칭은 '難等良'이다. 이것은 '馬突 : 馬珍'의 별칭으로도 쓰이었다. 그런가 하면 '月奈 > 靈岩'와 같은 표기변화에서의 '月 : 靈'의 대응이 발견되기 때문에 '奈 = 等 = 月'의 등식이 성립한다. 여기서 '突'을 음차자로 볼 때 '等'과 '月'은 훈차자로 볼 수 있다. 따라서 '等'의 옛새김이 '*tʌr'이었음을 믿게 한다. 그런데 '高山'의 별칭인 '難等良'이 때때로 '難珍阿'로 달리 표기되기도 하였기 때문에 '珍'의 옛새김이 역시 '*tʌr'이었음을 알려 주는 것이며 아울러 '月良'의 '良'을 'ra~a'로 음독할 수 있게 한다. 그러면 어두에 있는 '難'은 무엇인가. 필자는 아직 이 '難'이 무엇인지 풀지 못하고 있다. 대응표기자를 찾지 못하였기 때문이다.

다만 후대의 기록들이

難珍阿 - 云月良阿(高麗史 지리 2)
難珍阿 - 云月良(輿地勝覽 권 39)

와 같이 '難'을 생략한 점에 주목한다. 만일에 그것이 관형지명소이었기 때문에 생략할 수 있었다면 '*tʌra'는 어기지명소에 해당한다. 그런데 이 '*tʌra'가 '高'로 훈차표기되어 있으며 그 위치가 어두에 쓰였으니 '*tʌra'의 의미는 '高'에 해당하였을 것으로 추정된다. 또한 '難珍阿 > 鎭安'으로 신라 경덕왕이 개정하였는 바 이 지명어 역시 '月良'의 별칭을 가지고 있다. 그것이 개정된 이후 현재까지 '鎭安'으로 부르고 있는 이 鎭安郡은 '高山'과 이웃한 고장이다. '鎭安'은 호서·호남에서 가장 높은 高地帶이어서 서리가 제일 먼저 내리는 高冷地이다. 따라서 '鎭安 : 月良'의 대응 표기로 보아서 역시 '*tʌra'로 풀 수 있고 '鎭'의 새김이 '*tʌra'이었을 가능성을 얻게 된다. 이것은 다음에서 논의하게 되는 '鎭嶺'의 '鎭'과도 깊은 관계가 있는 것으로 필자는 추정한다. 그렇다면 「古事記」

(A.D.712)에서 발견되는 '波鎭漢旱岐'와 이것에 대한 다른 표기인 「日本書紀」(A.D.720)의 '波珍漢旱岐'의 '鎭：珍'의 대응에서 '珍'을 동음이자인 '鎭'으로 기록한 것에 불과하다고 쉽게 해석한 金澤庄三郎(1952:10)의 견해에 이의가 제기될 수 있다. 물론 '月良'(tʌra)을 '越浪'으로 달리 표기한 경우도 있기 때문에 위의 가능성을 완전히 배제할 수는 없지만 '鎭'이 '月, 珍'으로 대응되고 또한 '鎭安'의 '安'이 '月良, 珍阿'의 '良, 阿'에 해당하는 '받쳐적는법'의 제2절의 표기자로 동일하기 때문에 동음자 이표기로 보는 것보다는 오히려 동훈이자표기로 봄이 타당성이 있는 것이라 하겠다. 더구나 '珍'이 先表記라면 동음이자 표기의 가능성은 전적으로 배제할 수 없겠지만, 그것이 '鎭→珍'의 표기 순서임이 확실한데 어떻게 '鎭'은 음차표기로, '珍'은 훈차표기로 볼 수 있겠는가. '珍'은 누구나 훈차표기로 보기 때문에 이것의 선행 표기자인 '鎭'도 훈차표기이어야함은 당연한 귀결이다.

또 하나의 '等也'가 있다. 백제의 후기 지명어인 '黃等也山'의 '等也'가 바로 그것이다. 이 지명어는 경덕왕이 '黃山'으로 개정하였고 고려 태조가 '連山'으로 다시 바꾸었다. 일찍이 필자는 '黃'을 훈음차자로 보고 '連'은 한역(훈차)자로 추정하여 '連'의 뜻인 '느르'(늘어서다)와 연관시켜 '黃'을 '느르'로 풀었다. 그리고 '等也'는 '훈음+음'으로 추정하여 '*tʌra'로 풀었다(도수희 1977 : 67-78 참고). 이 '黃等也山'은 지리산으로부터 시작하여 '鎭安'과 '高山'을 거친 후에 일단 멈추어 '大芚山'이 솟아오르고 그 산맥이 계룡산에 이르러 끝맺기전에 지맥으로 뻗은 산줄기인데 連山邑의 동쪽으로 병풍처럼 36개의 낮으막한 산봉우리가 펼쳐 늘어서 있다. 일종의 지형명명인 지명어이다. 이 連山의 산맥과 자매관계에 있는 다른 산줄기에 위치한 지명어가 곧 珍同(>珍山)이다. 여기서도 옛 새김이 '*tʌr'로 추정되는 '珍'이 발견되는데 유의할 필요가 있다. 여기서부터 계룡산으로 뻗어가는 중간 산줄기에 위치한 '鎭嶺(>鎭岑)'이 존재한다. 이 '鎭'은 이웃한 '珍同'의 '珍'과 '黃等也山'의 '等也'와 관련지워 상고할 때 역시 '*tʌr~*tʌra'로 풀어 훈음차자로 볼 수 있지 않을까 한다.

앞에서 논의한 '珍阿 : 鎭安 : 月良'의 대응과 '等也 : 珍 : 鎭'의 대응 표기 지명소들은 하나같이 지리산에서 대둔산을 거쳐 계룡산에 이르는 산줄기 아래에 위치한다는 사실이 모두를 '高·山'의 의미인 '*tʌr~*tʌr ɑ'이었던 것으로 추정하게 한다.

그러면 다른 또 하나인 '武珍州 : 無等州'의 '等 : 珍'은 어떻게 풀어야 하겠는가. 인근에 鎭山인 '無等山'이 背山으로 우뚝 솟아 있으니 역시 '山'의 뜻인 '*tʌr~*tʌrɑ'로 풀어도 좋을 것인가. 현재의 光州에 대한 옛지명은 '武珍州 : 無等州'이었고 '無等山'은 '無珍山~瑞石山'의 별칭을 가지고 있다. 여기서 우리는 '武(無)珍州'와 '無等(珍)山'의 先後관계를 살펴 볼 필요가 있다. 말하자면 '無等山'이 먼저 생성한 뒤에 이 '無等'을 바탕으로 '無等州'가 생성된 것인지 아니면 반대로 '武珍州'가 먼저 생성하고 나서 그 背山名이 '無等山'으로 명명된 것인지의 先後질서를 확언할 수야 없지만 그렇다고 그 가능성의 모색마저 포기할 수는 없다.

보편적으로 핵심지역의 지명이 먼저 명명되고 다음으로 주변의 '山·江'의 이름이 먼저 지어진 지명을 바탕으로 지어진다. '熊津州>熊州>公州'로 개정된 뒤에 公州를바탕으로 '公山'(公州의 背山)이 생성되었고, '곰(錦)江'이 발생하였다. 또한 '漢州~漢城(>廣州)'이 먼저 생기고 나서 '漢江'과 '廣津'이 발생하였다. '泗沘'가 먼저이고 이를 토대로 '泗沘江'이 발생하였다. 마찬가지로 '武珍州'가 먼저 생성된 뒤에 '無等(珍)山'이 발생하였을 것으로 추정된다. 더욱이 확실한 것은 만일 '無等山'이 먼저라면 '武珍州'가 아니라 '無珍山州'이었어야 한다. '完山州, 漢山州, 黃等也山郡, 珍山縣, 高山縣' 등이 鎭山 혹은 背山의 이름으로 '州·郡·縣'의 지명을 삼은 일반적인 예가 있기 때문이다. 그렇다면 '無等山'의 별칭인 '瑞石山'은 '無等山' 혹은 '無珍州'와 어떤 관계가 있는 것인가. '無等山'의 꼭대기에 瑞石臺란 岩石이 많이 깔려 있는 곳이 있는데 이것으로 인하여 '瑞石山'이란 별칭이 발생하였다고 그곳 향토인들이 추정한다(전남대 이돈주, 손희하 교수). 그렇다면 언뜻 보기에 '無等山'과 '瑞石山'의 대비에서 마침 훈음이 동일한 '等'과 '石'이 대응하고 있으니 양자가 서로 밀

접한 관계가 있을 것으로 판단하고 '瑞石山'이 '無等山'의 다른 표기지명
일 것으로 착각할 수도 있을 것 같다. 필연코 '等'과 '石'의 훈음이 相似
하기 때문에 빚어진 착오일 것이다.

그러면 '武珍州'의 고유어는 무엇이며 그 뜻은 어떤 것인가. 우선 그
고유어를 '*mitʌrkol'로 추정할 때 첫째 지명소 'mi'의 뜻은 무엇이겠는
가. 그것은 '믈'(水)일 가능성이 짙다. '務安'의 '務'와 더불어 '武'와 '無'
그리고 또 다른 별칭 '茂珍'의 '茂'는 동음이자표기로 볼 수 있기 때문에
그것 자체가 고유어일 가능성이 짙다. 도수희(1977:56)에서 이미 '今
勿>己汶, 勿阿兮>務安>勿良'의 '勿=務=武=汶'을 '水'를 뜻하는 '*mi
r'로 추정한 사실이 있기 때문에 이 문제도 그 글의 해석에 미룬다. 제
2 지명소의 첫소리가 설단자음이기 때문에 어느 때인가 '설단자음 앞에
서의 ㄹ탈락 규칙'에 의거 '믈>므'가 생성된 것으로 보면 될 것이다.

다음은 제2의 지명소가 '珍·等'으로 표기된 '*tʌr~*tʌrʌ'의 뜻은 무
엇인가. 앞에서 논의한 '高, 山'의 의미인가, 아니면 다른 뜻으로 풀 수
있는가. 실로 光州(<武珍州)는 광역의 벌판이다. 따라서 고유어 '드르'
(>들)(野, 坪)를 '珍·等'의 훈음을 차용표기한 것이나 아닌지. 환언하
면 '바다안(믈안)에 있는 넓은 들판'이란 뜻의 지형 명명이 아니었을까
하는 의심을 품어본다[8]. 그러나 여전히 꼬리를 물고 늘어지는 의문은
백제의 후기 지명어에서 '들'(<드르)을 표기한 글자는 '雨坪, 沙平, 礫
坪, 突坪, 揷平, 武平, 昌平, 车平, 買省坪' 등과 같이 '坪, 平'이지 '珍,
等'이 아니기 때문이라는데 있다. 그리고 '所夫里, 皆火(>戒發), 伐首
只, 比斯伐(完山州), 首原(<買省坪), 黃原(<黃述), 伎伐浦~只火浦,
只伐只' 등과 같이 '夫里, 伐·火·發, 原'로 'puri'와 'pur'을 표기하고
있기 때문이다. 김종택(1994:633)에서는 '孺達'(山)의 '達'과 '武等'(山)

---

8) 도수희(1977:54)에서

    '突=珍=等良'의 '等良'은 '*tʌrʌ~*tira~*tora'로 讀音할 수 있는 것이기로
   이것의 뜻을 '野'로 볼 수 있는 것이다. 중세국어 '드르'(野)와 일치한다.
   와 같이 주장한 바 있다.

의 '等'을 동일한 지명소로 보았고, 金澤庄三郎(1952:20)은 '海'를 뜻하는 滿洲語 'motori'의 침투로 보았고, 梁柱東(1965:423,708)은 '靈:突·珍·月良'을 '野'의 뜻인 '들·드르'로 풀었지만 필자는 다시 餘題로 남길 수밖에 없다.

3.3.

「삼국사기」의 '馬突 : 馬珍'을 경덕왕이 '馬靈'으로 개정하였고, 이것의 별칭이 '難等良'이기 때문에 '靈=突=珍=等良'에서 '靈'의 옛새김이 '*tʌr~*tʌrʌ'이었음을 여러 졸고(1977등)에서 이미 논증하였기에 여기서 재론할 필요가 없다. 그것이 '*tʌr'보다는 오히려 2음절형인 '*tʌrʌ'이었을 가능성을 '月奈~月出~月出'의 다양한 표기에서 찾을 수 있다.

백제지명인 '月奈'를 경덕왕이 '靈巖'으로 改定한 '*t∧r~*t∧r∧'(靈)는 村山七郎(1962)에서 주장한 바와 같이 일본어 'ti(靈), 몽고어 činar<*tinar(本性), yakut어 ti(靈)'와 비교될 수 있을 듯하다. 이처럼 '*t∧r~*t∧r∧'이었던 '靈'의 옛새김은 언제부터인가 死語가 되어 살아지고 말았다. 아직도 '얼'과 '넋'은 빈도가 높게 사용되고 있는데 어찌하여 '*t∧r~*t∧r∧'만이 자취를 감추게 되었는지 알 수 없는 일이다.

그런데 '月奈>靈巖>, 馬突>馬靈'의 '月 : 靈 : 突'에서 '月'과 '靈'은 음차자인 '突'을 표기하기 위하여 훈음차하였다. '月'과 '突'은 百濟의 후기 지명소이고 '靈'은 '月, 突'을 경덕왕(A.D. 757)이 개정한 지명소이기 때문이다. 그렇다면 훈독자 '月'과 '靈'의 관계에서 어느 것이 훈차이고, 어느 것이 훈음차이겠는가. '月'이 먼저이고, '靈'이 나중이니 '月'이 훈차이고 '靈'은 단지 '*t∧r'을 표기한 훈음차에 불과할 수도 있다. 「삼국사기」(지리 3,4)에는 '月奈'로, 「고려사」(지리, 2)에는 '月奈'로 표기되어 있다. '奈' 혹은 '柰'와 같이 동음이자로 음차표기된 점과 '月奈'의 별칭으로 '月生(山)' 혹은 '月出(山)'이 있는 것으로 보아 '月奈(柰)~月出~月生'은 모두가 '*t∧rna'를 적었던 것으로 추정된다. 백제의 '奈'를 고려초에 '生'으로 고쳤으니 필시 '生'의 새김이 '*na-'이었기 때문에 가능하였던 것이다. 그리고 「輿地勝覽」(권 35) 靈岩郡 山川條에

　　月出山 在郡南五里 新羅稱月奈岳 高麗稱月生山

이라 적혀 있어서 별칭 '月出'을 발견하게 된다. 이 '月出'의 '出'은 '生'의 새김과 비슷한 'na'이기 때문에 역시 가능하였던 것이다. 高麗史(지리 2) 靈岩郡條에

　　靈岩郡有月出山 新羅稱月柰岳 高麗初稱月出山

이라 기술하고 있어서 고려초에 '月生山'이 쓰였음을 밝히고 있다. 그러나 '月出山'은 어느 때부터 사용되었는지를 밝히지 않았기 때문에 통일 신라에서 쓰이던 '月柰岳'이 '月生山'과 '月出山' 중 어느 것이 먼저 발생하여 '月柰岳'을 다르게 표기한 것인지 알 수가 없다. 어쨌든 분명한 것은 '月生·月出'을 '*tʌrna'로 새겨 읽을 수 있고 이 훈음이 '月柰'를 역시 '*tʌrna'(훈+음)로 추독할 수 있도록 뒷받침한다. 그리고 만일 백제 지명어 '*tʌrna'를 漢譯한 것이 '月生·月出'이라면 '生'과 '出'의 새김에 해당하는 어휘인 '나다(出), 낳다(生)'가 백제어에서 쓰였음을 간접적으로 확인하게 된다.

　그러면 신라의 경덕왕은 어째서 백제 지명인 '月柰'를 '月生' 혹은 '月出'로 개정하지 않고, 하필이면 '靈岩'으로 바꾼 것인가. 「輿地勝覽」(권 35) 靈岩郡 山川條에

　　九井峯: 月出山最高峯也 頂有岩屹立 高可二丈 旁有一穴 僅容一人從基穴而上 其嶺可座二十人 其平處有凹而貯水 如盆者九 號九井峯 雖旱不竭 諺傳九龍所在

　　動石: 月出山九井峯下有三石 特立層岩之上 高可丈餘 周可十圍 西付山嶺 東臨絶壁 其重雖用千百人似不能動搖而一人搖之 則欲墜而不墜 故亦稱靈岩 郡之得名以此

와 같은 기록이 있다. '月出山'의 '九井峯'에 있는 '動石'의 신비함 때문에 이 岩石을 '靈岩'이라 불렀고, 경덕왕이 이 '靈岩傳說'을 바탕으로 '月奈'를 '靈岩'으로 개정하였다고 풀이하고 있다.

그러나 '月奈'와 '靈岩'의 대비에서 '月＝靈＝*tʌr'인데 근본적인 문제가 있다. '月'의 훈음과 같은 훈음자인 '靈'자를 선택하여 표기하였기 때문에 이 첫째 지명소에 한하여 상고할 때, 경덕왕은 개정한 것이 아니라 漢字만을 바꾸어 표기만 달리하였을 뿐이다. 경덕왕이 '馬突＞馬靈'과 같이 '突'을 '靈'의 훈음차로 표기한 다른 예가 또 있고, '武尸伊＞武靈', '奈己＞奈靈'와 같이 '靈'으로 개정한 표기지명이 더 있기 때문에 月奈＞靈岩에서 月과 靈은 不可分의 관계임을 인정할 수밖에 없게 된다. 그렇기 때문에 이 엄연한 사실을 우연일치라고 말할 수가 없게 된다. 그렇다면 어째서 경덕왕은 '靈出·靈生·靈奈'라 개정하지 않고, '靈岩'이라 개정한 것인가. 여기서 우리가 奈＝岩임을 증명할 수만 있다면 문제는 석연히 풀릴 터인데 아직은 거기까지 미치지 못하는 필자의 능력이 안타까울 뿐이다. 그러면 경덕왕이 '月出山九井峯動石'을 지명에 담기 위하여 '靈(月)奈(出)＋岩(動石)＞靈岩'과 같이 '奈'를 생략하고 개정한 것이 아니겠는가 의심하여 볼 수도 있다. 2字자명으로 개정하여야 하는 원칙이 서 있었기 때문이다.

한편 '月奈'를 '月良, 等也, 等良, 珍何, 珍惡, 鎭安'과 같은 반열에 놓고 볼 때에 역시 '奈'가 '받쳐적는 법'에 해당하는 음차자가 아닌가 의심하여 봄직하다. 그렇다면 '月奈'는 '*tʌrʌ~*tʌrna'일 가능성도 있다. 따라서 '月奈'(*tʌrʌ~*tʌrna)를 '靈'의 훈음인 '*tʌr~*tʌrʌ'로 표기자만 바꾸어 적어주고 거기에다 '動石'의 내용인 새로운 지명소 '岩'을 첨가하여 '靈(月奈)＋岩'으로 개정한 것이라 추정할 수도 있다. 그 의미는 '高·山(月奈·靈)岩'이 아니었나 추정한다. 그리고 '달이 뜬다'는 의미와는 아무런 관계도 없이 '月奈'의 '奈'를 훈음차 표기한 것들이 '月出·月生'의 '出·生'이었을 것으로 볼 수도 있다. 이 문제에 관한 논의는 결국 여러 가지 가설만 어지럽게 늘어 놓았을 뿐 그 정답은 다시 후일로 미루어 둘 수밖에 없다.

3.4.

다음은 '珍惡山＞石山'에서 '珍惡'이 '石'으로 개정표기된 사실에 대하여서이다. 여기서 '石'은 분명한 '*tor~torak'을 표기한 훈차자인데 그것이 漢譯인가 아니면 단순한 훈음차 표기인가의 문제가 제기된다. 훈차자라면 '돌뫼'란 뜻인데 이 山에만 유독히 '돌'이 많이 쌓여 있었기 때문에 '돌 뫼'라고 명명하였던 것인가. 물론 그럴 가능성도 전적으로 배제할 수는 없다.

현재의 '石城'(＜珍惡山)의 동쪽에 위치한 '廣石'(현 논산군 광석면)을 '너분들'이라 부르고, 다른 하나의 '廣石'(논산군 두마면) 역시 '나븐들'이라 부른다. 그리고 '黑石'(대전시 기성동)을 '검은들'이라 부른다. '白石里'는 '흰들'이라 부른다. 이상의 지명에 나타나는 '石'은 대체적으로 '들'(＜드르＝坪)을 표기한 것이기 때문에 '珍惡＞石도 그럴 가능성이 있지 않나 생각하지만 역시 백제 지명의 표기경향이 '들'(＜드르)은 '坪・平'으로 적었던 보편성 때문에 일단 주춤하고 머물게 된다. 좀더 깊게 생각할 문제이다.

4

지금까지 필자는 현대 지명에서부터 옛지명에 이르기까지의 지명소의 쓰임새에 관하여 논의하였다. 논의한 내용을 다시 요약하면 다음과 같다.

4.1.

어떤 옛지명소가 동음이자이거나 아니면 동훈이자로 표기되었을 경우에 동음이자의 표기어는 대체적으로 고유어의 지명소를 적은 것으로 파악하면 된다. '谷'의 뜻으로 쓰인 '頓·旦·呑·屯·芚' 등이 그에 해당한다고 볼 수 있다. 그러나 동음이훈의 차자인 '等·珍·月·石·靈·鎭' 등은 '*tʌr~*tor'(達·突)을 표기하기 위하여 오로지 그 훈음차만 하였기 때문에 이들 글자의 뜻과는 아무런 관계도 없는 것이다. 이것들이 '高·山'의 의미인 고유어 지명소를 나타냄이 보편적이지만 '月奈'의 '月'은 '月出·月生'으로 표기된 사실 때문에 '달이 뜨는'의 뜻으로 풀이될 가능성도 있어 보인다. 그래서 한편 훈차자일 가능성을 배제할 수가 없다. 그러나 만일 개정지명인 '靈岩'에서 '靈'이 피개정명인 '月奈'를 표기한 것이라면, '岩'은 후대에 첨가된 지명소이기 때문에 '月奈'의 '奈'를 표기하기 위하여 차자된 '月出·月生'의 '出·生'은 단순한 훈음차에 불과한 것이라 하겠다. 그리고 '武珍山'과 '珍惡山'의 '珍·珍惡'은 '들'(<드르)일 가능성을 배제할 수가 없지만, 백제의 지명표기 방식이 '드르'를 '坪·平'으로 표기한 보편성에 위배되기 때문에 문제이다.

4.2.

그러나 지리산의 산맥을 따라서 분포한 '等·珍·等也·月良·月阿·珍阿·鎭·鎭安'은 '高·山'의 의미인 고유어 지명소 '*tʌr~*tʌrʌ'로 추정할 수 있다. 이와 같은 동일한 지명소들이 동일한 환경에 분포한 사실은 동일한 의미의 지명소로 추정하는데 결정적인 암시를 주게 된다. 그리고 받쳐적는법에 의하여 표기한 '等也, 月良, 月阿, 珍阿, 鎭安' 등은 'puri(原), koma(熊)'와 같이 아직 폐음절화하지 않은 2음절형의 모습이었을 것이다.

4.3.

아직까지도 비과학적인 해석의 도마위에 놓여 있는 현대 지명 '屯山~屯之尾(<屯谷)'의 올바른 해석을 위하여 옛지명의 '*tʌn~*tun'

(頓・旦・呑)의 지명소를 현대 지명에서 찾아내었다. '月屯・生屯・達屯'의 '屯'이 바로 그 화석의 지명소이며, '한둔뫼'(大芚山)의 '芚', '둔골'(屯谷)의 '屯' 등이 옛지명소의 화석임을 확인하였다.

옛지명소 '*tʌn~*tun'은 지명이 아닌 일반 어휘에도 박혀 있다. '둔+뫼>둠뫼>두뫼'의 '둔', '둔+덕~두덕'의 '둔', '시다니(삼녀), 니다니(사녀)'의 '단', '향단(香丹), 옥단춘(玉丹春)'의 '단' 등이 바로 옛지명소 '*tʌn(谷)'에 소급될 수 있으리라 믿는다.

【참고문헌】

김종택(1994), '고대국어 자료해석의 문제점', 우리말연구의샘터, 도수희선생환갑기념논총(간행위원회)

도수희(1991), '古地名 訛誤表記의 解讀問題', 김영배선생회갑기념논총(경운출판사)

──(1994), '지명연구의 새로운 인식', 새국어생활, 제4권 제1호(국립국어연구원)

──(1996), '지명속에 숨어 있는 옛새김들', 震檀學報 제 82호 (진단학회)

──(1997), '地名 研究의 諸問題', 서원대학교 호서문화연구소 제1회 호서문화학술대회발표논문집(서원대 호서문화연구소)

──(1997), 「百濟語研究」(아세아 문화사)

──(1987), 「百濟語研究」(Ⅰ) (백제문화개발연구원)

──(1989), 「百濟語研究」(Ⅱ) (백제문화개발연구원)

──(1994), 「百濟語研究」(Ⅲ) (백제문화개발연구원)

문세영(1915), 「增補修正 朝鮮語辭典」(영창서관)

박병철(1994), 〔谷〕계 地名에 관한 一考察, 「우리말연구의샘터」, 도수희선생환갑기념논총(간행위원회)

양주동(1965), 「增訂古歌研究」(일조각)

이돈주(1994), '男女人稱接尾辭 二題', 「우리말연구의샘터」, 도수희선생환갑기념논총(간행위원회)(1994), '지명의 전래와 그 유형성', 새국어생활 제4권 제1호 (국립국어연구원)

최남선(1915), 「新字典」(신구서림, 박문서관)

金澤庄三郎(1952), '朝鮮古地名の硏究', 朝鮮學報 제3집 (조선학회)
─────(1985), 「日本古地名の硏究」(초풍관)
村山七郎(1962), '日本語のシングス語的 構成要素', 民族學硏究 제26권 제3호
          (민족학연구회)

'지명전설'에 대하여

1. '지명'과 '전설'의 상관성 문제

1.1.

　지명과 전설의 상관성에 있어서 그 발생의 선후문제는 지극히 풀기 어려운 난제이다. 우리가 지명과 관련된 전설을 놓고 그 생성과정에 있어서 지명이 먼저이냐 아니면 전설이 먼저이냐의 의문에 대한 해답을 얻으려 할 때 피상적으로는 어떤 결론도 함부로 내릴 수 없는 경우가 허다하기 때문이다. 그럼에도 불구하고 종래의 대부분의 학자들은 전설이 선발생이고 그 전설로 인하여 지명이 뒤에 생겨난 것으로 보아 왔고 또한 일반적으로 그렇게 인식하여 왔다. 이렇게 만든 배후에는 두 가지 이유가 도사리고 있다. 하나는 전해오는 이야기(전설)에 역점을 두어 그 내용을 강조하려니까 자연적으로 전설부터 앞세워 강조하고 그리고 나서 그 전설로 인하여 지명이 생겼다고 결론을 내려야 하였기 때문이다. 다른 하나는 앞에서 언급한 이유 때문이었겠지만 고문헌에 등기되어 전하는 전설의 대부분이 전설이 먼저 발생하고 그 전설로 인하여 지명이 뒤에 발생한 것으로 기술하였기 때문이다.

　그러나 우리는 오히려 이와 반대의 입장에서 출발하게 된다. 즉 지명이 먼저 발생하고 그 지명으로 인하여 전설이 발생한 것임을 다음에서 논의하고자 한다.

1.2.

여기서 논의의 편의를 위하여 두 용어를 정하여 사용하도록 하겠다. 전설이 먼저 생성되고 그 전설로 인하여 유래하는 지명을 전설지명이라 부르고, 반대로 지명이 먼저 발생한 뒤에 그 지명으로 인하여 유래한 전설을 지명전설이라 부르기로 한다.

그러나 앞에서 규정한 지명전설과 전설지명이 때로는 혼착(混錯)상태에 빠져 어느 것인가를 판별하기 어려운 경우가 종종 있다. 이런 경우에 있어서 문제해결을 위하여 접근할 수 있는 방법으로 우리는 전설 자체를 면밀히 분석검토하는 길과 해당 지명을 언어학 및 지명학적으로 분석기술 하는 길을 택할 수 있다. 이제까지 제기한 문제해결을 위하여 관심을 가져 왔다면 대체적으로 전자에 해당하는 외길만 걸어온 느낌이 들며 아니면 보다 과학적인 판단을 위하여 채택되어야 할 두 길이 모두 방치되어 온 경향마저 있었지 않았나 한다.

1.3.

그 동안 전설에 접근하는 학계의 관심이 여기서 제기하는 문제에 관하여 비교적 소극적이었거나 아니면 거의 무관심한 상태의 연속이 아니었던가 한다. 그러나 이것이 지명전설이든 전설지명이든 일단 전설을 논의함에 있어서는 그 발생원인, 생성과정 등이 보다 과학적으로 분석기술되어야 할 것이다.

실로 지명전설이 전설지명으로 잘못 인식되어 있거나, 고문헌에 잘못 기록되어 있는 것들에 대하여 깊은 관심을 가지고 어찌하여 이와 같은 착각에 빠지게 되었나를 규명하여 그 와오(訛誤)를 바로 잡아야 할 것이다.

본고의 목적을 달성하기 위하여 선택되는 model은 이른바 '백마강의 釣龍臺傳說'과 '곰나루(熊津)傳說'이다. 여기서 이 두 전설을 모델로 선택함은 둘다 너무나 잘 알려져 있는 전설일뿐만 아니라 그것들이 철저하게 전설지명으로 잘못 인식되어 있고, 고문헌에 있어서도 그렇게 잘못 적혀 있기 때문이다.

요컨대 여기서 전설지명으로 착각되어 온 두 전설이 지명전설임을 논증하게 될 것이다. 이와 같은 논의를 위하여 필요에 따라서는 유사한 다른 지명례를 들어 비교 고찰하는 기회가 때때로 부가될 것이다.

2. 釣龍臺와 백마강전설

2.1.

「삼국유사」 권 2 南扶餘條에

(1) 又泗沘河边有一嵒 蘇定方甞坐此上 釣魚龍而出 故嵒上有龍跪之跡 因名龍嵒

이란 기사가 보인다. 이 기록이 우리가 접할 수 있는 최초의 것이 아닌가 한다. 위 기록에는 '白馬江'이 나타나지 않으며 조룡대 역시 발견되지 않는다. 오로지 龍嵒만이 因名형식으로 나타날 뿐이다. 따라서 이 시기까지에는 龍嵒傳說만 존재하였을 뿐이라 하겠다.

위의 '용암전설'은 보다 후대의 문헌에 변화된 모습으로 등장한다. 「세종실록」 권 149 扶餘조에

(2) 自虎巖順流而南 至于扶蘇山 山有一怪岩 跨于江渚 岩上有釣龍跡 諺傳蘇定方伐百濟時 雲雨暴作 以白馬釣龍而後克伐之 故江曰白馬 巖曰釣龍臺

와 같이 위의 龍嵒에 대한 기사보다 좀더 구체적으로 기술하고 있다. 자료 (1)에 등장하지 않는 白馬가 자료 (2)에는 나타난다. 또한 그로 인하여 '백마강'과 '조룡대'가 생성되었음을 비로소 언급하고 있다.

보다 자세한 내용을 우리는 「新增東國輿地勝覽」 권 18 扶餘 古跡條

에서 발견한다.

(3) 釣龍臺. 自虎岩順流而南 至于扶蘇山下有一怪石 跨于江渚 石上有龍攫之
跡 諺傳 蘇定方伐百濟 臨江欲渡 忽風雨大作 以白馬爲餌 而釣得一龍 須臾開霽
遂渡帥伐之 故江曰白馬 巖曰釣龍臺

와 같이 자료 (3)은 小題로서 조룡대를 내세운 점과 그 내용이 보다 구
체화하고 있다. 여기서 우리는 관계문헌의 연대순에 따라서 그 내용이
보다 점증적으로 구체화한 사실을 확인하게 된다. 그 까닭이 혹시 (1)
에는 없는 白馬江이 (2)에서 비롯된 것이 아닌가 하는 까닭을 깊이 생
각하게 한다. 이 전설은 '조룡대전설'이 먼저 형성되고 그런 뒤에 '백마
강전설'이 발생한 선후관계를 증언하고 있는 것이라 하겠다. 그렇게 된
까닭을 다음에서 백마강에 대한 언어학적 분석을 통하여 논증하게 될
것이다.

2.2.

'백마강전설'을 올바로 이해하기 위하여 우리는 白馬江이란 지명의 형
성발달의 문제를 언어학 내지 지명학적인 견지에서 면밀히 고찰하여야
할 것이다.

일찍이 輕部慈恩(1971)은 백마강의 전신을 白村江으로 추정하고 '村
=馬'로 등식화하여 그 음형을 '마루'로 해독한 나머지 그 의미를 중세국
어의 'ᄆᆞᄉᆞᆯ'에 해당한다고 결론하였다. 鮎貝房之進(1938)은 '白村江＞白
江'과 같이 그 선후관계를 추정하여 백촌강이 보다 이른 시기의 원형임
을 주장하였다.

그러나 필자는 일찍이(1983 : 17～19) 국내외의 옛 문헌에 나타나
는 直證資料를

1. 卽位春三月 佐平苩加據加林城叛 王帥兵馬至牛頭城 命打率解明討之 苩加出

降 王斬之投於白江〈「三國史記」권 26 武寧王條〉

2. 興首曰, ……白江(或云伎伐浦)……使唐兵不得入白江, ……遇倭人白江口.
〈「三國史記」권 28 義慈王條〉

3. 水軍不使入伎伐浦(卽長嵓又孫梁一作只火浦又白江)〈「三國史記」권 1 太宗
春秋公條〉

4. 扶餘隆 率水軍及糧船 自熊津江往白江 以會陸軍 同趨周留城 仁軌遇扶餘豊之
衆於白江之口〈「舊唐書」권 199 上 東夷百濟條〉

5. 劉仁軌率舟師 自熊津江偕進 趨周留城 衆屯白江口〈「唐書」권 220 東夷百
濟條〉

6. (形勝) 炭峴 白江〈「新增東國輿地勝覽」권 18 扶餘條〉

7. 津邊里(白江), 津邊里(白馬江)〈大正 4年 五萬分一縮圖〉

8. 我欲自往待饗白村 戊戌賊將至於州柔繞其王城 大唐軍將 率戰船一百七十艘
陳烈方白江〈「日本書紀」권 26 武寧王條〉

9. 甋山浦西南二十里 出礪山北爲篤子川 西流經江景臺下入白江〈「大東地志」恩
津條〉

10. 市津浦 一云論山浦 北二十里. ……西南流經黃山橋環江景臺之北入于白江〈上
同〉

11. 春正月 佐平苩加據加林城叛 王帥兵馬至牛豆城 命扞率明討之 苩加出降王斬
之 投於白江〈「三國史記」권 26 武寧王條〉

12. 白馬江 在縣西五里 良丹浦及金剛川與公州之錦江合流爲此江 入林川郡界爲古
多津〈「新增東國輿地勝覽」권 18 扶餘條〉

13. 大王浦 在縣南七里 源出烏山西入白馬江(上同)

14. 石灘 在縣東十二里白馬江上流〈上同〉

15. (形勝) 炭峴白江(成忠諫義慈王書詳人物下)〈上同〉

16. 白馬江 西五里公州錦江下流百濟伎伐浦 又云泗沘河〈「大東地志」扶餘條〉

17. 百濟都城抱扶蘇而築兩頭抵白江 形如半月故云半月城〈上同〉

18. (邑倉) 江倉 白江西岸〈上同〉

와 같이 제시하였다. 앞의 자료 1~18까지를 중심으로 판단컨대 백마
강은 비교적 후대에 발생한 사실을 窺知할 수 있다. 즉 백강은 보다 이
른 시기의 고사서인 「日本書紀」, 「舊唐書」, 「唐書」, 「三國史記」, 「三國
遺事」 등에 나타나며 白村은 「日本書紀」에만 나타나는데 그나마 유일한
존재일 뿐이다. 그리고 '白馬江'은 보다 훨씬 후대의 문헌인 「世宗實錄」

(서기 1454)에서 처음으로 발견된다. 따라서 이 어휘의 발달과정을 표로 보이면 다음과 같다.

白江＞白村江＞白馬江

2.3.

여기서 우리가 앞의 지명들을

白＋江＞白＋村＋江＞白＋馬＋江

와 같이 형태소 분석을 할 때 '白, 村, 馬'의 고유어가 무엇인가를 찾아야 할 것이다. 또한 가장 이른 어형인 '白江'과 그 주변에 분포하여 오늘날까지 慴用되고 있는 '泗沘·所夫里'와 자매관계의 여부를 고찰함으로써 해답이 얻어질 것이라 믿는다.

그러면 우선 '白', '村', '馬'의 고유어형을 재구하여야 할 것이다. 이두와 향가에 나타나는 '白'의 옛새김은 '숣'이다. 그리고 지명에서도 '白亭子＝삽쟁이, 沙峰＝삽재'(東鶴寺入口)와 같이 '白'의 새김이 '숣＞삽'이다. Miller R.A. (1979 : 7)가 재구한 '白'(white)에 대한 어형 역시 *šilap(O.K.), *siro(O.J.)이다.[1] '白江'의 '白'을 *sarpi로 새길 수 있는 보다 확실한 근거는 白江의 본이름이 泗沘江이라는데 있다. 이 泗沘江을 우리는 백제시대부터 오늘날까지의 고유어로 *sʌrpi-kʌrʌm으로 추독할 수 있겠기 때문이다. 이 泗沘의 원초형은 所夫里라 생각하는데 이 지명 역시 *sʌpuri로 추독할 수 있어서

白(*sʌrpi)江～泗沘(*sʌpi)江～所夫里(sʌpuri)江

---

1) Miller R. A. (1979 : 7)의 '白'과 관계되는 풀이의 내용은 다음과 같다.
    The word is OKg. *šilap 'white', written with 〔5756, 3764〕, NC shī-là＜MCśi-lāp, obviously cognate with OJ sirŏ 'white'.

과 같이 유사형의 병렬이 가능케 된다. 따라서 白江은 *sʌrpi-kʌrʌm에
대한 한어표기임을 확일할 수 있게 된다.

　다음 문제는 白江에서 확대된 白村江의 '村'과 이것의 변화형인 白馬
江의 '馬'의 관계이다. 이 둘의 관계는 '村>馬'와 같은 선후로 판별된다.
그렇다면 '村'에 대한 중세국어 '무술'을 삼국시대로 소급시켜 생각할 수
있겠고, '村'에 대응하는 후대형 '馬'도 역시 같은 맥락에서 훈차표기한
것으로 볼 수 있을 것이다. '馬'의 새김이

> 전무리 현버늘 딘돌 : 奚有蹇馬則屢躓〈「龍飛御天歌」 제31장〉
> 몰톤자히 건너시니이다 '乘馬載' 流〈「龍飛御天歌」 제34장〉
> 馬曰末〈「鷄林類事」〉 물마 : 馬〈「訓蒙字會」上 19〉

와 같이 '몰'이다. 따라서 '무술'(村)이 '몰'로 축약표기된 것이라 하겠다.
　그런데 '馬'에 대한 본래의 새김은 '*kʌrʌ'(*kVrV)임을 도수희(1989
: 21~23)에서 논증한 바 있다. 그렇다면 본래에는 '馬'가 백제시대의
고유어로 '*kʌrʌ'이었던 것인데 후대의 차용어 '몰'에 밀려 고지명에 화
석어로 그 흔적을 남기고 있을 뿐이라 하겠다. 만일 가정한대로 '몰'이
차용어이었다면 그것은 몽고어 'morin'(馬)의 차용일터이니 고려시대에
유입되었을 가능성이 매우 짙다. 그러니까 '白村'이 '白馬'로 표기변화되
었던 시기는 빨라야 고려시대 이후일 것으로 추정된다. 앞에서 제시된
자료 (1)에서 龍嵒(卽 釣龍臺)만 나타나고 白馬江이 보이지 않는 사실
도 그것이 시차를 두고 후대에 발생한 까닭을 입증하는 바라 하겠다.
　요컨대, 본래에는 白馬의 의미가 아니었던 '白(*sʌrpi~*sʌpi)+村
(>馬*mʌsʌr)+江(*kʌrʌm)이 어휘의 구조가 나타내는 각 형태소의 의
미는 심층으로 점점 침잠되고, 반대로 표기어형인 '白馬'가 이미 일반화
한 한자어 '白馬'(white horse)에 유추되어 '白+村'(=馬)이 '白馬'(=
村)로 재구조화함으로써 본래의 의미를 잃고 신조어인 백마의 뜻으로
전의된 것이라 하겠다. 이와 같이 泗沘江이 白江으로 표기화하고, 또

다시 白村江으로 재구조화하고 그런 뒤에 다시 白馬江으로 표기변화가
일어난 뒤에 '白馬'의 어휘화 과정이나 어휘화 이후에 그 새 어휘의 의
미에 의거하여 발생한 지명전설이라 추정한다. 따라서 비록 이 전설의
내용에서는 동시적인 사건에 등장한 사물이지만 두 전설의 생성은 꽤
오랫동안의 시차를 가진다. 자료 (1)(2)가 알려 주는 바와 같이 '조룡
대전설'이 먼저 생성된 뒤에 긴 세월이 흘러간 이후에 '白馬'란 한자어가
생성됨으로써 비로소 기왕의 '조룡대전설'의 무대에 등장하여 있던 '白馬'
와 결부되어 지명전설인 '백마강전설'이 생성하였던 것으로 추정한다.[2]

3. 곰나루(熊津)전설

3.1.

이 전설의 내용은 여기서 소개하지 않겠다. 비교적 일반적으로 잘 알
려진 이름난 전설이기 때문이다.

3.2.

실로 '熊津, 熊川, 熊只, 熊州'와 같은 석독명이 발생하기 이전에는
'熊'에 대한 음독명은 매우 다양한 모습으로 남겨졌다. 다음의 예들이
'熊'을 표기한 삼국시대 혹은 그 이전의 음독명인 것으로 여겨지기 때문
이다.

(A)	(B)		(A)	(B)	
① 金馬 + 渚	〈「삼국사기」〉		⑧ 只馬 + 馬只	〈「삼국사기」〉
② 古麻 + 只	〈「삼국사기」〉		⑨ 今彌 + 達	〈「삼국사기」〉

2) '白'(江)의 釋讀문제는 도수희(1989 : 122~128)에서 비교적 자세히 논의하였
   다.

③ 古馬 + 彌知 〈「삼국사기」〉　　⑩ 固麻 + 城　〈「주서, 북사」〉

④ 古莫 + 夫里 〈「삼국사기」〉　　⑪ 蓋馬 + 韓　〈「주서, 북사」〉

⑤ 古彌 + 縣　〈「삼국사기」〉　　⑫ 乾馬 + 國　〈「魏志」馬韓條〉

⑥ 甘勿 + 阿　〈「삼국사기」〉　　⑬ 久麻 + 那利 〈「일본서기」〉

⑦ 昆彌 + 川　〈「삼국사기」〉　　⑭ 枳幕 + 密地 〈觀世音應驗記〉

위의 기록 중에서 음독명으로 추정되는 (A)만을 擇하여 Karlgren(K),
董同龢(T), 周法高(Ch) 교수가 재구한 상고음으로 표기하고, 이어서
東國正韻(東音), 속음으로 표기키로 한다.

熊의 音讀名	上 古 音	中 古 音	俗 音
① 金 馬	ki̯əm-mwăg(T) ki̯əm-må(K) ki̯əm-mrwar(Ch)	□-:maø(東) kiəm-ma(K) kiem-mua(Ch)	금(千字, 字會, 類合):마 (字會) 마(類合)
② 古 麻	kâg-mwa(T) ko-ma(K) ka γ -mrwa(Ch)	:koø-maø(東) kuo:-ma(K) kou-mua(Ch)	고(千字):고(字會) 마(字 會, 類合)
③ 古 馬	kâg-mwăg(T) ko-må(K) ka γ -mrwar(Ch)	:koø-:maø(東) kuo:-ma(K) kuo:-mua(Ch)	
④ 古 莫	kâg-mwăg(T) ko-kåg(K) ka γ -mwar(Ch)	:koø-·mʌyk(東) kuo:-muo(K) kou-muo(Ch)	막(千字)
⑤ 古 彌	kâg-□(T) ko-miăr(K) ka γ -mjieʳ(Ch)	:koø-·miø(東) kuo:-mjiei-(K) kuo-miɪ(Ch)	미(類合)
⑥ 甘 勿	kâm-mi̯wət(T) kâm-mi̯wət(K) kam-mi̯wət(Ch)	kam-·mon(東) kâm-mi̯uet(K) kam-miuət(Ch)	감(千字, 字會, 類合) 물(千字)
⑦ 昆 彌	□-□(T) □-miĕt(K) □-mjieʳ(Ch)	kon-miø(東) □-mjiei(K) □-miɪ(Ch)	곤(千字, 字會, 類合)
⑧ 只 馬	kieg-mwăg(T) □-må(K) ·tjier-mrwar(Ch)	·cir?-:maø(東) □-ma(K) t'si̯ɪ-mua(Ch)	
⑨ 今 彌	ki̯əm-□(T) ki̯əm-miĕt(K) ki̯əm-mjieʳ(Ch)	kim-miø(東) ki̯əm-mjiei(K) kiem-miɪ(Ch)	금(字會, 類合)

熊의 音讀名	上 古 音	中 古 音	俗 音
⑩ 固 麻	kâg-mwa(T) ko-ma(K) kaγ-mrwa(Ch)	·koø-maø(東) kuo-ma-(K) kuo-mua(Ch)	고(類合)
⑪ 蓋 馬	kâd-mwăg(T) kâd-må(K) kar-mrwar(Ch)	·h'ap-:maø(東) kai-ma(K) kai-mua(Ch)	
⑫ 乾 麻	kân-mwăg(T) kan-ma(K) kan-mrwar(Ch)	kan-:maø(東) kan-ma(K) kan-mua(Ch)	건(類合, 字會)
⑬ 久 麻	kiwĕg-ma(T) kiŭg-ma(K) kjwər-mrwa(Ch)	:kuŋ-maø(東) kiəu:-ma(K) kiəu-mua(Ch)	구(類合)
⑭ 枳 慕	kieg-□(T) kiĕg-□(K) ·tjier-□	:ciø-□(東) t'sie:-□(K) t'sii-□	기(字會)

위 예가 보여주는 바와 같이 '熊'에 대한 우리의 고유어는 'kVmV'의 2음절형이었던 것으로 추정할 수 있겠다. 중세국어가 보이는 '고마느ᄅ'(「용가」)를 비롯하여 일본어 'Kuma', Lamuts어 'Kuma', Tungus어 'Kuma' 등은 고대 국어에서의 '*koma~*kuma'를 상정케 한다.

그러면 이와 같은 2음절어가 언제부터 단음절어 '곰'으로 줄어든 것인가? 물론 15세기의 문헌인 「용비어천가」에 '고마'가 나타나니 그때까지만 해도 2음절어가 보편적으로 사용된 것이라 착각하기 쉬우나, 이는 고유지명의 화석일 뿐(현재에도 熊津을 '고마나루'로 호칭하고 있는 것으로 미루어 보아) '熊'에 대한 고유어는 이른 시기에 이미 단음절화하였던 것으로 추정된다. 우선 15세기와 16세기의 문헌에서 보면

　:곰과 모딘 ᄇ얌과〈「釋譜詳節」9 : 24〉
　곰옹 熊, 곰비 熊〈訓蒙字會上 19〉

와 같이 '고마' 아닌 '곰'이 보편적으로 사용되었음을 말해 주고 있다. 이

보다도 이른 시기의 문헌을 보아도

熊膽 古音矣余老〈「鄕藥採取月令」〉
熊, 果門〈「朝鮮館譯語」〉

와 같이 '곰'의 존재를 확인할 수 있다.3) 뿐만 아니라 다음의 두 기록은
'고마>곰'의 시기를 고려 초기로 소급하여 준다.

ⓐ 移都於白岳山 阿斯達 又名弓忽山 今彌達〈「三國遺事」 권1〉
ⓑ 公州牧 本百濟熊川 ……神文王改爲熊川州 置都督 景德王改熊州 高麗太祖
二十三年 改今名〈「東國輿地勝覽」 公州牧條〉

ⓐⓑ의 '弓'과 '公'이 문어로 정착된 시기보다 이전에 이미 생성된 것
이라면 '고마>곰'의 시기는 보다 앞서게 된다. 다음의 두 기록은 이 사
실을 증언하는 또 다른 예가 될 듯이 보인다.

ⓒ 功木達 一云熊閃山〈「三國史記」 권 37〉
ⓓ 連川 本百濟工木達(一云熊閃山)〈「大東地志」 권 3〉

---

3) ① 南廣祐 (1962 : 413)에서 다음과 같이 풀이하고 있다.
　　熊膽 鄕名 古音矣余老 고믜열(웅담)
　② 李基文 (1963 : 69)는 13世紀 중엽의 鄕藥名을 표기한 한자의 용법은 다음
　　과 같은 末音表記를 原則으로 하였다고 論述하고 있다.
　　-c 次, -m 音, -p 邑, -r 乙, -s 叱, -z 兒
　③ 姜信沆(1974:44)는 다음과 같이 풀이하였다.
　　熊稜　　　果門　　　　*:곰
　　웅IH ləŋ IH ŋel HI kuɔ-mu(ə)n 일히와 곰과(釋九 24)
　　S룅　　S귀(숙고)…문(믄)
　　◦Kom=Kuɔ-mu(ə)n
　④ 南豊鉉(1981:261)에 다음과 같은 풀이가 있다.
　　落蹄 熊月背 곰돌비

ⓒⓓ는 '功(工) : 熊, 木 : 閃, 達 : 山'의 대응을 보여 '곰'의 존재가 확인된다. 그리하여 다음과 같은 기록변천의 추이를 도시할 수 있게 한다.

三國以前	三國時代	高麗時代	朝鮮時代
固馬, 金馬 >	功, 工(弓) >	公, 弓 >	果門, 古音
*koma~*kuma	kom~koŋ	kom~koŋ	kom~koŋ

앞에서 추정한 바와 같이 ⓐⓑⓒⓓ의 '功, 工, 公, 弓'이 단음절어 '곰'의 표기가 틀림없다면 적어도 '고마>곰'의 시기는 고대 삼국의 중기까지 소급할 가능성이 없지 않다.

3.3.

앞에서 논증한 바와 같이 '고마'는 둘째 음절의 모음이 탈락해서 '곰'이 되었다. 이제까지의 통설로는 '고마'(>곰)의 뜻을 '감=神', '크다'는 뜻으로서의 '大', 또 많다는 의미로서의 '한'을 훈으로 한 '多', 그리고 동물의 의미로서의 '熊' 등으로만 봤다. 그런데 전국에 분포되어 있는 熊川 내지 熊浦를 다 조사한 결과, 대개 熊浦나 熊川은 중심되는 마을이나 邑이나 縣이나, 또는 고을(州)을 기점으로 해서 북쪽 아니면 서북쪽에 있다. 그러니까 '熊川', '熊浦'하며는 '後川' 또는 '北浦', '後北川', 또는 '北流川', '北流津', '北津', '後津' 등으로 풀 수 있는 근거를 그 위치의 방위로 봐서 찾게 되었다. 그러면 다같은 '熊浦', '熊川'인데 다른 데에는 '곰'에 대한 전설이 없고, 어째서 공주에 있는 '곰나루'에만 그 전설이 형성되었느냐는 문제를 한번쯤은 생각해 봐야 하지 않겠느냐 하는 데서부터 의문이 시작된다. 우선 결론적으로 말하자면, 지명에 대한 '북'(北)아니면 '후'(後)라고 하는 의미를 가진 것이 '고마', '곰'이라고 할 수 있겠다. 고려 속악의 '動動'에서도 '곰'하면 '뒤'(後), 그리고 '뒤'란 의미로서의 '북'(北)을 의미한다. 따라서 이제까지 '고마'를 '神, 大, 多, 熊'의 의미로만 주장하고 인식해온 데다 필자는 '뒤'(後 北)란 의미를 하나 더 추가해서 '곰나루전설'에 대한 유래를 다르게 추찰하고자 한다.

공주 서북의 금강의 津渡인 고마나루의 '고마'는 咸悅(익산군)에 위치한 선착장 '곰개'(熊浦)의 '곰'과 동일의미를 지닌 '後' 내지 '北'(北津, 後津, 北浦)이라 이르는 의미인데, 이는 경주 월성의 남천을 '알내'(閼川)라 할 때의 '알'이 '앎(前)'의 의미인 경우와 대조가 된다 하겠다. 이렇게 '뒤'(後·北)의 의미로 '곰'이 마침내 동물명 '곰'(熊)과 동음이의어였기 때문에(필자는 '웅'(熊)의 석음을 뜻까지 포함해서 借字한 것을 訓借라 하고, 뜻은 버리고 그 새김의 음만 택한 것을 訓音借라고 그렇게 용어를 쓰고 있다) 훈음을 사용했을 뿐인데 일단 熊津, 熊川과 같이 표기화가 된 이후에는 어느 시기엔가 동음이의인 동물의 '곰'(熊)과 혼동되었을 것이다. 거기에다 '웅'(熊)의 訓은 동물이지만, '後·北'을 나타내기 위하여 차용된 석음차는 사실상 그 글자의 뜻을 담은 것이 아니기 때문에 세월이 흘러감에 따라 본래의 의미인 '後, 北'의 의미는 점점 희박해져 결국 소거되고, 동물인 '곰'에 대한 개념만 남게 된 것이라고 하겠다. 여기에 설상가상으로 '後, 北'의 의미로 팽팽히 공존하던 '곰'(熊)과 '뒤'(後)가 그 공존의 균형이 깨지면서, '뒤'가 적극적으로 사용되고, '곰'은 소극적으로 사용되다가 결국은 '곰'이 거의 사어화되었기 때문이 아닌가 여겨진다. 이 사실은 '前·南'의 의미를 지닌 '님'과 '앎'의 관계에서 '님'이 사용어권에서 사라지고, '앞'만이 남은 결과와 동궤의 현상이라고 하겠다. 이와 같이 본래에는 北津이라는 의미의 '고마ㄴㄹ'가 '熊津'이라고 표기된 이후, 점차 그 글자의 의미인 동물명으로 전의되는 과정이나 한어화한 뒤에 새로운 어휘 의미, 즉 동물인 '곰'으로 인하여 발생한 '지명전설'로 추정하는 것이다.

4. 雨來傳說과 蘇定方傳說

4.1.

앞에서 소개한 두 지명 전설과 아주 유사한 경우를 더 들어보겠다. 대전지역을 중심으로 하여 말하자면 대전의 백제시대 이름은 '雨述郡'이다. 이것은 신라의 경덕왕(서기 757)이 '比豊'으로 바꾸었고, 고려 태조 23년에 다시 '懷德'으로 바뀌었다. 그리고 懷德縣址의 동쪽에 鷄足山이 있는데, 그 인근에 '飛來里, 雨來里, 비럭골, 元飛來, 飛來菴' 등이 분포하고 있다. 또한 계족산을 일명 '비수리'라고도 한다. 그러니까 古來로 분포하여 온 관계지명을 종합하면 '雨述>比豊>飛來~비수리~雨來'가 된다.

그런데 「新增東國輿地勝覽」, 懷德縣 山川條에 '世傳 天早山鳴則必雨'란 구절이 있다. 즉 '날이 가물 때에 산이 울면 반드시 비가 내린다'는 전설인데 이것은 어떻게 발생한 것인가. '飛來'가 기록상으로 보면 '雨來里'로 바뀌었다. 지명에서 '雨'를 새김으로 읽으면 '飛來里'가 된다. 이렇게 표기 변화가 일어난 후에 이 '雨來'를 모두 새겨 읽으면 '비오다'가 된다. 앞에서 제시한 '雨述, 比豊, 飛來, 비수리' 등의 지명으로 인하여 발생한 전설이기 때문에 이것도 곧 지명전설이 아니겠느냐 생각한다.

4.2.

또한 대전광역시 안에 이 부근에 '眞峴縣'이 있는데, 「三國史記」 등에 '眞峴縣(眞一作貞)'이라고 기록되어 있다. 이 '貞'자는 '眞'자와 유사하기 때문에 하나가 '正'이고 다른 하나는 '誤'일 것이 아니겠느냐고 그렇게 생각하는데 필자는 그렇지 않았던 것으로 믿고 있다. 지명을 보면 '貞峴縣'하고 '眞峴縣'은 본래부터 異稱이었던 것으로 추정할 수 있다. 이 '貞峴縣'은 그 후신이 '杞城'이고, 그래서 '杞城面'으로 전해져 왔다. 그런데

'杞城'이 원명인 '貞峴縣'에서 그 治所가 '眞峴縣'으로 이동이 되었던 것이다. 그러니까 원래의 縣治가 '貞峴縣'이고 '貞峴縣'에서 삼국통일 이전이든지 직후든지 어떤 여러 가지 정치적인, 행정적인 목적으로 해서 현재 '鎭岑'으로 그 縣治를 옮긴 것으로 생각이 되는데, 보다 적극적인 논의는 도수희(1991 : 197~212)에서 상론하였는고로 그 논문을 참고하면 될 것이다. 이 '貞峴縣' 때문에 杞城面 부근에 '農城, 貞坊山城, 定方山城, 貞坊里, 고사바위, 고도바위' 등이 분포하게 되었고, 아울러 '고답, 고삼, 고다마을, 고사마을' 등이 산재하게 되었던 것이다. 이처럼 '貞'과 관계되는 소지명들이 많이 있는데, 池憲英선생은 일찍이 이와 같은 지명의 분포상을 가리켜 지명의 '화동성'이라고 주장하였다. 앞에서 언급한 내용을 근거로 '貞峴縣'에서 '貞坊山城'이라고 하는 지명이 나왔고, 이 '貞坊山城'을 음차 기록한 것이 '定方山城'이라고 한다. 그런데 「大東地志」에 '蘇定方留陣處'라는 전설이 나타난다. 蘇定方의 군대가 잠깐 머무른 석성이기 때문에 '定方山城'이라 부르게 되었다는 전설인 것이다. 이것도 결국에는 '貞坊'이 동음이자인 '定方'으로 표기변화가 일어난 후에 이 '定方'이 마침 蘇定方의 '定方'하고 똑 같으니까, 거기에서 유래되어 '蘇定方留陣處'라고 하는 전설이 형성된 것이 아닌가 한다. 그렇다면 이것 역시 지명으로 인해서 발생한 지명전설인 것이다.

4.3.

비슷한 지명전설이 신라의 국호에서 발견된다. 辰韓 12국 중의 1국인 斯盧國에서 출발한 신라의 국호는

徐羅伐 · 徐耶伐 · 徐伐 · 徐羅 · 斯羅 · 始林 · 鷄林 · 鳩林 · 尸羅

등과 같이 시대별로 그 어형이 조금씩 변모하였고, 또한 표기형도 상당히 바뀌었다. 그러나 그 내용은 본모습을 잃지 않은 범위에서의 변화이

었다. 다만, '始林, 鷄林, 鳩林'이 언뜻 보기에는 아주 다른 국호인 것 같지만 실은 그렇지 않다. '始'는 음차자로, '林, 鷄, 鳩'는 훈음차자로 볼 때 '林'의 새김이 '수블, 블(>수플, 풀)이었을 것이고, '鷄, 鳩'는 '새'로 읽을 수 있기 때문에 '始林'은 '시블~시벌'이 되고, '鷄林, 鳩林'은 '새블~새벌'이 된다.4) 이렇게 '鷄林, 鳩林'이 모두 徐伐을 이표기한 것인데 이런 표기의 배경이 사라진 뒤에 한자어화한 시점에서 「三國史記」권 1 脫解尼師今 9年條의

> 王夜聞 金城西始林樹間 有雞鳴聲 遲明 遣瓠公視之 有金色小櫝掛樹枝 白雞鳴於其下 瓠公還告 王使人取櫝開之 有小男兒在其中 姿容奇偉 上喜謂左右曰 此豈非天遺我以令胤乎 乃收養之 及長聰明多智略 乃名閼智以其出於金櫝姓金氏 改始林名雞林 因以爲國號

와 같은 '닭'과 '수플'을 중심으로 한 「鷄林說話」가 生成한 것이라 하겠다. 이 역시 百濟의 「白馬江傳說」, 「곰나루 傳說」과 동일 유형의 '지명전설'이라 하겠다.

따라서 '전설지명'으로 잘못 보아오던 것들은 '지명전설'로 수정해야 할 내용들이 옛 문헌속에 많이 있다는데 유의하여야 할 것이다.

【참고문헌】

姜信沆(1974), 「朝鮮館譯語研究」(광문사)

南廣祐(1962), 「鄕藥採取月令」解讀考察, 「國語學論文集」(一宇社)

南豊鉉(1981), 「借字表記法研究」, 學術叢書 6. (檀國大)

---

4) '鸛'을 「本草綱目」啓蒙에서는 一名 '大隱鳥'라 하였고, 「鄕藥集成方」에서는 '鸛骨鄕名大隱鳥'라 하였고, 「四聲通解」에서는 '老鸛'을 '한새'로 「訓讀」하였고, 「訓蒙字會」에서는 '鸛'을 '한새'로 새김하였고, 「東醫寶鑑」은 '鸛骨'을 '한새'로 訓讀하였다. 「鷄林類事」도 鷺를 '漢賽=한식'라 하였으니 '雞·鳩'를 '시~새'로 훈독하는 것도 가능할 것으로 본다.

都守熙(1983), 百濟語의 '白·熊·泗沘·伎伐'에 對하여, 百濟研究 제14집(충남대 백제연구소)

──(1985), 百濟語의 '東·西'에 대하여, 「歷史言語學」(서울 전예원)

──(1991), 百濟의 國號에 관한 몇 問題, 百濟研究 제22집(충남대 백제연구소)

──(1991), 百濟語의 '眞峴·貞峴'에 대하여, 「金鍾塤博士華甲紀念論文集」(집문당)

──(1987), 「百濟語研究(Ⅰ)」(백제문화개발연구원)

──(1989), 「百濟語研究(Ⅱ)」(백제문화개발연구원)

李基文(1963), 十三世紀中葉의 國語資料, 東亞文化(서울大)

Miller, R.A. (1979), Old Korean and Altaic UAJ 51

'都彌傳'의 '泉城島'에 대하여*

1. 서 론

1.1.

「삼국사기」에 등재된 都彌傳은 한국의 열녀전의 효시이자 그 내용 또한 빼어난 전기임은 누구나 공인하는 사실이다. 그럼에도 불구하고 이 전기에 대한 학계의 관심은 그것의 중후한 위상에 비해 훨씬 밑도는 자리에 머물러 있어온 감이 없지 않다. 어쩌면 비판에 가깝게 느껴질지도 모르는 이 주장은 그 동안 학계가 이 문제에 대하여 전혀 무관심하여 왔다는 의미는 결코 아니다. 물론 그 동안에 수편의 노작들이 발표된 것만은 틀림없는 사실이나 그 연구의 量質면에서 아직은 기타의 테마에 기울여 거둔 수확보다 훨씬 뒤떨어져 있음을 강조하는 뜻일 뿐이다.

지금까지 연구된 논저 중에 '도미전'을 적극적인 논제로 표방한 논문은 두 세 편에 불과하다는 사실이 본고의 말미에 열거한 참고문헌을 일별하면 통감할 수 있을 것이다. 그나마도 이른바 전기문학적 측면에서 접근을 시도하였을 뿐 그밖의 각도에서는 전혀 試論된 바가 없음이 기이하다. 그 이유가 어디에 있는가. 다른 각도에서의 접근이 불가능하다고 여겼기 때문인가 아니면 무관심의 연속에 빠져 있었기 때문인가.

---

* 이 글은 語文研究會 제100회 월례발표회(1991. 12. 6)의 발표요지를 보완한 것이다.

고전문학의 인접분야에서 평소에 흥미를 가지고 주목하여 온 필자는 이제 그 동안의 침묵을 깨고 都彌傳이 秘藏하고 있는 수조의 문제를 국어학적인 면에서 풀어보려고 한다. 우리가 제기된 難題에 직면하였을 때에 주저주저하며 뒷걸음질만 치는 것은 결코 학자의 美德일 수 없다고 필자는 생각한다. 다소의 모험을 무릅쓰고라도 문제해결에 적극적인 접근을 시도함이 보다 바람직한 연구자의 태도로 받아들여져야 한다고 믿기 때문이다.

실로 문제에 따라서는 부분적이요, 또 고립적(일방적)인 연구보다는 입체적이고도 종합적인 연구결과가 보다 정답을 얻어내는 데 효과적이라는 방법론적 우수성을 우리는 자주 실감하게 된다. 필자가 오랫동안 고전문학의 울타리 속에 가두어 놓고 전유의 테마로 삼아온 표제의 문제를 고전문학의 영역 밖으로 끄집어내어 어학적(엄격히 말하여 지명학적)인 풀이를 시도하려는 궁극적인 목적 역시 제기된 문제를 종합적으로 분석하는데 일조가 되고자 함에 있다.

1.2.

한국 烈女傳의 嚆矢인 都彌傳에 관하여 적극적으로 논의한 연구를 필자가 아는 범위에서 소개하면 張德順(1970), 崔來沃(1981), 정상박(1988), 盧泰朝(1991) 등의 노작들을 들 수 있다. 그리고 비록 본격적인 연구논문은 아니지만 全鎣大(1990)가 충남 보령군 오천면 소성리에서 都彌傳說을 수집하여 조선일보(一事一言)에 발표한 일이 있다.

1.3.

都彌傳은 그 동안 고문헌에 등재되어 전하기도 하고, 구전으로 전국의 各地에 流布되어 있기도 하였다. 여러 곳에서 구전되고 있는 都彌傳 설화로는

　　전설 1. 京畿道 廣州郡 東部面 倉隅里의 都彌傳說
　　전설 2. 慶尙南道 鎭海市 晴安二洞의 都彌傳說
　　전설 3. 忠淸南道 保寧郡 鰲川面 蘇城里의 都彌傳說

등을 들 수 있다.[1)

　　이 글은 이제까지 학계에서 논의하여 온 바와 같은 都彌傳의 구조적인 분석이나 유통양상이나, 설화전승의 여러 문제 등에 대하여 논의하거나 이왕의 연구내용에 대하여 이의를 제기하고 제기된 문제를 해결하려는데 목적을 두지 않는다. 그러한 분야의 분석기술은 필자의 전공영역밖에 있기 때문에 불가능하다. 다만 전설 1은 '渡迷津'이란 지명이 都彌와 음상이 같기 때문에 그 곳을 都彌傳의 배경지명 중의 하나로 보려한 점, 전설 2는 「삼국사기」의 都彌傳에 나오는 지명 '泉城島'와 '加德島'의 마을 이름인 '天城'과 음상이 동일하기 때문에 형성된 지명전설에 불과한 것이라는 점등을 우선 지적할 수 있다. 이런 방법으로 발생하는 지명전설의 문제는 뒤에서 상론키로 한다. 더구나 전설 3에서 '道美港·想思峰·美人島'를 都彌와 결부시켜 도미부인이 태어난 곳이 바로 그 곳이라고 추정한 주장은 「삼국사기」의 원문(都彌傳)의 배경지명을 깊이 인식하지 못한데서 빚어진 오해로, 역시 전공 영역을 벗어난 위치에서 흔히 범할 수 있는 억측에 불과한 것이라 하겠다.

1.4.

　　이 글은 「삼국사기」의 원문(都彌傳)의 내용을 중심으로 논의하게 된다. 이 원문에서 파생한 전설이나 전기 그리고 구전설화의 내용은 논의과정에서 필요할 때에 필요한 부분만을 援用하거나 인용할 것이다. 〔삼국사기〕에 등재된 都彌傳의 원문내용이 최초의 기록이기 때문에 이것에

---

　1) 전설 1에 대하여는 崔來沃(1981:94~101)에서 논의되었고, 전설 2에 대하여는 정상박(1988:5~30)에서 연구되었고, 전설 3은 全鍪大(1990)가 수집발표하였다.

서 파생된 내용이나, 가감된 내용의 영향을 받지 않기 위함이다.

이 글은 주로 '都彌의 身分, 居住地, 體刑後의 放棄된 江岸, 泉城島, 蒜山' 등에 초점을 맞추어 논의하는데 목적을 두기로 한다.

2. 본 론

2.0.

都彌傳의 원문을 「삼국사기」 권 48에서 여기에 옮겨 놓고, 먼저 몇 문제를 간략히 제기하고 나서, 일단 제기된 문제를 항목별로 면밀히 고찰키로 하겠다. (원문에 붙여진 번호와 밑줄은 필자)

①都彌百濟人也 雖編戶小民 而頗知義理 其妻美麗 亦有節行 爲時人所稱 ②蓋婁王聞之 召都彌與語曰 凡婦人之德 雖以貞潔爲先 若在幽昏無人之處 誘之以巧言 則能不動心者鮮矣乎 對曰 人之情不可測也 而若臣之妻者 雖死無貳者也 王欲試之 留都彌以事 ③使一近臣 假王衣服馬從 夜抵其家 使人先報王來 ④謂其婦曰 我久聞爾好 與都彌傳得之 來日入爾爲宮人 自此後爾身吾所有也 遂將亂之 婦曰 國王無妄語 吾敢不順 ⑤請大王先入室 吾更衣乃進 退而雜飾一婢子薦之 王後知見欺 大怒 ⑥誣都彌以罪 矐其兩眸子 使人牽出之 置小船泛之河上 遂引其婦 强欲淫之 婦曰 今良人已失 單獨一身 不能自持 況爲王御 豈敢相違 今以月經 渾身汙穢 請俟他日薰浴而後來 王信而許之 ⑦婦便逃至江口 ⑧不能渡 呼天慟哭 忽見孤舟隨波而至乘至泉城島 遇其夫未死 掘草根以喫 ⑨遂與同舟 至高句麗蒜山之下 麗人哀之 丐以衣食 遂苟活 終於羈旅

여기에 옮긴 앞의 내용에서 우리는

    ⑴ 都彌傳의 사건이 발생한 시대(시기)는 언제였던가?
    ⑵ 都彌傳의 사건이 傳說化 혹은 傳記化한 시기는 언제 쯤인가?
    ⑶ 都彌부부가 살던 곳은 어디였던가?
    ⑷ 都彌는 과연 '編戶小民'이었던가?

(5) 體刑을 당한 뒤에 버려진 江岸은 어디였던가?
(6) 都彌妻의 배가 도착하여 남편을 해후한 '泉城島'는 어디였던가?
(7) 망명하여 여생을 마친 '蒜山'은 어디였던가?

등의 의문을 제기할 수 있다. 이 일곱 가지의 문제가 곧 본고가 풀어야 할 핵심 과제이다.

2.1. 都彌傳의 발생 시기

(1) 현존하는 都彌傳의 최초의 전기는 〔삼국사기〕의 것이라고 믿는다. 이것을 底本으로 하여 「삼강행실도」, 「오륜행실도」 등의 문적에 다소의 첨삭내용으로 다시 등재되었고, 민간에 구전되어 온 것들도 역시 그 원형을 「삼국사기」의 것에 둔 듯이 보인다. 그렇기 때문에 현재의 우리로서는 「삼국사기」의 都彌傳을 최고본으로 믿고 이것을 중심으로 논의할 수밖에 없다.[2] 다만 기타 傳記의 내용은 〔삼국사기〕의 것을 보충 혹은 보완하는데 도움이 될 경우에 한하여 선별적으로 참고한다면 유익할 것이다.

(2) 都彌는 백제의 蓋婁王 때 사람이라고 명시하고 있다. 그런데 문제는 백제의 왕력에 제4대와 제21대의 두 왕이 同名異人이라는 데 있다. 제4대 蓋婁王은 서기 128년~165년(38년간)까지 왕위에 있었고, 제21대 蓋婁王은 서기 455년~475년(21년간)까지 왕위에 있었다.

삼국시대의 王曆을 보면 同稱異王의 사례가 자주 발견된다. 우선 백제부터 살펴보도록 하자.

---

2) 盧泰朝(1991:158~159)에서 전승실태를 다음과 같이 기술하였다.
　　"이 都彌傳承이 백제민간에 암암리 유통되어 오다가 백제가 멸망한 이후 삼국 통일기를 거쳐 구비전승 되거나 또는 문헌전승되어 오던 것을 고려대에 수집·정리하여 「舊三國史記」의 열전에 실렸던 것이라 추정된다. 그것이 다시 金富軾에 의하여 「三國史記」 제 48권 열전에서 현전하는 '都彌'로 정립된 것이라 하겠다."

제4대 蓋婁王~제21대 蓋鹵(婁)王(近蓋婁王)
제5대 肖古王(素古王)~제13대 肖古王(近肖古王)
제6대 仇首(貴須)王~제14대 貴須王(近仇首王)

위와 같이 선대의 왕칭을 되풀이하여 사용하던 관례가 있었다. 물론 선대왕과 구별하기 위하여 '近肖古王, 近仇首王 近蓋鹵王'과 같이 호칭 앞에 '近'자를 붙여 사용키도 하였다.[3]

앞의 경우와 같은 同稱의 사례는 신라의 王曆에서도 발견된다.

제3대 儒理尼師今(努(儒)禮尼叱今)~제14대 儒禮尼師今(世里智王)

위에서 제시한 사례로 보아 백제 시대에 동일한 호칭의 왕들이 존재하였던 사실에 대하여 전혀 의심할 여지가 없다. 이런 사례는 신라와 고구려보다 백제가 오히려 적극적이었다. 제4대와 제21대, 제5대와 제13대, 제6대와 제14대에 걸쳐 동일한 호칭을 사용하였기 때문이다.

이상에서 우리는 都彌傳의 발생시기와 관계가 있을 것으로 추정되는 왕이 제4대와 제21대의 蓋婁王이 복수로 천거되는 분간하기 어려운 문제에 봉착하게 된다. 그러면 어느 蓋婁王때에 당해 사건이 발생한 것인가?

權近(1401~9)이 撰한 「東國史略」 권1의 백제 제4대 蓋婁王條에

節婦都彌妻與其夫 同奔高句麗

와 같이 기술하고 이에 관한 略注로

蓋婁王聞都彌妻豔 留都彌使近臣詐爲王 欲私之妻 請更衣註餘 一婢薦之 王知
見欺 誣都彌以罪矐兩目 置小船浮之河 更欲亂其妻 妻托月事不從 逃至泉城島 遇

---

3) 이 '近'은 '大'를 의미하는 '근'(>큰)이었던 것으로 이병도(1980: 387 注 5)에 서 풀이하고 있다.

其夫　遂同奔高句麗

와 같이 이 사건의 시기를 제4대의 蓋婁王 때로 기술하고 있다. 그러나
이 책의 제21대 蓋鹵王條의 記事에는 都彌傳의 내용이 소개되어 있지
않기 때문이다. 權近이 이렇게 추정한 까닭은 金富軾이 〔삼국사기〕에
기재한 왕호에서 제21대의 蓋鹵王과 제4대의 蓋婁王을 비교한 결과
'婁:鹵'의 표기자의 차이를 발견하고 '都彌列傳'의 표기자가 '婁'(蓋婁王)
字이기 때문에 동일자표기의 것을 기준하여 제4대의 蓋婁王으로 추정한
듯하다. 그러나 權近의 추정은 論據가 미약한 속단이 아닐 수 없다. 따
라서 과연 제4대와 제21대 중 어느 왕대일 것인가를 보다 면밀히 究明
하여야 할 필요가 있다.

(A) 제4대의 蓋婁王 때는 아직 건국 초기라서 당해 사건이 발생할 정도로 사
　　회적인 상황이 성숙되지 않았을 것이다.
(B) 아직 부족국가에 가까운 小國(?)이었을 당시의 백제와 역시 초기 부족국
　　가로 卒本에 건국한 高句麗 사이에는 帶方·沃沮·濊貊이 건재하여 있었기
　　때문에 都彌傳의 내용 중 '고구려의 땅인 '蒜山'에 피신하여 여생을 마쳤다'
　　(원문 ⑨ 참조)는 사실이 실현불가능하였을 것이다.
(C) 제4대 蓋婁王은 품성이 공손하고 操行이 있었다(性恭順有操行). 물론 이
　　내용은 참고 사항에 불과하지만 그런대로 위 기록을 믿는다면 제4대 蓋婁
　　王은 그렇듯 호탕한(?) '都彌傳'의 사건을 자행할 인물이 아니었던 것 같
　　다.

위의 (A)(B)(C)와 같이 제4대 蓋婁王 때는 부정적인 반면에 제21
대의 蓋婁王 때는 다음 (a)(b)(c)와 같이 긍정적인 근거를 제공한다.

(a) 그 영토가 황해도·경기도·강원도(嶺西)·충청도·전라도에까지 확대된 최
　　강의 시대였다. 따라서 君臣間에 都彌傳의 사건과 같은 불상사가 발생할
　　수 있을만큼 시대적 배경이 여러모로 성숙해 있었다.
(b) 다음에서 고증하게 될 '泉城島·蒜山' 등과 같은 都彌傳의 배경이 된 지명은
　　제 21대 蓋婁王 이후에 발생한 것이며 그 이전에는 오로지 앞의 漢字 지명

에 대한 고유지명인 '於乙買串, 買尸達'만이 쓰였기 때문에 都彌傳의 발생시기를 제4대 蓋婁王 때까지 소급할 수 없게 된다.

(c) 제21대 蓋婁王은 성품이 매우 호탕하고 好戰的이었던 것 같다. 한때(同王 15년(469))에는 고구려의 南邊을 침범할 정도였으나 급격히 국세가 기울어 同王 21년(475)에 장수왕의 남침으로 王都 漢城(廣州)은 함락되고 蓋婁王은 비참하게 전사한다. 겨우 망국만을 모면한 점만이 다를 뿐 나머지 부분은 義慈王과 다를 바가 없다. 그 절대적인 敗因이 고구려에서 밀파한 간첩 道琳과 바둑을 즐긴 데서부터 비롯된다. 이 바둑의 대목은 都彌傳에서 王과 都彌가 내기장기를 둔 점과 정확히 부합된다. (원문 ④ 참조)

따라서 당해 사건은 제21대 蓋婁王의 재위 21년(서기 455~475) 동안 중 그 후반기에 발생하였을 것으로 추정한다. 특히 거의 말기에 발생한 것으로 보아야 다음에서 고증할 '泉城島·蒜山' 그리고 고구려에로의 도피행각과 맞아 떨어지게 된다.[4]

2.2. 都彌傳의 전설화 시기

도미가 髖刑을 당한 후 배에 띄워져 도달한 섬이 '泉城島'이며, 망명하여 여생을 마친 곳이 고구려의 '蒜山'이었다. 그런데 이 지명들은 백제의 전기시대에는 '於乙買串'(>泉城島)와 '買尸達'(>蒜山)이었을 것이

---

4) 이 주장은 崔來沃(1981:96)의 다음 견해와 일치한다.
  "그런데 개루왕(蓋婁王)보다는 차라리 백제 첫수도인 위례성의 마지막 왕이며, 내기에 취하여 죽음을 자초한 개로왕(蓋鹵王)이 도미처를 범하려 했던 왕이 아닌가 한다.
  개로왕은 近蓋婁王이라고도 해서 명칭이 비슷하며, 도미와 내기를 해서 아내를 차지하기로 했다는 '내기'가 고구려 간첩 道琳과의 바둑내기를 상기시키고, 도미부부가 고구려에 갔을 때 고구려백성이 도미를 불쌍히 여기고 또는 백제 악정에 대한 선전효과를 노리고 거두어주었다는 것을 보아, 고구려와의 갈등이 심하던 시대가 더 타당할 것이므로 20代 개로왕(서기 455~475재위)이라고 볼 수도 있다.
  그러나 이런 官奪民女事件이 백제시절에 꼭 한번만 있었겠는가. 그 蓋然性을 이 도미설화에서 찾아야 할 것이다."

다. 고구려의 長壽王이 남침하여 백제의 북역을 점령한 이후에 지명을
대대적으로 개정하였을 것임을 도수희(1987:349~351)에서 詳論하였
는 바 그 일부만 다음에 옮긴다.

　　여기서 우리는 高句麗가 중부지역의 지명을 개정한 시기를 長壽王이 백제의
북역을 강점한 시기(文周王 元年, 475)로부터 어느 정도 안정을 찾은 때였을
것으로 추정한다. 그러나 그 시기가 무작정 늦춰질 수는 없는 것이다. 왜냐하
면 신라가 고구려의 점유지역에서 10郡의 땅을 略取한 시기가 眞興王 12년(陽
原王 7년, 551)이었기 때문이다. 아마도 신라와 백제가 북침하여 그들의 영토
를 확대하거나 수복을 도모하기 이전의 안정된 최강 高句麗의 最大領域을 확보
한 시기였을 것이다.

　다시 도수희(1991:72~74)에서 개정의 시기를 장수왕이 漢城(廣州)
을 함락한 서기 475년부터 다음의 文咨王代(서기 492~518)까지의 사
이로 추정하였으니 '於乙買串'이 '泉井口'로, '買尸達'이 '蒜山'으로 개정된
것도 이 시기이었을 것으로 추정할 수 있다. 그리고 여기 '泉井口'는 후
에 '泉城島'로도 불리었거나, 아니면 '泉井口'의 부근에 있는 섬이름이
'泉城島'이었을 것으로 추정된다. 두 지명에 동일한 '泉'자가 접두하여 있
기 때문이다. 따라서 都彌傳의 배경 지명인 '泉城島'와 '蒜山'이란 지명의
발생(개정)시기 이후 즉 文咨王 말년(서기 518년) 이후에 그것의 전설
화 내지 전기화가 이루어졌다고 봄이 타당할 것이다.
　가령 신라의 경덕왕(16년)이 개정한 '井邑'의 백제지명은 '井村'이었
다. 그렇기 때문에 井邑詞는 백제의 노래일 수가 없다. 백제의 노래라
면 '井村詞'이어야 한다. 지명에 붙여진 노래나 전설의 이름은 변화하지
않은채 그것이 지어진 시대를 알리는 징표로 남는다.
　「삼국사기」권 31 雜志 제 1(樂) 加耶琴條에

　　于勒所製十二曲 一曰下加羅都 二曰上加羅都 三曰寶伎 四曰達已 五曰思勿 六
曰勿慧 七曰下奇物 八曰師子伎 九曰居烈 十曰沙八兮 十一曰爾赦 十二曰上奇物

와 같이 지명이 접두한 곡명들이 있다. '밀양아리랑', '정선아리랑', '양산 도가' 등도 앞에 접두한 지명이 변하지 않고 지속되고 있다. 이처럼 都 彌傳說이나 그 전기는 '泉城島'와 '蒜山'이란 지명이 발생한 이후에 형성 된 것으로 봄이 타당한 것이라 하겠다.

2.3. 都彌의 신분

都彌傳은 都彌의 身分을 '編戶小民'이라 하였다.

「輿地圖書」(上) 江都府誌條에

坊里內面 在松岳下 編戶一千三百九十二 男二千六百八十八口 女二千七百七 十口

란 내용 중 '編戶'는 戶籍을 말함이니 '編戶小民'은 이른바 戶籍에 오른 常民이란 뜻이다. 그의 신분을 이처럼 비하한 것은 그 아내의 節行을 더욱 돋보이게 하려는 의도적인 꾸밈인 듯하다. 僞作의 근거를 다음에 열거하여 보자.

(A) 벽촌의 村夫가 '義理를 안다'는 표현은 현실감이 없고, 두메에 묻혀 사 는 아낙네의 절행이 널리 알려져 칭찬이 자자하였다는 내용도 실감이 안 난다.

(B) 都彌傳에 등장하는 주인공인 王과 都彌妻 사이에서 벌어진 공격과 방어 의 승부수는 王의 공격을 멋지게 카운터 펀치로 받아친 都彌妻의 승리로 끝나 는데 이 공방의 과정에 등장하는 조역들이 왕을 대신한 신하와 都彌妻를 대리 한 婢女이다(원문③⑤참고). 만일 都彌가 '編戶小民'이라면 어떻게 종을 여러 명 거느릴 수 있단 말인가?

그렇다면 '小民'과 '종을 거느림'은 어느 한 쪽이 僞作일 수밖에 없다. 그러나 후자가 眞이 아니면 都彌傳은 그 story가 파괴되지만 '編戶小民'이란 신분은 다 른 신분으로 바꾸어도 큰 지장이 없다. 그렇기 때문에 영조 때에 간행된 [三綱 行實圖]에서도 "도미라 ᄒᆞ는 사름은 빅졔나라 벼슬ᄒᆞ는 됴시라"

라고 하여 都彌의 신분을 格上시켰다. 「三綱行實圖」의 彌妻唊草의 원문은

都彌妻 美麗亦有節行 蓋婁王聞之 語都彌曰云云

와 같이 '벼슬'에 대한 내용이 없다. 그런데도 「삼국사기」의 원문에 나타나는 '編戶小民'을 삭제하고 오히려 '벼슬ᄒᆞᆫ 사람'으로 바꾸어 놓았음은 번역자 역시 都彌傳의 전체적인 구성과 그 내용으로 보아 앞뒤가 안맞기 때문에 이를 부합하도록 하기 위하여 생략된 듯한 대목이나 僞作인 듯한 부분을 수정 보완한 것처럼 보인다.

(C) 만일 都彌가 백제의 '소민'이었다면 벽촌에서 사는 촌부가 입궐하여 느닷없이 '아내'를 걸고 어떻게 장기를 둘 수 있단 말인가. 이는 필시 조석으로 대면하는 벼슬자리에 있는 고관이 아니고는 이루어질 수 없는 일이다.

이상 (A)(B)(C)를 종합하건대 都彌는 '編戶小民'이 아니라 巷間에 유포 내지 구전되어 온 바 같이 政丞 반열에 있었던 신분으로 추정함이 마땅할 것이다.

2.4. 都彌夫婦의 거주지

都彌傳의 원문 중에

王欲試之 留都彌以事 使一近臣 假王衣服馬從 夜抵其家 使人先報王來 謂其婦曰 我久聞爾好 與都彌博得之

와 같은 내용이 있는 바 여기 '가까이에 있는 한 신하로 가짜 왕을 삼아 王衣를 입혀 馬와 從者를 딸리어 밤에 그 집에 가게 하였는데……'에서 '밤에 그 집에 가게 할 정도'의 거리라면 都彌의 거주지는 王京에서 가까운 거리였지 결코 먼 거리는 아니었을 것이다. 말하자면 하루밤 사이에 왕래가 가능한 거리이어야 하니 아무래도 王京에서 그리 멀지 않은 畿內지역이었을 것이다.

2.5. 體刑 당한 都彌를 放棄한 江岸

다음의 〈古地圖 1〉에서 확인할 수 있는 바와 같이 백제 전기 시대의 古都인 廣州는 북부와 서부를 감싸고 도는 한강이 있었고, 이 강변에 네 개의 큰 나루가 있었다. '渡迷津, 廣津, 松坡津, 三田渡'가 바로 그것 들이다. 이 네 개의 津渡 중에서 어느 것이 과연 都彌가 버려진 江岸의 나루이었을까. 필자는 그 중에서 '渡迷津'을 지목하고 싶다. 주장할 수 있는 이유와 근거를 다음에 열거한다.

(A) 우선 4개의 津渡名 중에서 都彌와 음상이 相似한 것이 곧 '渡迷津'밖에 없기 때문이다. 「龍飛御天歌」 제14장에

(1) 楊根郡北爲立石션돌津 又西爲龍津 會于蛇浦 至廣州界爲渡迷두미津 爲廣 津광ᄂᆞᄅ 爲三田渡삼받개 至京城南爲漢江渡

와 같이 都彌와 相近하는 '두미津'이 이른 시기의 기록으로 전하여 이를 논거로 삼을 수 있게 한다. 그러면 다음에서 都彌의 고대음을 추정하여 보자.

(董同龢=T 高本漢=K 周法高=Ch)

	上古音	中古音	俗音·訓
都	tâg(T)		도읍도(「字會」中 4)
	to(K)	tuo(K)	모들도
	tar(Ch)	tuo(Ch)	모돌도(「光千文」18)
彌	□(T)		
	miăr(K)	mjiȩ:(K)	더욱미(「類合」下 43)
	mier(Ch)	miı(Ch)	

위와 같은 '두미'와 비슷한 음형이었음이 확인된다. 그렇기 때문에 다 음 인용문 (5)와 같이 '斗迷津'으로도 표기될 수 있었던 것이다. 〔世宗 實錄〕에

(2) 渡迷津 在州東北有渡船(권 148)

라 기록되어 있고 「輿地圖書」(上)에도

(3) 大川 自陽智邑由本府慶安面 渡迷津流去(廣州府 山川條)
(4) 今丹山下渡迷津(〈삽도2〉 古地圖 1 참조)

와 같이 '渡迷津'이 나타난다. 그리고 「大東地志」에도

(5) 斗迷津 東二十里 其北岸爲斗迷遷(廣州府條)

와 같이 동음이자인 '斗'자를 음차하여 '두미津'을 표기하기도 하였다.

(B) 특히 '두미津'이 다음 〈古地圖 I〉(후미 삽도2 참고)에서 확인할 수 있는 바와 같이 '今丹山下'에 있다는 점이 都彌를 放棄한 江岸일 가능성을 더욱 짙게 한다. 이 '今丹山'은 一名 '軍月山'으로 부르는 바〔大東地志〕廣州府條에서 밝힌

(6) 漢山郡 黔丹山 方言稱大曰漢 猶言大山
(7) 黔丹山 北十里 斗迷遷北二十里

와 같은 내용을 근거로 할 때, '黔丹山'은 곧 '한 뫼'이니 이 '黔'은 '고마'(>곰)로 재구할 수 있고 '丹'은 '一名 軍月山'에서 '黔=軍'이라면 '丹=月'인고로 '月'을 훈음차한 표기라면 '달'로 읽을 수 있으니 이것은 '黔丹=軍月=고마(>곰) 달'로 재구된다. 고지명의 표기에서 '月'자가 자주 등장하는데 여기서 몇 개의 실례를 들자면

(8) 阿斯達~弓忽山~今旀達〈〔三國遺事〕권 1〉
(9) 阿斯達~九月山〈〔帝王韻記〕下 檀君條〉

와 같이 '月:達'의 대응을 발견하며 도수희(1991:203~207)에서 논증한 바와 같이 고지명의 표기에서 '難珍阿:難等阿:月良'의 대응에서도 '月'을 '달'로 읽게 한다. 이 '달'은 '山'을 의미하는 어휘로 백제의 후기어로 '뫼'라 하였던 것과는 다르다. 백제의 전기어(고대 한반도의 중부지역의 지명어(다음 〈삽도 1〉의 5, 27, 90, 99번 참고)

> 5. 息達:土山 27. 烏斯含達:兎山
> 90. 松村活達:釜山 99. 夫斯達:松山

등과 같이 '達:山'의 기록을 찾을 수 있기 때문에 '軍月山'을 '곰달뫼'로 추독할 수 있고 아울러 이것의 대응기록인 '黔丹山'도 역시 '고마달뫼'로 추독할 수 있는 것이다.

　그런데 廣州에서의 이 '黔丹山'이 지금 公州(＜熊州)의 '公山', 扶餘의 '扶蘇山'과 거의 같은 위치에 있다는 사실과 그것이 후기 수도의 鎭山이었다는 점을 감안할 때에 위 세 수도 중에서 그 첫 번째 수도의 鎭山이었음은 두말할 나위도 없다고 하겠다. 「世宗實錄」 지리지 권 148 廣州府 山川條에 '黔丹山 在州東 州人稱爲鎭山'이라 하였고, 「新增東國輿地勝覽」 권6 廣州府 山川條에서도 '黔丹山 在州東七里 鎭山'이라고 '黔丹山'을 鎭山으로 추정하였다. 더욱이 '渡迷津'과 '黔丹山'은 廣州에서 동일한 北方으로 전자는 북10리이며 후자는 북20리에 위치하고 있다(다음 〈古地圖 Ⅰ〉 참고). 따라서 '渡迷津'은 廣州의 중심부 즉 宮闕에서 '黔丹山'을 넘어 그 산기슭의 江岸이었을 것이다. 그렇기 때문에 '두미(渡迷)津'을 일명 '渡迷遷'이라고도 부른 것이다. 이 '黔丹山' 너머의 산기슭 江岸에 體刑당한 都彌를 放棄하였을 것으로 추정한다. 그 곳에 두 눈을 뽑히어 실명한 都彌가 버려진 연고로, 그리고 조각배에 실려 떠내려 간 출발점이란 사건으로 인하여 都彌의 성명에 따라 명명된 지명 즉 津名이기 때문에 '두미(渡迷)津'으로 내내 전하여 오는 것이라고 추정한다.

　이상의 (A)(B)를 종합하여 판단컨대 都彌가 실명한 후 버려진 곳과

조각배를 타고 떠난 곳은 '두미津'일 가능성이 짙다고 결론할 수 있겠다.
5)

2.6. 泉城島에 관한 문제

都彌傳의 원문 중

婦便逃至江口 不能渡 呼天慟哭 忽見孤舟隨波而至 乘至泉城島 遇其夫未死

란 말미부의 대목에서 '泉城島'를 발견한다. 都彌夫婦가 天佑神助로 상
봉한 곳인 '泉城島'는 과연 어디였을까.

安鼎福의 「東史綱目」(제1)에서는 '泉城島는 今未詳'이라고 細注하였
다. 설화 2의 발생 근거지인 '天城'은 '泉城'과 그 음상만이 동일한 뿐
실질적으로는 아무런 관계도 없는 곳이다.6)

'泉城島'는 필연코 한강의 하류역의 어느 섬(島)이었을 것이다. '두미

---

5) 崔來沃(1981:95)에 다음과 같은 先見이 있다.
"이 도미설화는 2천년 전 이야기지만 놀랍게도 지명전설이 채록되었다. 京畿
道 廣州郡 東部面 倉隅里 앞 나루터는 건너마을 팔당으로 가는 팔당나루인데 이
곳을 '도미나루'라고도 한다(南漢秘史:廣州觀光事業會 1956:52). 도미의 눈을
빼서 던진 강이라고 하며 「東國輿地勝覽」(권7 廣州牧)에도 '도미나루' 곧 '渡迷
津'이라고 하였다. 주목할 것은 건너편을 '도미천(渡迷遷)'이라고 하는데 신라방
언에 강가벼랑의 돌길을 천이라고 했다(新羅方言 多以水崖石路稱遷後倣此)면 도
미의 이름은 신라시대까지 소급할 수 있고, 바로 都彌故事가 이의 증거가 아닌
가 한다. 그렇다면 왕궁의 위치가 '도미나루'에서 멀지 않은 곳에 있었다고 할
것이며 泉城島는 한강하류의 섬이라고 할 것이다."
6) 정상박(1988:25)에서 '天城'의 내력을 다음과 같이 밝혔다.
"「三國史記」 기록의 泉城島와 이 구전설화의 加德島 天城마을의 발음이 같은
점에 연관성을 찾을 수 있다. 天城마을은 동네 안에 왜구의 가덕도 상륙에 대비
하기 위하여 쌓은 天城이라는 石築城이 있어서 붙여진 지명인데, 현재로는 축성
연대를 알 수 없고 삼국시대에도 이 지명이 있었는지는 확인할 자료가 없으나,
이곳에 天城堡를 建置한 것이 조선왕조 중종 32년(1544년)이라니(熊川縣邑誌
1966:287) 상당히 오랜 마을 이름임을 알 수 있다."

津'에서 출발한 배가 흐르는 강물따라 떠내려 와서 닿을 수 있는 가능 지역은 한강의 하류역일 수밖에 없기 때문이다. 따라서 우리는 임진강 과 한강이 합류하는 곳에서 '泉城島'를 찾기 위하여 힘을 기울여야 할 것이다.

우선 필요한 관계자료부터 제시하고 제시된 자료를 근거로 논의키로 하자.

    (1) 於乙買 一云 泉井 〈[三國史記] 권 37〉
    (2) 於乙買串 一云 泉井口 〈[三國史記] 권 37〉
    (3) 井泉郡 本高句麗泉井郡 景德王改名 今湧州〈[三國史記] 권 35〉
    (4) 交河郡 本高句麗泉井口郡 景德王改名 今因之〈[三國史記] 권 35〉

문제의 '泉城島'를 위에서 제시한 (1)~(4)에서 찾아야 할 것이다. 네 지명이 모두 '泉'자를 가지고 있기 때문이다. 그러면 (1)~(4) 중에서 어느 것이 문제의 '泉城島'와 밀접한 관계를 맺고 있는 것일까. 그것은 (2)(4)의 지명일 것이다. (1)(3)은 한강의 하류역과 아무런 관계도 없 는 牛首州(혹은 朔州)에 속한 지명이지만 (2)(4)는 漢山州(혹은 漢州) 에 속한 지명이기 때문이며 더욱이 한강의 하류역에 위치하였기 때문에 우리가 추구하는 해답을 지니고 있을 가능성이 많은 것이다. 후미의 〈 삽도 1〉의 '53. 於乙買串(泉井口)'의 위치는 근대의 〈古地圖 2〉의 '交河 (후미 삽도3 참고)'에 해당하기 때문이다.

여기서 우리가 지목하는 '於乙買串'의 承繼地名인 '交河郡'은 「世宗實 錄」권 148에

    (5) 交河縣 本高句麗泉井口縣 新羅改爲交河郡…中略… 別號 宣城

이라 적혀 있는데 이 대목에서 別號인 '宣城'을 발견한다. 이 '宣城'은 '宜城'의 訛誤일 것이다. 이는 字形相似로 인하여 흔히 오기될 수 있는 경우에 해당한다. 또한 그래야만 '泉城=宜城=於乙(買串)城=交(河)城'

으로 연결될 수 있기 때문이다. '宜'에 대한 옛새김이 *ər일 것임은 도수희(1989:50~51)에서 다음과 같이 이미 논증하였다.

한편 「三國史記」卷 34에

宜桑縣 本辛爾縣 (一云 朱鳥村 一云 泉州縣) 景德王改名 今新繁縣

와 같은 내용이 있다. 앞의 내용에서 '辛爾'가 加羅語의 지명일 것임은 일찍이 도수희(1987:325~329)에서 추정하였다. 앞의 기록에서 우리가 주목할 핵심은 '辛:泉:宜'의 대응 표기 중 '宜'에 있다. 이 '宜'는 다음에서 논의할 '汚勿谷'이 속하여 잇는 '宜寧'(<獐含)에서도 발견된다. 그런데 '宜'에 대한 새김은 일반적으로 '맛당, 맛땅'〈「光千文」, 「類合」등〉, '安也편안할'〈「字典釋要」上 30〉와 같이 나타나는데 오직 大東急本「千字文」(13)만은 '열을'을 간직하고 있다. 여기서 우리는 '맛당, 편안' 보다 이른 새김을 '열'로 추정할 수 있게 된다. 이 '宜'는 고대 일본어 'yörösi~yörasi'와 비교됨 직하다. 그리고 이 '열'(宜)은 현대 국어 '옳'의 옛모습이 아닌가 한다. 다음과 같이 그 변천과정을 가상할 수 있겠기 때문이다.

$$^*ər(宜)>yər$$
$$^*ər(宜)>^*ər+hʌta>orhʌta>orhta$$

이처럼 '宜'의 옛새김을 'yər'(<*ər)로 추정할 때에 이것이 백제어(전기)의 '*ər'(泉)과 相似形임을 확인하게 된다.

위 논증에 따라서 우리는 '泉城=宜城'임을 믿을 수 있고, '宜城'은 '泉井口'의 別號이니까 '宜城=泉井口'가 되며, '泉井口'의 前身인 '於乙買串'과 연결할 때 결국은 '於乙買串>泉井口=宜城=泉城'이 된다. 그러면 이제 문제는 '於乙買串>泉井口>交河'(혹은 宜城)의 '交河'에 있다. 이 문제에 대하여서도 일찍이 도수희(1989:46)에서 다음과 같이 논의하였다.

뿐만 아니라 후대의 改定名과의 비교에서도 '泉:於乙:交'와 같이 대응되는데 여기서 새김인 '얼'을 염두에 둘 때, 그 어형이 대체적으로 '於乙'을 닮고 잇는 것으로 봄이 옳을 것이다.

위의 논증에 따라서 '宜城, 泉城, 交河城'의 '宜:泉, 交'는 '於乙'에 그 뿌리를 박고 있다고 결론할 수 있을 것이다.

그런데 여기서 잠시 재론하여야 할 문제가 '泉城'에 있다. 말하자면 '泉城'이 '於乙買串(>泉井口>交河'와 어떤 관계가 있느냐의 문제이다. 문제의 '泉城'은 '於乙買串>泉井口>交河'에서 '泉'(<於乙)과 바로 인접한 '烏阿忽>津臨城>臨津'에서의 '城'(<忽)이 合成하여 형성된 '泉+城 →泉城'이라 추정할 수 있다. 이것은 마치 '彌鄒忽~買召忽>邵城'과 동일한 발달유형으로 볼 수 있기 때문이다. 그렇다면 '泉城'은 곧 '宜城(宣은 宜의 訛誤)이요 '交河城'인 것이다. 그리고 한편으로는 隣縣인 '臨津縣'(<津臨城<烏阿忽)과도 부분적인 관계가 있는 것이라 하겠다.

그러면 交河縣이 곧 '泉城島'인가. 아니면 이웃한 臨津縣이 그것에 해당하는 地名일 것인가. 여기서 다시 제기되는 문제는 그것이 '泉城'이 아니라 '泉城島'와 같이 '島'가 접미하여 있는데 있다. 그렇기 때문에 우리는 '泉城島'를 泉城의 一島로 풀이할 때 交河縣을 중심으로 한강과 임진강이 합류하는 位置(河口)에서 한 섬(一島)을 발견하여야 할 것이다.

문제의 '泉城島'를 찾는데 길잡이가 되어 줄 옛기록부터 우선 열거키로 한다.

(1) 新羅景德王 始改高句麗泉井口之縣名 而改號交河 盖取一縣 地勢處於江河交流之兩間也〈[輿地圖書] 上 交河郡 建置沿革條〉
(2) 新羅景德王 始以高句麗泉井口之縣改號交河 盖取一縣 地勢處於江河交流之兩間也〈[交河郡邑誌] 建置沿革條〉

위 (1)(2)에서 우리는 交河郡의 위치가 江河가 교류하는 사이에 처하여 있음을 확인한다. 그런데 이 강하가 교류하는 곳에 두 섬(島)이 있음을 역시 옛문헌이 알려 준다.

(3) 一眉島 在郡西二十里 洛河下流 周回十五里 水漲則沒 〈〔交河郡邑誌〕山川條〉

(4) 一眉島 在郡西二十里 在洛河渡下 水漲則沒 〈〔興地圖書〕上 交河郡 山川條〉

(5) 一眉島 臨津下流泥生處 〈〔大東地志〕交河 山水 島嶼條〉

(6) 洛河渡 在郡北二十五里 卽坡州臨津下流 〈〔交河郡邑誌〕山川條〉

(7) 洛河渡 在郡北二十五里 卽臨津下流 〈〔興地圖書〕上 交河郡 山川條〉

위 (3)~(5)에 의하여 우리는 '一眉島'의 위치가 교하군의 治所로부터 서쪽 20리의 거리에 있었음을 알 수 있다. 그리고 (6)(7)에 의하여 '一眉島'가 郡治所로부터 북쪽으로 25리의 거리에 있는 洛河渡의 아래에 있었던 보다 구체적인 지점을 알 수 있다. 이러한 '一眉島'의 위치 설명은

(8) 漢江西二十里 臨津江北二十里 〈〔大東地志〕交河 권 3 山水條〉

와 같은 (8)에 의하여 郡治所로부터 서쪽으로 20리 떨어져 있는 漢江과 북쪽으로 20리 떨어져 있는 임진강의 위치설명과 부합된다.

여기서 일차로 이 '一眉島'를 '泉城'의 一島인 '泉城島'이었을 것으로 추정한다.

그러나 다른 하나의 가능한 섬(島)을 옛문헌이 알려 준다.

(9) 烏島城 在縣西漢江臨津下流會于此 〈〔世宗實錄〕卷 148 交河條〉

(10) 烏頭城 臨津漢水會合處 本百濟關彌城 周二千七十二尺 四面峭絶 唯東連山麓 三面環以海水 距郡西北十四里 〈〔大東地志〕卷 3 交河 城池條〉

위 (9)(10)이 기술하고 있는 바와 같이 交河郡의 서쪽 혹은 서북쪽 14리의 한강과 임진강이 합류하는 곳에 삼면이 해수로 둘러 있는 '烏島城'(혹은 烏頭城)이 있는데 이 '烏島城' 역시 泉城의 一島인 '泉城島'로 추정함직하다. (〈古地圖 2〉참조)

2.7. '蒜山'에 관한 문제

원문⑨와 같이 '蒜山'은 都彌夫婦가 도피하여 안착한 고구려의 영토로

되어있다. 이 지명은 「三國史記」 권 35에

    (1) 蒜山縣 本高句麗買尸達縣 景德王改名 (地理 2)

와 같이 나타난다. 위 (1)의 '買尸達>蒜山'에서 '買尸：蒜'의 대응을 얻
는다. '買尸'를 모두 음차자로 볼 때 우리는 'mai-li' 정도로 추독할 수
있다. 그리하여 '*mair~*mairi'로 조정할 수 있는 이 어휘는 중세국어
'마늘'(蒜)로 이어지며 日本語 mira(菲), 퉁구스어 maŋgehun(菲) 몽
고어 maŋgirsun(菲)와 비교될 수 있을 것이다. Miller는 중세국어 '마
늘'에 대한 백제어(前)를 *mais 'garlic'로 재구하고 몽고어 manggir
및 日本語 mira와 비교하였다. 그러나 都彌사건이 발생한 이후 오래지
않아 개로왕은 전사하고 그 아들 文周王은 王京(廣州)을 버리고 公州로
避身한다. 그렇기 때문에 앞의 〈도표 1〉에서 확인하는 바와 같이 都彌
는 어디로 도피할 필요가 없이 저절로 고구려(점령지)에 머물러 안주하
게 된 것이라 하겠다(〈삽도 1〉 참조).

   그런데 위에서 제시한 '蒜山'(<買尸達)은 〈삽도 1〉의 B지역 ③ 買尸
達(蒜山)과 같이 그 위치가 咸鏡南道의 남부와 江原道의 북부의 境界에
위치하고 있다. 그러나 추정한 '泉城島'는 이 지점에서 서남쪽의 아주
遠距離에 있다. 과연 '泉城島'로부터 이렇듯 먼 곳인 '蒜山'까지 이주할
필요가 있었을까. 하기야 '泉城島'와 멀지 않은 거리에서 발생한 끔찍한
참사를 될 수록 망각하여 버리기 위해서는 그렇게 멀리 떠나버리는 것
이 상책이었을지도 모른다.

   만일 그렇지 않다면 '泉城島'와 가까운 곳에서 '蒜山'을 찾아야 할 것
이다. 따라서 〔新增東國與地勝覽〕의

    (2) 蒜島 在縣北海中 周九里 〈卷 20 唐津 山川條〉

와 같은 '蒜島'를 비롯하여 〔大東地志〕 卷 3의 '蒜峯'(坡州條), '蒜川'(黃
海道 載寧條) 등을 후보지로 일단 지목할 수 있을 듯하다.

3. 결 론

1) 都彌傳의 사건이 발생한 시기는 제21대 蓋婁王 말기인 서기 470~475 사이였을 것으로 추정한다.

2) 都彌傳의 전설화 내지 전기화는 고구려 文咨王 말년인 A.D. 518년 이후일 것으로 추정한다.

3) 都彌의 신분은 編戶小民이 아니라 政丞 반열의 高官이었을 것으로 추정한다.

4) 都彌의 거주지는 비교적 王京에 가까운 畿內地域이었을 것으로 추정된다.

5) 都彌가 體刑으로 두 눈동자를 잃고 배에 실려 떠워진 江岸(혹은 河上)은 현 경기도 廣州의 동북부에 위치한 黔丹山下의 渡迷津(一名 斗迷津)이었을 것으로 추정할 수 있다.

6) 문제의 泉城島는 〔三國史記〕 권 35, 37에 나타나는 '於乙買'(泉井口)이었을 것으로 추정한다.

【참고문헌】

盧泰朝(1991), 〔國文傳記 硏究〕, 中央文化社

都守熙(1987), 〔百濟語硏究（Ⅰ）〕, 百濟文化開發硏究院

─────(1989), 〔百濟語硏究（Ⅱ）〕, 百濟文化開發硏究院

─────(1991), "韓國古地名의 改定史에 대하여," 〔國語學의 새로운 認識과 展開〕(金完鎭 先生 回甲紀念論叢), 民音社

孫晋泰(1946), 〔韓國民族說話의 硏究〕, 乙西文化社

張德順(1970), 〔韓國說話文學硏究〕, 서울大 出版部

崔常壽(1958), 〔韓國民間說話集〕, 通文館

─────(1974), "都彌說話와 아랑의 貞操," 〔說話文學槪論〕, 宣明文化社

정상박(1988), "都彌夫婦 說話 傳承考," 國語學文學 第8輯, 東亞大學校

崔來沃(1981), "官奪民女型 說話의 硏究," 〔韓國古典散文硏究〕, 同和文化社

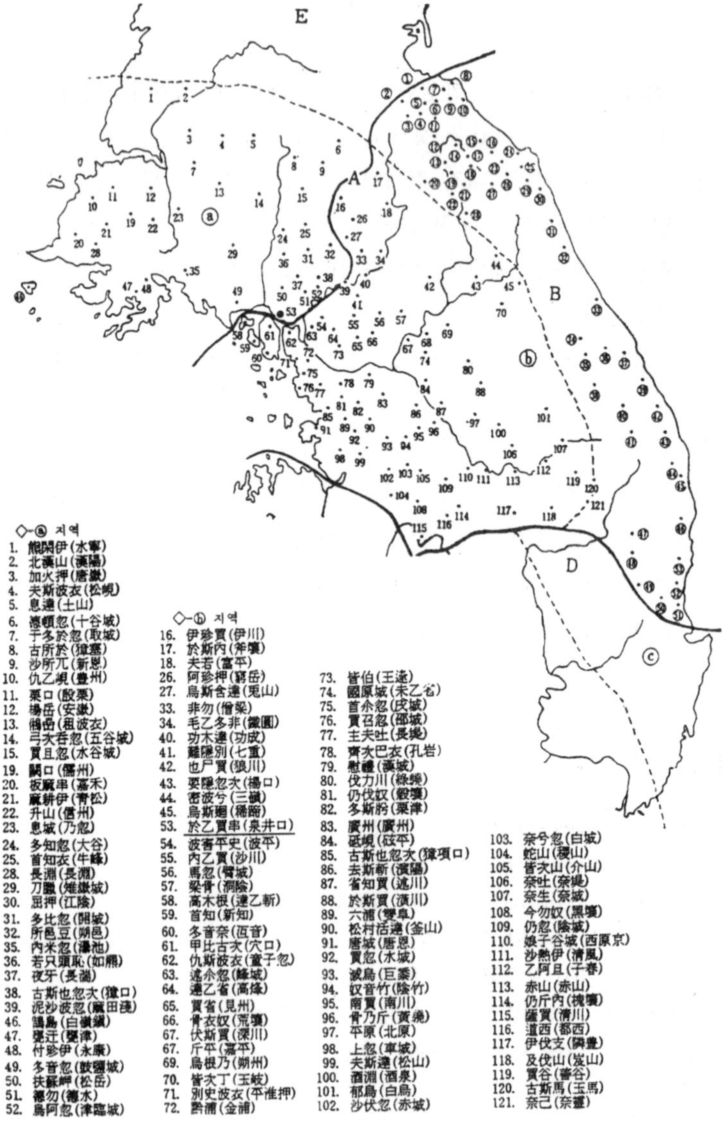

◇-ⓐ 지역

1. 熊閑伊(水寧)
2. 北漢山(漢陽)
3. 加火押(唐嶽)
4. 夫斯波衣(松峴)
5. 息達(土山)
6. 德頓忽(十谷城)
7. 于多於忽(取城)
8. 古所於(獐塞)
9. 沙所兀(新恩)
10. 仇乙峴(豊州)
11. 栗口(殷栗)
12. 楊岳(安嶽)
13. 傷岳(租波衣)
14. 弓次吞忽(五谷城)
15. 買旦忽(水谷城)
19. 闕口(儒州)
20. 板麻串(嘉禾)
21. 麻耕伊(靑松)
22. 升山(信州)
23. 息城(乃忽)
24. 多知忽(大谷)
25. 首知衣(牛峰)
28. 長淵(長淵)
29. 刀臘(雉嶽城)
30. 屈押(江陰)
31. 多比忽(開城)
32. 所邑豆(朔邑)
35. 內米忽(瀑池)
36. 若只頭恥(如羆)
37. 夜牙(長湍)
38. 古斯也忽次(獐口)
39. 泥沙波忽(麻田淺)
46. 鵠島(白嶺鎭)
47. 覺迁(覺津)
48. 付珍伊(永康)
49. 多音忽(鼓鹽城)
50. 扶蘇岬(松岳)
51. 德勿(德水)
52. 烏阿忽(津臨城)

◇-ⓑ 지역

16. 伊珍買(伊川)
17. 於斯內(斧壤)
18. 夫若(富平)
26. 阿珍押(窮岳)
27. 烏斯含達(兎山)
33. 非勿(僧梁)
34. 毛乙多非(鐵圓)
40. 功木達(功成)
41. 難隱別(七重)
42. 也尸買(狼川)
43. 要隱忽次(楊口)
44. 密波兮(三嶺)
45. 烏斯廻(豨蹄)
53. 於乙買串(泉井口)
54. 波害平史(波平)
55. 內乙買(沙川)
56. 馬忽(臂城)
57. 梁骨(洞陰)
58. 高木根(達乙斬)
59. 首知(新知)
60. 多音奈(迈音)
61. 甲比古次(穴口)
62. 仇斯波衣(童子忽)
63. 述介忽(峰城)
64. 達乙省(高烽)
65. 買省(見州)
66. 骨衣奴(荒壤)
67. 伏斯買(深川)
67. 斤平(嘉平)
69. 烏根乃(朔州)
70. 皆次丁(玉岐)
71. 別史波衣(平淮押)
72. 黔浦(金浦)
73. 皆伯(王逢)
74. 國原城(未乙省)
75. 首介忽(戌城)
76. 買召忽(邵城)
77. 主夫吐(長堤)
78. 齊次巴衣(孔岩)
79. 慰禮(漢城)
80. 伐力川(綠驍)
81. 仍伐奴(穀壤)
82. 多斯肹(栗津)
83. 廣州(廣州)
84. 砥峴(砥平)
85. 古斯也忽次(獐項口)
86. 去斯斬(濱陽)
87. 省知買(述川)
88. 於斯買(濱川)
89. 六浦(雙阜)
90. 松村活達(釜山)
91. 唐城(唐恩)
92. 買忽(水城)
93. 滅烏(巨黍)
94. 奴音竹(陰竹)
95. 南買(南川)
96. 骨乃斤(黃驍)
97. 平原(北原)
98. 上忽(車城)
99. 夫斯達(松山)
100. 酒淵(酒泉)
101. 郁烏(白烏)
102. 沙伏忽(赤城)
103. 奈兮忽(白城)
104. 蛇山(稷山)
105. 皆次山(介山)
106. 奈吐(奈堤)
107. 奈生(奈城)
108. 今勿奴(黑壤)
109. 仍忽(陰城)
110. 娘子谷城(西原京)
111. 沙熱伊(淸風)
112. 乙阿旦(子春)
113. 赤山(赤山)
114. 仍斤內(槐壤)
115. 薩買(淸川)
116. 道西(都西)
117. 伊伐支(隣豊)
118. 及伐山(岌山)
119. 買谷(善谷)
120. 古斯馬(玉馬)
121. 奈己(奈靈)

〈삽도 1〉 百濟前期(B.C. 18~475) 版圖의 地名分布圖

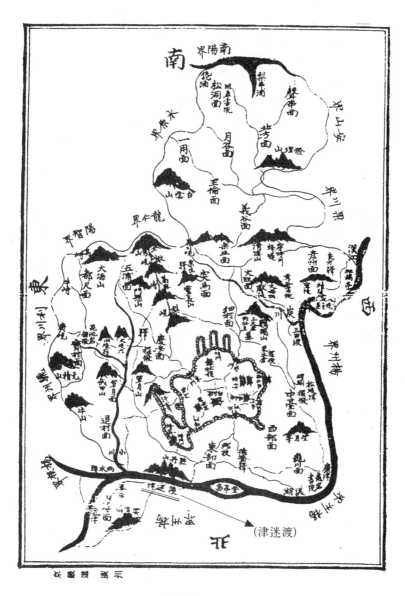

〈삽도 2〉 古地圖 1

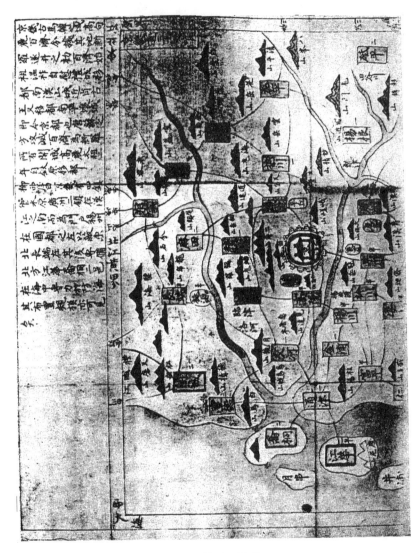

〈삽도 3〉 古地圖 2

「삼국유사」의 할주지명에 관한 해석 문제들*

1

1.1

잘 알려진 바와 같이 「삼국유사」에는 옛지명에 대한 주석이 많이 달려 있다. 그 주석들은 바르게 설명되어 있기도 하지만 더러는 기술이 너무 소략하거나 잘못되어 있는 것들도 있다.

가령 「삼국유사」(권1)은 '徐伐'에 대하여

> '今俗訓京字云徐伐 以此故也'(지금 세상에서 京자를 훈독하여 徐伐이라 이르는 것도 이 까닭이다)

라고 할주하였는데 이는 후기 중세국어 '셔블'(「용비어천가」 37)의 어원을 밝히는데 필요한 바른 주석이다. 그러나 「삼국유사」의 모든 할주가 이렇게 바르게만 달려 있는 것은 아니다.

이 글은 「삼국유사」의 저자가 할주할 당시에 訛傳, 訛呼라고 판단한 주석이 사실은 訛呼가 아니었음을 밝히려는데 첫째 목적이 있다. 아울러 선학들이 「삼국유사」의 할주지명을 잘못 풀이하여 향가를 비롯한 옛글을 해석하는데 원용한 대목을 찾아서 바로 잡으려는데 둘째 목적이

* 이 글은 언어학 제 24호 (한국언어학회 1999.6)에 게재하였다.

있다.

1.2

이 글은 다음의 문제 (1)(2)(3)을 제기하고 그 해답을 얻는데 힘을 기울이기로 한다.

> (1) 「삼국유사」(권4)는 '芼矢川'을 訛呼로 주석하였다. 그러나 그것이 訛呼가 아님을 밝히고자 한다.
>
> (2) 「삼국유사」(권3)은 '松橋'를 訛呼로 주석하였다. 그러나 그것이 訛呼가 아님을 밝히려 한다.
>
> (3) 「삼국유사」(권5)의 '包山'에 대한 주석 '所瑟山'의 '所瑟'을 양주동 (1947:280)은 '쌀-'로 음독하였다. 그러나 그 풀이가 잘못임을 논의하려 한다.

위 (1)(2)(3)의 문제를 논의하는데 필요한 음운규칙을 다음 2장에서 간략히 제시하고 이것들을 적용하여 해답을 얻기로 하겠다.

2

2.1.

필자는 최근(1999. 2. 10)에 후부의 참고논저에서 열거한 본인의 논저(1975a-1999)가 논의하여 내린 결론을 근거로 고대국어의 음운변화 규칙을 다음과 같이 설정하였다.

(1) 어중모음간 'r' 탈락 규칙

「삼국사기」(지리 1)에 나오는 '巨老:鵝(州)'에서 '巨老'를 '*kəru'로 추독할 때 다음과 같이 'r' 탈락 과정을 상정할 수 있다.

① *kəru>kəyu>kəuy(鴨)

향가 「찬기파랑가」에 나오는 '川里', 백제어 '那利·那禮'(「일본서기」)는 고려가요 「動動」의 1절에 나오는 '正月 나릿므른'의 '나리'에 승계된다. 그런데 이 'nari'가 고대국어에서

素那:金川, 沈那:煌川, 加知奈·加乙乃:市津(「삼국사기」)

와 같이 '那·奈·乃'로도 나타난다. 이는 삼국시대 이미 다음 ②처럼 'r'이 탈락되었음을 알 수 있다.

② *nari>nayi>naϕi>nay>nɛy>nɛ

일본어로 'para'는 '腹'을 의미한다. 이 어휘는 우리말의 'pɛ'와 비교된다. 만일 'para'와 'pɛ'가 어원이 동일하다면 현대국어 'pɛ'는 다음과 같은 변화과정을 거친 것으로 추정할 수 있다.

③ *pʌri(腹)>pʌyi>pʌϕi>pʌy>pay>pɛy>pɛ

위 ③과 같은 어형으로 '*pari'(稻)를 추정할 수 있다. 이것 역시 'r'의 탈락과정이 어느 단계까지는 동일하다가 마지막 단계에서 methathesis로 인하여 다르게 결과하였다고 추정할 수 있다.(Sasse W. 1981 참고)

④ *pari(稻)>payi>paϕi>pai>piə>pyə

「삼국사기」에서 '悉直縣>三陟郡'(地理 1)을 발견하여 신라어 수사 3이 '*siri'였을 것으로 추정한다. '三'에 대응하는 '悉'의 고대음을 추정하면 다음과 같기 때문이다.

	상고음	중고음	속음
	si̯et(T)		
悉	si̯ĕt(K)	si̯ĕt(李·周)	실(「유합」 하 37)
	sji̯et(Ch)	siit(Ch)	

위 추정음에서 't'는 옛부터 속음(한국한자음)으로는 'r'로 변하였다. 여기서 우리는 위 추정음을 '*səri'로 조정할 수 있다. 그리고 다음의 발달과정을 상정하게 된다.

⑤ *səri(三)>*səyi>*sə∅i>səi>sey>se

'山'을 뜻하는 남부지역의 고대국어 단어는 '*mori'이었을 것으로 추정한다. 15세기 국어의 '피모로'(「용비어천가」 24)를 비롯하여 현대국어의 지명인 '솔모루(松隅), 돌모루(石隅)' 등의 '모루'(山)가 발견되기 때문이다. 현대 국어 방언 '말림'(山)의 '말'과 '산 모렝'의 '모렝이'도 '*mori'(山)를 재구하는데 도움을 줄 수 있을 듯하다. 고대일본어 'mure'(山)와 Yakut어 'muron'(山脈)이 비슷한 어형이다. 어느 시기엔가 '*mori'가 'r'을 잃고 'mö'로 변한 것이라 하겠다.

⑥ *mori(山)>mo∅i>moi>moy>möy>mö

이상의 ①~⑥과 뒤 (3) ①~⑧의 (a)를 근거로 다음의 음운변화 규칙을 추정하게 된다.

(ⅰ) r>∅/V__V

(2) 어말모음 탈락 규칙

① 도수희(1987:14-20)에서 이미 논의한 바와 같이 고대국어는 개음절 어말모음을 탈락하는 경향이 있었다. 가령 「용비어천가」 15장에

나타나는 '고마ᄂᆞᄅ'(熊津)를 비롯하여 Lamuts어 'kuma', Tungus어 'kuma', 일본어 'kuma' 등을 감안할 때 현 公州의 옛이름 '熊津'에 대한 백제어는 '*komanʌrʌ'이었을 것으로 추정된다. 固麻城(「周書」, 「北史」), 金馬渚(「삼국사기」), 久麻那利(「일본서기」) 등의 '固麻, 金馬, 久麻'가 '熊'을 의미하는 백제어 '*koma'를 음차표기한 어형이기 때문이다.

여기 '고마'(熊)(「용비어천가」 15장)가 15세기에 쓰였기 때문에 적어도 그 시기까지 개음절형이 보편적으로 쓰인 것처럼 착각하기 쉽다. 그러나 그 나루를 왕래하는 촌노들의 입에서 아직도 '고마나루'란 호칭이 자연스럽게 쓰이고 있음을 볼 때 이는 고유지명의 토착성에 의한 화석일 뿐이다. 일상의 언어 생활에서 '熊'을 뜻하는 어휘는 훨씬 이른 시기에 이미 말모음을 잃고 폐음절화하였던 사실을 다음에 열거하는 자료에 의하여 시대순으로 확인할 수 있다.

(ㄱ) 功木達 一云 熊閃山 (「삼국사기」 권 37)

(ㄴ) 阿斯達 又名弓忽山 今彌達 (「삼국유사」 권 1)

(ㄷ) 漣川 本百濟工木達 (一云 熊閃山 (「大東地志」)

(ㄹ) 公州牧 本百濟熊川 景德王改熊州 太祖二十三年更今名
   (「고려사」 권 10. 지리 1)

(ㅁ) 熊膽 古音矣余老 (「향약채취월령」)

(ㅂ) 熊 果門 (「조선관역어」)

(ㅅ) 곰과 모딘 바얌과 (「석보상절」 9 : 24)

여기 (ㄱ)(ㄴ)(ㄷ)의 '功', '弓', '工'이 '*kom'(<*koma)을 표기한 것으로 추정할 수 있다면 이것들이 문헌에 정착된 시기는 보다 훨씬 앞서게 된다. 그리하여 다음과 같은 발달과정을 도식화할 수 있다.

삼국이전시대	삼국시대	고려시대	조선시대
固麻·金馬 >	功·工·弓 >	公·弓 >	果門·古音
(*koma~*kuma)	(kom~koŋ)	(kom~koŋ)	(kom~koŋ)

위 발달표에서 'koma>kom'의 시기가 삼국시대 중기까지 소급할 가
능을 추정할 수 있다.

　① *kuma~*koma>komϕ>kom(熊)

다음 ②부터 ⑰까지는 위 (2) ①과 같은 소박한 논의마저 생략키로
하겠다.

　② *sema>syəma>syəmϕ>syəm>səm(島)
　③ *kori~*kosi>kosϕ>koč(押)
　④ *piri>puri>pirϕ>pər(坪)
　⑤ *kapi>kapϕ>kap(穴)
　⑥ *koči~*kuči>kočϕ>koč(串)
　⑦ *pusa~*puso(松)>pusϕ>pos(樺)
　⑧ *kara~*kərə>karϕ~kərϕ>kar~kər(西)
　⑨ *kosʌkʌri>kosϕkarϕ>koskar(冠), kas(笠)
　⑩ *kuru>korϕ~horϕ(城)>kor(谷)
　⑪ *tarʌ>tarϕ>tar(山)
　⑫ *tani>tanϕ>tan(谷)
　⑬ *torak~*turak>tork~turk>tork>tor~tok(石)
　⑭ *siri>sirϕ>sir(谷)
　⑮ *sari~*səri>sarϕ>sar(靑)
　⑯ *kəru>kərϕ>kər(馬)
　⑰ *tyəri>tyərϕ>tyər>čyər>čϕər>čər(寺)

이상의 ①~⑰을 근거로 다음의 음운변화 규칙을 설정할 수 있다.

　(ⅱ) V>ϕ/C__#

(3) (ⅰ)과 (ⅱ)의 중복 탈락 규칙

동일한 어휘가 (ⅰ)의 변화를 입기도 하고 (ⅱ)의 변화를 입기도 하

였다.

① '浦'를 의미하는 '*kʌri'는 'r'를 잃고 '*kʌ∮i>*kʌi>kʌy>kay'와 같이 15C국어로 '개'(浦), '합개'(合浦), '개보'(浦)를 생성하였고, '*kʌri >*kʌrØ>kʌr'와 같이 말모음을 잃고 '구'(구爲蘆(해례 용자예))을 생성하였다. 그리하여 '*kʌri'를 어원으로 파생한 것들로 생각되는 어형들을 종합하면 다음과 같다.

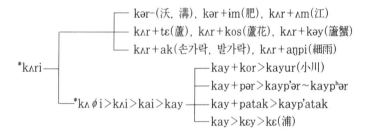

① (a) *kʌri>kʌ∮i>kʌi>kay>kɛy>kɛ(浦)
   (b) *kʌri>kʌr∮>kʌr>kar~kər(溝, 沃)

위 (2)에서와 같이 ②~⑧까지의 논의 내용은 생략하고 변천과정만 제시키로 하겠다.

② (a) *kuru~*kuri>ku∮i>kui>kuy>kiy(城)
   (b) *kuru~*kuri>kur∮>kor~hor(城)
③ (a) *mari>ma∮i>mai>may>mɛy>mɛ(水)
   (b) *mari>mar∮>mir>mur(水)
④ (a) *nuri>nu∮i>nui>nuy>nüy>nü(世)
   (b) *nuri>nur∮>nur(世)
⑤ (a) *səri~*sʌri>sə∮i~sʌ∮i>sʌi>say>sɛy>sɛ(東)
   (b) *səri~*sʌri>sər∮~sʌr∮>sər(元旦)~sar(齡)
⑥ (a) *səri~*sʌri>sʌ∮i>sʌi>sʌy>say>sɛy>sɛ(間)
   (b) *sʌri>sʌr∮>sʌr>sas>satʰ(股間)
⑦ (a) *sori>so∮i>soi>soy>söy>sö(鐵)

   (b) *sori>sor φ >sor>sos>sotʰ(鼎)

⑧ (a) *čari>ča φ i>čai>čay>čɛy>čɛ(城)

   (b) *čari>čar φ >čas(城)

위의 ①-⑧과 같이 (a)와 (b)에 규칙 적용이 병행되었다. 다만 여기 서 우리는 (a)와 (b)가 동시에 일어났는지 아니면 (a)(b) 사이에 선후 의 질서가 있었던 것인지는 판단할 수 없다.

2.2.

위에서 설정한 음운변화 규칙(ⅰ)(ⅱ)를 적용하여 1.2에서 제기한 문제들을 다음 3장에서 논의하는데 생각을 모으기로 한다.

3

3.1. '芼矣川'의 해석 문제

「삼국유사」권 4 二惠同塵조에 다음의 내용이 등재되어 있다.

   時之曉撰諸經疏 每就師質疑 或相調戲 一日二公沿溪掇魚蝦而啖之 放便於石上 公指之戲曰 汝屎吾魚 故因名吾魚寺 或人以此爲曉師之語濫也. 鄕俗訛呼其溪曰芼 矣川.

   (이 때 원효는 여러 불경의 소(疏)를 찬술하고 있었는데 수시로 혜공스님에 게 가서 질의하고 혹은 서로 희롱도 하였다. 어느 날 혜공과 원효가 시내를 따 라가며 물고기와 새우를 잡아 먹고 돌 위에 대변을 보았는데 혜공이 그것을 가 리키며 원효에게 희롱하기를 '당신이 눈 똥은 내가 잡은 물고기일 거요'라 하였 다. 이로 인하여 절이름을 吾魚寺(경북 영일군에 있음)라 하였다. 어떤 사람은 이를 원효대사의 말이라고도 하나 잘못이다. 속세(俗世)에서 그 시내를 잘못 전해 불러(訛呼) 모의천(芼矣川)이라 한다.)

좀 장황하지만 '芼矣川'의 내력을 알리기 위하여 그 원문을 옮기고 다시 괄호 안에 해석하였다.

표제한 바와 같이 여기서 제기하는 문제는 '芼矣川'은 '잘못 전하여진 호칭(訛呼)'이란 주석에 있다. 필자는 그것이 결코 訛呼가 아님을 논증하려는 것이다.

'大便'의 뜻인 고유어 '똥'은

Ⓐ a. 金이라하며 똥이라 ᄒᆞᄂᆞᆫ 議論이(金屎之論) (「금강경삼가해」 2:41)
   b. 똥 무딧 우희 겨를 구버 할커늘 (「월인석보」 9:35)
   c. 똥이 ᄃᆞ외며 오조미 ᄃᆞ외오(爲糞爲尿) (「능엄경언해」 8:99)
   d. 똥과 오좀과 (「능엄경언해」 8:87)
   e. 돌기 ᄯᅩᄋᆞᆯ ᄉᆞ라 (「구급방언해」 하 45)
   f. 똥분(糞) (「훈몽자회」 상 30)
   g. 어져 이런 어두온 ᄢᅡ히 어디 똥 누라 가리오 (「청어노걸대」 3:2)
   h. 내 아직 똥 누지 아니ᄒᆞ노라 (「청어노걸대」 3:3)
   i. 네 길 ᄀᆞᅌᅴ 똥 누지 말라 (「청어노걸대」 3:3)
   j. 우리 뒷 뫼예 가셔 똥 눔이 엇더ᄒᆞ뇨 (「청어노걸대」 3:2)
   k. 便利는 오좀 똥이라(「월인석보」 13:62)

등과 같이 중세국어 이후 보편적으로 쓰였음이 확인된다. 그런데 이것과 동의이음어인 '몰'이

Ⓑ a. 차바ᄂᆞᆯ 머거도 自然히 스러 몰보기ᄅᆞᆯ 아니ᄒᆞ며 (「월인석보」 1:26)
   b. 몰 보며(屙屎) 오좀 눌 쎄 (「목우자수심결」 29)
   c. 몰보기ᄅᆞᆯ ᄒᆞ니 남진 겨지비 나니라 (「월인석보」 1:43)
   d. 큰몰 져근몰 (「역어유해」 상 39)
   e. 큰몰 보라 가신이다 (「역어유해」 상 39)
   f. 큰몰 보다(撒屎) (「역어유해」 상 39)
   g. 져근몰 보라 가신이다 (「역어유해」 상 39)

등과 같이 공존하여 쓰였음도 확인하게 된다. 그럴 뿐만 아니라 경상방

언에서 '말뚝친다'(放便)(진주방언 비속어)와 같이 '말'을 쓰고 있으며, '마렵다'(催便)란 용언은 표준어로 쓰고 있기도 하다. 그러면 Ⓐ와 Ⓑ는 어떤 선후관계를 맺고 있는 것인가. 그 선후를 가리기 위하여 다시 「삼국유사」의 내용으로 돌아가 차분히 검토하여 보기로 하겠다.

혜공스님의 농담 중 당신(원효)의 '대변'과 나의 '고기'의 관계가 주목된다. 표현된 문의로 보아 '대변=고기'임을 알 수 있다. 여기서의 동일성은 양자의 모양에 있지 않고 동음이의어 즉 동음어형에 있었을 것으로 추정코자 한다. 佛典에서는 '魚'를 'mʌra'(名義集曰摩羅善見云鰐魚)라고 한다. 그렇기 때문에 '당신(원효)의 'mʌra'(大便)은 나(혜공)의 'mʌra'(魚)요'(汝屎吾魚)란 농담이 성립하게 된 것이라 하겠다. 여기서 우선 Sanskrit어(梵語)로 '魚'를 'mʌra'라 함을 알 수 있고, 그것과 '*mʌra'(大便)와 동일어형임을 확신하게 된다.

위의 자료 Ⓑ는 '몰보다'로만 나타난다. 그러나 '똥보다'는 쓰인 예가 없다. 그런 반면에 다음 자료는

Ⓒ a. 오좀 누는 짜홀 할흐니(「석보상절」 11:25)(서기 1447)
   b. 오좀 누면(「구급방언해」 상 11)(서기 1466)
   c. 쇼변을 뿌거든(「구급간이방」 1:43)(서기 1489)
   d. 오좀 누는 그르슬(「소학언해」 4:30)(서기 1586)
   e. 제아비 똥 즈쳑더니 눈다마다 머거보니(「삼강행실」 효 21)(서기 1481)
   f. 똥누다(出恭)(「동문유해」 상 17)(서기 1748)

와 같이 '오좀누다, 쇼변뿌다, 똥누다'이다. 그리고 Ⓑ-b는 '몰보다'와 '오좀누다'가 동일 문장 안에서 구별되어 적극적으로 쓰였음을 보이나 '똥누다'는 보다 후대 문헌인 Ⓒ-e와 Ⓒ-g에 아주 소극적으로 나타날 뿐이다.

고대국어의 '*mʌra'(>mʌr)은 '大小便'의 통칭으로 쓰였을 뿐 구별되어 쓰인 흔적은 찾을 수 없다. 그리고 Ⓑ-e, g의 존칭 선어말어미 '-시-'로 미루어 보아 '*mʌra'는 품위있는 말로 쓰였고, '똥'은 동물의 배설물

까지 통칭하는 비속어이었던 것 같다. 그러기에 동물의 배설까지 '몰보다'로 표현하지는 않았던 것이라 하겠다. 오늘날 '大小便보다, 便보다'란 말은 쓰고 있지만 '*똥보다'란 말은 없다. 그러나 '뒤보다'란 말은 보편적으로 쓰인다. 후대로 내려오면서 '몰'이 '뒤'로 교체되었다. 그러면 '뒤'의 의미는 무엇인가.

실로 *mʌra의 본뜻은 '宗·上'이다. ⑧-c의 '몰'은 대소변을 배설하는 남녀의 局部名으로 볼 수 있다. ⑧-c의 '몰보기'에 대한 原文이 '生男女根'이기 때문이다. 가령 '아무개가 그녀자 보아서 아들 낳어'란 문장에서 '보다'의 의미가 우리의 이해를 돕는 잔존형인 듯하다. 그런데 그 '몰'(<*mʌra)이 상체의 맨 뒤끝에 있기 때문에 '몰'이 '뒤'로 바뀌어 '뒤보다'가 '몰보다'의 자리를 대신하게 된 것이라 하겠다. 오늘날 '일보다, 볼일보다, 장보다, 흉보다, 욕보다, 便보다, 여자보아서 아들 난다' 등의 '보다'는 고대국어에까지 소급하는 깊은 뿌리를 가지고 있는 것이다.

위에서 상술한 바와 같이 '몰'이 고대국어로부터 내려 오는 본말이고 '똥'은 보다 후대에 발생하였던 것으로 추정된다. 따라서 '똥'은 단순히 '糞'을 뜻하는 비속어이었기 때문에 고어에서 사람의 배설행위를 표현하는 데는 쓰이지 않았던 것으로 생각된다.

여기서 우리는 15C국어의 '몰'이 고대국어의 *mʌra를 승계한 어형으로 확신하며 어말모음 탈락 규칙을 적용할 때 *mʌra>mʌr∅>mʌr과 같은 변화과정을 경험하였던 것으로 추정하게 된다.

한편 방언과 옛 문헌 등에

ⓓ a. 소매(小便) (전주지방 방언)
   b. 매유통 투(癒=便器) (「훈몽자회」 중 6)
   c. 매화틀(梅畵틀) (귀족들이 사용한 변기)
   d. 똥싸고 매화 打鈴한다. (士流의 便器打鈴)

와 같이 '매'가 쓰이었고, 쓰이고 있다. 이 '매'는 '*mʌri>mʌ∅i>may >mɛ'의 과정을 거친 어중모음 사이에서의 'r' 탈락 규칙이 적용된 변화형이다. 이 'r' 탈락의 이른 형이 곧 '芼夈'이다. 우선 이것들의 고대음과 속음을 찾아 보자.

	상고음	중고음	속음	
芼	mau(李·周)	mau(李·周)	모(「전운옥편」 하 19)	*李·周(李珍幸·周長楫)
夈	ɤiəg(T)		의(「전운옥편」 하 9)	T(Tung Tʻung-ho)
	ziəg(K)	ji:(K)		K(Bernhard Karlgren)
	ɤiəɤ(Ch)	ji(Ch)		Ch(Chou Fa-kao)

여기서 중고음으로 추정할 때 '芼夈'는 'mauji'이며 이것을 다시 조정하면 '*mʌi~*moi(芼夈)川'이 된다. 이처럼 변화되었기 때문에 당시에 쓰이고 있던 어형대로 '芼夈川'이라 표기한 것이다. 그 본말인 *mʌra (摩羅)만이 바른 말이란 고정관념에 얽매여 본말과 달라진(변화한) '芼夈川' 즉 '*mʌi~*moi川'(芼夈川)을 잘못 전하여진 것으로 착각한 것이다. 그러나 오로지 'r' 탈락 규칙에 의하여 변화된 당시의 실존형 *mʌi 를 그대로 음차표기한 것이다. 마치 '몰'(mʌr<*mʌri=麻立)과 '매'(mʌi=寐<*mʌri)가 본말의 변화형인 것처럼, 'nuri'와 'nari'가 'r' 탈락으로 인하여 '뉘', '내'로 변화한 것처럼 '*mʌri'(혹은 *mʌra=大便) 역시 고대 국어부터 'r'을 잃고 'mʌi'로 변화하였던 것이며 그 변화형을 충실히 적어 준 어형이 '芼夈(川)'이라 하겠다. 따라서 '芼夈川'은 訛呼가 아니라 '*mʌra'(摩羅=大便)의 변화형(실질적으로 통용된)을 사실대로 표기한 正呼라 하겠다.

3.2. '金橋〜松橋'의 해독 문제

3.2.1. 「삼국유사」(권3)의 阿道基羅條에

其京都內有七處伽藍之墟 一曰金橋東天鏡林(今興輪寺 金橋謂西川之橋 俗訛呼云松橋也 寺自我道始基 而中廢 至法興王丁未草創 乙卯大開 眞興王畢成) 二曰三川岐(今永興寺 與興輪開同代) 三曰龍宮南(今皇龍寺 眞興王癸酉始開) 四曰龍宮

北(今芬皇寺 善德王甲午始開) (괄호내는 주석임)

와 같은 내용이 있다. 위 글 가운데 첫째번 주석 중 "세간에서 잘못 호칭하여 '松橋'라 이른다."(俗訛呼云松橋也)라고 한 '訛呼'에 문제가 있다. 과연 '西川의 다리'라 부르던 '金橋'가 잘못 전하여져 '松橋'로 부르게 된 것인가. 주석자의 견해와 같이 실제로 '金橋'와 '松橋'는 아무런 관계도 없는 것인가. 그러나 동일한 다리를 놓고 본래에는 '金橋'라 표기하였던 것인데 후대로 내려 오면서 '松橋'로 표기변화가 일어났다면 그렇게 표기변화가 일어난 그 까닭을 찾아서 전후의 표기명 사이에 아무런 관계가 없다는 사실이 밝혀져야 '松橋'는 틀림없는 '訛呼名'이라고 결론할 수 있을 것이다. 따라서 이 글은 '金橋~松橋'의 표기가 하필이면 '金 : 松'으로 대응하였는가를 세심하게 따져 보기로 하겠다. 문제해결의 열쇠가 여기에 들어 있기 때문이다.

3.2.2.

위에서 인용한 「삼국유사」의 글에는 방위 표시가 '一曰東, 二曰X, 三曰南, 四曰北'으로 되어 있다. 여기서 저자가 방위어의 순서를 '東西南北'으로 하였음을 알 수 있다. 저자가 '일곱곳의 절터'(七處伽藍之墟)를 열거할 때 아무렇게나 배열하지 않았을 것이다. 아마도 중앙을 중심으로 東西南北의 순서에 따라서 질서정연하게 배열하였을 것으로 믿어지기 때문이다. 그렇다면 '二曰X'의 X는 '西'이었을 것으로 추정할 수 있게 된다. 물론 그 방위가 '金橋'의 동쪽이라 하였지만 전통적인 방위순서가 '東'에서 비롯되기 때문에 우리는 '一曰金橋東天鏡林'에서 '金'은 '鐵'의 뜻이 있는 것이 아니라 '東'의 의미인 고유어 '새'를 적어 준 훈음차라 할 수 있다. 그 다리가 '金・鐵'로 만들어졌을 리 만무한 데다가 '金・鐵'의 훈음인 '쇠'로 '東'의 뜻인 고유어 '새'를 적어준 경향이 매우 일반적이기 때문이다. 더욱이 '金橋謂西川之橋'의 주석이 '金'을 훈음차로 볼 수 있도록 뒷받침하여 주기도 한다. 여기 '西川'의 '西'를 음차자로 볼 수 있는 것은 '西'의 음이 'syə∼syəy'로 '金'의 훈음인 'soy'와 비슷하기 때문이다. (한편 '金橋'의 東쪽에 있다고 한 天鏡林의 '西쪽에 있는 다리'란 뜻일 수 있음을 완전 배제할 수 없지만)

그렇다면 '金'과 '松'은 東을 의미하는 고유어 '새'를 적기 위하여 그 훈음이 차용된 것으로 추정할 수 있다. 옛기록에 '濊國'이 '鐵圓, 鐵原, 鐵城, 東州, 東國' 등으로 나타나는 바, '濊'의 고대음을 '*səy∼syəy'로 추정할 때, '鐵'은 '東'의 뜻을 적기 위하여 그 훈음을 차용한 경우이기 때문이다. 현대국어로 '松'의 고유어가 '솔'이다. 이 '솔'은 「용비어천가」 지명주석에 '소두듥'(松原)으로 나타난다. 이것은 '솔두듥>소두듥'과 같이 설단자음 앞에서 'r'탈락형이니 그 원형이 솔임을 확인하게 된다. 또한 '숤바올(松子) 〈「용가」, 89, 「초간두시」 16 : 43〉, 솔숑(松) 〈「자회」上11, 「유합」上8, 「석봉천자문」 12〉' 등과 같이 '松'의 훈은 '솔'이다. 보다 이른 시기의 자료인 鄕藥救急方(13C)에도 '松衣亇 : 消衣亇(솔이마)'와 같이 '숄'이 쓰이었다. 따라서 '松橋'는 '*솔다리'라 호칭하였을 것으로 추정할 수 있다.

3.2.3.

그렇다면 '쇠다리'(金橋)='솔다리'(松橋)의 논증이 우리를 기다린다. 여기서 '쇠'와 '솔'이 밀접한 관계가 있음을 밝혀야 '松橋'가 訛呼名이 아니었음을 주장할 수 있게 되기 때문이다.

「삼국유사」(권4)의 元曉不羈條에 '沙川 俗云年川'이란 기록이 나온다. 여기 '沙川=年川'은 '年'을 '沙'(sa)로 훈독할 수 있어야 가능하게 된다. 「삼국사기」(권 38)의 '沙湌 或云薩湌'에서 '沙=薩'이 '沙'의 전차형을 '*sər∼*sʌr(>sʌ)'로 추독할 수 있게 한다. 또한 「晋書」는 '徐羅, 斯羅'를 '薛羅'로도 표기 하였다. 이 '薛'도 'sə∼sʌ(徐∼斯)의 전차형을 *sər로 추정케 한다.

이것들과 관계가 있음직한 백제지명 '沙尸良'이 '沙尸良>新良>黎陽>

麗陽〈「삼국사기」권36〉와 같이 변화하였다. 그런데 「삼국사기」(권 37)에서 발견되는 ①召尸(銀) ②加尸(犁) ③波尸(桃)는 ①*sori＞soi(銀), ②*kari＞kar(犁) ③*pari＞pai＞pyə(稻)로 읽을 수 있으며, ④古尸(岬), ⑤大尸(泰)(「삼국사기」(권 36))을 ④*kori ⑤*kiri~*hari로 읽힐 가능성이 있기 때문이다. 뿐만 아니라 ⑥阿尸兮(阿乙兮), ⑦古尸(管), ⑧阿尸良國(阿那加耶)(「삼국사기」(권 34))를 ⑥*ari, ⑦*kori, ⑧*ari~*aria로 읽을 수 있을 듯하며 ⑨也尸(狼), ⑩于尸(有隣)(「삼국사기」(권 35))도 ⑨*iri, ⑩*uri로 읽을 수 있을 듯하다.

⑪漢江古稱沙平渡 俗號沙里津(사리ᄂᆞᆯ가)(「용비어천가」 4장 주석)에서 '沙平'(시벌)의 '沙'가 '沙里'로도 호칭되는 바 이 속호가 보다 옛말인 '*sʌri'(東)를 재구케 하는 믿음직한 근거가 된다. ⑫慶州府 … 驛十一. 沙里(사리) 古作 活里(사리)(「세종실록」 지리지 慶州府)에서도 '沙里'(ᄉᆞ리)＝活里(술리)와 같은 *sʌri(東)을 확인할 수 있다. 그럴 뿐만 아니라 향가 「혜성가」에서도 ⑬舊理東尸汀叱(녀리 실 믌ᄀᆞᆺ)(김완진 1980: 127)와 같이 '실'(東尸)을 확인할 수 있다.

위 자료(①-⑬)을 근거로 '沙尸'를 *sər~*sʌr(元旦, 曉, 東, 新)의 보다 이른 원형이라 할 수 있다. 이 기본어형이 필자(1999)가 세운 고대국어에서의 두 음운변화 규칙에 의하여 다음과 같이 정리될 수 있다.

그 하나는 어말모음, 즉 여기서의 'i'모음 탈락이다.

'*səri~*sʌri＞*sərØ~*sʌrØ＞sər(元旦)~sʌr(齡)

과 같이 본어원의 의미에서 전의하여 '元旦'과 '나이'의 의미로 굳어버린 것이다.

다른 하나는 'r'음이 'i'모음 앞에서 *ri＞yi＞i의 과정에 의하여

'*səri~*sʌri＞*səyi~*sʌyi＞say＞sɛy＞sɛ(東)

로 변화된 것이라 하겠다.

'元曉'의 俗姓은 '薛'氏라 하였다. 그렇다면 그의 아들의 경우도 '薛'은 姓氏요 이름은 '聰'인 것이다. 더 확실한 것은 '聰生而睿敏 博通經史'란 표현에서 '薛'字를 생략하고 이름인 '聰'자만 쓴데서도 확인된다. 여기 俗姓이란 표현은 신라말 즉 고유어를 이름이니 '薛'을 음차자로 볼 때 '설'씨라는 말일 것이다. 그런데 '元曉' 역시 方言이라 하였다. 여기 方言이란 또한 신라어 즉 신라의 고유어를 지칭하는 것으로 보아야 한다. 그렇다면 '元曉'는 한자말이니 필시 신라의 고유어(방언)에 대한 한역어일 것이다. 당시(신라) 사람들이 모두 신라말(鄕言)로 이것(元曉)를 가리켜 '始旦'이라 말하였다고 「삼국유사」에 적혀 있다. 그러나 '始旦' 역시 '元曉'를 좀더 구체적으로 설명한 한자말이다. 그런데 공교롭게도 속성인 '薛'과 동일한 의미로 '始旦'이 맞아 떨어진다. 그러니까 신라어에서 문어로는 '始旦'이라 표기하고 호칭은 '설'이라 향언(구어)로 부른 것이다. 따라서 '설'은 '元曉・始旦・歲・齡・섣달(<설달)' 등의 의미를 복합한 고유어이었을 뿐이다.

'설'의 원어형은 *sʌri(엄격히 표기하자면 *sVrV형)이었는데 말모음이 탈락한 뒤 *sər과 *sʌr로 분화하여 *sər은 '元旦, 歲'의 뜻으로, *sʌr은 나이의 뜻으로 쓰여왔고, r이 탈락하여 '*sʌi>*sʌy>say>sɛy>sɛ'와 같이 발달한 어형은 '東・新・새(벽)・새(다)'의 의미로 쓰여져 온 것이라 하겠다.[1]

3.2.4.

'松橋'는 '金橋'에 대한 訛呼가 아니라 동일한 다리이름에 대한 이표기일 뿐이다. 표기는 이렇게 달랐지만 당시의 고유어(이른바 鄕言)으로는 동일한 교명이었을 것이다. '金'의 고유어에 대한 어원이 *sori(>soØi

---

[1] 방종현(1963:238)에서도 거의 동일한 견해를 피력하였다. "가령 東方을 '새' 혹은 '사'라 하면 이것이 새벽(晨), 샛별(曉星), 건새(東北風), 새운(明)이 다 새 (新)・해(日)와 관계가 있는 듯도 하고 南方을 '마'라고 하면……."

>soy>söy>sö)이었고, 이것이 '東'을 뜻하는 고유어 *səri(>sərØ~s
ʌrØ) 혹은 *səri(>səØi>sai>sɛ)의 어느 변화단계를 적어준 것이기
때문에 동일어를 표기하는데 차자될 수 있었던 것이다. 만일 '金橋'가
이미 'r'을 잃은 'soy'의 단계에서 '시다리'(東橋)를 나타낸 것이라면 '솔
다리'(松橋)는 아직 'r'이 남아 있고 어말모음이 탈락한 단계의 기록이니
오히려 '金橋'(시다리)보다 고형이라 할 수 있다.

　　요컨대 '松橋'는 訛呼名이 아니라 '金橋'의 별칭이었으며, '東橋'란 뜻의
'설다리'를 적은 '松'의 훈음차 표기명이라 추정할 수 있다. 따라서 '松
橋'(솔다리)는 오히려 '金橋'(쇠다리)보다 이른 보수형이라 추정된다.

3.3 '所瑟山'(包山)의 해독 문제

『삼국유사』(권5)의 包山二聖條에

　　　　羅時有觀機道成二聖師　不知何許人　同隱包山(鄕云所瑟山　乃梵音　此云包山)
　　　　(신라시대에 관기와 도성이란 두 聖師가 있었는데 어떤 사람인지는 알 수 없으
　　　　나 함께 포산에 숨어 살았다. (包山은 고유어로 所瑟山이라 하는 바 이는 범어
　　　　음인데 包山이란 뜻이다))

와 같은 괄호 안에 담은 주석이 있다. 이 주석 중의 '所瑟'을 양주동
(1947:280)은 "「所瑟山」은 「쌀뫼」로서 「包山」으로 對譯된 것이다"라고
해석하였다.

　　물론 '所'가 양주동의 주장대로 '所夫里(扶餘), 古所於=古斯也=獐項,
所伊山(江原·伊川), 所羅山(黃海·平山), 所衣山(京畿·伽平), 乫下川
(咸鏡·慶原)' 등과 같이 '소, ㅅ'음차임이 보편적이다. 그리고 이두어
의 표기에서도 '所乙串(솔곶), 所伊(쇠), 所里(소리)' 등과 같이 '소'음차
자임을 필자(1987:32-33)도 밝힌 바 있다. 그렇기 때문에 우리는 '所
瑟山'의 '所'도 그 보편적인 쓰임새에 따라서 'ㅅ, 소'의 음차자로 단정하
기 쉽다.

만일 여기서 우리가 '所瑟'의 '所'를 'ㅅ'을 적기위하여 차자한 것으로 본다면 필연적으로 '所瑟'은 '쓸'로 음독하게 되니, '쓸'은 결국 그 기본형 '쓰다'에 귀착하게 된다. 그런데 이 '쓰다'가

> 소문에 굴오디 겨집의 죡쇼음믹이 심히 쓰ᄂᆞ니ᄂᆞ ᄌᆞ식빈믹이라(婦人足少陰脈動甚者發姙子也)(「胎産集要」8)

와 같이 '빠르다'의 의미이기 때문에 '包'의 뜻이 아니다. 그리고

> 일훔난 됴ᄒᆞ 오시 비디 千萬이 ᄊᆞ며(「석보상절」13:22)
> 이 香 六銖ㅣ 갑시 娑婆世界 ᄊᆞ더니(「월인석보」18:28)
> 八分혼 字ㅣ 비디 百金이 ᄉᆞ니(「초간두시」16:16)
> 뵛 갑시 ᄊᆞ던가 디던가 〈「노걸대언해」上82〉

의 '쓰다'는 '비싸다'의 뜻이기 때문에 '包'와는 아무런 관계도 없다. 더욱이 양주동이 추정한 '싸다'는 그나마 현대어의 단어이지 고어(쓰다)가 아니라는 데도 문제가 있다.

여기서 우리는 '所瑟山'의 '所'가 음차자가 아님을 확인한 셈이다. 그러면 그것은 무엇인가. 이제 우리가 택할 수 있는 길은 오로지 하나 밖에 없다. 그것의 대역인 '包山'에서 '包'의 훈이 무엇인가를 찾아 보는 외길이 남아 있을 뿐이다. '包'의 옛훈을 찾아보면

> 싼거슬 ᄊᆞ 그르매 (「초간두시」1:6)
> 뿔 포(包)　　　　(「유합」下57)

와 같이 '쓰다'이다. 그렇다면 '所'가 'ㅂ, ㅸ'를 적기 위하여 차자된 것으로 추정할 수 있게 된다. 과연 그럴 것인가. '所'의 훈을 찾아보면

> 바 소(所)(「광주천자문」13 「석봉천자문」13, 「훈몽자회」中4)
> 얻고져 ᄒᆞᄂᆞᆫ 바ᄂᆞᆫ(所須) (「초간두시」7:4)

니릿샨 밧 法은(所說法) (「금강경삼가해」 2:40)

와 같이 '바'이다. 그리하여 '所'의 자리에 '바'를 대입하면 '바슬'이 된다. '瑟'의 고대음을 李珍華(1993)의 「한자고금음표」 등에서 찾아보면

	상고음	중고음	反切	字會	光千文	類合
瑟	ʃet	ʃiet	所櫛	슬	슬	슬

와 같이 *sVr이 재구되기 때문이다. 또한 위 '所瑟山'은 현 경상북도 玄風의 '琵瑟山'으로 전해 내려오고 있다. 여기서 '琵'를 음차자로 보고 그 고대음을 역시 「음표」 등에서 찾아보면

	상고음	중고음	反切	字會	類合
琵	bĭei	bi	房脂	비	비

와 같이 *pi가 재구된다. 따라서 '琵瑟'은 '비슬'로 추독할 수 있고 또한 현지에서 전통적으로 부르는 호칭도 '비슬'이다. 이 '琵瑟'이 이른 형인 '所瑟山'으로 소급하니까 그 변천과정을 '*pvsvr > ㅂ술 > 뿔-(包)'로 추정하여 '所瑟'을 '*ㅂ술'(*pvsvr)로 추독할 수 있게 한다.

일반적으로 어두 복자음 생성과정을 설명하는 경우에 흔히 「계림유사」 (1103-4)의

① 白米曰漢菩薩
② 女兒曰寶姐

을 예로 들어 중세국어의 전·후 교체기에 어두모음이 약화탈락하면서 복자음이 생성된 것으로 보고 다음과 같이 변화과정을 추정하는 경향이 있다.

① $*pVs\Lambda r(\rlap{米}) > p^V s\Lambda r > ps\Lambda r(\rlap{\text{뽈}})$
② $*pVt\Lambda r(\rlap{女}) > p^V t\Lambda r > pt\Lambda r(\rlap{\text{똘}})$

　여기서 우리는 이른 시기의 좋은 예를 하나 더 추가할 수 있다.「삼국유사」할주의 '所瑟>琵瑟=包'를 근거로

③ $*pVs\Lambda r-(\rlap{包}) > p^V s\Lambda r- > ps\Lambda r-(\rlap{包})$

를 재구할 수 있기 때문이다. ① ②는 명사인 반면에 ③은 동사어간이란 점만 서로 다를 뿐이다.

　여기서 우리는 신라시대의 '包'의 훈이 '$*p\Lambda s\Lambda r$'이었음을 추정할 수 있고, 이것이 후기 중세국어 초기에 '뽈-'로 변한 사실을 확인할 수 있다. 그리고 '包'의 고대 훈음인 '$*p\Lambda s\Lambda r$'은 범어(Sanskrit어)를 적어준 것이라 하겠다.

　요컨대 양주동(1947:28)이 安民歌에 나오는 '所音'을 해독하기 위하여 '所瑟山'을 끌어들여 '所音'의 '所'와 동질적인 것으로 보고 '所瑟山'의 '所'를 'ㅅ·소'를 적은 음차자로 풀이한 것은 잘못이다. 앞에서 논의하여 내린 결론은 '所瑟'이 '*ㅂ술'이기 때문에 결코 'ㅅ·소'를 적어 준 것이 아니다.

4

　이 글은 필자가 여러 논문에서 논의하여 설정한 고대 국어의 음운변화 규칙 중 특히 어중에서의 'r'탈락 규칙과 어말모음 탈락 규칙을 적용하여 「삼국유사」의 할주지명에 관한 몇 문제를 논의하는데 힘을 기울였다. 지금까지 논의한 내용을 요약하여 맺음말을 삼고자 한다.

4.1.

「삼국유사」의 저자가 '芼矣川'을 訛呼라고 주석한 것은 국어학적 분석 기술 능력이 없는 식견에서 빚어진 과오이었다. 그것은 '*mʌi'(<*mʌ ra(大便)를 정확히 표기한 당시의 어형(芼矣)이기 때문이다. 이 어휘가 적어도 중세 국어까지 두 음운 변화 규칙에 의하여 '*mʌra>mʌrɸ>m ʌr'로 쓰이기도 하고, 다른 한편으로는 '*mʌra>mʌɸi>mʌi>may'와 같이 쓰인 숭계어를 근거로 'mʌi=芼矣'임을 확신할 수 있다.

4.2.

'金橋'에 대한 별칭인 '松橋'가 訛呼라고 주석한 것도 착오이었다. 여기 별칭인 '松橋'가 오히려 '金橋'보다 고형으로 볼 수 있다. '松'의 훈음을 'sor'로 볼 때 '松橋'는 '*sortari'로 해독할 수 있다. 그런데 '金'의 고 훈도 '*sori'(>soɸi>soi>soy)이었던 것으로 추정되기 때문에 그 훈음이 '松'의 훈음인 'sor'과 비슷하게 맞아 떨어진다. 더구나 여기 '金・松'은 '東'을 뜻하는 'say'(<saɸi<*sari)를 적었을 것이기 때문에 'sor'(松)의 'r'은 오히려 가장 묵은 어형을 반영한 것이라 할 수 있다.

일반적으로 차자표기 지명 중 이른바 '或作, 或云, 古作, 古稱, 別稱' 등의 지명들은 오히려 새로 생긴 지명의 득세로 뒷전에 밀려난 잔존형일 가능성이 짙기 때문에 '松橋'가 '金橋'보다 이른 형으로 대접받을 수 있는 것이라 하겠다. 이런 지명사적인 식견이 없는 처지에서 단순히 '金:松'의 대응 비교만으로 얼토당토 않게 '訛呼'로 오판하였던 것이라 하겠다.

4.3.

양주동(1947)은 '所瑟山'의 '所瑟'을 '쌀-'로 풀고 그것이 '包'의 뜻이라 하였다. 그러나 중세 국어로는 '싸다'가 아닌 '쓰다'이었으며 그것의 뜻은

'急速, 高價'이었지 결코 '包'의 뜻은 아니었다. 그는 '所'를 음차표기자로 보고 '소'의 'ㅅ'을 '슬'과 결합시켜 '쌀-'을 적어준 것으로 분석하였는데 이는 잘못한 해석이라 하겠다. '所'를 음차자로 보는 한 그 풀이가 '包'의 뜻인 고유어에 도달할 수 없기 때문이다. '所'의 중세국어 시기의 훈음은 '바'이다. 그리하여 '所瑟'은 '＊pʌsʌr'로 추독할 수 있다. 이 고형은 '＊pʌsʌr＞psʌr'(뽈-)로 이어지기 때문에 중세 국어에서 '包'의 뜻인 '뽈-'과 일치하는 것이다. 따라서 양주동(1947)이 '所瑟山'의 '所'와 향가 중에 나오는 '所音'의 '所'를 동일시하여 '소, ㅅ'을 적기 위한 동일차자로 보고 향가풀이에 적용한 것은 잘못이 아닐 수 없다. 그것은 어디까지나 훈음인 '바'를 차용한 것이며 이 사실을 '所瑟山'의 승계지명인 현존 '琵瑟山'(비슬산)이 증언하여 준다.

여기 '所瑟山＝包山'을 'ㅂ술뫼'로 해독할 때 우리는 ㅂ계 복자음의 원형을 하나 더 추가하게 된다. 실로 어두 복자음의 생성을 뒷받침하는 자료가 빈약한 편이다. 거기에다 시기마저 「계림유사」(A.D.1103-4)의 '白米曰漢菩薩(ㅂ술＞뽈), 女兒曰寶妲(ㅂ둘＞뚤)'을 뛰어넘지 못하였던 우리의 처지로는 비록 한 예에 불과하지만 그것이 보다 훨씬 이른 시기의 고대 국어의 자료이니 아주 소중하기 그지없는 존재라 하겠다.

【참고문헌】

김방한(1982), 「溝漊」와 「烏斯含」에 대하여, 언어학 제5호(한국언어학회)
김완진(1968), 고구려어에 있어서의 t구개음화 현상에 대하여, 「이숭녕박사 송수기념논총」(을유문화사)
─────(1980), 「향가해독법연구」(서울대출판부)
도수희(1975a), 백제어의 「仇知」와 「實」에 대하여, 국어학 3(국어학회)
─────(1975b), 所夫里考, 어문연구 9(일조각)
─────(1977), 「백제어연구」(아세아문화사)
─────(1985a), 백제어의 「買·勿」에 대하여, 우운 박병채박사 환력기념논총(간행위원회)

──(1985b), 백제어의 「己」에 대하여, 새결 박태권선생 회갑기념논총(간행위원회)

──(1985c), 백제 전기어와 가라어의 관계, 한글 제187호(한글학회)

──(1985d), 백제어의 「東・西」에 대하여, 역사언어학(서울, 전예원)

──(1985e), 백제어의 「南・北」에 대하여, 일석 이희승 선생 구순기념호, 국어학 14(국어학회)

──(1985f), 백제전기의 언어에 관한 제문제, 진단학보 60호(진단학회)

──(1985g), 백제전기의 언어에 관한 문제(Ⅱ), 백제논총 제1집(백제문화개발연구원)

──(1985h), The Paekche Language : Its Formation and Features, Papers in Korean Linguistics commemorating the Eightieth Birthday of Professor Hyonggi-Kim (Resear -ch Society of Ŏ-Mun)

──(1987a), 「한국어음운사 연구」(탑출판사)

──(1987b, 89, 94), 「백제어 연구」Ⅰ, Ⅱ, Ⅲ(백제문화개발연구원)

──(1999), 고대국어의 음운변화, '99겨울 연구회(한국언어학회)

방종현(1963), 「일사국어학논집」(민중서관)

양주동(1947), 「조선고가연구」(박문서관)

이숭녕(1955), 韓・日양어의 어휘비교시고, 학술원회보 제1집(학술원)

Sasse W.(1981), 'byŏ' and the Question of 尸 in Old Korean Writing, 국어학 10(국어학회)

Miller. R. A(1979), Old Korean and Altaic, The Journal of Korean Studies, Seattle, Vol. 2

白鳥庫吉(1800), 조선고대지명고, 사학잡지 제6편 10-11호, 제7편 1호(일본)

周法高外(1973), 「한자고금음휘」(향항중문대학)

李珍華外(1993), 「한자고금음표」(중화서국)

백제 고지명 '負兒嶽'의 해석 문제

1

1.1.

필자는 일찍이 '負兒嶽'을 '부ᄉ압'(>부ᄉ악>부ᄋ악)으로 해독하고 이것의 의미가 '松岳'이라고 소박하게 풀이한 일이 있다.[1] 그런데 필자의 주장에 다음과 같은 토론의 질의가 제기되었다.[2]

負兒嶽의 '負兒'를 '부ᄉ'로 읽는 것은 위험하다. '兒'자의 Δ 음이 삼국시대 ㅅ 음으로 수용될 수 있는 것인지 의심스러울 뿐만 아니라 '負兒'라는 말이 山의 형상을 나타내는 한자어로 성립되기 때문이다. 三角山의 白雲臺와 인수봉의 형

---

1) 도수희(1993:7~8), '漢城時代 百濟의 建國과 國名 및 初期의 王名'에서 다음과 같이 소박한 결론을 내리었다.
   "또 하나의 특징적인 언어요소가 있다. 이른바 현재의 三角山에 비정하는 負兒嶽이 바로 그것이다. 이 지명은 우선 '負兒+嶽'으로 분석될 수 있다. 접미부의 '嶽'은 역시 부여계어에 해당하는 압록수 이북역의 高句麗 지명에서 '多伐嶽, 心岳(居尸押), 朽岳(骨尸押), 面岳, 牙岳(皆尸押), 鷲岳城' 등과 같이 발견된다. 이것 역시 동일계 언어권의 분포라 할 수 있다. 그러면 語基인 '負兒'는 어떤 존재인가. -中略-따라서 '負兒'는 '夫斯·扶蘇(松)'의 異表記形으로 그 의미는 '松'이었던 것으로 보려 한다."
2) 남풍현(1993:30), 제1회 百濟史 定立을 휘한 學術세미나 -제1부 百濟의 建國과 漢城時代-(발표요지문)에 대한 討論要旨에서 제기한 문제이다.

상을 '負兒'의 형상으로 보는 견해가 있는데 이 점도 고려되었으면 한다.

이 논고는 앞의 질의에 대한 해답이 된다.

1.2.

제기된 문제에 대한 정답을 찾기 위하여 필자는 '負兒嶽'의 지명사적인 특성을 '慰禮忽·彌鄒忽'과의 상관성을 통하여 파악하려 하며 또한 이른바 承繼地名으로 지목하고 있는 '三角山'과의 관계를 규명하려 한다. 그리고 '負兒'는 地形(아기를 업은 山形)의 의미를 담은 漢語地名이 아니라 음차표기 지명이며 그 음형이 '부ᄾ>부ᅀ'이며 그것의 뜻은 '松'임을 추정하려는 데 목적을 두게 된다.

1.3. 「삼국사기」와 「삼국유사」에

> (1) 遂至漢山 登負兒嶽 望可居地〈㉠권 23 百濟 始祖 溫祚王條〉
> (2) 遂至漢山 登負兒岳 望可居之地〈㉡권 2 南扶餘 前百濟條〉

와 같이 '負兒嶽'이 나타난다. 이 '負兒嶽'에 대한 종래의 해독을 보면 鮎貝房之進은

> 三角山의 白雲臺와 인수봉의 형상은 負兒의 형상이기 때문에 명명한 지명이다.

라고 주장하였다. 그러나 이 負兒嶽이 과연 三角山에 比定하여도 좋은 것인가의 문제와 설령 그렇게 볼 수 있다 하더라도 '三角山'의 형승이 과연 負兒形인가도 의문이다.

따라서 우리는 牽強附會일 가능성이 농후한 종래의 주장에서 벗어나 일단 白紙상태로 돌아가 이 문제를 새롭게 풀어 보려고 한다.

1.4.

요컨대 '負兒嶽'은 어떤 구조의 지명이며 그것의 내력은 어떤 것인가를 면밀히 검토하여야 할 것이다. 그리고 이 지명과 '三角山'의 관계는 어떤 것인가의 물음이 뒤따르게 되며, '慰禮忽', '彌鄒忽'과의 상관성을 규명하여 '負兒嶽'의 어형과 의미를 밝혀야 할 것이다.

2

2.1.

우선 '負兒嶽'이 언제부터 쓰인 묵은 지명인가를 알아보기 위하여 옛 문헌에서 그 자료를 찾아서 열거할 필요가 있다. 앞의 (1)(2)에 이어 (3)부터 시작하게 된다.

(3) 負兒嶽北漢山州 〈「삼국사기」 권 32 祭祀 小祀條〉
(4) 楊州 本高句麗漢山郡 有三角山(新羅稱負兒嶽) 〈「高麗史」 권 56 地理 1〉
(5) 楊州都護府 三角山 在府南 一名華山 三峯突几秀發高入靑害 〈「世宗實錄」 권 148〉
(6) 三角山 在楊州之境 一名華山 新羅稱負兒岳自平康縣之分水嶺 連峯疊嶂起 伏 迤邐而西至楊州西南 爲道峯山 又爲三角山實京城之鎭山也 高句麗東明 王之子 沸流溫祚南行至漢山 登負兒岳 相可居之地 卽此山也 〈「新增東國 輿地勝覽」 권 3 漢城府 山川條〉
(7) 三角山 距府北十五里 百濟稱負兒岳 〈「大東地志」 漢城府 山川條〉
(8) 三角山 自道峯山來今北漢山城 〈「輿地圖書」上 楊州牧 山川條〉

앞에서 제시한 자료 (1)(2)를 통하여 그것이 백제 초기 지명임을 확신할 수 있게 된다. 그리고 (3)을 통하여 우리는 '負兒嶽'이 신라시대에도 그대로 사용되었음을 알 수 있다. 신라시대에 '負兒嶽'이 北漢山州에

있었다고 (3)이 알려 주는 바 이 州는

(9) 置北漢山州 〈「삼국사기」권 4 眞興王 18년조〉

와 같이 서기 557년에 설치되었으니 적어도 이 때까지는 불리우고 있었음이 확인된다.

그러나 '三角山'은 (4)(5)에서 비로소 나타날 뿐이다. 따라서 '負兒嶽'보다는 줄잡아 1000년 이상이나 늦게 발생한 지명인 듯한데 이 '三角山'이 '負兒嶽'의 後身으로 지목된 것은 역시 (4)(5)에서부터가 아니었던가 한다. 이후의 각종 지리서들이 그대로 믿고 추종하였을 뿐이다. 따라서 '負兒嶽'과 '三角山'은 서로의 歷史性부터가 상이하다. '負兒嶽'은 百濟의 초기부터 있어온 오래 묵은 지명인데 반하여 '三角山'은 보다 너무나 오랜 뒤의 신생지명이란 점이다.

우리가 여기서 '負兒嶽'과 '三角山'이 아무런 관계도 없는 별개의 지명으로 그 承繼性을 인정치 않는다면 再言할 필요가 없겠지만 그 承繼性을 인정한다손 치더라도 '三角山'에 대한 의미를 (5)에서처럼 '三峯突兀'로 인하여 지어진 지형명명이라고 주석하고 있으니 '負兒'의 뜻풀이와는 아무런 관계도 없게 된다. 대개 세종대왕 때를 중심으로 지리지와 지명 주석이 많이 이루어졌는 바 어떤 지명의 유래가 있으면 반드시 그 유래를 주석으로 달았다. 예를 들자면 다음과 같은 것들이다.

童巾:胡人謂鍾爲童市 府有童巾山 故名之〈「世宗實錄」권 155〉
童巾山 在府北 形如覆鍾 其上有古石城〈「龍飛御天歌」4장-8〉
羅端山:山有七石序立 謂之七數爲羅端 故名〈「新增東國輿地勝覽」4장 주석〉
豆漫江:女眞俗語謂萬爲豆漫 以衆水至此合流 故名之也〈「龍飛御天歌」4장-8〉
幹合:立巖 在府南幹合里 高可二百餘丈 土俗謂石爲幹合 因名其地焉〈「新增東國輿地勝覽」권 50 鏡城都護府 山川條〉
磨天嶺:在郡東六十六里 舊號伊板嶺 女眞人謂牛爲伊板 俗傳昔有人賣犢於山下其母牛尋犢踰嶺牛主跡之 而至因爲路 故名伊板嶺 又見吉城縣〈「新增東國輿地勝覽」권 49 端川郡條〉

雙介院:在縣南一百五里 有一奇岩屹立海中 狀如虹門 名曰穿島 小舟由其中出
入 女眞語謂孔爲雙介 故地名雙介院 有厭海亭〈「新增東國輿地勝覽」 권 50
吉城縣條〉

등과 같이 지명어원을 밝히고 있다. 그러나 '負兒嶽'의 어원에 대한 주
석은 옛 문헌에 전혀 나타나지 않을 뿐만 아니라 그것의 後繼地名으로
추정한 '三角山'의 유래도 '三峯突兀'에서 찾기 때문에 '負兒'를 한자어로
보고 '아기를 업은 형상'이라고 푸는 것은 한자에만 얽매인 견강부회로
볼 수밖에 없는 것이다.

2.2.

그러면 '負兒嶽'은 어떻게 읽어야 할 것인가. 여기서 우리는 동일 시
기에 기록된 주변 지명과 비교할 필요가 있다. 주변 지명 중에는 '慰禮
忽, 阿里河・郁里河, 彌鄒忽'이 있고, 이른바 인명에는 '溫祚・殷祚・恩
祖, 沸流・避流'가 있다. 삼국의 초기에는 대부분의 고유명사들이 한자
의 음차표기로 되어 있다. 즉,

斯盧, 斯羅, 尸羅, 徐羅伐, 徐羅, 徐伐, 加羅, 高句麗, 句麗, 弗矩內, 儒理,
類利

등과 같이 고유한 이름을 음차표기하였다. 그렇기 때문에 '負兒'도 '慰禮
忽, 彌鄒忽, 阿利(水), 郁里(河), 溫祚, 沸流'와 더불어 음차표기된 고유
어로 추정할 수 있게 된다.

2.3.

이 지명은 먼저 '負兒+嶽'으로 분석할 수 있다. 지명어미 '嶽'은 동일
한 부여계어에 해당하는 고구려의 압록수 이북의 지명록에서

多伐嶽, 心岳(居尸押), 朽岳(骨尸押), 尙岳, 牙岳(皆尸押), 鷲岳城

등과 같이 다수가 발견된다. 그럴 뿐만 아니라 '負兒嶽'이 위치한 漢山州(百濟의 舊地)의 지명에서도

扶蘇岬(＞松岳), 屈押(＞江陰), 加火押(＞唐嶽), 阿珍押(＞窮嶽)

등과 같이 '押:嶽'이 확인된다. 이 '押'은 부여계의 언어권에 분포하였던 지명어미로 추정할 수 있다.

그러면 어기인 '負兒'는 어떻게 읽어야 할 것인가. 앞에서 우리는 이것이 음독하여야 할 대상임을 확인하였다. 그렇다면 여기서 우선 '負兒'을 재구된 고음으로 추독하여야 할 것이다.

(T=Tung T'ung-ho, K=Bernhard Karlgren, Ch=Chou Fa-Kao)

	上古音	中古音	字釋 및 俗音
負	b'wə(T)		질부(「字會」下 10, 「類合」下 46)
	b'i̯ŭg(K)	b'i̯ə(K)	
	bjwəγ(Ch)	biəu(Ch)	
兒	gnieg(T)		아희ᅀ(「光州千字文」15)
	ńi̯ĕg(K)	ńzie(K)	아희ᅀ(「字會」上16, 「類合」上 17)
	njeγ(Ch)	ńii(Ch)	

위의 古音 중에서 *biəu-ńzie(負兒)를 택하려 한다. '豭'을 「本草綱目」啓蒙(卷四 7)에서 '吾兒里'로 표기하였고, 「鄕藥集成方」에는 '吾兒尼'로 표기되기도 하였다. 이것에 대한 「四聲通解」의 표기는 '오ᅀ리'이고, 「訓蒙字會」는 '豭 오ᅀ리, 단 俗呼土猪'라 하였고, 「東醫寶鑑」의 '豭肉오ᅀ리 고기'라 하였으니 여기서 우리는 옛 俗音인 'ᅀ'(兒)를 참작하여 재조정하면 '負兒'를 *pusa~*puza로 추독할 수 있을 것으로 기대한다. 중세국어의 속음 'ᅀ'(兒)를 이른 시기의 'ᄉ'로 추독할 수 있는 가능성을

우리는 다음의 자료에서 찾아서 보충할 수 있다.

   (10) 烏兒縣 本百濟烏次縣 〈「삼국사기」 권 36 지리 3 武州속현〉

  앞의 (10)에서 우리는 '兒＝次'의 대응을 발견한다. 이는 필시 음차의 대응으로 相似音이었기 때문에 '次'를 승계하여 '兒'가 차자되었을 것으로 추정한다. 그렇다면 여기서 우리는 '次'의 古音을 찾아 볼 필요가 있다.

	上古音	中古音	字釋 및 俗音
次	tśied(T)	cʌɸ(東)	ᄀ숨ᄎ(「千字文」16)
	tśiər(K)	tśi-(K)	ᄎ례ᄎ(「類合」上 3)
	tśjier(Ch)	tśiɹi(Ch)	ᄀ음ᄎ(「類合」上 3)

  찾아 본 중고음이 'ᄌ'(東), 'tśi-(K), tśiɹi(Ch)이며 俗音으로는 'ᄎ'이다. 따라서 그 첫소리가 'ᄌ~ᄎ'임을 알 수 있다. 그런데 이 '次'는 백제 전기어의 지명표기에 많이 차자되었는데 그것들이

hurči~kurči 忽次(口)(백제 전기어)	kuči<*kuti(口)(일본어)
kuči 古次(口·串)(백제 전기어)	kusi (串)(일본어)
yači 也次(母)(백제 전기어)	ečige<*etike 'Vater'(몽고어)[3)
uči 于次(五)(백제 전기어)	itu(五)(일본어)

와 같이 'č'音을 표기한 것으로 추정된다. 여기 '次'는 어말모음이 '-i'로 생각되는 韻字임에 비추어 볼 때 t구개음화는 i모음에 선행한다는 사실

---

3) Poppe, N. (1960:51)에서 보다 자세한 내용을 옮기면 다음과 같다.
    mo. *ečige*<*etike* 'Vater', mmo. *ečige* id.=lam. *ętki*<*etkei* 'Schwieger-vater, Vater des Gatten', älterer Bruder des Gatten', ew. *ętki* 'Schwieg-ervater'=čag. *ätäkä* 'Onkel, Vormund'. tat. *ätkä* 'Väterchen' (*Wahrscheinlich aus dem Mongolischen entlehnt*).

을 보여주는 바라 하겠다. 물론 '次'에 대한 정확한 모음의 추정이 문제가 되나 위에서 재구한 古代音과 같이 至韻으로 開口細音齊撮呼인 'i-, i ii, jwi'인 것이다. 이 至韻은 대체적으로 俗音 'ɨ-i'로 대응되는 점으로 보아 '次'의 모음도 -i로 보아 무방할 것이다. 특히 'yači=也次(母)는 중세국어의 다음 예문에서

> 어ᅀᅵ아ᄃ리외롭고〈「釋譜詳節」 6:5〉
> ᄂ미어ᅀᅵ아ᄃ롤〈「釋譜詳節」 6:5〉
> 어ᅀᅵ다눈멀어든〈「月印釋譜」 2:12〉
> 對答하더눈먼어ᅀᅵ롤이받노라〈「月印釋譜」 2:13〉
> 아바님도어ᅀᅵ어신마ᄅᄂᆞ〈「時用鄕樂譜」 思母曲〉

와 같은 '어ᅀᅵ'를 발견한다. 이는 '*yači>yasi>əsi>əzi'의 발달을 우리에게 암시하는 바로 'puča(負兒)>pusa>puza'를 상정할 수 있게 한다. 실로 고대국어의 표기어 중에서

> 味鄒 一云未照 或云未召〈「삼국사기」 권 2〉
> 彌鄒忽 一云買召忽　〈「삼국사기」 권 2〉
> 龍春 一云龍樹　〈「삼국사기」 권 5〉
> 官昌 一云官狀　〈「삼국사기」 권 5〉
> 鄒车 一云朱蒙　〈「삼국사기」 권 13〉
> 伊飡陳純(一作春)　〈「삼국사기」 권 6 文武王 8년〉
> 欽春(春或作純)　〈「삼국사기」 권 5 太宗王 7년〉
> 肖古 一云素古　〈「삼국사기」 권 23〉
> 上漆~尙質　〈「삼국사기」 권 34 지리 1〉
> 漆巴火~眞寶　〈「삼국사기」 권 34 지리 1〉
> 分嵯~夫沙　〈「삼국사기」 권 37 지리 4〉
> 比斯伐比自伐(完山)　〈「삼국사기」 권 37 지리 4〉
> 比自火~比斯伐　〈「삼국사기」 권 34 지리 1〉

등과 같이 'ㅊ~ㅈ~ㅅ'이 터 쓰였음을 확인하게 된다. 그럴뿐만 아니라 'ㄷ~ㅌ, ㅂ~ㅍ'의 혼기현상도 다수가 발견된다.

德頓忽~十谷城　　　　　　〈「삼국사기」권 37 지리 4〉
買旦忽~水谷城　　　　　　〈「삼국사기」권 37 지리 4〉
習比呑~習比谷　　　　　　〈「삼국사기」권 37 지리 4〉
於支呑~翼谷　　　　　　　〈「삼국사기」권 37 지리 4〉
首乙呑~原谷　　　　　　　〈「삼국사기」권 37 지리 4〉
吐上~隄上　　　　　　　　〈「삼국사기」권 37 지리 4〉
東吐, 束吐~棟(棟)隄　　　〈「삼국사기」권 37 지리 4〉
主夫吐~長提　　　　　　　〈「삼국사기」권 37 지리 4〉
奈吐~大堤(奈隄)　　　　　〈「삼국사기」권 37 지리 4〉
童子忽~仇斯波衣　　　　　〈「삼국사기」권 37 지리 4〉
平淮押~別史波衣　　　　　〈「삼국사기」권 37 지리 4〉
麻田淺~泥沙波忽　　　　　〈「삼국사기」권 37 지리 4〉
松峴~夫斯波衣　　　　　　〈「삼국사기」권 37 지리 4〉
三峴~密波兮　　　　　　　〈「삼국사기」권 37 지리 4〉
文峴~斤尸波兮　　　　　　〈「삼국사기」권 37 지리 4〉
猪闌峴~烏生波衣　　　　　〈「삼국사기」권 37 지리 4〉
平珍峴~平珍波衣　　　　　〈「삼국사기」권 37 지리 4〉
海利~波利　　　　　　　　〈「삼국사기」권 37 지리 4〉
海曲~波旦　　　　　　　　〈「삼국사기」권 36 지리 3〉
波鎭漢紀　　　　　　　　　〈「古事記」〉
波珍干岐　　　　　　　　　〈「日本書紀」〉
波珍干岐(ハトリカソキ)　〈「釋日本紀」〉
波珍湌 或云海干　　　　　〈「삼국사기」〉
海官波珍湌　　　　　　　　〈「삼국유사」〉
波夫里〉富里〉福城　　　　〈「삼국사기」권 36 지리 3〉
듬바되澄波渡　　　　　　　〈「龍歌」33장 五 27〉

　이상에서 '頓:旦:呑'으로 'ㄷ'과 'ㅌ'이 통용되었고, '吐'가 '두'(>둑)으
로 쓰이고 있으니 역시 'ㄷ'과 'ㅌ'의 혼용이요, '波衣·波兮'가 '바회'로
쓰이니 역시 'ㅂ'과 'ㅍ'이 혼용이요, '波利·波旦'은 '바롤·바돌'로, 波夫
里가 '부리'로, 澄波渡가 '듬바되'로 쓰였으니 'ㅂ'과 'ㅍ'의 혼용이었음을
확인하게 된다. 따라서 삼국시대에는 평음과 유기음의 엄격한 구별이
없이 통용하여도 무방하였던 것이 아닌가 추정한다.

따라서 '負兒'를 '부ᄉ'(>부ᅀ)로 추독하여도 무방하리라 믿는다.4)

2.4.

그러면 이 '*pusa'(負兒)의 의미는 무엇이었을까. 이 문제를 풀기로
한다.

> (11) 沸流國王松讓者 禮以後先開國爭…〈「제왕운기」권 下 고구려조〉
> (12) 時沸流水上 松壤國王 以國來降 封爲多勿侯〈「동국사략」권 1 고구려조〉
> (13) 松讓國〈「삼국사기」권 37 삼국유명미상지명〉
> (14) 遂揆其能 各任以事 與之俱至卒本川 觀其土壤肥美 山河險固 遂欲都焉
>   而未遑作宮室 但結廬於沸流水上居之 國號高句麗 因以高爲氏〈「삼국사
>   기」권 13 始祖 東明聖王條〉

이상의 (11)~(14)의 내용을 통하여 우리는 고구려가 처음에 定都한
'卒本'(紇升骨) 부근에 '沸流水'가 있었고, 이 江을 중심으로 松讓國(一名
沸流國)이 있었던 사실을 확인하게 된다.

그러면 松讓이 어떤 어휘이었나를 究明할 필요가 있다. 이 단어는 '松
+讓'으로 분석할 수 있다. 여기 '讓'은 '壤'(「東國史略」)과 '襄'(「三國史
記」)로 異表記되기도 하였다. 도한 '平壤'(「三國史記」卷 35), '平襄'(同
권 37), '平穰'(「廣開土王碑」)와 같이 달리 표기된 사례도 있다. 이는
마치

---

4) 南豊鉉(1993:42~43), '國語史 史料로서의 「三國史記」에 대한 檢討'(「三國史記」
의 史料的 檢討) 중에서 다음의 주장을 소개할 수 있다.
  "甘山寺의 彌勒菩薩造像記(719)와 阿彌陀佛造像記(720)는 그 기록 연대가 불
과 1년의 차이밖에 되지 않는데 金志誠과 金志全, 良誠과 梁誠, 古巴里와 古寶
里, 古老里와 古路里와 같이 동일 인명이 달리 표기되고 있음을 보여준다. 특히
金志誠과 金志全에서는 마찰음인 'ㅅ'음을 가진 誠자와 파찰음인 'ㅈ'음을 가진
全자가 通用되고 있다. …中略…14)의 昌과 貞은 유기음의 발달이 불완전한 점
을 감안하면 '장'과 '정'음의 통용이라고 볼 수 있다."

德山洞院平(註:大野曰平 德山洞院 在成興府之北)〈「龍飛御天歌」卷 5〉

大野曰坪 通作平〈「訓蒙字會」上卷〉

와 같이 '坪'과 '平'이 通用되는 글자임을 설명한 바이며 그 실례로 '礫坪, 雨坪, 埃坪, 天坪(成鏡南道 三水)와 오늘의 '平壤, 平淮押, 平珍峴, 波平, 斤平, 沙平, 武平' 등을 들 수 있다. 이와 마찬가지로 '讓, 壤, 襄'은 통용된 이자표기로 볼 때 松讓의 '讓'은 '壤'의 의미를 지닌 것으로 이른바 부여계어의 '土, 川'의 의미인 *na~*nari정도로 추독할 수 있으리라 믿는다. 그러면 '土・川' 중 어느 것에 해당하였을 것인가. 아마도 '沸流水上'이니, '沸流河'니 하는 그 곳의 환경으로 미루어 짐작컨대 'nai(<*nari)'쪽이었을 것으로 추정하게 된다.

다음은 '松'에 대한 고유어가 무엇이겠는가가 문제인데 그것을 「삼국사기」 지리 2, 4에서 다음과 같이 찾을 수 있다.

夫斯波衣~松峴   扶蘇岬~松嶽
夫斯達~松山   釜山~松村活達

위와 같이 '扶蘇・夫斯:松'의 대응을 보인다. 따라서 '松'에 대한 부여계의 어휘가 '*pusa'(松)이었음을 추정할 수 있게 된다. 여기서 '*pusʌ'(負兒) 역시 앞의 '*pusa'(松)에 해당하는 의미일 것임을 믿게 한다. 실로 '負兒'(*pusʌ)는 '夫斯・扶蘇'의 異表記形으로 '溫祚・沸流'의 본국인 卒本扶餘의 松讓國(혹은 沸流國)의 '松'과 백제 말기의 移都地인 '所夫里'의 扶蘇山의 '扶蘇'(松)와 고구려를 재건한 高麗의 수도에 '扶蘇押'(松嶽)이 있음을 주목하게 된다. '慰禮忽・彌鄒忽'의 '忽'과 '嶽・嶺'에 대응하는 '押'이 부여계어에 해당할 뿐만 아니라 '扶蘇'(松) 역시 부여계어에 해당하기 때문에 慰禮忽의 鎭山(背山)이었던 '負兒嶽'은 부여계어일 수밖에 없는데 이 어휘 자체를 분석한 결과 '負兒(松):扶蘇・扶斯(松)'와 같이 부여계어에 대응하며 또한 부여계어인 '押'에 嶽이 대응하고 있으니 '負兒嶽'은 틀림없이 慰禮忽과 더불어 백제 초기의 어휘로 '*pus ʌ~*puzʌ'(松)이었을 것으로 추정하게 된다.

3

3.1.

'溫祚'가 '慰禮忽'에 도착하여 나라를 세울만한 적지인가를 조망(전망)하려고 최초로 올라간 곳이 '負兒嶽'임을 「삼국사기」(권 23), 「삼국유사」(권 2)가 알려 준다. 이 '負兒嶽'은 '慰禮忽·彌鄒忽'과 더불어 백제어가 遺傳한 가장 이른 시기의 지명이다. 이 지명은 우선 그 접미요소인 '嶽'이 '慰禮忽, 彌鄒忽'의 '忽'과 더불어 부여계어에 속하는 특징을 지니고 있기 때문에 우리의 시선을 끈다. 이른바 '嶽'과 '城'에 대응하는 '押'과 '忽'은 고대 한반도의 중부의 '以北地城'부터 남만주 일대에 적극적으로 분포하고 있었던 특징적인 어휘들이다.

3.2.

비교적 후대의 문헌인 「高麗史」, 「世宗實錄」, 「新增東國輿地勝覽」 등에서 '負兒嶽'의 承繼地名을 '三角山'으로 지목하고 있다. 신라시대에는 '負兒嶽'이라 불렀다는 점과 그 所在地가 北漢山州이었다고 기록하고 있을 뿐 보다 구체적인 장소는 밝히고 있지 않다. 따라서 '負兒嶽'이 '三角山'의 前身이라고 믿을 수 있는 근거는 오로지 그것이 500여년전의 옛 문헌의 山川條의 '三角山'항에 부수적으로 소개되고 있다는 사실 뿐이다.[5]

만일 여기서 '三角山'의 承繼性을 인정한다 하더라도 '負兒嶽'이 '아기

---

5) 이병도(1980:352)에서도 아무런 논증이 없이 '負兒嶽(三角山)'이라고 단정만 하였다.

를 업은 地形에 따라 命名된 지명'이라 주장할만한 아무런 근거도 없다. '三角山'의 '三峯突兀'의 지형 때문에 지어진 지명이란 설명만이 발견되기 때문이다. 만약에 '負兒'를 한자어로 文字的 풀이를 할 수 있는 어떤 전설이나 설화가 있었다면 반드시 '白馬江傳說, 곰나루傳說'과 같은 유형의 註記가 달렸을 것이다. 그것이 없는 것을 보면 '負兒'는 '慰禮', '彌鄒'와 더불어 음차표기한 백제의 고유어이었을 것으로 추정하게 한다.

3.3.

'負兒嶽'은 백제 초기의 고유어로 그 音形은 '부亽압' 「pusʌap」이었을 것으로 추정한다. '부亽'(負兒)는 「삼국사기」의 지리 2, 4(百濟 前期語)에 '夫斯 · 扶蘇(松)에 대응하기 때문에 그것의 의미는 '松'일 것이며, '嶽'은 역시 '押'에 대응하기 때문이다.

이 '부亽압'(負兒嶽)은 沸流國 松讓王의 '松', 高麗의 松京 '扶蘇押', 百濟末期 首都 所夫里의 鎭山인 扶蘇山과 동일어로 백제초기 수도 慰禮國의 鎭山名이었을 것으로 추정한다.

【참고문헌】

南豊鉉(1993), '國語史 史料로서의 「三國史記」에 대한 檢討, 「三國史記」의 史料的檢討', 한국정신문화연구원.

─────(1993), 「討論要旨」, 제1회 百濟史定立을 위한 學術세미나, 백제문화개발연구원.

都守熙(1972), '百濟 王稱語小考', 「百濟硏究」 제3집, 충남대 백제연구소.

─────(1977), 「百濟語硏究」, 아세아문화사.

─────(1987), 「百濟語硏究」(Ⅰ), 백제문화개발연구원.

─────(1989), 「百濟語硏究」(Ⅱ), 백제문화개발연구원.

─────(1991), '百濟의 國號에 관한 몇 問題', 「百濟硏究」 제22집, 충남대 백제연구소.

──(1992), '百濟의 '王名·人名'에 관한 硏究'(Ⅰ), 「百濟論叢」 제3장, 백제
　　　　　문화개발연구원.

──(1993), '馬韓語에 관한 硏究(속)', 「東方學志」 제80집, 연세대 국학원구
　　　　　원.

──(1993), '漢城時代 百濟의 建國과 國名 및 初期의 王名', 제1회 百濟史定
　　　　　立을 위한 學術세미나, 백제문화개발연구원.

朴恩用(1972), '百濟建國說話의 吏讀文的 考察, 「常山 李在秀博士還曆紀念論文
　　　　　集」, 간행위원회.

宋基中(1986), '新羅前半期의 官職名·人名과 北方民族語', 「진단학보」 제61호,
　　　　　진단학회.

梁柱東(1954), 「古歌硏究」, 박문출판사.

──(1968), '國史 語彙 借字原義考', 「논문집」 제1집, 명지대.

李基東(1990), '百濟建國史의 二, 三의 問題', 「百濟硏究」 제21집, 충남대 백제
　　　　　연구소.

李丙燾(1959), 「韓國史(고대편)」, 진단학회.

──(1976), 「韓國古代史 硏究」, 박영사.

──(1980), 「三國史記 譯註」, 을유문화사.

李丙銑(1978), '慰禮城과 百濟·十濟國名考', 「어문학」 37, 어문학회.

李弘稙(1973), '韓國古代史의 硏究', 신구문화사.

趙法鍾(1989), '百濟別稱鷹準考', 「한국사 연구」 제66호, 한국사연구회.

金澤庄三郞(1985), 「日韓古地名の硏究」, 草風館

白鳥庫吉(1970), 「白鳥庫吉全集」 제2권, 암파서점.

坂本太郎(1989), 「日本書紀 上」, 암파서점.

Poppe, N. (1960), Vərgleichende Grammatik der Altaischen Sprachen
　　　　　Teil 1 Vergleichende Lautlehre, Wiesbaden

백제 지명의 '奈己'(已·巳)에 대하여

1

1.1. 표제의 고지명은

(1) 奈靈郡 本百濟奈己(已·巳)郡 婆娑王取之 景德王改名 今剛州 領縣二 善谷縣 本高句麗買谷縣 景德王改名 今未詳 玉馬縣 本高句麗古斯馬縣 景德王改名 今奉化縣〈「삼국사기」권 35, 지리 2〉

(2) 武珍州 未冬夫里縣 …… 居知山縣 奈巳郡〈「삼국사기」권 37, 지리 4 백제지명〉

와 같다. 처음에는 백제의 영유이었던 곳인대 신라가 婆娑王 때에 탈취하였고, 고구려의 장수왕이 침공하여 그 영유권이 다시 고구려로 넘어간 사실만 가지고도 이 지명의 특징을 판정할 수 있게 된다. 그러나 학자에 따라서는 이면적인 내용을 근거로 달리 주장키도 한다

1.2.

盧重國(1993 : 107-121)은 '百濟 地理關係 資料의 檢討'에서 여러 문제 중의 하나로 奈己郡의 문제를 다음과 같이 제기하였다.

첫째 지리 제2에서는 나이군은 삭주조에 기록되어 있는대 지리 제4에서는 무

주조의 말미에 기록되어 있다는 점이다.

둘째 지리 제2에서는 나이군은 삭주조에 기록되어 있는데 지리 제4에서는 모든 지명에 本高句麗○○군(현)으로 나오는데 나이군만 '本百濟奈已郡'으로 나온다는 점이다

셋째 지리 제3 웅·전·무주조에는 나이군이 보이지 않는다는 점이다.

앞의 세 가지 의문점을 제시하고 이에 답하기를

지리지 편찬자가 '本高句麗奈已郡'으로 하여야할 것을 실수하여 '本百濟奈已郡'으로 하였을 경우이다

라고 하였다.

1.3.

앞에서 소개한 바와 같이 노중국(1993 : 118 - 119)이 제기한 문제점을 풀기 위하여는 이에 부수되는 다른 의문들이 선결되어야 한다.

(1) 이병도(1980 : 541), 노중국(1993 : 118 - 119) 등이 '奈已郡'을 '나이군'으로 읽었는데 그 근거는 어디에 있는 것인가. 옛문헌이 남긴 표기형들이 '奈(捺)己(已, 巳)' 등과 이 '奈 - 捺, 己 - 已 - 巳'로 나타나기 때문이다. 여기서 어느 것이 正인가를 가리는 작업이 매우 긴요하다.

그것은 국어학적인 고찰을 통한 지명어의 분포특징을 알아내는 데에 결정적인 열쇠가 될 수 있기 때문이다.

(2) (1)의 결론에 따라서 '奈己'의 어형이 어떤 것인가를 분석 검토하여야 한다. 말하자면 '奈己'를 어학적으로 분석하여 지명어의 구조와 의미 그리고 분포상황을 파악하여야 한다.

(3) (2)가 이루어진 뒤에야 그것의 원위치는 어디에 있었으며 그것의 소속 즉 영유권의 이동내력이 구체적으로 밝혀질 수 있을 것이다.

2

2.1. 奈(捺)已·奈己·奈巳의 正誤 문제

'奈己郡'을 '내이군'으로 번역한 최초의 문헌은 민족문화추진회(1970)의 번역본 「신증동국여지승람」부터 인듯하다. 그리고 류렬(1983 : 316)에서도

奈己 : 柰己 : 榇已 : 捺已
나이 : 나이 : 내이 : 날이

와 같이 '나이'로 읽고 있다. 또한 정신문화연구원(1980 : 283)의 「三國遺事」 색인에도 '내이군'(捺已郡)으로 나타난다. 이러한 전예에 따라서 노중국(1993 : 118)도 '나이군'으로 읽은 듯 하다.

그러나 '奈己郡'을 '나이군'으로 읽은 흔적은 보다 이른 시기의 문헌에 나타난다. 「三國遺事」권3에

　　(3) 在溟州柰李郡 按地理志 溟州無柰李郡 唯有柰城郡 本柰生郡 今寧越 又牛首州 領縣有柰靈郡 本柰已郡 今剛州 牛首州 今春州 今言柰李郡 未知孰是

라 설명되어 있다. (3)을 세심하게 살펴보면 우선 '柰已'와 결부되어 나타나는 지명이 '柰李'이다. 여기서 '己 : 李'를 발견한다. '李'는 외앗니(光千文 3), 오엿니(字會上 6)이니 '己'를 '이'(이믜이已 五倫行實 2 : 47, 그칠이已 新字典 1 : 44)로 읽은 흔적이다. 그러나 '李'자가 '季'자의 訛誤일 것으로 보면 사정은 전혀 달라진다. '季'는 '계'(말자계 類合下 16)이니까 '己'(몸긔 光千文 8, 新字典 1 : 44)의 '긔'와 相近하기 때문이다. '李 : 季'는 삐치는 획하나의 有無에 따라서 전혀 다른 음으로 변하게 된다. 그러면 어떻게 하여 이런 訛誤가 발생한 것인가?

그것은 '己 : 已 : 巳'와 같은 字形相似에서 빚어진 것이다.

실로 고문헌에서부터 현대문헌에 이르기까지의 표기 사실을 다음에 소개하면 이것들에 대한 混記의 연속이 얼마나 지속적이었나를 감지하게 될 것이다.

민족문화추진회刊 「三國史記」에 나오는 '己'자는

青巳, 奈巳郡, 結己, 悅己 (권 37, 지리 4), 奈巳郡(권 35, 地理 2)

와 같은 혼기현상을 보이며 현종본 「三國史記」(활자본)에 나오는 '己'자는

青巳, 奈巳郡, 結巳, 悅巳 (권 37, 지리 4), 奈巳郡(권 35, 地理 2)

와 같이 모조리 '巳'로 나타난다. 또한 「三國遺事」(민추회영인본)에 표기된 '己'도 '梣巳郡'으로 되어 있다. 그러면 어두자로 쓰인 경우는 어떤가를 알아 보도록 하자. 역시 민족문화추진회의 영인본을 참고로 든다.

已婁王〈「삼국사기」목록 권 23〉, 己婁王〈「삼국사기」권 23〉, 巳婁王〈「삼국사기」권 23〉, 巳婁王〈「삼국유사」王歷〉 巳婁子〈「삼국유사」王歷〉

와 같이 '己 : 已 : 巳'의 혼기를 보이고 있다. 이병도(1980)의 校勘本 「三國史記」에 식자된 것들도

青巳 : 悅己 : 結巳 : 奈巳 : 己婁王

와 같이 혼기되어 있다. 최남선(1951)의 「大東地名辭典」에도 '奈巳' (榮川古號)로 표기되어 있다.

그러면 이상과 같은 혼기현상이 字形相似에서 빚어진 것이 분명한데 어느 것으로부터 어느 것이 訛誤되었는지 좀체로 분간하기가 어렵다. 그 訛誤의 가능성을 우리는 네 방향에서 생각할 수 있을 것이다.

① 奈己＞奈巳＞㮈李
② 奈巳＞㮈李
③ 奈己＞奈季＞奈李＞㮈李
④ 奈巳＞奈李＞㮈李

앞의 ①②③④ 중에서 특별히 우리의 시선을 끄는 것은 '㮈'이다. '㮈李'는 비교적 후대에 (고려 초기?)에 나타나는 별칭으로 '멋내奈'〈「光千文」 3〉'㮈멋내 通作奈'〈「字會」 上 6〉과 같이 어느 것이든 '내'를 표기하고 있으니 문제될 것이 없다. 다만 '李'가 애당초의 '巳'에 대한 異表記字인가 아니면 '己＞季'에서의 '季'의 訛誤인가를 가려야 할 것이다.

양주동(1947 : 565)에서 '奈己는 「넛기」「넛디」의 俗音'이라 풀이하여 '己'를 비로서 '긔'로 본 셈이다. 권상노(1960 : 16, 75-76, 205)에 '結己, 奈己·㮈己, 悅己'로 인쇄되어 있는 것을 보면 역시 '내기'로 읽었던 흔적이 역연하다. 도수희(1980 :85-104)에서 '奈己'를 *nakiy로 추독하였고, 유창균 (1980 : 266)은 '奈己'를 'nar-kə'로 추독하였다. 그러나 이들도 그것이 왜 '긔'(己)로 읽어야 하는지의 이유를 구체적으로 논의하지는 않았기 때문에 직감적인 논단이 아닐 수 없다.

그러면 '나이'와 '나기' 중 어느 것이 正이고 어느 것이 誤인가. 다음에서 그 正誤를 가리기로 한다.

2.2.

먼저 앞 (3)에서 발견한 '㮈李'가 아마도 ①奈己＞奈巳＞㮈李이든지 아니면 ②奈己＞㮈季＞㮈李이었을 가능성을 전제로 하여 '奈己'는 '나긔~내긔'이었을 것으로 추정하며 이를 논증하려 한다.

먼저 「삼국사기」 지리지에 등재되어 있는 지명 중에서 '己'(긔)자는 자주 눈에 띄는데 '巳'(이)자는 거의 나타나지 않는다는 사실이다. 특히 '奈己郡'은 고대 한반도의 중부지역(후술 참고)에 자리잡고 있었던 지리 2의 지명이다. 이 지역의 지명은 실질적으로 백제 전기어 시대의 백제

지명에 해당한다. 그렇기 때문에 백제의 전기·후기 지명에서 이것이 '己'(기)로 쓰였나 '巳'(이)로 쓰였나를 확인하는 것이 결정적인 열쇠가 될 수 있을 것이다.

2.3.

우선 「삼국사기」 지리 1, 2, 3, 4에서 '巳' 혹은 '巳'가 차용표기된 경우는 단 1예도 발견되지 않는다. 그런 반면에 '己'는

(4) ① 奈靈郡 本百濟奈己郡 婆娑王取之 景德王改名 今剛州〈地理 2〉
   ② 武珍州 未冬夫里縣 -中略- 居知山縣 奈己郡〈地理 4, 백제 지명〉
   ③ 積善縣 本高句麗靑己縣 景德王改名 今靑鳧縣〈地理 3〉
   ④ 何瑟羅州 乃買縣 -中略- 助攬郡 靑己縣 屈火縣……〈地理 4, 고구려 지명〉
   ⑤ 多仁縣 本達己縣 或云多己 景德王改名 今因之〈地理 1〉
   ⑥ 蘇山縣 本率己山縣 景德王改名 今合屬淸道郡〈地理 1〉
   ⑦ 潔城郡 本百濟結己郡 景德王改名 今因之〈地理 3〉
   ⑧ 熊州 熱也山縣 -中略- 所比浦縣 結己郡 新村縣……〈地理 4, 백제 지명〉
   ⑨ 悅城縣 本百濟悅己縣 景德王改名 今定山縣〈地理 3〉
   ⑩ 熊川州 熱也山縣 -中略- 所夫里郡 珍惡山縣 悅己縣 一云豆陵尹城, 一云 豆串城, 一云尹城 任存城……〈地理 4, 백제 지명〉

이상의 ①~⑩에서 우리는 '奈己, 靑己, 達己·多己, 率己, 結己, 悅己'의 '己'만을 발견하게 된다. 여기서 ③~⑩까지만을 '긔'(己)로 읽고 오로지 ①②의 '己'는 '이'(巳)로 읽어야 한다면 지리지의 차자 표기법에서 보편성을 상실하기 때문에 '奈己'의 '己' 역시 '긔'로 추독함이 온당한 것이라 하겠다.[1]

---

1) 유창균(1980:200)에서는 다음과 같이 추독하였다.
   「己」 159. 靑己-「積善」

특히 '己'의 분포지역이 다음 〈도표 1〉이 보여주는 바와 같이 백제 전기어의 동남부 지역과 가라어 지역의 북부에 분포하여 있음은 우리에게 이 '己'가 신라어적 성격에서 벗어나 있음을 암시하는 바라 하겠다. 다음의 〈도표 2〉가 보여주는 바와 같이 백제 전기어의 어휘요소들이 가라어 지역에 분포되어 있는 특징에 대하여 일찍이 도수희(1987:313~314)에서 상논하였는고로 그 논고에 미루고 여기서는 재론치 안기로 하겠거니와 어쨌든 이 '己'는 백제 전기어의 한 요소임에 틀림이 없으며 뒤에서 논증하겠지만 '奈己'가 백제 전기어의 지명이라고 추정할 수 있기 때문에 '긔'(己)로 추독하여야 옳다고 본다.

더욱이 비록 백제 후기어의 지역에 분포하고는 있지만 (4) ⑦⑧의 '結己'와 (4) ⑨⑩의 '悅己'가 '奈己, 達己, 率己'와 東西의 동일권 지대에 분포하고 있다는 사실을 주시할 필요가 있다.

한편 백제 후기어에 등장하는 '己'에 대하여는 일찍이 도수희(1985 :367-382)에서 '긔'로 읽어야 함을 논증하였기 때문에, 만일 '奈己'의 '己'도 '悅己, 結己'의 '己'와 동일한 지명어미 요소로 볼 수 있다면, 이것 역시 '긔'로 추독함이 지극히 타당한 것이라 하겠다.

"이것도 接尾辭의 一種으로 쓰인 것이다. 이 「巳」가 「己·已」의 誤인지 아니면 바른 表記인지 再檢討를 要하는 것이다. 이것이 接尾辭라는 立場에서 보면 오히려 「己」나 「已」일 可能性이 큰 것이다.

	巳	己	已
T.	ziəg	kiəg	
K.	dziəg	kiəg	ziəg
C.	rjəγ	kiəγ	riəγ

어느 便을 擇하더라도 그 母音의 추정에는 큰 차이가 없다."

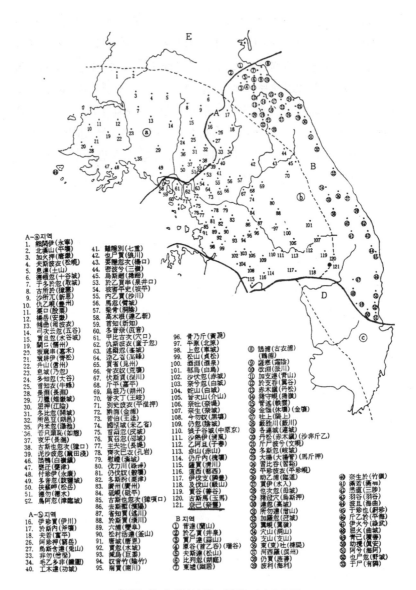

<도표 1> 中部地域(A·B)의 地名分布圖

A-ⓐ地域
1. 熊閑伊(永寧)
2. 北溟山(平壙)
3. 加火押(唐嶽)
4. 夫斯波衣(松峴)
5. 息達(土山)
6. 德頓忽(十谷城)
7. 于多於忽(取城)
8. 古所於(獐塞)
9. 沙所九(獐塞)
10. 仇乙峴(豊州)
11. 栗口(殷栗)
12. 楊岳(安嶽)
13. 儒曲忽(五谷衣)
14. 內米忽(五谷衣)
15. 買旦忽(水谷城)
19. 關口(儒州)
20. 披衣串(嘉禾)
21. 寘耕伊(靑松)
22. 升山(信州)
23. 息城(乃忽)
24. 多知忽(大谷)
25. 多知衣(牛峰)
28. 長淵(塩淵)
29. 刀臘(雉嶽城)
30. 思押(江陰)
31. 多比忽(開城)
32. 所邑豆(朔邑)
35. 內米忽(瀑池)
36. 若只頭恥(如髴)
37. 改牙(長淺)
38. 古斯也忽次(獐口)
39. 泥沙波忽(麻田淺)
46. 鵠鴨(白城鴨)
47. 達乙(髙津)
48. 付珍伊(永康)
49. 冬音奈忽(鼓鹽城)
50. 扶蘇押(松岳)
51. 德勿(德水)
52. 烏阿忽(津臨城)

A-ⓑ地域
16. 伊珍買(伊川)
17. 於斯內(斧壤)
18. 夫若(富平)
26. 阿珍押(猪岳)
27. 烏斯含達(兔山)
33. 非忽(惺堅)
34. 毛乙冬非(鐵圓)
40. 工木達(功城)

41. 難隱別(七重)
42. 也尸買(狼川)
43. 要隱忽次(楊口)
44. 密波兮(三峴)
45. 烏斯廻(揚邱)
53. 於乙買串(泉井口)
54. 波害平史(坡平)
55. 內乙買(沙川)
56. 馬忽(臂城)
57. 染骨(淦淵)
58. 高木根(達乙斬)
59. 首知(衍知)
60. 冬音奈(冯音)
61. 甲比古次(穴口)
62. 伏波波衣(童子忽)
63. 述爾忽(峯城)
64. 達乙省(髙峰)
65. 買省(沮川)
66. 骨衣奴(荒壤)
67. 伏斯買(深川)
68. 斤尸波(嘉平)
69. 烏根乃(朔州)
70. 皆次丁(王岐)
71. 別史波衣(平淮押)
72. 黔浦(金浦)
73. 首伯(王逢)
74. 國原城(未乙省)
75. 首爾忽(戌城)
76. 買召忽(邵城)
77. 主夫吐(長堤)
78. 齊次巴衣(孔巖)
79. 慰禮(彌鄒)
80. 伐力川(綠驍)
81. 仍伐奴(穀壤)
82. 西西叱(栗木)
83. 廣州(漢州)
84. 砥峴(砥平)
85. 古斯也忽次(獐項口)
86. 去斯斬(楊根)
87. 省知買(述川)
88. 買召(沙川)
89. 六浦(釜山)
90. 松村活達(釜山)
91. 買尸達(蒜山)
92. 買省(水城)
93. 買忽(水城)
94. 奴斗竹(楡竹)
95. 南買(南川)

96. 賫乃斤(黃骧)
97. 平原(北原)
98. 上忽(車城)
99. 松山(貞忽)
100. 酒淵(酒泉)
101. 郁烏(白烏)
102. 沙尸忽(赤城)
103. 奈兮忽(白城)
104. 蛇山(白城)
105. 皆次山(介山)
106. 奈吐(奈堤)
107. 奈生(奈城)
108. 今勿奴(黑壤)
109. 仍忽(陰城)
110. 狼子谷(中原京)
111. 乙熱伊(淸風)
112. 乙斤旦(子春)
113. 赤山(赤山)
114. 仍斤內(槐壤)
115. 齊西(都西)
116. 道西(都西)
117. 伊伐支(隣豊)
118. 及伐山(岋城)
119. 買谷(善谷)
120. 古斯馬(玉馬)
121. 奈己(榮豊)

B地域
① 昔達(蘭山)
② 於乙買(井泉)
③ 買尸達(蒜山)
④ 原谷(首乙呑)(瑠谷)
⑤ 夫斯波(松山)
⑥ 比尸忽(柵城)
⑦ 東墟(幽居)

⑧ 鵠浦(古衣浦)(鵠浦)
⑨ 薩寒(霜陰)
⑩ 改淵(涨川)
⑪ 加支達(靑山)
⑫ 於支呑(翼谷)
⑬ 赤木縣(丹松)
⑭ 猪守峴(豬足)
⑮ 菁背(軼嶺)
⑯ 金惱(休壤)
⑰ 吐上(吐上)
⑱ 藪狚川(藪城)
⑲ 各連城(連城)
⑳ 丹松(赤木鎭)(沙非斤乙)
㉑ 斤尸波兮(文峴)
㉒ 多斯只(岐城)
㉓ 伊珍買(淸播)(馬斤押)
㉔ 置谷呑(猪守峴)
㉕ 助乙浦(平珍峴)
㉖ 道西(都西)
㉗ 達忽(高城)
㉘ 波利(海利)

㊽ 奈生於(竹峴)
㊾ 滿若(滿勿)
㊿ 乙阿旦(三陟)
⑪ 羽谷(羽谷)
⑫ 波旦(海曲)
⑬ 于珍也(蔚珍)
⑭ 斤乙於(平海)
⑮ 伊伐支(曲城)
⑯ 助欖(曲城)
⑰ 靑己(眞寶)
⑱ 阿兮(靑鳧)
⑲ 仍買(隣善)
㉑ 也尸忽(野城)
㉒ 于尸(有隣)

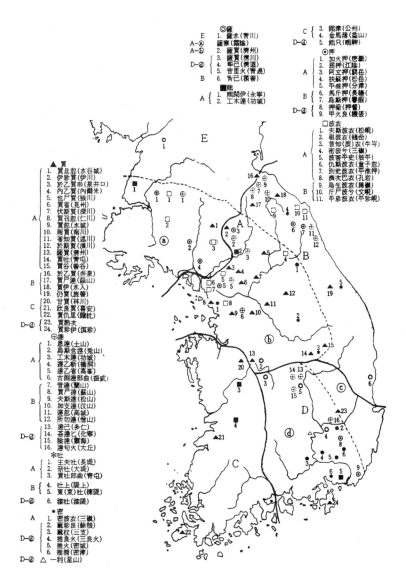

◎薩
E { 1. 薩水(青川)
A-ⓐ   薩豪(霜陰)
A-ⓑ { 2. 薩買(淸州)
D-ⓒ { 3. 薩買(淸川)
      4. 率已(淸道)
      5. 昔里火(青驍)
B   肖己(積善)

■熊
A { 1. 熊閑伊(永寧)
    2. 工木達(功城)

C { 3. 熊津(公州)
    4. 金馬落(金山)
D-ⓒ { 5. 熊只(熊神)

⊕押
A { 1. 加火押(唐嶽)
    2. 屈押(江陰)
    3. 阿珍押(窮岳)
    4. 扶蘇押(松岳)
    5. 平淮押(分津)
B { 6. 馬斤押(長揚)
    7. 烏斯押(曹振)
    8. 押梁(押督)
D-ⓒ { 9. 甲火良(機張)

□波衣
A { 1. 夫斯波衣(松峴)
    2. 租波衣(鵂峴)
    3. 首知(波衣)(牛岑)
    4. 密波兮(三峴)
    5. 波害平史(披平)
    6. 仇斯波衣(童子忽)
    7. 別史波衣(平准押)
    8. 濟次巴衣(孔岩)
B { 9. 斤尸波衣(捷嶺)
    10. 斤尸波兮(文峴)
    11. 平珍波衣(平珍峴)

▲買
A { 1. 買旦忽(水谷城)
    2. 伊珍買(伊川)
    3. 於乙買串(泉井口)
    4. 內乙買(內爾米)
    5. 也尸買(狼川)
    6. 買省(見州)
    7. 伏斯買(深川)
    8. 買召忽(仁川)
    9. 買忽(水城)
    10. 南買(南川)
    11. 省知買(述川)
    12. 於斯買(橫川)
    13. 薩買(淸州)
    14. 買吐(靑驍)
    15. 買谷(善谷)
B { 16. 於乙買(井泉)
    17. 買尸買(蘇山)
    18. 買伊(水入)
    19. 仍買(旌善)
C { 20. 甘買(林川)
    21. 欣良買(嘉安)
    22. 買仇里(臆枕)
D-ⓒ { 23. 買熱大
       24. 買珍伊(溟珍)

⊕達
A { 1. 息達(土山)
    2. 烏斯含達(兎山)
    3. 工木達(功城)
    4. 達乙斬(橋桐)
    5. 達乙省(高峯)
    6. 古淵達部曲(垂城)
B { 7. 昔達(蘭山)
    8. 買尸達(松山)
    9. 烏斯達(汶山)
    10. 加支達(高城)
    11. 達忽(僧山)
    12. 所勿達(僧山)
D-ⓒ { 13. 達己(多仁)
       14. 荅達匕(化寧)
       15. 陰達(繁海)
       16. 達句火(大丘)

✳吐
A { 1. 主夫吐(長堤)
    2. 奈吐(大堤)
    3. 買吐部曲(青屯)
B { 4. 吐上(隄上)
    5. 東(柬)吐(棟隄)
D-ⓒ { 6. 漆吐(漆隄)

•密
A { 1. 密波衣(三峴)
    2. 嚴珍珍(餘粮)
D-ⓒ { 3. 厥杖(三支)
      4. 推良火(三良火)
      5. 推火(密城)
      6. 推浦(密津)
D-ⓒ { △ 一利(星山)

〈도표 2〉 百濟前期의 言語와 加羅語의 關係

3

3.1.

奈己郡을 이른바 新羅志에서는 고구려의 영유로 권 35(지리 2)에 등제하여 놓고, 다른 한편으로는 권 37(지리 4)의 百濟池名錄 말미에 등재하여 백제에 영속시키었다. 이와 같은 모호한 등재내용에 대한 국사학계의 견해는 다음과 같다.

(1) 이병도(1980 : 541)는 "奈靈郡은 본시 百濟[2]의 奈己郡으로 婆娑王[3]이 取하였는데 景德王이 (奈靈으로)改名하였다"로 번역하고 '주 3, 4'를 다음과 같이 달았다.

   (주 3) 여기 百濟는 高句麗의 誤記일 것이다. 이 방면의 舊地名이 모두 高句麗時代의 것인데 유독 이곳만이 百濟의 故地라고는 할 수 없는 것이다.
   (주 4) 婆娑王 때에 지금의 榮州池方을 取했다는 것은 믿을 수 없다.

(2) 류렬 (1983 : 118)에서는

≪奈己≫를 ≪백제≫의 것이라고 하였는데 그것은 ≪고구려≫의 것을 잘못 쓴 것이다.

---

2) 이병도(1980 : 15)에서 다음의 주장을 하였다.
   "古所夫里는 지금 全羅北道 古阜郡 古號인 古沙夫里인 듯하나 이 때 신라의 세력이 물론 여기에 미치지 못하였으므로 이 역시 믿기 어려운 기사이다."
3) 김방한 (1982 : 20)에 다음의 卓見이 있다.
   "寶城郡 本百濟伏忽郡
   斌城縣 本百濟賓屈縣
   여기서도 「城」을 의미하는 것으로 생각되는 「忽」과 「屈」을 抽出할 수 있는데, 이들은 각각 hol 과 kul을 표기한 것으로 생각된다. 여기서 「忽」hol은 「屈」kul에서 변화한 형태, 즉 「忽」보다 더 古形이 보이는 것이 注目된다."

라고 풀이하였다.

　(3) 노중국(1983 : 118)에서는

　① 順安縣　本高句麗奈己郡　新羅婆娑王取之　景德王改爲奈靈郡〈「고려사」
　　　지리 2 안동부 순안현조〉
　② 榮川　本高句麗奈己郡（奈一作柰）新羅婆娑王取之　景德王改奈靈郡〈「신
　　　증동국여지승람」 영천군조〉
　③ 榮州郡　本高句麗奈己郡(奈一作柰)　新羅婆娑王取之　景德王改奈靈郡高麗
　　　成宗改剛州〈「輿地圖書」下〉
　④ 榮州　本柰己新羅婆娑王取之置郡　景德王十六年改奈靈郡　領縣二　善谷玉
　　　馬　高麗太祖二十三年改剛州〈「大東地志」榮川縣 p.174〉

앞의 ①②③④를 근거로 삼아 다음과 같이 주장하였다.

　그렇다고 하면 '奈寧郡 本百濟奈已群'은 당연히 '奈寧郡 本高句麗奈已郡'으로 고쳐져야 할 것이다. 그러면 왜 '奈已郡 本百濟地'로 기록된 것일까. 이 문제에 대해서는 두 가지의 경우를 생각 할 수 있다. 하나는 지리의 저본 자료가 그렇게 되어 있어서 그대로 옮겼을 경우이고, 다른 하나는 지리지 편찬자가 '本高句麗奈已郡'으로 하여야 할 것을 실수하여 '本百濟奈已郡'으로 하였을 경우이다. 이 중 필자는 후자쪽을 일단 취신하고자 한다.

　이상의 (1)(2)(3)과 같이 모두가 「삼국사기」 지리 2, 4의 당해 기록이 잘못 기록된 것으로 판단하고 있다. 그 중에서 특히 노중국의 판단은 (3)의 ①②에서 눈치를 챈 것으로 고백하고 있다.

3.2.

　그러나 그렇게 錯誤로만 볼 수 없는 여러 가지 이유가 '奈己郡'에 관한 「삼국사기」 지리 2, 4의 기록의 背面 깊숙히 비장되어 있는 듯하다.

만일 「삼국사기」 지리 2에서 모두 '本高句麗○○'이라 하였는데 유독 이 郡만 '本百濟奈己郡'이라 하였으니 이 점만으로는 일단 착오로 믿을 수 있게 한다. 그러나 문제는 이 '奈己郡'이 지리 4에서는 고구려의 지명록이 아닌 백제의 지명록 말미에 명시되어 있다는 사실에 있다. 반면에 지리 4 의 고구려 지명록에는 오히려 '奈己郡'이 기제되어 있지 않은 점을 우리는 주목 하여야 한다. 그런 반면에 지리 2에서 '奈己郡'의 領縣으로 밝힌 '古斯馬縣'과 '買谷縣'이 지리 4의 고구려 지명록의 해당 순서에 이것들이 속하였던 郡名은 없고 영현만이 '買谷縣, 古斯馬縣'과 같이 실려 있다. 만일 지리 4의 고구려 지명록에 '奈己郡'을 등제하여 놓고 地理 2에도 '本百濟奈己郡'이라 하였다면 그것은 분명 잘못된 것으로 믿을 수 있겠지만 앞에서 확인한 바와 같이 지리 4의 백제 지명록의 말미에만 명시되어 있는 것이다.

지리 4의 백제 지명록에 기록된 위치가 어찌하여 末尾인가도 심사 숙고할 필요가 있다. 그것의 위치가 〈도표 1〉의 121과 같이 백제 전기 강역의 최동남단에 있는데 「삼국사기」 권 37 지리 4의 백제 지명은 〈도표 3〉이 보여주는 바와 같이 지금의 충남, 전남북에 국한되어 있는 것이다. 그렇기 때문에 '백제전기의 어느 때에는 백제의 영유이었는데 신라에게 빼앗겼다가 또다시 고구려의 영유로 넘어간 것이다'란 의미로 말미에 참고로 밝히어 놓은 것이라 하겠다. 그 밖의 1~120 〈도표 1에서〉까지의 영유는 서기 475년까지 백제의 것이었는데 고구려 장수왕의 남침으로 인하여 직접 실함되었음을 암시하는 바라 하겠다.

〈도표 1〉의 B지역에 분포되어 있는 지명 중 �37河瑟羅(溟州) �39波利(海利) ㊷悉直(三陟) ㊹波旦(海曲) ㊾于尸(有隣) 등은 분명 신라의 영유였던 것인데 지리 1에 그 사실을 밝히지 않았다. 백제의 것을 신라가 영유하였다가 고구려에 넘긴 것이 아니라 신라의 것을 직접 고구려에 넘겼기 때문이었을 것이다.

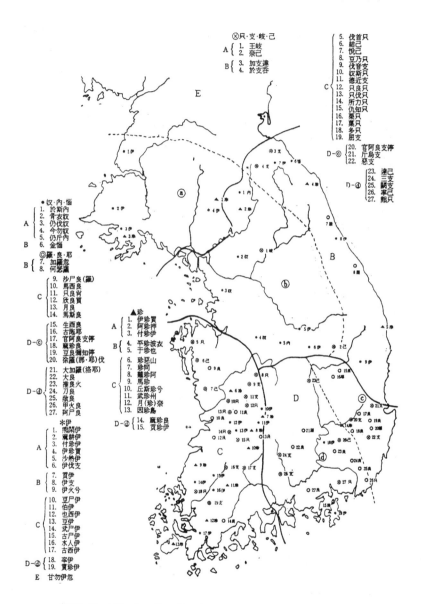

⊗只·支·岐·己
A {
1. 王岐
2. 奈己
}
B {
3. 加支達
4. 於支呑
}

C {
5. 伐首只
6. 結己
7. 悅己
8. 豆乃只
9. 伐音支
10. 奴斯只
11. 德近支
12. 只良只
13. 只伐
14. 所力只
15. 仇知只
16. 栗只
17. 襄只
18. 多只
19. 屈支
}
D-ⓒ {
20. 官阿良支停
21. 斤烏支
22. 悉支
}
D-ⓓ {
23. 達己支
24. 三嶺己
25. 己
26. 熊只
27.
}

●奴·內·惱
A {
1. 於斯內
2. 骨衣奴
3. 仍伐奴
4. 今勿奴
5. 仍斤內
}
B 6. 金惱
◎羅·良·耶
B {
7. 加羅忽
8. 何瑟羅
}
C {
9. 沙尸良(羅)
10. 馬西良
11. 只良肖
12. 欣良買
13. 月良
14. 馬斯良
}
D-ⓒ {
15. 生西良
16. 古施耶
17. 官阿良支停
18. 巌珍良
19. 豆良彌知停
20. 余羅(郡·耶)伐
}
D-ⓓ {
21. 大加羅(洛耶)
22. 大良
23. 推良火
24. 刀良火
25. 敬良火
26. 甲火良
27. 阿尸良
}

*伊
A {
1. 熊閑伊
2. 巌耕伊
3. 付珍伊
4. 沙熱伊
5. 伊伐支
}
B {
6.
7. 買伊
8. 伊支
9. 伊火兮
}
C {
10. 豆伊
11. 伯西伊
12. 也西伊
13. 豆伊
14. 武尸伊
15. 古尸伊
16. 水入伊
17. 古西伊
}
D-ⓓ {
18. 率伊
19. 貫珍伊
}
E 甘勿伊忽

▲珍
A {
1. 伊珍買
2. 阿珍押
3. 付珍伊
}
B {
4. 平珍波衣
5. 于珍也
}
C {
6. 珍惡山
7. 珍同
8. 羅珍阿
9. 馬珍
10. 丘斯珍兮
11. 武珍州
12. 月(珍)奈
13. 因珍島
}
D-ⓓ {
14. 巌珍良
15. 買珍伊
}

〈도표 3〉　●奴·內·惱　◎羅·良·耶　*伊　▲珍　⊗只·支·岐·己

필자는 이른바 신라지의 지리 2, 3의 저본 자료가 다름 아닌 바로 지리 4라고 믿어 왔다. 그렇기 때문에 그 저본인 지리 4의 백제 지명록의 말미에 등제되어 있는 '奈己郡'을 근거로 지리 2에서 '本百濟奈己郡'이라 이기하였던 것으로 추정한다.

요컨대 '奈己郡'에 관한 기사가 신라지의 底本인 「삼국사기」권 37 지리 4의 고구려 지명록에는 없고 백제 지명록에 있기 때문에 지리 2에서 유독 '奈己郡'에 한하여 '本百濟奈己郡'이라 기록할 수밖에 없었을 것이다. 그리고 그 원위치를 추정한 결과 백제 前·中期 시대에 있어서 백제의 동남단에 위치하여 신라의 서북단과 접경지이었던 관계로 영유권의 攻防이 있었던 것인데 그 攻取의 시기를 婆娑王 때로 잡은 듯하다. 왜냐하면 신라 婆娑王 때에 다음과 같이 여러 小國을 幷呑한 일이 있다.

二十九年 遣兵伐比只國·多伐國·草八國 幷之〈「삼국사기」권 1〉

와 같이 3개 小國을 幷呑하였다. 그리고

十四年 巡幸古所夫里郡 親問高年 賜穀〈「삼국사기」권 1〉

라 하여 일찍이 어느 때엔가 백제의 어느 지역을 이미 攻取한 사실을 암시하는 듯하다. 지명어미 '夫里'가 접미된 지명은 백제 지명에 해당하기 때문이다.4) 더욱이 직전왕인 脫解尼師今 때에

七年 冬十月 百濟王拓地 至娘子谷城遣使請會 王不行〈「삼국사기」권 1〉

---

4) 도수희(1980~81)에서 다음과 같이 백제 후기 지역(현 충남·전남북지역)에 국한하여 분포하였음을 주장한 바 있다.
　"所+夫里, 毛良+夫里 등 무려 13회나 중출하는 이 '~夫里'형이 전술한 바와 같이 馬韓의 '~卑離'에서 이어진 것임은 잘 알려진 사실이다."

와 같이 백제가 지금의 淸州인 '娘子谷城'을 地境으로 개척하였고, 또한

八年 秋八月 百濟遣兵 攻蛙山城 冬十月 又攻狗壤城 王遣騎二千 擊走之〈「삼
국사기」권 1〉

와 같이 '蛙山城'(今報恩)과 '狗壤城'(今沃川?)에서 양국이 국경의 쟁탈
전을 벌였던 사실을 확인한다. 이 사실의 '娘子谷城'(蛙山城, 狗壤城)(〈도
표 1〉의 110)은 〈도표 1〉에서 확인되는 바와 같이 '奈己'(〈도표 1〉의
121)의 위치보다 서북방향으로 꽤 북상한다.

한편 신라가 沾解王(247~261) 때에 拓境한 서북부에 위치한 尙州
와 그 영현에 관한 기록을 「삼국사기」권 34 지리 1에서 보면

尙州 沾解王時取沙伐國爲州 景德王十六年 改名尙州 今因之 領縣三
靑驍縣 本昔里火縣 景德王改名 今靑理縣
多仁縣 本達己縣 或云多己 景德王改名 今因之
化昌縣 本知乃彌知縣 景德王改名 今未詳

와 같이 이 지역을 沾解王時 攻取한 것으로 되어 있으나 신라본기의 沾
解王條에는 이 사실이 없다. 이렇게 本紀에는 없는 사실이 지리지에는
적혀 있는 것을 보면 지리지는 영토의 변경사실에 더욱 역점을 두었기
때문일 것이며 아울러 그 근거가 어디엔가 있었기 때문에 옮겨 적은 것
이라 하겠다. 따라서 반드시 그 시기가 婆娑王, 沾解王 때가 아니라 하
더라도 그 지역이 국경이었으니 攻防의 가능성은 충분히 있는 것이어서
일찍이 백제의 영토이었던 변경지역이 신라에 의하여 점령된 것으로 추
정하려 한다.

3.3.

앞에서 우리는 '奈己'를 '*nakiy'로 추독하였다. 그러면 '己'가 접미한

지명들이 어떻게 분포하였던 것인가를 당시의 지명분포도를 통하여 검증하여 보도록 하겠다.

앞의 〈도표 3〉이 보이는 분포와 같이 마치 띠를 두른듯이 동일지대에 분포하고 있다. 그 분포의 성격이 ①②③은 백제어 지역에 분포하고 있고 ④는 비록 백제어 지역에 포함되어 있진 않지만 동일 지대내란 의미와 어쩌면 그 곳이 국경지역이기 때문에 한때에는 백제의 영유이었던 까닭으로 거기에 '己'가 침투한 것으로 볼 수도 있겠고, 아니면 ⑤와 더불어 백제 전기어의 침투로 인한 분포로 파악할 수 있다. 가라어 지역에 백제 전기언어의 특징이 적극적으로 나타나는데 대한 상술은 도수희(1987:69, 71~73)에 미룬다.

어쨌든 ②③④⑤가 모두 '巳'가 아닌 '己'이기 때문에 ①도 동일 어형인 '己'(kiy)로 추정함이 타당한 것이라 하겠다. 더욱이 '奈己郡'의 屬縣 중 '買谷'은 앞의 〈도표 2〉가 보여 주는 바와 같이 '買'가 백제 전기어 지역에 적극적으로 분포되어 있다는 사실도 결코 '奈己'가 백제 전기시대에의 영유와 무관하지 않음을 암시하는 바라 하겠다. 이 '買'는 '井, 川, 水'를 의미하는 백제 전기어의 특징임은 도수희(1985:103~118)에서 논의하였기 때문에 그 졸고에 맡기고 여기서는 재론하지 않겠다. 또한 '買谷'의 '谷' 역시 어두 지명소인 '買'의 성격으로 보아 '買旦忽>水谷城'과 같이 '旦'으로 '買谷'은 '買旦'에 해당할 것으로 보인다. 이렇게 領縣지명의 특징이 백제 전기어에 해당하는 것으로 보아서도 그 상위의 '奈己郡'이 일찍이 백제의 영유지명이었음은 의심의 여지가 없다 하겠다.

4

4.1.

그러면 '奈己'의 어형과 그 의미에 관하여 논의하기로 한다.

우선 '奈己'를 奈+己(naikiy)로 분석하여 두 개의 지명소로 구성된 지명이었을 것으로 추정한다. 이렇게 추정할 수 있음은 '奈'가 접두한 지명을 다음과 같이 열거할 수 있기 때문이다.

　　① 內米忽＞瀑池＞海州
　　② 奈兮忽＞白城＞安城
　　③ 奈吐～大堤＞奈堤＞堤州
　　④ 奈生＞奈城＞寧越
　　⑤ 奈己＞奈靈＞剛州
　　⑥ 奈生於＞竹嶺

　유창균(1980:316)에서 '內米'를 '＊narmǎr'로 추독하고 그것의 뜻은 '大水, 洪水'로 보았다. 그리고 '漢城-乃忽, 奈吐-大堤'에서도 '漢=乃= 大, 奈=大'로 풀었다. 그러나 류렬(1983:316~317)에서는 '奈己'를 한개의 지명소로 보고 '나리(nari)=川'으로 풀이하였다. 일찍이 도수희 (1977:52~53)에서 '內米'를 '＊namu'로 추독하고 퉁구스어 'nami' (海), 고대일본어의 'nami'(波)와 일치하는 것으로 보아 그 뜻을 '海로 보았다. 그리고 '仍利阿～海濱＞汝湄, 餘村＞餘邑＞餘美＞海美' 역시 '＊nami'로 추독하고 그것의 의미를 '海로 보았다. 그런데 여기서 'nami' 를 유창균의 풀이에 따라서 'na+mi'로 분석한다면 'na=大, mi=水'일 수가 있으므로 '＊nami'는 大水가 된다. 실로 '바다'는 '大水'이기 때문에 바른 해석일 수 있다. 이 풀이가 틀림없는 것이라면 백제 전기어에서 '大'에 대한 의미의 고유어가 '한'이 아닌 'nai' 혹은 'nar' 혹은 'na'가 존 재한 사실을 확인하게 된다. 여기서 '米'(水)는 '買召忽=彌鄒忽'에서 買: 彌의 대응을 통하여 '水'의 뜻으로 해석할 수 있기 때문이다. 거기에다 가 '奈吐:大堤'도 정확히 대응하고 있어서 '奈=大'의 추정을 더욱 믿음 직스럽게 한다. '奈吐'에서 '吐'가 '堤'(둑)의 뜻으로 분리될 수 있음은 '主 夫吐:長堤, 吐上:隄上, 東(束)吐:棟隄, 漆吐:漆隄, 朴堤上:朴毛麻利叱智' 등과 같이 '吐:堤'의 대응을 보이기 때문이다. 따라서 '奈己'의 '奈'는 '大'

의 뜻으로 풀어도 잘못이 없는 듯하다.

4.2.

이제는 '己'에 대한 문제만 남은 셈이다.

양주동(1947:565)에서 '奈己'는 「닛기」, 「닛디」의 俗音인데 「디」는 「城」의 一古訓이라 풀이하였다. 그러나 그 뜻을 城으로 추정한 것은 바른 견해이나 그것을 '디'로 읽는 것은 지나친 비약이 아닌가 한다. 유창균(1983:220, 226, 266)은 '奈己'를 '*narkɤ'로 추독하고 'nar'은 '大'의 뜻으로 풀이하였다. 그리고 '己'는 'kər'로 '城'의 訓이라 하였고, '己'(kə-)는 고구려의 '忽'에 대응한다고 하였다. '己'에 관한 고대 한자음을 찾아 보면 다음과 같다.

	상고음	중고음	속음
己	kịəg(T)	:kịyø(東)	kịy(「千字文」「類合」)
	kịəg(K)	kji:(K)	
	kiəy(Ch)	ki(Ch)	

앞의 추정음을 바탕으로 백제의 차용음은 '*kji:~*kịy~*ki'정도로 조정할 수 있을 듯하다. 그런데 '奈己'에 비교될 '悅己, 結己'에 대하여 도수희(1985:94)에서 다음과 같이 분석기술한 바 있다.

要컨대 '己:城'의 문제에 있어서 '悅+己>悅+城'에서의 '悅'은 改名者가 同一字를 그대로 使用하였으니 나머지는 '己=城'임이 틀림없고, '結+己>潔+城'에 있어서도 역시 同音異字인 '潔'을 택하였을 可能性이 짙은고로 '己=城'이 틀림없는 것으로 믿어진다. 다음과 같이 古代漢字音에서 相似音이기 때문이다.

	上古音	中古音		上古音	中古音
結	kiet(T)	kyər?(東)	潔	—(T)	kjər?(東)
	kiet(K)	kiet(K)		kiat(K)	kiet(K)
	ket(Ch)	kiɛt(Ch)		keæt(Ch)	kiɛt(Ch)

일찍이 김방한(1982:20)에서 논증한 바와 같이 필자 역시 백제어의
‘己’(城)의 이른 어형을 ‘*kuru’(城)에 소급시키고자 한다.

도수희(1984:9~10)에서 논의한 바에 따르건대, 고대 국어에서 어
중 모음간 자음 r이 탈락하는 규칙(r>ø/v-v)이

> *sari>saøi>say>sɛy>sɛ(東, 新)
> *nari>naøi>nay>nɛy>nɛ(川)
> *mori>moøi>moy>möy>mö(山)
> *nuri>nuøi>nuy>nüy>nü(世)
> *mari~*miri>maøi>may>mɛy>mɛ(水)

와 같이 존재하였던 것이므로 ‘*ki’(己)도 이 규칙에 의하여

> *kuru~*kuri>kuøi>kuy>kiy>ki(城)

와 같이 변화한 것으로 추정할 수 있겠다.[5]

---

5) *ki(己=城)가 *kuru(溝漊=城>忽)의 변화형일 가능성을 주장한 견해를 다음
   에 소개한다.
   ① 金芳漢(1983:209~210)에서 의견을 같이 하고 있다.
       “이러한 추정이 옳다면, 백제 지명에 보이는 ki(<*kui)와 古代 일본語
   ki(<*kui)는 「溝漊」와도 관계가 있어 보인다. 위에서 본 바와 같이 「溝漊」
   로 표기한 kuru는 *kuri~*kure의 변화형 혹은 이형으로 생각되기 때문에
   다음과 같은 변화 과정을 생각할 수 있다. *kuri~*kure>*kuyi>kui>
   ki(古代 일본語)~ki(백제, 신라語). 이러한 변화는 퉁구스語 오로리方言의
   koi‘倉庫’<*koyi<*kori와 같은 변화를 방불케 한다(Cincius 1975:415).”
   ② 兪昌均(1983:220)에도 비슷한 意見이 있다.
       “‘己’는 萬葉假名에서는 ‘그(己)’로 나타난다. 魏晋代音을 기준으로 할 때
   이것은 kə로 추정할 수 있다. 그러나 ‘己’가 ‘串’과 對應한 것을 보면 kə나
   ko와 같은 것이 아니었을까 한다. ‘串’의 中期語는 ‘곶’이기 때문이다. 이런
   점에서 ‘己’는 kə/kə의 兩音에 通用해서 쓰인 것으로 볼 수 있다. kə-는 高
   句麗의 ‘忽’에 對應한다.”
   ③ 小倉進平(1975:68)에서 다음 내용을 눈여겨 볼 必要가 있다.

앞에서 논의한 것처럼 '己'(*kiy~*ki)와 '忽'(*xul~*hol)은 이른 형인 *溝漊(*kuru~*kuri)에서 변형된 것인데 그 변화의 길이 서로 달랐을 뿐이다. 그리하여 '忽'(*xul~*kul=城)은 중부지역으로부터 그 이북 지역에서 본래의 의미를 상실하지 않고 적극적으로 사용되었던 것이나 (그 분포의 조밀도로 보아, 도수희 1982:304 〈도표 5〉 참고), '己'(*kiy~*ki=城)는 그 본래의 의미 기능이 점점 약화되어 결국 화석어로 굳어져 중부지역을 약간 벗어난 지금의 충남과 경북의 북부 지역에 분포되어 있었던 백제어의 지명어미라 하겠다.

5

지금까지 논의하여 온 내용을 요약하면 다음과 같다.

1) '奈己郡'을 국사학계에서는 '나이군'으로 불러 왔는데 그것은 '奈己' 즉 '나긔·나기'이었을 것으로 추정하였다. '奈己郡'의 위치가 백제 전기 시대에 동남단의 백제지역이었으며 그렇기 때문에 '奈己'의 '己'가 백제어의 지명어미인 특징을 지니고 있었던 것이라 하겠다.

2) 「삼국사기」 권 35 지리 2(고구려 지명록)와 권 37 지리 4(백제 지명록)에 각각 백제지명으로 '奈己郡'을 기록한 것을 언뜻 보기에는 오기인 것처럼 속단하기 쉬우나 그것은 기록 당시에까지 전해진 어떤 확실한 역사적인 근거(문헌 혹은 口傳)에 의거하여 기록으로 남긴 것이라 하겠다. 이렇게 판단하는 이유는 다음과 같다.

첫째, 지리 2의 모든 郡縣名이 '本高句麗○○'이라 기록한 중에 유독

○さし(城)　城又讀てサシといひしは百濟の方言なり(東雅).　雄略記に城な
よめるは韓語せ(倭訓栞)

'奈己郡'만이 '本百濟奈己郡'이라 한 점.

　둘째, '本百濟奈己郡'이라 한 이유를 기록자는 '新羅婆娑王取之'라고 밝히고 있다는 점.

　셋째, 그렇기 때문에 지리 4의 고구려 지명록에서는 그것이 있어야 할 순서에 기록되어 있지 않고 그것의 영현인 '買谷縣, 古斯馬縣'만 나타난다는 사실.

　넷째, 지리 4의 고구려 지명록에 있어야 할 '奈己郡'이 오히려 백제 지명록의 말미에 등기된 사실은 일찍이 신라에게 빼앗긴 영토이기 때문에 그 순서를 찾아서 기록할 수가 없으니까 할 수없이 말미에다 특별히 (?) 기록한 것이라 하겠다.

　이상에서 열거한 이유들이 상호 유기적인 관계(긴밀한)가 있는 고로 결코 착오였다고 볼 수는 없는 것이다. 따라서 역사적 사실에 입각한 바른 기록으로 믿고자 한다.

　3) 奈己郡의 위치가 백제 전기시대의 동남단이며 그 영현이 '買谷縣'인데 이 '買谷' 역시 백제 전기어(고대 한반도의 중부지역어)의 특징을 지닌 '買'(水)와 '谷'(旦, 呑, 頓)으로 분석될 뿐만 아니라 '奈己'의 '己'가 역시 백제어의 특징을 지니고 있다는 점이다. 그렇기 때문에 '奈己'를 백제 전기어의 지명으로 보고 '奈+己'로 분석하였다. 여기서 '奈'는 '大'의 뜻이고 '己'는 '城'의 뜻으로 풀어 '奈己'는 '大城'의 뜻으로 추정한다.

【참고문헌】

金芳漢(1982), 「溝漊」와 「烏斯含」에 관하여, 언어학 제5호(한국언어학회)(1983)
　　　　　:韓國語의 系統(民音社)
金完鎭(1968), 高句麗語에 있어서의 tㅁ蓋音化 現象에 대하여, 李崇寧博士頌壽
　　　　　紀念論叢(乙西文化社)
김주언(1982), 百濟地名語 「已・只」에 대하여, 民族文化論叢 제2・3집(嶺南大)

盧重國(1993), 三國史記 百濟 地理關係 資料의 檢討, 한국정신문화연구원 인문
　　　　과학연구부
도수희(1977), 百濟語硏究(亞細亞文化社)
────(1980~1), 百濟地名 硏究, 百濟硏究 제10~11집(忠南大 百濟硏究所)
────(1982), 百濟前期의 言語에 關한 硏究, 百濟硏究 特輯號(忠南大 百濟硏
　　　　究所)
────(1983), 百濟語의 「白·熊·泗沘·伎伐」에 대하여, 百濟硏究 제14집(忠
　　　　南大 百濟硏究所)
────(1984a), The Paekche language: It's Formation and Features,
　　　　3rd ICKL, West Germany.
────(1984b), 百濟語의 「村」에 對하여, 兪昌均博士還甲紀念論文集(刊行委員
　　　　會)
────(1984c), 百濟語의 「買·勿」에 대하여, 朴炳采博士還甲紀念論文集(刊行
　　　　委員會)
────(1987), 百濟語硏究(Ⅰ), (백제문화개발연구원)
────(1989), 百濟語硏究(Ⅱ), (백제문화개발연구원)
류 렬(1983), 세나라시기의 리두에 대한 연구, (과학, 백과사전출판사)
朴炳采(1968), 古代三國의 地名語彙攷, 白山學報 5(白山學會)
辛兌鉉(1959), 三國史記 地理志의 硏究(宇鍾社)
梁株東(1947), 韓國古歌硏究(博文書館)
兪昌均(1983), 韓國古代漢字音의 硏究 Ⅰ,Ⅱ(啓明大)
李丙燾(1980), 原文 三國史記(校勘), (乙西文化社)
────(1980), 國譯 三國史記(譯註), (乙西文化社)
崔南善(1915), 新字典, (新文館)
────(1973), 大東地名辭典, (玄岩社)
小倉進平(1975), 小倉進平博士著作集(四), 京都大學國文學會